Produktionspraxis 8
hrsg. von Bastian Clevé

Wolfgang Brehm

Filmrecht
Handbuch für die Praxis

Die Deutsche Bibliothek – CIP-Einheitsaufnahme

Brehm, Wolfgang:
Filmrecht : Handbuch für die Praxis / Wolfgang Brehm.
– 1. Aufl. – Gerlingen : Bleicher, 2001
(Produktionspraxis ; Bd. 8)
ISBN 3-88350-908-6

© 2001 Bleicher Verlag, Gerlingen
Druck und Weiterverarbeitung: Maisch + Queck, Gerlingen
ISBN 3-88350-908-6

Inhalt

Vorwort

Dieses Buch wendet sich an die im Filmbereich tätigen Juristen wie auch an Filmschaffende im weiteren Sinne. Es stellt die rechtlichen Rahmenbedingungen des Filmschaffens dar und verfolgt das Filmwerk von der Idee bis zur internationalen Auswertung. Das Buch befasst sich mit einer Fülle von Gerichtsentscheidungen, die jeweils im konkreten Handlungszusammenhang kommentiert werden. Darüber hinaus werden die wesentlichen Eckdaten der wichtigsten Verträge im Rahmen der Entwicklung, Herstellung und Auswertung eines Filmwerks erörtert, um dem Ratsuchenden praktische Orientierung zu bieten. Durch diese Kombination stellt die Veröffentlichung ein »legal and business affairs« Handbuch dar.

Die Auseinandersetzung mit rechtlichen Streitfragen findet auf der Grundlage der deutschen Gesetze statt. Sie ist indessen von der Erfahrung des Verfassers geprägt, dass nationale juristische Lösungen häufig keine tragfähigen Entscheidungen für das internationale Medium Film bieten. Diesem Umstand trägt das Buch dadurch Rechnung, dass die ausgesprochenen Empfehlungen die internationalen Gepflogenheiten des »Filmbusiness« weitgehend berücksichtigen.

Das Buch ist schließlich insoweit »einseitig«, als es die Perspektive des Filmproduzenten als dem Kristallisationspunkt im Rahmen der Entwicklung und Herstellung eines Films einnimmt.

Die Veröffentlichung des Buches fällt bereits in das neue Jahrtausend, an dessen Beginn sich das Urheberrecht und die Filmindustrie in einer Umbruchphase befinden. Rasante technologische Innovationsschübe, insbesondere die globale digitale Vernetzung, stellen neuartige Herausforderungen an das im Zeitalter analoger Technik gewachsene Urheberrecht. Auf die daraus resultierenden Fragen und Probleme existieren bislang teilweise weder die erforderlichen technischen Möglichkeiten noch abschließende rechtliche Antworten.

Ich bedanke mich für die Mitarbeit bei den Kollegen Dr. Nina Isabel Goes und Guido Hettinger.

Berlin, im Juni 2001   *Wolfgang Brehm*

Einführung

Die Herstellung und Auswertung eines Filmes gehört zu den komplexesten und schwierigsten Vorhaben im »entertainment business« überhaupt, demzufolge auch die Möglichkeiten des Scheiterns bzw. der hohen finanziellen Verluste vielfältig sind.
Dies liegt zunächst an der Vielzahl der Personen, die mit unterschiedlichsten Beiträgen an der Realisierung eines Projektes mitwirken. Überdies entsteht ein Film nicht gleichsam »aus sich selbst«, sondern basiert auf vorbestehenden, eigenständigen Werken wie z.B. das Drehbuch oder die Filmmusik. Die eigentliche Filmproduktion ist extrem aufwendig und mit den Dreharbeiten noch lange nicht abgeschlossen. Wie das Beispiel des Filmwerkes »Titanic« zeigt, nehmen Szenen, die vollständig am Computer erstellt werden, zunehmend Raum ein, was nicht zuletzt dazu führt, dass heute Bereiche wie die (digitale) Nachbearbeitung Aufwand und Kosten verursachen, die früher in deutlich geringerem Maße anfielen. Dies alles erfordert eine umfangreiche rechtliche Absicherung, wenn das Projekt erfolgreich durchgeführt werden soll. In dem vorliegenden Buch werden deshalb die wesentlichen rechtlichen Überlegungen, Maßnahmen und jeweiligen Vertragsgestaltungen skizziert, die in den unterschiedlichen Stadien der Filmherstellung und seiner Auswertung virulent werden. Im Kern sind dies die Entwicklung (Development), die Vorbereitung (Pre-Production), die Dreharbeiten (Principal Photography), die Nachbearbeitung (Post-Production) und schließlich die Auswertung des hergestellten Filmwerkes.
Einleitend wird ein kurzer Überblick über die einschlägigen gesetzlichen Grundlagen gegeben (Kap. I). Auf die speziellen Vorschriften des Filmurheberrechts und die hier besonders interessierende rechtliche Stellung des Filmproduzenten wird gesondert eingegangen (Kap. II und III). Anschließend werden die Grundvoraussetzung einer jeden Filmproduktion, die Klärung bzw. der Erwerb der notwendigen Nutzungsrechte und die damit zusammenhängenden Schranken erörtert (Kap. IV und V).
Es folgen die projektbezogenen Ausführungen, beginnend mit der Entwicklung des Filmvorhabens und den damit verbundenen ersten Vertragsgestaltungen (Kap. VI). Im Rahmen der Vorproduktion werden sodann die Fragen und Möglichkeiten zur Finanzierung diskutiert (Kap. VII) und die notwendigen Filmversicherungen vorgestellt (Kap. VIII). Unter der Rubrik »Die Herstellung des Films« werden die unterschiedlichen Produktionsformen und die entsprechenden Vertragsvorlagen der jeweils Mitwirkenden erläutert (Kap. IX). Schließlich werden die Auswertungsmöglichkeiten und die damit verbundenen rechtlichen Fragen ausgeführt (Kap. X). In diesem Zusammenhang werden auch die relevanten Verwertungsgesellschaften vorgestellt (Kap. XI).

I. Urheberrechtliche Grundlagen

1. Rechtsnatur des Urheberrechts

Das Gesetz, das in Deutschland in erster Linie sowohl die rechtlichen Voraussetzungen für die Herstellung eines Filmwerkes als auch den Schutz der einzelnen Beiträge der Filmschaffenden regelt, ist das »Gesetz über Urheberrecht und verwandte Schutzrechte« (UrhG). Der Gegenstand des Rechtsschutzes ist nach diesem Gesetz keine Sache, kein körperlicher Gegenstand, sondern die individuelle schöpferische Leistung, die in dem vom Urheber geschaffenen Werk (z.B. Buch, Fotografie, Komposition, Film) sichtbar wird. Allein die Idee wird vom Gesetz nicht geschützt. Es muss vielmehr ein Werk in wahrnehmbarer Form vorliegen.

Entsprechend der Rechtsposition des Eigentümers einer Sache gibt auch das Urhebergesetz dem Werkschöpfer ein so genanntes absolutes Recht an seinen immateriellen Geistesgütern, welches gegenüber jedermann wirkt. Damit ist er allein befugt, über die an seinem Werk bestehenden Rechte zu verfügen (positive Wirkung) und kann umgekehrt jeden Nichtberechtigten von der Nutzung ausschließen (negative Wirkung).

In diesem Zusammenhang bleibt zu beachten, dass das Urhebergesetz nicht die Frage der Eigentumsübertragung oder der Besitzverschaffung des Werkexemplares regelt. Dies bestimmt sich vielmehr nach den allgemeinen Vorschriften des Bürgerlichen Gesetzbuches (BGB), die insoweit selbständig neben dem Urhebergesetz stehen. Praktisch bedeutet dies, dass allein durch den Erwerb eines Werkexemplars (z.B. Verkauf) der Käufer zwar Eigentümer wird, aber damit noch nicht die Nutzungsrechte an dem Werkexemplar besitzt. Wer also etwa ein Bild von Picasso kauft, erwirbt damit zwar das Eigentum. Die Urheberrechte (z.B. das Recht, Postkarten mit diesem Bild herzustellen und zu vertreiben) ist davon jedoch völlig getrennt und regelt sich ausschließlich nach dem Urhebergesetz.

2. Der Urheber

Als Urheber bezeichnet das Gesetz den »Schöpfer« des Werkes (§ 7 UrhG). Damit wird deutlich, dass hier nur so genannte »natürliche Personen« gemeint sind, die selbst das Werk erschaffen können. »Juristische Personen« (z.B. eine GmbH) kommen mithin als Urheber nicht in Betracht.

Haben mehrere Personen ein Werk gemeinsam erschaffen, ohne dass sich ihre Anteile gesondert verwerten lassen, sind sie Miturheber des Werkes (§ 8 UrhG). Maßgeblich ist hierbei die »gemeinsame Werkschöpfung«, was gerade im Filmbereich angesichts der Vielzahl von beteiligten Personen und deren unterschiedlichen Beiträgen erhebliche Abgrenzungsschwierigkeiten bereitet (vgl. Kap. II.1.2.2.). Von der Miturheberschaft ist die Bearbeitung zu unterscheiden, bei der ein bereits vorhandenes Werk nachträglich verändert wird (§ 23 UrhG).

Entsprechend des geltenden »Schöpferprinzips« ist schließlich der Gehilfe oder der Ideengeber zu einem Werk kein Urheber. Ebenso wenig entstehen die Urheberrechte an Werken, die Mitarbeiter im Rahmen eines Arbeitsverhältnisses erschaffen, beim Arbeitgeber, sondern beim eigentlichen Schöpfer des Werkes. Das Recht, das Werk zu verwerten und zu nutzen, muss dem Arbeitgeber deshalb ausdrücklich privatschriftlich durch den Arbeitsvertrag oder gesetzlich eingeräumt sein, vgl. § 43 UrhG und die Sondervorschrift für den Filmbereich § 89 UrhG. Danach erhält der Filmhersteller von den Mitwirkenden die Nutzungsrechte am Filmwerk (vgl. Kap. III.2.1.).

3. Inhalt des Urheberrechts

Nach dem Wortlaut des Gesetzes schützt das Urheberrecht den Urheber in seiner geistigen und persönlichen Beziehung zum Werk und in der Nutzung des Werkes (§ 11 UrhG). Daraus wird deutlich, dass der Werkschöpfer sowohl in der Wahrnehmung seiner ideellen als auch materiellen Interessen – insbesondere gegen die unbefugte wirtschaftliche Auswertung durch Dritte – geschützt werden soll.

Zur Durchsetzung seiner ideellen Interessen stattet das Gesetz den Urheber mit so genannten Urheberpersönlichkeitsrechten aus. Der Urheber hat danach das Recht, über das »ob« und »wie« der Veröffentlichung seines Werkes zu bestimmen (§ 12 UrhG). Er hat Anspruch auf Namensnennung (§ 13 UrhG) und kann jede Entstellung und Beeinträchtigung seines Werkes verbieten (§ 14 UrhG). Für die Urheber des Filmwerkes wird letztgenanntes Recht allerdings auf so genannte »gröbliche Entstellungen oder gröbliche Beeinträchtigungen« beschränkt (§ 93 UrhG).

Den breiteren Raum nehmen im Urheberrechtsgesetz die so genannten Verwertungsrechte ein, die dem Urheber das ausschließliche Recht der wirtschaftlichen Auswertung seines Werkes sichern (§§ 15 ff UrhG). Dabei unterscheidet das Gesetz nach Auswertung in »körperlicher« Form, z.B. Vervielfältigung (§ 16 UrhG), Verbreitung (§ 17 UrhG) und Ausstellung (§ 18 UrhG) des Werkeexemplares selbst und der Auswertung in »unkörperlicher Form«, d.h. die öffentliche Wiedergabe des Werkinhaltes z.B. durch Vortrag, Aufführung (§ 19 UrhG), Sendung (§§ 20, 22 UrhG) oder durch Bild- und Tonträger (§ 21 UrhG).

Von den »sonstigen Rechten« (§ 25-27 UrhG), die das Urheberrechtsgesetz gewährt, ist für die Filmschaffenden vor allem das Recht auf Vergütung für »Vermietung und Verleihung« von Videogrammen (§ 27 UrhG) und für private Überspielungen (§ 54 UrhG) von Interesse. Denn hat der Urheber dem Filmhersteller das Vermietrecht an einem Bildträger eingeräumt, so verbleibt dem Urheber bei Lizenzierung dieses Bildträgers gleichwohl ein Vergütungsanspruch gegen den jeweiligen Lizenzgeber. Ein Verzicht des Urhebers auf diesen Vergütungsanspruch ist nicht möglich. Beide Vergütungsansprüche sind grundsätzlich abtretbar, der Vergütungsanspruch aus Vermietung kann jedoch im Voraus nur an eine Verwertungsgesellschaft abgetreten werden (§ 27 Abs. 1

UrhG). Anders lautende vertragliche Vereinbarungen zwischen Urheber und Produzenten sind insoweit unwirksam. Zur effektiven Rechtewahrnehmung können diese Ansprüche schließlich nur von den entsprechenden Verwertungsgesellschaften geltend gemacht werden (§ 27 Abs. 3, 54 h UrhG).

4. Geschützte Werke

4.1. Werke

Das Urhebergesetz schützt nach seinem Wortlaut Werke der Literatur, Wissenschaft und Kunst und nennt dafür insbesondere Sprachwerke (z.b. Literatur, Reden Computerprogramme), Werke der darstellenden Kunst (z.b. Tanz, nicht aber Akrobatik), der bildenden Kunst (z.b. Bildhauerei, Malerei, Graphik nebst der entsprechenden Entwürfe), Werke der Baukunst und der angewandten Kunst (z.b. kunstgewerbliche Gegenstände). Ferner Lichtbild-, Musik- und Filmwerke, sowie technische und wissenschaftliche Darstellungen. Es handelt sich hierbei nicht um eine abschließende Aufzählung. Maßgeblich ist für den urheberechtlichen Schutz vielmehr, dass das jeweilige Werk eine persönliche, geistige Schöpfung des Urhebers darstellt (§ 2 UrhG).

Die persönliche Schöpfung setzt, wie bereits dargestellt, das eigenhändige Erschaffen des Werkes durch eine natürliche Person voraus. Die geistige Schöpfung erfordert darüber hinaus ein Mindestmaß an Originalität und individueller Prägung (»Schöpfungshöhe«). Der menschliche Geist muss im Werk zum Ausdruck kommen. Daran fehlt es bei so genannten Zufallswerken, d.h. bei Werken, welche das Ergebnis einer rein mechanischen Tätigkeit oder einer Spielerei sind (vgl. Nordemann-Vinck, Urheberrecht, 9. Aufl., § 2, Rz. 10).

4.2. Bearbeitung

Wird ein geschütztes Werk nachträglich bearbeitet oder umgestaltet, kann diese Bearbeitung – unbeschadet des Urheberrechts am vorbestehenden Werk – wie ein selbständiges Werk geschützt werden (§ 3 UrhG). Voraussetzung dafür ist allerdings, dass die Bearbeitung selbst eine persönliche, geistige Schöpfung darstellt.

Zur Verwertung und Veröffentlichung der Bearbeitung bedarf es aber stets der Einwilligung des Urhebers des Originalwerkes. Handelt es sich um eine Verfilmung des Werkes, so bedarf bereits das Herstellen der Bearbeitung der Einwilligung des Urhebers (§ 23 UrhG).

4.3. Doppelschöpfung

Von einer Doppelschöpfung ist die Rede, wenn völlig unabhängig voneinander zwei identische oder in den Wesenszügen gleiche Werke entstehen. Im Urheberrecht gilt nicht das Prioritätsprinzip und damit kann derjenige, der das Werk zuerst geschaffen hatte, dem nachfolgenden Werkschöpfer die Verwendung grundsätzlich nicht verbieten. Der Urheber des später veröffentlichten Werkes trägt jedoch nach allgemeiner Auffassung die volle Beweislast für das Vorliegen einer Doppelschöpfung.

Dies gilt nur dann nicht, wenn eine Kenntnis von dem älteren Werk ausgeschlossen ist. Folglich muss der Schöpfer des späteren Werkes darlegen und beweisen, dass er die nach der allgemeinen Lebenserfahrung zu vermutende Kenntnis des älteren Werkes nicht hatte. Insoweit sind strenge Anforderungen zu stellen, denn es muss zur Überzeugung des Gerichts ausgeschlossen sein, dass der nachfolgende Werkschöpfer sich von dem vorher veröffentlichten – möglicherweise nur in seinem Unterbewusstsein haften gebliebenen – Werk hat inspirieren lassen. Es muss also eine bewusste oder unbewusste Kenntnis des vorher veröffentlichten Werkes ausgeschlossen sein (vgl. Urteil OLG Köln vom 5.3.1999, ZUM – RD 1999, S. 223 ff.; ferner Kap. IV.4.2.).

5. Einräumung von Nutzungsrechten

Das Urheberrecht mit seinen vorgenannten Bestandteilen aus Persönlichkeits- und Vermögensrecht kann nur im Todesfalle auf die Erben übertragen werden (§ 29 UrhG). Die Abtretung des Rechts als solches an einen Dritten wird damit – wie es sonst im Rechtsverkehr möglich ist – explizit ausgeschlossen.

Um dennoch die Möglichkeit der umfassenden wirtschaftlichen Auswertung des Werkes zu ermöglichen, sieht das Urheberrechtsgesetz hierfür die »Einräumung von Nutzungsrechten« vor (§ 31 UrhG). Mit Hilfe dieser gesetzlichen Konstruktion bleibt der Urheber stets Inhaber seiner Rechte und spaltet nur einzelne Verwertungsrechte ab, die individuell vergeben werden können. Der Zweck dieser umständlich anmutenden Regelung ist der Schutz des Urhebers, der auf diesem Wege, trotz der Einräumung ausschließlicher Nutzungsrechte (vgl. Kap. V. »Schranken und Fallstricke des Rechtserwerbs«) auf einen Dritten, im Falle der Verletzung durch Dritte seine Urheberpersönlichkeits- und auch die Verwertungsrechte noch selbst durchsetzen kann (vgl. Schack, Urheber- und Urhebervertragsrecht, Rz. 529 ff.).

Die vertragliche Ausgestaltung dieser Einräumung von Nutzungsrechten ist im Urheberrechtsgesetz nicht geregelt. Die gesetzliche Grundlage für die Vertragsgestaltung im Rahmen der Filmherstellung und Filmverwertung bilden in Deutschland daher grundsätzlich die allgemeinen Vorschriften des Bürgerlichen Gesetzbuches (BGB). – (vgl. Kap. IX. »Herstellung des Films«; Kap. X. »Auswertung des Films«).

6. Die verwandten Schutzrechte

Das Urheberrechtsgesetz schützt nicht nur die Wahrnehmung der Rechte des Urhebers an seinem Werk, sondern berücksichtigt auch die Personen, die selbst kein Werk erschaffen, aber eine Leistung erbringen, die einer Werkschöpfung ähnlich ist oder im Zusammenhang mit dem Werk des Urhebers steht. Dieser Personenkreis genießt keinen urheberrechtlichen Schutz, sondern hier schützt das Gesetz die Leistung, weshalb die dem Urheberrecht verwandten Schutzrechte auch Leistungsschutzrechte genannt werden (§§ 70 ff. UrhG).

Als Inhaber solcher Leistungsschutzrechte sind vor allem die ausübenden Künstler (z.B. Schauspieler) zu nennen, die ein Werk vortragen, aufführen oder daran künstlerisch mitwirken (§§ 73 ff. UrhG). Zu den weiteren Leistungsschutzberechtigten zählt das Gesetz u.a. die Tonträgerhersteller (§ 85 UrhG) und die Sendeunternehmen (§ 87 UrhG). Für den Bereich der Filmherstellung/Filmverwertung regelt das Gesetz die dabei entstehenden Leistungsschutzrechte unter der Überschrift »Besondere Bestimmungen für Filme« (§§ 88 ff. UrhG). Bereits aus dieser systematischen Sonderstellung wird deutlich, dass hier die Frage der Rechteinhaberschaft angesichts der Vielzahl der am Filmwerk Beteiligten hochkomplexer Natur ist. – (vgl. Kap.II.2.).

7. Entstehung und Dauer des Urheberrechtsschutzes

Ein Werk im kulturellen Bereich (z.B. Buch, Bild, Komposition, Film) ist in Deutschland automatisch urheberrechtlich geschützt, wenn es die vom Urheberrechtsgesetz gestellten »qualitativen« Voraussetzungen erfüllt (vgl. Kap. II.1.). Damit bedarf es keinerlei Registrierung, keines förmlichen Verfahrens oder der Benutzung des Werkes im Verkehr.

Erfüllt das fertig gestellte Werk die Voraussetzungen des Urheberrechtsgesetzes nicht, begründet allerdings auch der Zusatz »urheberrechtlich geschützt« oder das Copyright-Zeichen © keinen gesetzlichen Schutz. Solche Vermerke können auf einen möglichen Urheberrechtsschutz des Inhabers hinweisen, der Prüfungsmaßstab bleibt in Deutschland jedoch allein das Gesetz. Anders lautende privatschriftliche Vereinbarungen haben insoweit keine Bedeutung.

Das Urheberrecht erlischt 70 Jahre nach dem Tod des Urhebers (64 UrhG). Danach ist das Werk »gemeinfrei« und die Erben können bei dessen Verwendung durch Dritte weder einen Eingriff in das Persönlichkeits- noch in das Verwertungsrecht des Urhebers geltend machen. Dagegen erlöschen die Leistungsschutzrechte 50 Jahre nach der Veröffentlichung des Werkes, welches die fragliche Leistung wiedergibt (z.B. Erscheinen des Tonträgers, § 85 II UrhG; Erscheinen des Filmwerkes, § 94 II UrhG).

8. Europäische und internationale Aspekte des Urheberrechts

8.1. räumlicher und persönlicher Anwendungsbereich des UrhG

Wie sämtliche nationalen Gesetze, ist auch das Urheberrechtsgesetz in seinem Geltungsbereich auf das Territorium des gesetzgebenden Staates, also der Bundesrepublik Deutschland beschränkt (so genannter Territorialitätsgrundsatz). Welchen urheberrechtlichen Schutz ein Werk oder eine damit zusammenhängende Leistung im Ausland erfährt, ist deshalb nach Maßgabe des jeweiligen nationalen Urheberrechts bzw. der einschlägigen internationalen Konventionen zu ermitteln (vgl. 8.3.).

Innerhalb Deutschlands erstreckt sich der Schutz nach dem Urheberrechtsgesetz auf Deutsche im Sinne des Art. 116 I GG und die Staatsangehörigen anderer EU- und

EWR-Staaten (§§ 120 UrhG, 128 UrhG). Die gesetzliche Gleichstellung dieser beiden Personengruppen erfolgte aufgrund des vom Europäischen Gerichtshof erlassenen »Phil-Collins-Urteils« vom 20.10.1993 (EuGH Slg. 1993, 5171). In diesem Urteil stellte der EuGH verbindlich fest, dass das im Gemeinschaftsrecht verankerte Diskriminierungs-verbot aufgrund der Staatsangehörigkeit (Art. 6 EGV, Art. 4 EWR-Abk.) auch auf das nationale Urheberrecht Anwendung findet.

Alle ausländischen Staatsangehörigen, die nicht einem Mitgliedstaat der EU oder des Europäischen Wirtschaftsraums angehören, genießen urheberrechtlichen Schutz für diejenigen Werke, die in der Bundesrepublik erstmals erschienen sind (§ 121 Abs. 1 UrhG). Im Übrigen steht den ausländischen Staatsangehörigen urheberrechtlicher Schutz nach Inhalt der einschlägigen Staatsverträge zu (vgl. 8.3.).

8.2. Europäische Rechtsangleichung

Im Rahmen der Verwirklichung des europäischen Binnenmarktes hat der Rat der Euro-päischen Gemeinschaften wiederholt Richtlinien erlassen, die eine Angleichung des unterschiedlichen Urheberrechtsschutzes in der EU zum Inhalt haben. Als vorrangig geltendes Gemeinschaftsrecht sind diese Richtlinien von den Mitgliedsstaaten inner-halb einer bestimmten Frist in nationales Recht umzusetzen und richtlinienkonform auszulegen. Damit soll die Verkehrsfähigkeit der urheberrechtlich geschützten Güter als Ausfluss der garantierten Waren- und Dienstleistungsfreiheit innerhalb Europas gewährleistet und gestärkt werden.

Für den Bereich der Filmherstellung/ Filmverwertung sind insbesondere die nachfol-gend genannten Richtlinien von Interesse:

–   Die Fernsehrichtlinie vom 3.10.1989 (89/552/EWG), revidiert durch die Richtlinie vom 30.6.1997 (97/36/EG). Sie soll die rechtlichen Rahmenbedingungen für ein »Fernsehen ohne Grenzen« setzen. (Umsetzungsfrist: 30.12.1998; die Umsetzung in deutsches Recht erfolgte bislang nicht.)
–   Die Richtlinie zum Vermiet- und Verleihrecht vom 19.11.1992 (92/100/EWG). Sie stärkt die Eigenständigkeit eines Vermietrechts neben anderen Formen der Werk-verbreitung. (Die Umsetzung in das deutsche Recht erfolgte durch das 3. Urheber-rechtsänderungsgesetz vom 23.6.1995.)
–   Die Richtlinie zur Koordinierung bestimmter urheber- und leistungsschutzrechtlicher Vorschriften betreffend Satellitenfunk und Kabelerweiterung vom 27.9.1993 (93/83/EWG). (Die Umsetzung in das deutsche Recht erfolgte durch das 4. Urheber-rechtsänderungsgesetz vom 8.5.1998).
–   Die Richtlinie zur Harmonisierung der Schutzdauer des Urheberrechts und be-stimmter verwandter Schutzrechte vom 29.10.1993 (93/98/EWG). (Die Umset-zung in das deutsche Recht erfolgte durch das 3. Urheberrechtsänderungsgesetz vom 23.6.1995.)

Von den vorgenannten EG-Richtlinien sind die Europäischen Abkommen zu unter-scheiden. Mit Hilfe dieser Abkommen auf europäischer Ebene versuchten die Staaten vor allem vor der Gründung der Europäischen Union die Harmonisierung des Urhe-berrechts zu verwirklichen. Wie bei sämtlichen internationalen Verträgen, steht der

Beitritt zu diesen Abkommen den einzelnen Staaten frei. Überdies gelten die Abkommen nur zwischen den Unterzeichnerstaaten. Eine länderübergreifende Rechtsangleichung zum Schutze der Urheber und den Inhabern verwandter Schutzrechte ist deshalb auf diesem Wege nur langsam zu erreichen. Zu den einschlägigen Abkommen zählen hier:

- Das Europäische Übereinkommen über das grenzüberschreitende Fernsehen vom 5.5.1989; in Kraft seit dem 1.5.1993. Dieses Übereinkommen schafft die rechtlichen Rahmenbedingungen für einen freien Warenverkehr von grenzüberschreitenden Fernsehprogrammen vermittels gemeinsamer Vorschriften über Programmgestaltung, Werbung, Sponsoring und Schutz von Individualrechten.
- Das Europäische Abkommen über die Gemeinschaftsproduktion von Kinofilmen vom 26.6.1992, in Kraft seit dem 1.4.1994.

Diese Konvention hat die Förderung und Vereinheitlichung von europäischen Koproduktionen zum Ziel. Sie erfasst multilaterale Koproduktionen, an denen zum einen mindestens drei Produzenten beteiligt sind, die Staatsangehörige aus mindestens drei der Unterzeichnerländer der Konvention und dort auch ansässig sind. Zum anderen bezieht sich die Konvention auch auf Koproduktionen mit Produzenten, die keine Staatsangehörigkeit eines Unterzeichnerstaates besitzen. Der finanzielle Anteil von Produzenten, die nicht aus Mitgliedsländern stammen, darf jedoch 30% nicht übersteigen.

8.3. Internationale Abkommen

Wie bereits vorab angedeutet (a), beurteilt sich der urheberrechtliche Schutz von Werken deutscher Staatsangehöriger im Ausland und den Werken von Drittstaatsangehörigen in Deutschland maßgeblich nach internationalen Staatsverträgen.

8.3.1. Revidierte Berner Übereinkunft (RBÜ)

Von den multilateralen Staatsverträgen ist hier als wichtigstes die »Berner Übereinkunft zum Schutz von Werken der Literatur und Kunst« von 1886 zu nennen, die mehrfach geändert wurde und heute als »Revidierte Berner Übereinkunft (RBÜ)« den Schutz der Urheberrechte im grenzüberschreitenden Rechtsverkehr regelt. Aufgrund dieser Übereinkunft sind nicht nur die Angehörigen der Verbandsländer geschützt, sondern auch so genannte Drittstaater, die ihr Werk erstmals in einem Verbandsland veröffentlichen. Speziell für Urheber von Filmwerken wird schließlich – ungeachtet der vorgenannten Voraussetzungen – der Anwendungsbereich des RBÜ eröffnet, wenn der Filmhersteller seinen Sitz in einem Verbandsland hat (Art. 4 a. RBÜ).

Hinsichtlich des eigentlichen Urheberrechtsschutzes legt die RBÜ den Grundsatz der Inländerbehandlung fest, demzufolge die Urheber in allen Verbandsländern mit Ausnahme des Ursprungslandes den Schutz genießen, den die einschlägigen Gesetze den inländischen Urhebern gewähren. Der Genuss und die Ausübung dieser Rechte sind dabei nicht an die Erfüllung irgendwelcher Förmlichkeiten (Anträge, Registrierungen etc.) gebunden (Art. 5 RBÜ).

Um den Schutz der Urheber jedoch nicht gänzlich den unterschiedlichen nationalen

Gesetzgebungen anheim zu stellen, legt die RBÜ Mindestrechte fest und stellt gleichzeitig gewisse Schranken auf. Zu den konventionseigenen Rechten zählt das Urheberpersönlichkeitsrecht (Art. 6 bis RBÜ) und ein Katalog von Verwertungsrechten (Art. 8 ff. RBÜ), wie z.b. das Recht auf Vervielfältigung, Bearbeitung oder Verfilmung. Zu den Vorschriften durch welche die RBÜ den Grundsatz der Inländerbehandlung einschränkt, gehört der zwingende Schutzfristenvergleich gemäß Art. 7 VIII RBÜ. Dieser legt fest, dass die Schutzdauer des Werkes in dem Land, in dem der Schutz beansprucht wird, nicht länger als im Ursprungsland betragen darf. Für ausländische Urheber hat dies in Deutschland häufig eine Verkürzung ihres Urheberschutzes zur Folge, da die meisten Staaten außerhalb der EG ihren Urhebern keinen 70-jährigen Werkschutz einräumen.

8.3.2. WIPO-Urheberrechtsvertrag

In Ergänzung zur RBÜ, welche im Jahr 1971 letztmals revidiert wurde, hat die Weltorganisation für geistiges Eigentum (WIPO) 1996 zwei neue internationale Verträge über das Urheberrecht und über verwandte Schutzrechte geschlossen (WIPO Copyright Treaty, WCT, und WIPO Performances and Phonograms Treaty, WPPT). Beide Verträge sind noch nicht in Kraft getreten.

8.3.3. Welturheberrechtsabkommen (WUA)

Eine weitere multilaterale Konvention stellt das »Welturheberrechtsabkommen« (WUA) von 1952 dar. Ebenso wie die RBÜ verweist das WUA grundsätzlich auf die jeweils einschlägigen nationalen Gesetze der Vertragsstaaten und legt dabei den Grundsatz der Inländerbehandlung fest (Art. II WUA). Gleichzeitig gewährt auch das WUA den Urhebern Mindestrechte, wobei der konventionseigene Schutz hinter dem Schutzniveau der RBÜ zurückbleibt. So stellt beispielsweise das Abkommen keine Urheberpersönlichkeitsrechte unter Schutz. Die Schutzdauer beträgt nach dem WUA nur 25 Jahre nach dem Tod des Urhebers (Art. IV 2 a. WUA), während die RBÜ eine Schutzdauer von 50 Jahren gewährt (Art. 7 RBÜ).

Mit Hilfe dieses insgesamt geringeren Schutzniveaus des WUA wurde das Ziel verfolgt, auch diejenigen Länder in ein weltweites Urheberrechtsschutzsystem einzubinden, die das hohe Schutzniveau des RBÜ zunächst nicht gewährleisteten, wie z.B. die USA, die Volksrepublik China und die Sowjetunion (vgl. Schack, a.a.O., Rz. 853). Nach dem Beitritt zum WUA sind dennoch viele Staaten Mitglieder der RBÜ geworden (USA 1989, China 1992 und Russland 1995). Im Jahr 1998 zählte die RBÜ insgesamt 133 Verbandsländer, während dem WUA zu diesem Zeitpunkt 98 Vertragstaaten angehörten. Die Bedeutung des WUA für den internationalen Urheberrechtsschutz ist deshalb heutzutage gegenüber der RBÜ vergleichsweise gering.

8.3.4. TRIPS-Übereinkommen

Das »Übereinkommen über handelsbezogene Aspekte der Rechte des geistigen Eigentums« (Trade-Related Aspects of Intellectuell Property, TRIPS) ist integraler Bestandteil des Übereinkommens zur Errichtung der Welthandelsorganisation (WTO) von 1994. Aufgrund der zahlreichen Mitgliedstaaten (derzeit 134) hat das TRIPS-Abkommen einen ähnlich großen Anwendungsbereich wie die RBÜ. In der Sache soll das Abkommen den internationalen Schutz des geistigen Eigentums gegen die unberechtigte Nutzung und Nachahmung gewährleisten. Ebenso wie die vorgenannten Abkommen, stellt das TRIPS-Übereinkommen den Grundsatz der Inländerbehandlung auf und legt selbst gewisse Mindestrechte fest.

8.3.5. Abkommen zwischen dem Deutschen Reich und den USA

Von den bilateralen Staatsverträgen ist schließlich vor allem das »Übereinkommen zwischen dem deutschen Reich und den Vereinigten Staaten von Amerika über den gegenseitigen Schutz der Urheberrechte« von 1892 zu nennen. Ebenso wie die vorgenannten Konventionen beruht es auf dem Grundsatz der Inländerbehandlung, schreibt aber keinen Schutzfristenvergleich vor.

Dies hat zur Folge, dass den Werken von US-amerikanischen Urhebern, welche vor Inkrafttreten des Abkommens bereits urheberrechtlich geschützt waren, die wesentlich längeren Schutzfristen in Deutschland zugute kommen (vgl. BGHZ 70, 268 ff. »Buster Keaton Filme«). Mit Beitritt der USA zum WUA waren dessen Regelungen vorrangig zu beachten (Art. XIX Satz 2 WUA), weshalb der Schutzfristenvergleich (Art. IV Ziff. 4. WUA) wieder zu einer Reduzierung der in Deutschland gewährten Schutzdauer auf die amerikanische Befristung führte. Diese Regelungen sind allerdings hinfällig, seit die USA im Jahr 1989 auch der RBÜ beigetreten ist und nunmehr deren Regelungen vorrangig zu beachten sind (Art. XVII WUA nebst Zusatzerklärung). Denn die RBÜ lässt Sonderabkommen den Vorrang, die den Urhebern günstigere Rechte verleihen, als sie die RBÜ vorsieht. Im Ergebnis lebt daher im Verhältnis USA-Deutschland wieder das bilaterale Abkommen von 1892 auf, welches eine uneingeschränkte Inländerbehandlung vorsieht. Die Werke amerikanischer Urheber genießen mithin in Deutschland gleich lange Schutzfristen wie die Werke deutscher Urheber und umgekehrt.

In der Sache selbst macht dies mittlerweile für neuere Werke keinen Unterschied mehr. Denn der U.S. Copyright Act sieht für Werke, die am oder nach dem 1. Januar 1978 geschaffen wurden, eine Schutzdauer von 70 Jahren nach dem Tod des Urhebers vor, § 302 (a) U.S.C.A. Die gleiche Schutzdauer gilt für Werke, die vor dem 1. Januar 1978 geschaffen, aber nicht veröffentlicht oder registriert wurden, § 303 U.S.C.A. Für Werke, die vor 1978 veröffentlicht oder registriert wurden, betrug die Schutzfrist 28 Jahre mit einer einmaligen Verlängerungsoption, so dass diese Werke maximal 75 Jahre Urheberrechtsschutz nach dem U.S. Copyright Act genießen, § 304 U.S.C.A.

II. Sonderfragen zum Filmurheberrecht

1. Urheberrechte von Filmschaffenden

1.1. Geschütztes Werk
Die urheberrechtlich geschützten Werke sind in § 2 Abs. 1 UrhG aufgezählt. Nach Ziffer 6 dieser Bestimmung zählen hierzu auch Filmwerke, einschließlich der Werke, die ähnlich wie Filmwerke geschaffen werden.

1.1.1. Filmwerke
Unter diesen Begriff fallen alle Arten von Filmen, gleichgültig auf welchem Material (z.B. Zelluloid, Digi-Beta), in welchem Format (35 mm, analog, digital) oder für welchen Zweck (z.B. Kino, TV) sie bestimmt sind oder verwandt werden.
Nicht jedes Filmwerk ist allerdings urheberrechtlich geschützt, sondern nur solche, die eine persönliche geistige Schöpfung darstellen, also »Werkcharakter« im Sinne des Urheberrechts besitzen. Wie bereits dargestellt (vgl. Kap. I.2.) setzt die persönliche Schöpfung das eigenhändige Erschaffen des Werkes voraus.
Eine geistige Schöpfung erfordert darüber hinaus ein Mindestmaß an Originalität und individueller Prägung, d.h. es muss eine gewisse »Gestaltungshöhe« erreicht sein. Diese Voraussetzungen sind bei Spielfilmen, die aufgrund eines erfundenen Drehbuches hergestellt werden, völlig unproblematisch. Umgekehrt dürfen die Anforderungen jedoch nicht zu hoch angesetzt werden, denn auch die sog. »kleine Münze« ist als Werk geschützt. Darunter sind einfache Gestaltungen zu verstehen, die gerade noch Urheberrechtsschutz genießen (z.B. Kataloge, Fernsprechbücher, vgl. Schricker-Loewenheim, Urheberrecht – Kommentar, 2. Aufl., § 2, Rz. 38). Grenzfälle bilden im Filmbereich die Werke und Berichterstattungen, die tatsächliche Vorgänge und Ereignisse lediglich abbilden, ohne eine individuelle Gestaltung der Auswahl und Zusammenstellung der Bilder zu beinhalten. Die Rechtsprechung hat etwa bei rein nachfotografierter Natur in einer Filmszene den Werkcharakter verneint (vgl. BGHZ 9, S.268 – Schwanenbilder).
Genügen bildliche Aufzeichnungen nicht den Anforderungen der Filmwerke im Sinne des Urheberrechtsgesetzes, sind sie jedoch nicht völlig schutzlos, sondern genießen regelmäßig das Leistungsschutzrecht für Laufbilder gemäß § 95 UrhG (vgl. 1.2.).

1.1.2. Werkteile/ Filmausschnitte
Der Schutz nach dem Urheberrechtsgesetz erstreckt sich nicht nur auf das Filmwerk als Ganzes, sondern auch auf seine einzelnen Teile. Voraussetzung ist allerdings, dass auch der entsprechende Teil »Werkcharakter« hat (vgl. BGHZ 9, S. 267 f.; BGHZ 28, S. 237 – Straßenverkehrslied). Maßgeblich ist hierbei, dass sich der Filmausschnitt allein

aus der Masse des Alltäglichen und Trivialen heraushebt und die erforderliche Eigentümlichkeit aufweist.

Dieser Nachweis wird bei einzelnen Werkteilen umso schwieriger zu führen sein, je kürzer der fragliche Filmausschnitt bzw. das Werkteil ist. Denn ein für sich genommen nicht urheberschutzfähiges Werkteil kann nicht über die Bekanntheit und Originalität des Gesamtwerkes zur Schutzfähigkeit heranreifen (vgl. LG Frankfurt a.M. GRUR 1996, S. 125). Mit dieser Begründung versagte das Frankfurter Gericht dem Textteil (Refrain) »Tausendmal berührt, tausendmal ist nix passiert« des bekannten Liedes von Klaus Lage (»1001-Nacht«) den urheberrechtlichen Schutz und wies die Klage des Komponisten und Texters gegen die Telekom wegen der Werbeanzeige »Tausendmal berührt, tausendmal ist was passiert« ab.

Im Falle des Versagens des Urheberschutzes liegen für Teile des Films, ebenso wie beim Gesamtwerk, regelmäßig die Leistungsschutzrechte für Laufbilder nach § 95 UrhG vor (vgl. Schricker-Katzenberger, a.a.O., § 95, Rz. 8).

1.1.3. filmähnliche Werke

Die ausdrückliche Nennung »filmähnlicher Werke« neben den Filmwerken gemäß § 6 Ziff. 2 UrhG macht vor allem deutlich, dass der Begriff des Filmwerks weit zu fassen ist. Die praktische Bedeutung ist dagegen insoweit gering, als zu der Kategorie »filmähnlicher Werke« neben der Tonbildschau vor allem die Computerspiele zählten. Indem letztere allerdings immer aufwendiger und anspruchsvoller gestaltet werden, erreichen diese oftmals das Niveau kleiner Filmwerke (vgl. Nordemann-Vinck, Urheberrecht, § 2, Rz. 78; Schricker-Loewenheim, a.a.O., § 2, Rz. 184).

1.1.4. Multimedia

Multimediawerke verknüpfen unterschiedliche Werke, wie Bild, Ton, Text und graphische Elemente miteinander. Die Entstehung dieser Werke ist dadurch geprägt, dass sie am Computer mittels eines speziellen Programms geschaffen werden. Durch die digitale Technologie wird die Speicherung, Komprimierung, Bearbeitung und die Übermittlung beliebiger Daten und Werkteile in einem neuen (digitalen) Format (Aggregatzustand) möglich. Diese digital formatierten Werke können ohne Qualitätsverluste beliebig häufig in körperlicher (Offline) oder unkörperlicher (Online) Form genutzt werden, wobei als weitere Neuheit die Interaktivität hinzutritt.

Da das geltende Urheberrecht für die Multimediaprodukte keine eigene Werkart definiert, bereitet deren Einordnung noch gewisse Schwierigkeiten. Teilweise werden Multimediawerke als »Sammelwerk« bzw. »Datenbankwerk« im Sinne des § 4 UrhG, teilweise als Computerprogramm im Sinne des §§ 1, 69 a UrhG oder als neue, dem Filmwerk lediglich verwandte Werkart angesehen (zum Überblick vgl. Stefan Bechtold, Multimedia und das Urheberrecht, *http://www.jura.uni-tuebingen.de/student/stefan. bechtold/sem97/sem.html).* Zur sachgerechten Einordnung bedarf es daher sinnvollerweise einer Prüfung der prägenden Merkmale des jeweiligen Einzelfalles.

So weit das in Frage stehende Multimediawerk bewegte Bilder enthält, die den Gesamteindruck nicht unmaßgeblich mitprägen, dürfte es sich nach richtiger Auffassung um filmähnliche Werke im Sinne des § 2 Abs. 1 Nr. 6 UrhG handeln. Denn in beiden Fällen liegt eine Kombination einer Vielzahl von künstlerischen Leistungen und Beiträgen vor, die sich zu einem einheitlichen Gesamtkunstwerk zusammen fügen (Poll, Urheberrecht, I. Mulitmedia, S. 2). Die Qualifizierung als »filmähnliches Werk« ist für den Multimediaproduzenten insbesondere deshalb relevant, weil seine Rechtstellung dadurch derjenigen des Filmproduzenten entspricht und für ihn somit auch die Sonderregelungen der §§ 88 ff UrhG gelten.

1.2. Die Inhaber des Urheberrechts am Filmwerk

Die Bestimmung der Urheberschaft am Filmwerk ist äußerst komplexer Natur, was in erster Linie daran liegt, dass es sich bei einem Film um ein Gesamtwerk handelt, welches eine Vielzahl von Werken, kreativen Beiträgen und Leistungen verkörpert. So ist bei der Herstellung zunächst zwischen den Rechten an den vorbestehenden Werken (z.B. Roman, Drehbuch, Musik, Figuren) und den Rechten am eigentlichen Filmwerk zu unterscheiden.

1.2.1. Die vorbestehenden Werke

Fast alle Filmwerke basieren auf einem vorbestehenden Werk, welches seinerseits eine persönliche geistige Schöpfung darstellt und damit urheberrechtlich geschützt ist. Eine Ausnahme bilden nur solche Filmwerke, die reine Tatsachenberichte darstellen oder als reine Bildimpressionen anzusehen sind.

In der Verfilmung eines vorbestehenden Werkes liegt regelmäßig eine Bearbeitung und eine solche ist nur mit Einwilligung des Inhabers der Rechte an dem vorbestehenden Werk zulässig (§ 23 UrhG). Das bedeutet, dass die entsprechenden Rechte (Verfilmungs- und Auswertungsrechte) vom Inhaber der Rechte am vorbestehenden Werk einzuholen sind, soweit das benutzte vorbestehende Werk geschützt ist.

Die vorbestehenden Werke teilen sich in zwei Gruppen:

– Die filmunabhängigen vorbestehenden Werke, d.h. Werke, die zwar zur Filmherstellung benutzt werden, deren Hauptverwendung jedoch außerhalb der Filmherstellung liegt. In diese Kategorie fallen z.B. Romane, Bühnenwerke, Zeichnungen, Werke der bildenden Kunst.

– Filmbestimmte vorbestehende Werke, d.h. deren Hauptverwendungszweck in der Filmherstellung liegt. Zu dieser Gruppe zählen das Filmdrehbuch, die Filmmusik (so weit sie eigens für den Film komponiert wurde), Filmbauten, Kostüme, Filmdekorationen.

Beide Kategorien von Werken bestehen selbständig neben dem Filmwerk, denn auch die zweite Werkkategorie lässt sich unabhängig vom Filmwerk verwerten, z.B. das Filmdrehbuch als »Buch« oder als »Buch zum Film«. Die Unterscheidung zwischen den vorbestehenden Rechten und den Rechten am Filmwerk spiegelt sich auch in der gesetzlichen Regelung wieder. § 88 UrhG regelt das »Recht zur Verfilmung«, wobei sich diese Vorschrift auf die vorbestehenden Werke bezieht. Demgegenüber sind die »Rechte am Filmwerk« in § 89 UrhG geregelt.

1.2.2. Die Urheberschaft am Film

Die Frage, wer als Urheber des fertig gestellten Films in Betracht kommt, wird zusätzlich kompliziert, da es an einer klaren gesetzlichen Regelung fehlt und dazu bislang nur vereinzelt (höchst)richterliche Entscheidungen ergangen sind.

In einigen Rechtsordnungen werden die Urheber der vorbestehenden Werke als Miturheber am Filmwerk betrachtet (z.B. in Frankreich gemäß Art. L.113-7 Code de la Propriété Intellectuelle, CPI). Im deutschen Urheberrecht werden dagegen die Urheber der – auch filmbestimmten – vorbestehenden Werke nicht als Inhaber der (Mit)Urheberrechte am Filmwerk angesehen. Damit erwerben Drehbuchautoren, Komponisten, Ausstatter keine (Mit)urheberrechte an dem Film, für den sie ihre Leistungen erbringen.

Nach dem geltenden »Schöpferprinzip« kommen nur solche Personen als Urheber des Filmwerkes in Betracht, die bei der Herstellung des Filmwerkes selbst eine urheberrechtlich relevante, also geistig schöpferische Leistung erbracht haben. Wer dies ist, bleibt jedoch unklar. Aus der amtlichen Begründung (von 1961) des Entwurfs zu § 99 UrhG, der unverändert als der jetzige § 89 UrhG am 1.1.1966 in Kraft getreten ist, ergibt sich Folgendes:

> »Für das Urheberrecht am Filmwerk kommen nur die Personen in Frage, deren Beitrag eine persönliche geistige Schöpfung darstellt. Dies können nach Lage des Einzelfalles sein: der Regisseur, der Kameramann, der Cutter und andere Mitwirkende, möglicherweise auch der Filmhersteller selbst, wenn er die Gestaltung des Filmwerkes schöpferisch mitbestimmt«.

Im Gesetzestext des § 89 UrhG selbst werden dagegen keine Mitwirkenden als Filmurheber festgelegt oder auch nur vermutet.

Die einschlägige Literatur versucht deshalb, aufgrund dieser unbestimmten und damit unsicheren Rechtslage einzelne schöpferisch-gestaltende Berufsgruppen zu bilden, die eine tatsächliche (widerlegbare) Vermutung begründen sollen, dass die Angehörigen der jeweiligen Berufsgruppe im Zweifel als Miturheber des Filmwerkes anzusehen sind (vgl. v. Hartlieb, Handbuch des Film, Fernseh- und Videorechts, 3. Aufl., Kap. 62, Rz. 2; Nordemann-Hertin, a.a.O., Vor §§ 88, Rz. 19; Schricker-Katzenberger, a.a.O., Anm. 61 vor §§ 88 ff.). Generell werden die folgenden Berufsgruppen als typische mögliche Filmurheber genannt: Regie, Kamera, Schnitt und bisweilen der Tonmeister.

Seitens der Gerichte finden sich zu dieser Frage bislang nur wenige einschlägige Urteile. Nach traditioneller Rechtsprechung steht das Urheberrecht am Filmwerk dem Regisseur zu (vgl. BGHZ 90, S. 219). Er hat die Aufgabe, das geistige Konzept (insbesondere das abgenommene Drehbuch) in die filmische Form umzusetzen. Der Regisseur ist deshalb derjenige, der das »Gesamtkunstwerk« Film maßgebend prägt. Außerdem hat der Regisseur regelmäßig ein Mitspracherecht bei den wesentlichen Mitwirkenden der Filmherstellung, wie Kameramann, Cutter, Hauptdarsteller, Ausstatter etc. Er entscheidet weiterhin über die Motive, Drehorte und den Drehplan und überwacht schließlich den Schnitt und die Montage des Films, was ebenfalls zu seinem vertraglichen Aufgabenkreis gehört. Durch diese zentrale Funktion erbringt der Regisseur im Rahmen der Herstellung des Films die das Urheberrecht konstituierende geistig schöpferische Leistung.

Dieser Rechtsprechung folgend hat erst jüngst das Landgericht München I in einem Musterverfahren die Miturheberschaft des Kameramannes an einigen Spielfilmen abgelehnt (Urt. vom 22.12.1998 – Az. 7 O 6654/95). Die Letztentscheidung hinsichtlich der Einstellung der zu drehenden Szenen habe im fraglichen Fall beim Regisseur gelegen, so dass nicht von einem partnerschaftlichen Zusammenwirken im Rahmen einer gemeinsamen Schöpfung gesprochen werden könne.

Dagegen erließ das Landgericht Köln im Jahre 1997 ein (nicht rechtskräftiges) Urteil, in dem es dem Toningenieur ein Miturheberrecht an einem Spielfilm zuerkannte (Urt. v. 29.10.1997 – Az. 28 O 228/97). Hier wird das Urteil damit begründet, dass die Arbeit des Tonmeisters im akustischen Bereich derjenigen des Kameramannes im bildlichen entspreche. Das Filmwerk erhalte auch durch das Klangbild seine individuelle Ausprägung, die den sichtbaren Szenen erst das Stimmungsbild gebe.

Sollte dieses Urteil Bestand haben, hätte sich die Rechtsprechung wohl auch zukünftig mit dem ständigen Bestreben der tendenziellen Erweiterung des Kreises der Filmurheber auseinanderzusetzen. Als nächste Gruppe dürften die Cutter die Miturheberschaft für sich reklamieren. Dem Verfasser ist ein Urteil zur Frage der Filmmiturheberschaft von Cuttern bislang nicht bekannt. Angesichts der herausragenden Bedeutung der Cutter (»Der Film entsteht am Schneidetisch«) wären allerdings bei der Verfolgung dieses Weges grundsätzlich auch die Cutter in den Kreis der Filmmiturheber aufzunehmen.

Um den Mitwirkenden tatsächlich gerecht zu werden, müssten die verschiedenen Kategorien der Filmschaffenden ständig auch dem neuesten Stand der technischen Entwicklung angepasst werden. Eine Reihe hochkarätiger Spielfilme entsteht heutzutage überwiegend in der digitalen Postproduktion. In solchen Konstellationen müsste der Kreis der Miturheber wohl um die »digital editors« erweitert werden.

Der »fallweise« Weg der Bestimmung und der tendenziellen Erweiterung des Kreises der Miturheber am Filmwerk erscheint allerdings rechtsdogmatisch höchst zweifelhaft. Denn wie bereits dargestellt (vgl. Kap. I.2), setzt die Miturheberschaft nach § 8 UrhG ein gemeinsames Schaffen voraus, wobei eine gegenseitige Unterordnung jedes einzelnen Beitrages unter eine kreative Gesamtidee vorliegen muss. Von einer solchen Unterordnung wird regelmäßig auf Seiten des Regisseurs indessen nicht ausgegangen werden können. Auch das fertige Produkt lässt meist nicht erkennen, dass es sich um eine gegenseitige Unterordnung im Sinne des § 8 UrhG gehandelt hätte.

Im Gegenteil: In den »front credits« der Spielfilme wird dem Regisseur häufig die Nennung *»Ein Film von …«* gewährt.

Durch diese Nennung wird hinreichend deutlich, wer das Gesamtkunstwerk Film verantwortet und es sollte deshalb grundsätzlich davon ausgegangen werden, dass der Regisseur der alleinige Filmurheber ist. Andernfalls bestünde eine Rechtsunsicherheit, die aufgrund der zusätzlichen verworrenen tatsächlichen Verhältnisse kaum mehr zu bewältigen wäre. Das vielfach vorzufindende Chaos in den Produktionsverhältnissen wurde in der bereits zitierten amtlichen Begründung des Entwurfs zu § 89 UrhG treffend antizipiert: *»… häufig werden die einzelnen Mitwirkenden selbst nicht wissen, was sie an schöpferischen Leistungen beigetragen haben«.*

Zur Förderung der Rechtsklarheit wäre daher die Einführung einer (widerlegbaren) gesetzlichen Vermutung hilfreich, die den Regisseur als den Urheber des Filmwerkes anerkennt.

Exkurs: Europäische Harmonisierung:
Wie bereits eingangs dargestellt (I.8.2.), hat die Europäische Gemeinschaft im Rahmen der Verwirklichung eines einheitlichen Binnenmarktes Richtlinien zur Harmonisierung des Urheberrechts erlassen. Sowohl die Richtlinie zum Vermiet- und Verleihrecht vom 19. November 1992 (Art. 2 Abs. 2) als auch die Richtlinie zur Harmonisierung der Schutzdauer vom 29. Oktober 1993 (Art. 2 Abs. 1) sehen vor, dass der Hauptregisseur als Urheber oder einer der Miturheber des Films anzusehen ist. Der Regisseur bildet also gleichsam den Minimalkonsens innerhalb der europäischen Gemeinschaft. Im Übrigen ist es den Mitgliedstaaten anheim gestellt, welche weiteren Personen als Miturheber in Frage kommen. Dabei bleibt Spielraum sowohl für diejenigen Länder, die den Produzenten als den originären Filmurheber anerkennen als auch für diejenigen, welche auch die Urheber der vorbestehenden Werke als Miturheber des Filmwerkes ansehen.

2. Leistungsschutzrechte der Filmschaffenden

So weit die bei der Herstellung eines Films kreativ Beteiligten keine geistige persönliche Schöpfung im Sinne des Urheberrechtes erbringen, stehen ihnen regelmäßig Leistungsschutzrechte zu.
Das Leistungsschutzrecht ist als ein dem Urheberrecht verwandtes Schutzrecht gekennzeichnet, welches allerdings dem Inhaber schwächeren Schutz gewährt. Im Gegensatz zum Urheberrecht hat der Leistungsschutzberechtigte keinen gesetzlichen Nennungsanspruch (§ 13 UrhG), keinen Beteiligungsanspruch (§ 36 UrhG) und kein Rückrufsrecht (§§ 41, 42 UrhG). Auch die Schutzdauer ist deutlich kürzer, denn sie beträgt lediglich 50 Jahre ab Veröffentlichung des Werkes. Schließlich genießt er kein »Urheberpersönlichkeitsrecht«, ihm steht jedoch das allgemeine Persönlichkeitsrecht zur Seite. Der Leistungsschutzberechtigte kann ebenfalls die Verwertung seiner Leistungen verbieten, wenn darin eine Entstellung zu sehen ist.
Bei dem Personenkreis der Leistungsschutzberechtigten im Rahmen einer Filmproduktion handelt es sich um die »ausübenden Künstler«. Darunter ist jede Person zu verstehen, die bei der Herstellung des Filmwerkes durch künstlerische Tätigkeit mitgewirkt hat (§§ 73, 92 UrhG). Hierzu zählen insbesondere der Kameramann, Cutter, Toningenieur und die Schauspieler, soweit die Vorbezeichneten im Einzelfall nicht als Miturheber des Filmwerkes zu qualifizieren sind.
Demgegenüber scheiden solche Personen aus, die nur technische, organisatorische oder kaufmännische Leistungen erbringen, weil insoweit keine künstlerische Mitwirkung vorliegt. Zu diesem Personenkreis rechnet man etwa den Filmbuchhalter, Filmgeschäftsführer, die Produktionssekretärin und vergleichbare Tätigkeiten.

III. Die Rechtsposition des Filmherstellers

»Amerika, du hast es besser«!

Treffender als mit *Goethe* (»Zahme Xenien IX«) ließe sich die Situation der deutschen gegenüber den amerikanischen Filmproduzenten nicht beschreiben. In den USA, wo die entsprechenden Gesetze von der übermächtigen Lobby der Filmproduzenten gleichsam diktiert wurden, gilt der Produzent als der Filmurheber. Dort erwächst das »Copyright«, welches die umfassenden Auswertungsrechte am Filmwerk vereinigt, in der Produktionsgesellschaft. Einige europäische Länder (z.b. England, Luxemburg, Polen) verfolgen ein ähnliches produzentenfreundliches Konzept und behandeln den Filmproduzenten als den originären Inhaber des Urheberrechts.

In Deutschland sahen die einschlägigen Gesetze zu keiner Zeit ein originäres Urheberrecht des Produzenten an dem Filmwerk vor, jedoch folgerte die Rechtsprechung bis in die 50er-Jahre wiederholt ein »Produzentenurheberrecht« aus der Tatsache, dass »die geistig-schöpferischen Kräfte für ihn und in seinem Auftrag tätig werden und er die Zusammenarbeit der verschiedenen Beteiligten herbeiführt und ermöglicht ...« (vgl. OLG Frankfurt a. Main – GRUR 1952, S. 434). Diese Rechtsposition fand selbst in den Referentenentwurf des Gesetzgebers von 1954 noch Eingang. Anschließend setzte sich jedoch das bereits dargestellte »Schöpferprinzip« durch, wonach als Urheber des Filmwerkes nur solche (natürliche) Personen in Frage kommen, die unmittelbar selbst einen schöpferisch-gestaltenden Einfluss auf die Herstellung des Films nehmen. Mit der Ablehnung des originären Urheberrechts des Filmproduzenten und der Verankerung des Schöpferprinzips sieht sich der Filmproduzent erheblichen Risiken ausgesetzt im Hinblick auf eine sichere, umfassende und ungestörte Auswertung des Films.

Welche Rechte stehen dem Produzenten aber an dem von ihm finanzierten und hergestellten Film zu? Um dieser Frage nachzugehen, bedarf es zunächst der Klärung, wer überhaupt als Filmhersteller in Betracht kommt.

1. Definition des Filmherstellers

Der Begriff des Filmherstellers ist im Gesetz nirgends definiert. Eine klare und verlässliche Definition des Filmherstellers ist jedoch in urheberrechtlicher und steuerrechtlicher Hinsicht außerordentlich wichtig, weshalb es die Rechtsprechung übernommen hat, diesen Begriff näher zu bestimmen. Als Filmhersteller gilt danach, wer die organisatorische, wirtschaftliche, finanzielle, künstlerische und rechtliche Aufgabe bei der Herstellung und Auswertung eines Filmwerkes übernimmt (vgl. BGH-UFITA Bd. 55, S. 313, 320).

In seiner Entscheidung vom 22. Oktober 1992 (BGHZ 120, 67ff) hat der BGH weiter präzisiert, dass die das Schutzrecht des Filmherstellers begründende Leistung nicht in einem künstlerisch-schöpferischen Beitrag zum Filmwerk liegt, sondern in der Übernahme der wirtschaftlichen Verantwortung und der organisatorischen Tätigkeit, die zur Herstellung eines Filmwerkes erforderlich sind. Angesichts der zunehmenden Delegation bestimmter, ursprünglich dem Filmproduzenten zugedachter, Tätigkeiten im Wege des »Outsourcing« (z.B. die Projektentwicklung, das »Packaging« und die Einschaltung von Dienstleistungsunternehmen bei der Durchführung von Produktionen) reduziert sich die Rolle des Filmherstellers zusehends auf die Finanzierung, Vertragsgestaltung und Übernahme des wirtschaftlichen Risikos bei der Filmherstellung. Eine weitere Festlegung der verbindlichen Kriterien des Filmherstellers erfolgte im Rahmen des sog. Medienerlasses (vgl. Kap. VII.3.5).

2. Originäres Leistungsschutzrecht (§ 94 UrhG)

Der Filmhersteller genießt nach § 94 UrhG ein eigenes, dem Urheberrecht verwandtes Schutzrecht, welches ihm originär, also nicht als vertraglich abgeleitetes Recht, zusteht. Nach dieser Vorschrift erwirbt der Filmhersteller das ausschließliche Recht auf Vervielfältigung, Verbreitung, öffentliche Vorführung und Funksendung des Films. Außerdem kann er jede Entstellung oder Kürzung des Films verbieten, die geeignet ist, seine berechtigten Interessen an dem Filmwerk zu gefährden.
Diese gesetzlich verankerte Stellung des Filmproduzenten sollte nach dem Willen des Gesetzgebers das hohe finanzielle Risiko und die organisatorische und wirtschaftliche Leistung bei der Herstellung eines Filmwerkes angemessen honorieren. Der Wortlaut und insbesondere die Systematik des Gesetzes stellen aus der Sicht des Filmproduzenten jedoch keine befriedigende und interessengerechte Lösung dar. Dies gilt sowohl für den Erwerb der Rechte von den Filmurhebern (§ 89 UrhG), wie auch von den Urhebern der vorbestehenden Werke (§ 88 UrhG).

2.1. Die Mitwirkenden am Filmwerk (§ 89 UrhG)

§ 89 UrhG regelt für die Filmurheber und ausübenden Künstler, dass derjenige, der bei der Herstellung eines Filmwerkes mitwirkt, dem Filmhersteller im Zweifel das ausschließliche Recht einräumt, das Filmwerk sowie Übersetzungen und andere filmische Bearbeitungen oder Umgestaltungen des Filmwerkes auf allen bekannten Nutzungsarten zu nutzen.

2.1.1. Gesetzliche Vermutung

Dabei handelt es sich um eine Übertragungsvermutung, die dem Filmhersteller »im Zweifel« das umfassende ausschließliche Recht zuordnet, d.h. den zeitlich, örtlich und gegenständlich unbeschränkten Erwerb der Nutzungsrechte (vgl. Nordemann-Hertin, a.a.O., § 89, Rz. 10; Schricker – Katzenberger, a.a.O., § 89, Rz. 2). Der Filmhersteller kann damit das Filmwerk – ungeachtet schutzwürdiger Belange der Filmurheber – weltweit in beliebiger Form auswerten.

2.1.2. Bekannte Nutzungsart

Die gesetzliche Vermutung der Rechtseinräumung in § 89 UrhG erstreckt sich allerdings nur auf »alle bekannten Nutzungsarten«. § 89 UrhG belastet den Filmhersteller daher mit dem Risiko, dass ein Filmurheber die Auswertung des Films in einem bestimmten Medium blockiert, weil es sich dabei um eine zum Zeitpunkt der Produktion »noch nicht bekannte Nutzungsart« handelte. Die Grenze zwischen einer bekannten und einer unbekannten bzw. »noch nicht bekannten« Nutzungsart ist mitunter schwierig zu bestimmen und die Frage der Bekanntheit einer Nutzungsart stellt einen höchst virulenten Punkt im Urheberrecht dar (vgl. Kap. V.3. »Schranken und Fallstricke des Rechtserwerbs«).

Aus Sicht des Verfassers erscheint es aus verschiedenen Gründen nicht sachgerecht, dieses Risiko dem Produzenten aufzubürden:

- die oben genannte gesetzliche Regelung stammt aus den 60er-Jahren, also einer Zeit, als sich die technische Entwicklung gerade zwischen dem schwarz-weiß und dem Farbfernsehen bewegte. Technologische Entwicklungen (als Stichworte seien nur Internet und Digitalisierung genannt) können nicht dazu führen, dass die Rechte des Filmproduzenten diesen Entwicklungen ständig hinterherhinken bzw. zurückbleiben. Vielmehr ist der Produzent darauf angewiesen, dass er den Film auch in den sich jeweils entwickelnden neuen Medien auswerten kann;
- nach dem Willen des Gesetzgebers sollte das Kostenrisiko für den Filmhersteller nur tragbar sein, »wenn er sicher ist, dass die Verwertung nicht durch Verbotsrechte der Mitwirkenden beeinträchtigt werden kann« (vgl. amtliche Begründung). Von dieser ursprünglich beabsichtigten gesicherten Rechtsposition ist der Filmproduzent jedoch inzwischen weit entfernt;
- Film ist ein internationales Medium und Spielfilme werden oft länderübergreifend finanziert oder koproduziert. Seit einigen Jahren hat sich Deutschland erfreulicherweise zu einem internationalen Zentrum der Filmproduktion entwickelt, in dem sich auch Banken und Privatinvestoren in maßgeblichem Umfang engagieren. Demgegenüber bieten die hiesigen gesetzlichen Regelungen im internationalen Vergleich den Filmproduzenten nur unzureichende Rechtssicherheit und belasten ihn mit unnötigen Risiken.

Mit *Poll* ist daher eine sach- und interessensgerechte Lösung durch die Einführung einer gesetzlichen Rechtsübertragung (»cessio legis«) zu postulieren mit der Konsequenz, dass sämtliche Auswertungsrechte am Filmwerk dem Produzenten zustehen (vgl. Poll, Urheberschaft und Verwertungsrechte am Filmwerk, ZUM 1999, S. 35).

2.2. Die Urheber der vorbestehenden Werke (§ 88 UrhG)

§ 88 UrhG sieht für die vorbestehenden Werke vor, dass ein Urheber, der die Verfilmung seines Werkes gestattet, im Zweifel die folgenden ausschließlichen Nutzungsrechte einräumt: Bearbeitungs- und Verfilmungsrecht, Vervielfältigungs- und Verbreitungsrecht, das Vorführungsrecht (Filmtheaterrechte), das Senderecht und das Recht, Übersetzungen und andere filmische Bearbeitungen oder Umgestaltungen des Films durchzuführen und die bearbeitete Version zu verwerten.

Augenfällig ist, dass mit beiden gesetzlichen Bestimmungen (§§ 88, 89 UrhG) nur die sog. filmnahen Verwertungsrechte übertragen werden. Die Aufzählung der dem Produzenten im Zweifel zustehenden Rechte ist deshalb unzulänglich und bietet ihm keinen zuverlässigen Handlungsrahmen. Die Terminologie des Gesetzgebers hat mit der Dynamik der Medienentwicklung nicht Schritt gehalten. Ein Filmproduzent sollte bzw. muss heute nicht nur über die im Gesetz aufgezählten Nutzungsrechte verfügen können, sondern auch über sämtliche neuen off-line- und Online-Rechte, einschließlich der vielgestaltigen Vernetzungen im Internet.

Der Produzent sollte es unter diesen Umständen nicht bei der gesetzlichen Regelung bewenden lassen. Denn die gesetzlichen Vorschriften, wie im Übrigen auch die tarifvertragliche Rechtsübertragungsklausel, erfassen weiterhin nicht die Remakerechte (Wiederverfilmungsrechte), die Sequel- und Prequelrechte (Folge- oder Fortsetzungsrechte), die Drucknebenrechte (z.B. Veröffentlichung eines Buches zum Film), oder etwa die Merchandising-Rechte. Diese Rechte sind jedoch unter Umständen unverzichtbar für die Realisierung des beabsichtigten Vorhabens.

3. Vertraglicher Rechtserwerb

Beim vertraglichen Rechtserwerb differenziert das Gesetz zwischen denjenigen, die beim Filmhersteller angestellt sind und denjenigen, mit denen der Filmhersteller lediglich projektbezogene Verträge abschließt.

3.1. angestellte Urheber

So weit es sich um Angestellte des Filmproduzenten handelt, werden die Rechte regelmäßig durch den Arbeitsvertrag eingeräumt. Außerdem ergibt sich aus § 43 UrhG, dass dem Arbeitgeber die Nutzungs- und Verwertungsrechte übertragen werden, die erforderlich sind, damit die im Rahmen des Anstellungsverhältnisses geschaffenen Werke ordnungsgemäß ausgewertet werden können (BGH GRUR 1974, S. 480, 482). Etwas anderes gilt nur, sofern die Parteien ausdrücklich eine anders lautende Vereinbarung getroffen haben.

3.2. Vertragspartner

Zur angemessenen Auswertung des Projektes sollte der Produzent die Rechte möglichst umfassend durch eine Vereinbarung mit allen Beteiligten erlangen. Welche Rechte im Einzelnen in Frage kommen bzw. üblicherweise erwartet werden, ist dem unter »Anlagen« beigefügten Rechtekatalog zu entnehmen.

Es handelt sich dabei um einen Verfilmungsvertrag; der Rechtekatalog ist jedoch auf die meisten anderen Vertragskategorien im Rahmen der Herstellung und Auswertung eines Filmwerkes mutatis mutandis übertragbar. Er gilt gleichsam als Checkliste und es ist jeweils eine Frage des Einzelfalles, der Verhandlungsstärke und des Verhandlungsgeschicks der jeweiligen Seite, wie umfassend und zu welchen Konditionen die Rechte übertragen werden. Soweit einzelne Rechte nicht zur Disposition stehen, bzw. der

Rechtsinhaber zur Einräumung nicht bereit ist, sollte der Produzent zumindest versuchen, sich eine Option bzw. ein »first negotiation/ last refusal right« für den Fall einräumen zu lassen, dass der Rechtsinhaber über diese Rechte zu einem späteren Zeitpunkt zu verfügen beabsichtigt.

4. Tarifvertrag

Ergänzend gilt der Tarifvertrag (gültig seit 1. Januar 1996) für Film- und Fernsehschaffende, der für allgemeinverbindlich erklärt worden ist. Dieser erstreckt sich auf alle Film- und Fernsehschaffenden, einschließlich der Regisseure, Kameraleute, Cutter, Tonmeister und Schauspieler.
Gemäß Ziffer 3.1 des Tarifvertrages räumt der Filmschaffende dem Filmhersteller mit Abschluss des Vertrages alle ihm etwa durch das vertragliche Beschäftigungsverhältnis erwachsenden Nutzungs- und Verwertungsrechte an Urheber- und verwandten Schutzrechten ausschließlich und ohne inhaltliche, zeitliche oder räumliche Beschränkung ein. Auch hier bezieht sich allerdings die Rechtseinräumung ausdrücklich auf die Verwertung in den »zur Zeit bekannten Verfahren«.

IV. Rechtsklärungen (»Rights Clearances«) im Rahmen einer Filmproduktion

Der Filmproduzent muss sämtliche das Filmwerk betreffende Rechte zur ordnungsgemäßen Auswertung erwerben, soweit die entsprechenden Rechte nicht erlaubnisfrei sind. Die praktische Relevanz einer »Rights clearance« liegt einerseits in den Rechtsgarantien, die der Produzent gegenüber Dritten abgibt (z.B. Koproduzenten, Finanziers, Verleih) und andererseits in dem Antrag zum Abschluss einer Errors & Omissions-Versicherung (vgl. Kap. VIII. »Filmversicherungen«).

Der Erwerb der Rechte an den vorbestehenden Werken (§ 88 UrhG) sowie derjenigen der Mitwirkenden (§ 89 UrhG) wurde bereits in dem vorstehenden Kapitel erörtert. Nunmehr geht es um die erforderliche Darstellung des Rechtenachweises, dem »Chain of title« (1), um die Recherchen bezüglich des Filmtitels (2), um die Besonderheiten bei der Klärung der Musikrechte (3) und um die Frage, welche Rechte erlaubnisfrei genutzt werden können (4).

1. Chain of Title

Unter dem Begriff »Chain of Title« ist der lückenlose Nachweis der Rechtekette zu verstehen, wonach der Produzent über die zur Herstellung und Auswertung des Films erforderlichen Rechte verfügt. Koproduzenten, Finanziers und Verwerter (z.B. der Weltvertrieb) prüfen – bevor sie sich engagieren – anhand der vorgelegten »Chain of Title«-Dokumente, ob die dem Vorhaben zugrunde liegenden Rechte ordnungsgemäß erworben wurden.

Die Erstellung dieser »Chain of title«-Dokumentation kann nur wenige Zeilen umfassen oder aber sehr ausführlich sein. Meist reicht es aus, wenn die jeweiligen vorbestehenden Werke (Roman, Drehbuch), deren Rechtsinhaber und die entsprechenden Verträge überprüft und dargestellt werden. Andererseits kann die Überprüfung und Erstellung der chain-of-title Dokumente mit erheblichem Aufwand verbunden sein, wenn z.B. ein Roman oder ein Drehbuch verschiedentlich optioniert wurde, Drehbücher von mehreren Personen verfasst wurden, Entwicklungsverträge mit »turnaround-Klauseln« zwischen verschiedenen Produzenten geschlossen wurden etc. Dann ist sorgfältig zu prüfen, wer tatsächlich Inhaber der Rechte ist. Insoweit sind nämlich Konstellationen anzutreffen, in denen die Rechte (teilweise) noch beim ausgeschiedenen »Koproduzenten« liegen und die Rechte erst Zug um Zug gegen Rückerstattung der Entwicklungskosten übergehen.

Bisweilen werden zur Vervollständigung der chain-of-title-Dokumente noch der Regievertrag und der Nachweis der Musikrechte verlangt. Bezüglich der Musik ist dies allerdings oft erst kurz vor Fertigstellung des Films möglich, denn erst dann entscheidet sich, welche Musik verwendet werden soll.

2. Titel-Recherche

Im Rahmen der Rechteklärung muss der Produzent prüfen, ob der gewählte Filmtitel frei ist oder bereits von Dritten genutzt wird. Im deutschsprachigen Bereich bietet sich insoweit zunächst eine Anfrage beim Titelregister der SPIO (Spitzenorganisation der deutschen Filmwirtschaft) in Wiesbaden an. Alternativ übernimmt die Firma »Gracklauer« in Berlin umfassende Titelrecherchen, der hierfür ihre eigenen Datenbanken zur Verfügung stehen. Im internationalen Bereich ist eine Recherche insbesondere in den USA erforderlich. Hierfür bedient sich der Produzent entweder einer Anwaltskanzlei oder einer hierauf spezialisierten Agentur (vgl. Kap. VI. »Projektentwicklung«).

3. Die Klärung der Musikrechte

Musik spielte in künstlerischer Hinsicht für den Film seit jeher eine wichtige Rolle. Selbst die meisten Stummfilme wurden mit Klavierbegleitung aufgeführt. Beim Tonfilm wirkt die Musik erst recht auf die Stimmung des Betrachters ein (die großartig fotografierten Bilder in Luchino Viscontis »Tod in Venedig« verlören erheblich an Wirkung ohne die Musik aus Mahlers 5. Sinfonie). Umso erstaunlicher ist die Beobachtung, dass viele Filmproduzenten mit der Musik sehr nachlässig umgehen. Dies beginnt bei der Kalkulation, in der oft viel zu niedrige Beträge angesetzt werden, und setzt sich bis zur Kontaktaufnahme mit dem Komponisten oder den Rechtsinhabern fort, so dass die Klärung der Musikrechte gleichsam »last minute« erfolgt. Vor diesem Vorgehen ist indessen zu warnen, wie das folgende Beispiel illustriert:
Der Verfasser war vor einigen Jahren mit den »music clearances« für einen Film befasst, der für den Wettbewerb in Cannes nominiert war. Die Aufführung des Films in Cannes war gefährdet, weil die Rechte an einem alten Schlager, mit dem einige zentrale Filmszenen unterlegt werden sollten, nicht rechtzeitig eingeholt worden waren. Der Erwerb der Rechte gestaltete sich u.a. deshalb schwierig, weil der Musikverlag nicht allein entscheidungsbefugt war, denn der Komponist hatte sich die Zustimmung vorbehalten. Der Komponist befand sich im biblischen Alter, lebte auf einer Insel und wollte den Film erst sehen, bevor er seine Entscheidung traf. Die Uraufführung des Films in Cannes war jedoch in wenigen Tagen geplant. Die Teilnahme des Films am Wettbewerb wurde schließlich dadurch ermöglicht, dass zunächst eine Lizenz nur für die Vorführung in Cannes vereinbart wurde. Der Film gewann die goldene Palme und dies erleichterte dem Komponisten seine Zustimmung.
Auf solche glücklichen Umstände sollte sich ein Filmproduzent hingegen nicht verlassen und möglichst frühzeitig die nötigen Überlegungen hinsichtlich der Musik anstellen und die entsprechenden Verhandlungen aufnehmen.

3.1. Varianten
Für den Filmproduzenten bestehen die folgenden Möglichkeiten, seinen Film musikalisch auszustatten:

3.1.1. Neukomposition und Produktion der Filmmusik

Der Filmproduzent greift nicht auf vorbestehende Musikwerke (Komposition und Text) zurück, sondern beauftragt einen Komponisten damit, die für den Film erforderliche Musik (ggf. einschließlich Text) für ihn zu verfassen und zu produzieren. Hier muss der Filmproduzent mit dem Komponisten einen Werkvertrag über die Komposition und Produktion der beauftragten Filmmusik abschließen. Mit Abnahme der Musik muss sich der Filmproduzent die urheberrechtlichen Nutzungsrechte an den Leistungs-ergebnissen des Komponisten, die Leistungsschutzrechte an der Aufnahme (Rechte des Tonträgerherstellers) und die Leistungsschutzrechte der an der Aufnahme mitwir-kenden ausübenden Künstlern von seinem Vertragspartner einräumen lassen, welche dieser wiederum ggf. selbst zuvor erst erwerben muss. In der Regel lässt sich der Film-produzent im Rahmen solcher Verträge auch das Eigentum am Aufnahmematerial über-tragen.

3.1.2. Verwendung gemeinfreier Werke und Neuproduktion

Der Filmproduzent greift auf gemeinfreie Musikkompositionen oder Musiktexte (Klas-siker wie Beethoven, Bach, Verdi, alte Volksmusiken) zurück. In diesem Fall sind die Urheberrechte wegen Zeitablaufs erloschen und die Werke somit gemeinfrei. (Es sei denn, es wird ausnahmsweise eine bearbeitete Fassung herangezogen, die eigenstän-dig Schutz nach § 3 UrhG genießt).

Der Filmproduzent hat die Möglichkeit, die Werke selbst neu aufzunehmen und er muss in diesem Fall lediglich die Leistungsschutzrechte der mitwirkenden Musiker und des Musikproduzenten (Tonträgerherstellers) erwerben.

3.1.3. Verwendung gemeinfreier Werke und (noch) geschützter Aufnahmen

Der Filmproduzent bedient sich gemeinfreier Musikwerke, benutzt dagegen eine Auf-nahme (z.B. Beethovens 9. Sinfonie, aufgenommen mit den Berliner Philharmonikern unter Karajan), die noch geschützt ist (die Leistungsschutzrechte des Tonträgerher-stellers und der an den Tonaufnahmen mitwirkenden ausübenden Künstler erlöschen gemäß §§ 82 und 85 Abs. 2 UrhG 50 Jahre nach Erscheinen oder erlaubter öffentlicher Wiedergabe der betreffenden Aufnahme, bzw. nach Herstellung der Aufnahme, wenn diese keiner Verwertung zugeführt wird).

Hier muss der Filmproduzent folglich die Leistungsschutzrechte des Tonträgerherstel-lers und der mitwirkenden ausübenden Künstler vom Tonträgerunternehmen einho-len.

3.1.4. Verwendung (noch) geschützter Werke und gemeinfreier Aufnahmen

Die Musikwerke sind noch geschützt, aber die Leistungsschutzrechte des Tonträger-herstellers und der ausübenden Künstler sind erloschen (z.B. der Schlager »Lilli Marleen«, gesungen von Lale Andersen). In dieser Konstellation sind nur die urheber-rechtlichen Nutzungsrechte an den verwendeten Musikwerken einzuholen.

3.1.5. Verwendung gemeinfreier Kompositionen und Aufnahmen
Im Idealfall kann der Filmproduzent auf Musikmaterial zurückgreifen, bei dem sowohl die Urheberrechte an den Musikwerken, als auch die Leistungsschutzrechte des Tonträgerherstellers und der an den Aufnahmen mitwirkenden ausübenden Künstler erloschen sind, so dass der Filmproduzent über diese Musikaufnahmen frei verfügen kann.

3.2. Erwerb der Musikrechte

Muss der Filmproduzent im Sinne der vorstehenden Fallvarianten urheberrechtliche oder leistungsschutzrechtliche Nutzungsrechte klären, stellt sich für ihn die Frage, welche Rechte er konkret benötigt und von wem er diese Rechte erwerben kann.

Auf erster Stufe, also zum Zwecke der Herstellung eines Films durch Verbindung einer Musikaufnahme mit dem übrigen Bild- und Tonmaterial muss der Filmproduzent das so genannte Filmherstellungsrecht (auch »synchronisation right« oder kurz »sync-right«) von den Berechtigten erwerben.

Auf zweiter Stufe, also nach Fertigstellung des Filmes, zum Zwecke seiner Verwertung muss sich der Filmproduzent von den Berechtigten die üblichen Auswertungsrechte übertragen lassen.

3.2.1. Erwerb der Filmherstellungsrechte
Lässt der Filmproduzent die für den Film erforderliche Musik (Komposition und Text) nicht eigens erstellen oder kennt er den Berechtigten vorbestehender Musikwerke nicht, so ist seine Anlaufstelle zur Identifikation der Urheber und zum Erwerb der Filmherstellungsrechte an urheberrechtlich geschützten Kompositionen und Musiktexten die Gesellschaft für musikalische Aufführungs- und mechanische Vervielfältigungsrechte (GEMA). Als größte deutsche Verwertungsgesellschaft nimmt die GEMA die Rechte der meisten Musikurheber (Komponisten und Textdichter) sowie von deren Musikverlagen treuhänderisch wahr (vgl. Kap. XI. »Verwertungsgesellschaften«).

Gemäß § 1 i) des zwischen der GEMA und den ihr angeschlossenen Berechtigten abgeschlossenen »Berechtigungsvertrages« lässt sich die GEMA auch die Filmherstellungsrechte an den ihr zur Wahrnehmung übertragenen Werken übertragen. Die Übertragung der Filmherstellungsrechte erfolgt jedoch unter der Bedingung, dass der Berechtigte der GEMA nach einer Anfrage zur Lizenzierung der Filmherstellungsrechte nicht binnen vier Wochen (bei subverlegten Werken beträgt die Frist drei Monate) schriftlich mitteilt, dass er die Filmherstellungsrechte in eigenem Namen wahrnehmen möchte (auflösende Bedingung). In der Praxis hat sich herausgestellt, dass die meisten Musikverlage und Urheber von der Möglichkeit zum »Rückruf« ihrer Filmherstellungsrechte Gebrauch machen, weswegen die konkreten Lizenzverhandlungen in aller Regel mit den Urhebern der betreffenden Werke, bzw. mit deren Musikverlagen zu führen sind.

Eine Besonderheit gilt bezüglich des Erwerbs von Filmherstellungsrechten für Fernsehproduktionen, da für den Berechtigten insoweit kein Rückrufsrecht geregelt wird. Gemäß § 1 i) (3) des GEMA-Berechtigungsvertrages vergibt die GEMA

»die Herstellungsrechte an Fernsehanstalten und deren eigene Werbegesellschaften insoweit, als es sich um Eigen- oder Auftragsproduktionen für eigene Sendezwecke und Übernahmesendungen handelt. Die Einwilligung des Berechtigten ist jedoch erforderlich, wenn Dritte an der Herstellung beteiligt sind oder wenn die Fernsehproduktionen von Dritten genutzt werden sollen. Das gilt insbesondere für Coproduktionen«.

Hieraus folgt zunächst, dass sich für den Erwerb von Filmherstellungsrechten im Rahmen von Koproduktionen mit Fernsehanstalten keine Besonderheiten ergeben, die Berechtigten müssen der Filmherstellung unter Verwendung ihrer Werke zustimmen und werden die Filmherstellungsrechte in aller Regel selbst vergeben.

Stellt der Filmproduzent seinen Film in Auftrag einer Fernsehanstalt her, so erwirbt die Fernsehanstalt die erforderlichen Filmherstellungsrechte unmittelbar von der GEMA und der Filmproduzent braucht sich mit dem Erwerb der Filmherstellungsrechte (zunächst) nicht zu befassen. Der Rechteerwerb durch die Sendeanstalt erfolgt auf der Basis von Pauschalverträgen, welche die Fernsehanstalten mit der GEMA abgeschlossen haben.

Problematisch ist in diesem Zusammenhang der Umstand, dass die GEMA die Filmherstellungsrechte ohne Zustimmung der Berechtigten nur an Sendeanstalten und nur für »eigene Sendezwecke und Übernahmesendungen« vergeben darf. Die Fernsehanstalten sind jedoch zwischenzeitlich dazu übergegangen, ihre Eigen- und Auftragsproduktionen in erheblich weiterem Umfang als nur für Sendezwecke zu verwerten. Insbesondere, wenn die so hergestellte Produktion einer Verwertung zugeführt werden soll, die außerhalb der Senderechte liegt, also beispielsweise im Wege der Videozweitauswertung oder der Internetnutzung, muss nach der aktuellen Praxis die (nachträgliche) Zustimmung des Berechtigten eingeholt werden. Obgleich diese nachträgliche Zustimmungserfordernis nicht unumstritten ist (vgl. 3.2.2.), entspricht dies zur Zeit noch gängiger Praxis und wird von der GEMA im Rahmen der geschlossenen Pauschalverträge ausdrücklich klargestellt.

Für den Filmproduzenten folgt daraus, dass er in die Rechtegarantieerklärung, die er gegenüber der Sendeanstalt abgibt, ausdrücklich einen entsprechenden Vorbehalt bezüglich des Erfordernisses eines etwaig erforderlichen Nacherwerbs der Musikrechte für Zweitauswertungen der Produktion aufnehmen muss, da er dieses Nacherwerbsrisiko andernfalls selbst trägt.

3.2.2. Erwerb der Auswertungsrechte

Von den Filmherstellungsrechten sind die zur Verwertung des (hergestellten) Films zu erwerbenden Auswertungsrechte zu unterscheiden, also insbesondere die Vervielfältigungs- und Verbreitungsrechte sowie das Vorführungsrecht und das Senderecht. Diese Rechte werden üblicherweise von der GEMA wahrgenommen und sind von dieser – nicht vom Berechtigten – zu erwerben. Die deutschen Senderechte werden (ggf. gemeinsam mit dem Filmherstellungsrecht) unmittelbar von der auswertenden Sendeanstalt auf Basis der mit der GEMA geschlossenen Pauschalverträge erworben, müssen also vom Filmproduzenten nicht gesondert eingeholt werden.

Bezüglich des Erwerbs der Vervielfältigungs- und Verbreitungsrechte an Musikwerken zum Zwecke der Videozweitauswertung von in Eigen- oder Auftragsproduktion hergestellten TV-Filmen ist umstritten, ob hierfür zusätzlich, d.h. neben den mechanischen Vervielfältigungsrechten, die durch die GEMA wahrgenommen werden, noch einmal die Zustimmung des Berechtigten einzuholen ist (vgl. 3.2.1.). Der BGH hat dies für den Fall der Videozweitauswertung eines Kinospielfilmes, für welchen der Filmproduzent das Filmherstellungsrecht an den verwendeten Musikwerken bereits erworben hatte, mit dem Argument verneint, dass es sich bei der Videoverwertung nicht um eine Bearbeitung oder Umgestaltung der Produktion handele, die den nochmaligen Erwerb der Filmherstellungsrechte erforderlich mache, sondern lediglich um eine Verwertung der Produktion in einem anderen »Aggregatzustand« (vgl. Urteil des BGH vom 8.7.1993 – »Videozweitauswertung II« in GRUR 1994, S. 41).

Bei Eigen- oder Auftragsproduktionen von Fernsehanstalten stellt sich die Situation jedoch insoweit anders dar, als die GEMA die hierfür erforderlichen Filmherstellungsrechte von vornherein unter der Bedingung der (nachträglichen) Zustimmung der Berechtigten zu solchen Zweitauswertungen vergibt (vgl. 3.2.1.). Gleichwohl ist das Landgericht Hamburg der Rechtsprechung des BGH auch für Videozweitauswertungen von TV-Produktionen gefolgt (vgl. LG Hamburg vom 19.11.1996, ZUM-RD 1997, S. 256).

Für den Filmproduzenten bleibt festzuhalten, dass er sich nach ordnungsgemäßem Erwerb der Filmherstellungsrechte im Hinblick auf die Auswertung seines Filmes nur noch um die Auswertungsrechte zu kümmern braucht. Bei TV-Auftragsproduktionen sollte er entweder einen Vorbehalt bezüglich eines etwa erforderlichen Nacherwerbs der Musikrechte für Zweitauswertungen der Produktion in den Vertrag aufnehmen oder vorab die Zustimmung der Berechtigten zu einer weitergehenden Auswertung einholen.

3.2.3. Erwerb der Rechte an der verwendeten Tonaufnahme

Die Besonderheit einer »doppelten« Lizenzierung besteht in dem Fall, dass der Filmproduzent nicht nur urheberrechtliche Musikwerke (Komposition und Text), sondern auch hiervon produzierte Tonträger in den Film einspielen möchte. In diesem Fall muss der Filmproduzent zusätzlich zu den urheberrechtlichen Nutzungsrechten auch die Leistungsschutzrechte der ausübenden Künstler und der Tonträgerhersteller erwerben. Insoweit ist ebenfalls zwischen den Filmherstellungs- und den Auswertungsrechten zu differenzieren. Anlaufstelle für den Rechteerwerb ist das Tonträgerunternehmen (z.B. Sony, EMI, Universal), welches sich die Rechte der Tonträger von Filmproduzenten und ausübenden Künstlern regelmäßig umfassend einräumen lässt.

3.3. Eckdaten des Filmmusikvertrags

Angesichts der verschiedenen Möglichkeiten des Erwerbs der für einen Film benötigten Musiken ist zunächst klarzustellen, dass es – trotz bestehender vertraglicher Standards – den »Filmmusikvertrag« im Sinne eines auf alle denkbaren Varianten anwendbaren Formularvertrages nicht gibt.

Ausgangspunkt für die Wahl des richtigen Vertragsformulars ist die Frage, ob der Filmproduzent auf vorbestehende, gegebenenfalls bereits veröffentlichte Musiktitel zurückgreifen oder, ob er einen Komponisten mit der Erstellung neuer Musik für seinen Film beauftragen möchte. Im ersten Fall beschränkt sich die vertragliche Regelung auf die Lizenzierung der vorbestehenden Musik, im zweiten Fall muss der Vertrag weitergehende Regelungen über Art, Genre und Umfang der beauftragten Musik, den Zeitplan für deren Erstellung, abzuliefernde Materialien und das Prozedere für die Abnahme der Musik durch den Filmproduzenten enthalten. Der insoweit abzuschließende Filmmusikvertrag umfasst demzufolge neben den stets erforderlichen lizenzvertraglichen Regelungen werkvertragliche Bestimmungen, durch welche die Herstellung der Filmmusik geregelt werden.

3.3.1. Die Rechtsübertragung

Neben dem zwingend erforderlichen Erwerb des Filmherstellungsrechts an den verwendeten Musikwerken (Komposition und Text) und Aufnahmen hat der Filmproduzent auch die Auswertungsrechte (z.B. Kino, Video, TV, Online, Tonträger etc.), die er für die spätere Verwertung seines Films und der Musik benötigt, zu erwerben.

So weit diese Rechte von der GEMA wahrgenommen werden, erfolgt die Lizenzierung auf Basis allgemein gültiger Tarife und bedürfte folglich keiner gesonderten Regelung im Filmmusikvertrag mit den Urhebern bzw. deren Verlagen. Wegen der in der Praxis jedoch nach wie vor bestehenden Unsicherheiten über das Erfordernis eines nochmaligen Erwerbs des Filmherstellungsrechts für Zweitauswertungen empfiehlt sich zumindest eine vertragliche Klarstellung dahingehend, dass das Filmherstellungsrecht auch für Zweitauswertungen der Produktion, insbesondere für Filmvorführungen, Video- und Online-Verwertungen übertragen wird.

Sofern die Urheber von Musikwerken ihre Rechte nicht von der GEMA wahrnehmen lassen, muss sich der Filmproduzent von diesen bereits im Filmmusikvertrag die späteren Auswertungsrechte umfänglich einräumen lassen. Gleiches gilt für Filmmusikverträge mit den Tonträgerunternehmen über Musikaufnahmen.

3.3.2. Exklusivität

Neben dem Umfang der Auswertungsrechte ist für den Filmproduzenten von Bedeutung, ob er die Nutzungsrechte (insbesondere das Filmherstellungsrecht) exklusiv oder nicht-exklusiv erwirbt. Die Nutzungsrechte an vorbestehenden Musiktiteln wird der Filmproduzent nur auf nicht-exklusiver Basis lizenziert erhalten, d.h., es steht den Rechteinhabern frei, die fraglichen Rechte auch anderen Filmproduzenten zur Verfügung zu stellen. Bei eigens für die Produktion vergebenen Kompositions- und Produktionsaufträgen sollte der Filmproduzent jedoch in der Lage sein, die Nutzungsrechte an dem Werk, das in seinem Auftrag erstellt und von ihm bezahlt wird, exklusiv zu erwerben.

3.3.3. Lizenzzeit

Gemäß den vom Deutschen Musikverlegerverband e.V. veröffentlichten Erfahrungswerten über die üblichen Lizenzentgelte im Filmmusikbereich sehen die meisten Filmmusikverträge eine Beschränkung der Lizenzzeit für das Filmherstellungsrecht auf fünf bis zehn Jahre vor. Auch in den einschlägigen GEMA-Tarifen zur Vergabe des Filmherstellungsrechtes (VR-TH-F 1 und VR-TH-F 2) gelten die Vergütungssätze nur für einen Zeitraum von bis zu 7 Jahren.

Der Filmproduzent sollte beim Erwerb der Musikrechte darauf achten, dass ihm diese möglichst für die gesamte Dauer der Auswertung des Films zur Verfügung stehen. Andernfalls ist der Filmproduzent zu Nachverhandlungen gezwungen, zu einem Zeitpunkt, in dem ihm kein Produktionsbudget mehr zur Verfügung steht und er weitere Lizenzzahlungen aus »eigener Tasche« finanzieren muss (obwohl der Film möglicherweise noch keine Erlöse eingespielt hat).

Gelingt es dem Filmproduzenten nicht, die zeitlich unbeschränkte Übertragung der Musikrechte zu verhandeln oder kann er sich einen unbefristeten Erwerb zum Zeitpunkt der Produktion nicht leisten, so sollte er im Filmmusikvertrag eine unwiderrufliche Option für die später gegebenenfalls erforderlich werdende Verlängerung seiner Lizenz vereinbaren und die dann zu leistende Lizenzgebühr bereits verbindlich festgelegen. Hierbei ist zu bedenken, dass dann die Erstverwertung des Films stattgefunden hat und für die anschließende Verwertungsphase eine deutlich niedrigere Lizenzgebühr fällig sein sollte. Bei den Verträgen mit Lizenzpartnern (z.B. Weltvertrieb) muss der Filmproduzent darauf achten, dass deren Laufzeit die Dauer der Lizenz nicht übersteigt. Andernfalls muss auf das Erfordernis einer Nachlizenzierung hingewiesen werden.

3.3.4. Lizenzgebiet

Auch bezüglich des Lizenzgebietes enthalten die Verträge üblicherweise Beschränkungen. In den bereits (vgl. 3.3.3.) erwähnten Erfahrungsregeln des Deutschen Musikverlegerverbandes und den einschlägigen GEMA-Tarifen zur Vergabe des Filmherstellungsrechtes richten sich die einschlägigen Vergütungssätze u.a. explizit nach dem intendierten Auswertungsgebiet. Der Filmproduzent muss jedoch auch hier darauf achten, dass sich der Umfang des vertraglich eingeräumten Lizenzgebietes mit dem tatsächlichen Auswertungsgebiet deckt, da er sich ansonsten abermals dem Risiko von Nachverhandlungen gegenübersieht.

Sollte der räumlich unbeschränkte Erwerb der Musikrechte zum Zeitpunkt der Filmherstellung durch das zur Verfügung stehende Budget nicht gedeckt sein, so empfiehlt sich auch hier analog zu den vorstehenden Ausführungen, bereits bei Vertragsabschluss eine Option zu einem festgelegten Preis zu vereinbaren. Die Höhe der insoweit zu zahlenden Lizenzgebühren richtet sich nach der Attraktivität des entsprechenden Territoriums.

3.3.5. Vergütung

Im Filmmusikbereich werden regelmäßig Pauschalvergütungen bezahlt, sofern man von der Tarifstruktur der GEMA absieht.

Im Hinblick auf die zu zahlenden Lizenzvergütungen ist wiederum zwischen den Musikwerken (Komposition und Text) und den Aufnahmen zu differenzieren. Bezüglich der für die Kompositionen zu zahlenden Lizenzen bieten in Deutschland die einschlägigen GEMA-Tarife und die über den Deutschen Musikverlegerverband e.V. veröffentlichten Erfahrungswerte über die üblichen Lizenzentgelte eine erste Orientierung. Hinsichtlich der Leistungsschutzrechte an Tonaufnahmen gilt allgemein, dass diese um ca. 30% günstiger zu erwerben sind, als die Rechte der Urheber.

Diese Empfehlungen sind allerdings lediglich eine grobe Richtschnur und keineswegs verbindlich. Für viele Filmproduktionen wären solche Beträge schlicht nicht zahlbar. Es ist letztlich eine Frage des Verhandlungsgeschicks und des verfügbaren Budgets, welche Lizenzgebühren vereinbart werden.

3.3.6. Bearbeitung und Austausch der Filmmusik

Das Recht des Filmproduzenten zur Bearbeitung und zum Austausch der Filmmusik ist insbesondere im internationalen Filmhandel von erheblicher Bedeutung. Die Verträge bzw. die Allgemeinen Geschäftsbedingungen sehen standardmäßig vor, dass im Rahmen der Lizenzierung neben verschiedenen Veränderungen (z.B. nationale Zensurbestimmungen oder TV-Gepflogenheiten) auch der Austausch der Musik zulässig sein soll (vgl. z.B. die Bedingungen der Exportunion des deutschen Films).

Auch in den Verleihverträgen lässt sich der Verleih vom Filmproduzenten das Recht einräumen, die Filmmusik zu kürzen, zu verändern oder eben auszutauschen. Auf rechtlicher Ebene sind damit die Urheberpersönlichkeitsrechte der Musikurheber betroffen, denn Veränderungen oder Kürzungen der Filmmusik bedürfen grundsätzlich deren Zustimmung. Versäumt es der Filmproduzent, sich diese Zustimmung bereits im Filmmusikvertrag einzuholen, sieht er sich erheblichen Risiken gegenüber, wie die folgenden Beispiele zeigen.

Dem Oberlandesgericht München lag ein Fall zur Entscheidung vor (OLG München vom 29.9.1991 – »Christoforo Columbus« – ZUM 1992, S. 307), in dem die Hintergrundmusik einer mehrteiligen Fernsehserie erheblich gekürzt und von einem neuen Komponisten bearbeitet wurde. Der Filmproduzent hatte sich vom Komponisten zwar alle verwertungsbezogenen Nutzungsrechte einräumen lassen, jedoch nicht die, seine Persönlichkeitssphäre betreffenden Bearbeitungsrechte. Der Originalkomponist war mit der Veränderung seines Werkes nicht einverstanden und nahm die ausstrahlende Sendeanstalt auf Unterlassung und Schadensersatz in Anspruch. Das Gericht gab der Klage statt mit der Begründung, dass die Veränderung des Originalwerkes nicht lediglich dem Zwecke sachgerechter Verwertung diente und vom Originalurheber deshalb nicht zustimmungsfrei hingenommen werden musste.

In einem anderen Fall, der dem Landgericht Hamburg zur Entscheidung vorlag (LG Hamburg vom 15.5.1997, AfP 1980, S. 80) wurden Ausschnitte aus alten Edgar-Wallace-Filmen mit neuem Ton unterlegt und ohne Verwendung der ursprünglichen Filmmusik im Rahmen einer Comedy-Serie verwendet. Der Fall lag insoweit anders als der vorstehend zitierte, als es hier nicht um die Frage der Bearbeitung von Filmmusik ging. Die Musik war schlicht nicht verwendet worden, weswegen sich der Komponist von vornherein nicht auf eine Verletzung seiner Rechte am Musikwerk berufen konnte. Allerdings prüfte das Landgericht die Frage, ob dem Komponisten als Miturheber des Filmwerkes, bzw. als Urheber eines hiermit verbundenen Werkes Ansprüche zustehen könnten. Im Ergebnis wurde diese Frage jedoch offen gelassen, weil die verwendeten Filmausschnitte so kurz waren, dass das Landgericht die vermeintlichen Rechte des Komponisten jedenfalls als »nur ganz am Rande betroffen« ansah, weswegen der Komponist die Weglassung seiner Musik hinnehmen musste.

Demgegenüber liegt im Austausch oder in der Veränderung der Filmmusik regelmäßig ein Eingriff in die Urheberpersönlichkeitsrechte des Filmregisseurs. Der Filmproduzent muss sich daher in jedem Fall im Regievertrag das Recht einräumen lassen, die Musik auszutauschen, zu kürzen oder zu verändern. Dieses Recht steht dem Filmproduzenten jedoch nicht schrankenlos zu (vgl. Kap. V.4.).

4. Erlaubnisfreie Nutzung von Rechten

4.1. Gemeinfreie Werke

Sobald ein Werk keinen urheberrechtlichen Schutz mehr genießt, ist es »gemeinfrei« und kann im Ganzen oder in Teilen von Dritten ohne den entsprechenden Rechtserwerb genutzt werden.

Das Urheberrecht erlischt gemäß § 64 UrhG siebzig Jahre nach dem Tode des Urhebers. Steht das Urheberrecht mehreren Miturhebern zu (§ 8 UrhG), so endet es gemäß § 65 Abs. 1 UrhG siebzig Jahre nach dem Tode des längst lebenden Miturhebers. Bei Filmwerken erlischt das Urheberrecht gemäß § 65 Abs. 2 UrhG siebzig Jahre nach dem Tod des Längstlebenden der folgenden Personen: Hauptregisseur, Urheber des Drehbuchs, Urheber der Dialoge, Komponist der Filmmusik. Diese Bestimmung wurde im Rahmen der Umsetzung der europäischen Schutzdauerrichtlinie (93/98/EWG) in das Urhebergesetz eingefügt. Sie stellt gleichsam ein »Kuckucksei« dar, denn sie steht in deutlichem Widerspruch zu der im deutschen Urheberrecht durchgängigen Differenzierung zwischen den Urhebern der vorbestehenden Werke und den Urhebern des eigentlichen Filmwerkes (vgl. Kap. II.1.2.).

Nach dieser Regelung hängt nun die Schutzdauer des Urheberrechts am Filmwerk von dem Alter von Personen ab, die am Filmwerk überhaupt keine Urheberrechte haben (z.B. Drehbuchautor). So sehr die Harmonisierungsbemühungen der Europäischen Gemeinschaft zu begrüßen sind, so sehr sollte der nationale Gesetzgeber allerdings bei der Umsetzung der jeweiligen Richtlinie darauf achten, dass die Konsistenz der eigenen Rechtsordnung gewahrt bleibt.

Immer wieder finden sich allerdings Werke, die gemeinfreie Themen aufgreifen und in besonderer Weise neu arrangieren. Soweit diese Neuarrangements den urheberrechtlichen Schutzvoraussetzungen genügen, ist darin eine Bearbeitung zu sehen. Diese Bearbeitung ist nach §§ 3, 23 UrhG wie ein selbständiges Werk geschützt, wobei sich der Schutz ausschließlich auf die neu arrangierten Teile des Werkes erstreckt. Keineswegs kann über eine solche Bearbeitung das ursprüngliche Thema seine Gemeinfreiheit verlieren.

4.2. Freie Benutzung (§ 24 UrhG)

Ebenso wenig bedarf es für die Nutzung eines vorbestehenden Werkes im Rahmen einer Filmproduktion des Rechtserwerbes, wenn es in die Kategorie der freien Benutzung fällt (§ 24 UrhG). Die freie Benutzung unterscheidet sich von der abhängigen Bearbeitung gemäß § 23 UrhG dadurch, »dass die dem geschützten älteren Werk entlehnten eigenpersönlichen Züge in dem neuen Werk in der Weise zurücktreten, dass das neue Werk nicht mehr in relevantem Umfang das ältere benutzt, so dass dieses nur noch als Anregung zu neuem, selbständigem Werkschaffen erscheint« (BGH GRUR 1994, S. 191, 193 – »Asterix-Persiflagen«).

Die Abgrenzung zwischen der abhängigen unfreien Bearbeitung und der freien Benutzung ist fließend und letztlich eine Frage des Einzelfalles. Der wesentliche Unterschied liegt im Grad der Heranziehung des vorbestehenden Werks: während bei der Bearbeitung das weiterentwickelte oder umgestaltete Werk in seinem Wesenskern erhalten bleibt, verblassen die Wesenszüge des Originals bei der freien Benutzung und werden von dem eigenschöpferischen Gehalt des neuen Werkes überlagert (vgl. BGH a.a.O). Zum Schutze des Urhebers stellt die Rechtsprechung generell strenge Anforderungen an die freie Benutzung und nimmt im Zweifel eine abhängige und damit zustimmungspflichtige Bearbeitung an.

Einen Sonderfall der freien Benutzung stellt die Parodie und die Satire dar. Bei dieser Konstellation kommt es auf das Merkmal des »Verblassens« der Wesenszüge des Originalwerkes nicht an. Der Grund liegt darin, dass sich die Parodie notwendigerweise auf das parodierte Werk beziehen muss. Nach gefestigter höchstrichterlicher Rechtsprechung ist es nämlich das Kennzeichen einer Parodie, dass es sich mit dem Originalwerk im Sinne einer antithematischen Behandlung auseinandersetzt (vgl. OLG Frankfurt am Main, ZUM 1997, S. 97 ff.). Eine ironische Bezugnahme auf ein vorbestehendes Werk zum Zwecke der Förderung von Absatzchancen für das eigene Produkt, stellt aber nach gängiger Meinung keine Parodie dar (vgl. Schricker/Löwenheim, § 24, Rdnr. 22; OLG Frankfurt am Main, a.a.O.).

Über die Abgrenzung zwischen der erlaubnisfreien Benutzung und der zustimmungspflichtigen Bearbeitung hatte in jüngerer Zeit das OLG München zu entscheiden (ZUM 1999, S. 149 ff.). Hier ging der Streit um den amerikanischen Spielfilm »Eins und Eins macht Vier« (»It takes 2«) als nicht genehmigte Verfilmung des Erich Kästner Romans »Das doppelte Lottchen«. Der vielfach übersetzte und auch verfilmte Roman »Das doppelte Lottchen« schildert die Geschichte von Zwillingsmädchen, die durch die Scheidung ihrer Eltern früh getrennt wurden und sich dann zufällig in einem oberbayerischen Kinderheim begegnen. Die Mutter ist berufstätig, der Vater ein berühmter Dirigent, der von einer Verehrerin umworben wird. Die Mädchen tauschen die Rollen und schließlich versöhnen sich die Eltern wieder.

In dem Spielfilm »Eins und Eins macht Vier« ging es ebenso um die Geschichte zweier Mädchen, die sich zufällig in einem amerikanischen Ferienheim begegnen und sich wie Zwillinge gleichen. Das eine Mädchen ist eine arme Waise, das andere hat einen reichen, verwitweten Vater. Das arme Waisenkind wird von einer liebenswerten Frau betreut, das reiche Mädchen soll durch eine bevorstehende Hochzeit des Vaters eine ihr verhasste, geldgierige Stiefmutter bekommen. Die Mädchen tauschen ebenfalls die Rollen und entscheiden, den Vater und die Betreuerin zu verkuppeln. Der Coup gelingt und alle vier enden in einem Happy End.

Nachdem das Landgericht München I die Klage des Kästner-Nachlasses abgelehnt hatte, untersagte das OLG München schließlich die Filmauswertung. Das Gericht nahm hierbei die folgenden Prüfungsschritte vor:

Zunächst stellte es fest, dass auch Teile eines Werkes schutzfähig sind, soweit sie die erforderliche Schöpfungshöhe haben. Die Werkteile müssen auf der schöpferischen Phantasie des Urhebers beruhen und seine Individualität zum Ausdruck bringen. Dazu zählen nicht solche Teile, die Allgemeingut darstellen, wie etwa das bloße Verwechslungsspiel im einschlägigen Fall. Schöpfungshöhe hat im »Doppelten Lottchen« jedoch die konkrete Ausgestaltung des Verwechslungsspiels und dieser Handlungsablauf wird als »Kernfabel« geschützt.

Sodann wurde aufgrund der vorab zitierten, vom BGH entwickelten Grundsätze überprüft, ob die schöpferische Eigenart des vorbestehenden Werkes (Das doppelte Lottchen) gegenüber den individuellen Zügen des neu geschaffenen Werkes (»Eins und Eins macht Vier«) weitgehend zurücktritt, d.h. »verblasst«. Unter Zuhilfenahme eines Sachverständigen überprüfte das Gericht nunmehr beide Geschichten und trennte sie nach oberflächlichen, nicht beachtlichen Unterschieden und wesentlichen, entscheidungsrelevanten Übereinstimmungen.

Das Gericht kam schließlich zu dem Ergebnis, dass der angegriffene Film eine Verletzung der geschützten Kernfabel des Romans darstellt, indem er Übereinstimmungen in Fabel, Handlungsablauf und agierenden Charakteren widerspiegelt. Die Revision der Beklagten wurde vom Bundesgerichtshof durch Nichtannahmebeschluss vom 3.11.1999 abgelehnt. Mithin ist das Urteil des Oberlandesgerichts München rechtskräftig.

Für die Praxis bietet diese Entscheidung zwar eine weitere Orientierungshilfe zur Abgrenzung der zustimmungspflichtigen Bearbeitung gegenüber einer gemeinfreien Benutzung. Dennoch ist eine sichere und vor allem gerichtsfeste Beurteilung in einzelnen Grenzfällen kaum vorzunehmen. Der Produzent sollte seine »rights clearance« daher nicht auf die freie Benutzung (§ 24 UrhG) stützen. Dies gilt insbesondere dann, wenn der einschlägige Stoff bereits anderweitig erfolgreich verfilmt wurde.

4.3. Das Zitatrecht (§ 51 UrhG)

Grundsätzlich erlaubt die Zitierfreiheit im Interesse der geistigen und kulturellen Auseinandersetzung fremde Werke im eigenen Werk in einem durch den Zweck gebotenen Umfang anzuführen (vgl. § 51 UrhG). Die hier interessierenden Filmzitate sind in vielfältiger Weise denkbar; so kann z.B. in einem vorbestehenden Werk (Drehbuch) ein anderes Werk zitiert werden oder etwa im Filmwerk selbst aus einem anderen Filmwerk im Wege der Einblendung von Bildsequenzen.

Der Wortlaut des § 51 UrhG unterscheidet zwischen dem Großzitat (Ziffer 1), dem Kleinzitat (Ziffer 2) und dem Musikzitat (Ziffer 3). Unter dem Großzitat ist die Übernahme eines kompletten Werkes zu verstehen, während das Kleinzitat die Anführung von »Stellen eines Werkes« bedeutet. Das Musikzitat schließlich ist eine Variante des

Kleinzitats, bei der in einer Komposition einzelne Stellen aus einem anderen musikalischen Werk angeführt werden. Filmwerke nennt das Gesetz nicht ausdrücklich und daher war lange umstritten, ob das Zitatrecht auf Filmwerke überhaupt anzuwenden sei. Diese Kontroverse fand schließlich durch die Entscheidung des BGH vom 4.12.1986 zum Spielfilm »Laterna Teutonica« ein Ende. Es ging dabei um die – in der Praxis häufigste – Frage der Zulässigkeit der Übernahme von Filmszenen in ein anderes Filmwerk. Der Bundesgerichtshof stellte dazu fest, dass § 51 Ziff. 2 UrhG auf Zitate in Filmwerken analog anwendbar ist (BGH NJW 1987, S. 408 ff). In rechtlicher Hinsicht handelt es sich bei den Filmzitaten also regelmäßig um Kleinzitate im Sinne des § 51 Ziffer 2 UrhG. Die Voraussetzungen des Zitatrechts im Einzelnen:

4.3.1. Selbständiges Werk
Der Film, in den der Ausschnitt eingeblendet werden soll, muss ein selbständiges Werk im Sinne des § 51 Ziff. 2 UrhG sein. Filme sind regelmäßig als solche »selbständigen Werke« anzusehen. Dies gilt nicht nur für Kinospielfilme, sondern ebenso für Fernsehfilme, Fernsehsendungen, Dokumentarfilme und schließlich auch für sog. Laufbilder (vgl. OLG München ZUM-RD 1998, S. 24 ff. – »Der Preiss ist heiß«).

4.3.2. Veröffentlicht
Das zitierte Werk muss bereits erschienen oder veröffentlicht worden sein. Sofern jemand beispielsweise ein noch unveröffentlichtes Manuskript zugesandt erhält, darf daraus nicht zitiert werden.

4.3.3. Zitatzweck (»Belegfunktion«)
Viele Zitatversuche scheitern daran, dass sie den Zitatzweck verfehlen. Ein Zitat ist nämlich nur dann gerechtfertigt, wenn es als Beleg für die eigene Gedankenführung dient, also beispielsweise zum besseren Verständnis der eigenen Darstellungen oder etwa zur Begründung oder Vertiefung des Dargestellten. Es muss folglich ein innerer Bezug zwischen dem Werk und dem Zitat bestehen.

Das Zitat darf nicht willkürlich ausgewählt werden, nur als ansprechende Zutat erscheinen oder bloß zu Unterhaltungszwecken wiedergegeben werden. Denn dann liegt der Zitatzweck nicht in der erforderlichen »Belegfunktion«, sondern ihm kommt reine »Schmuck- oder Unterhaltungsfunktion« zu. Ein Zitat ist auch zu Schmuckzwecken zulässig, solange die erforderliche Belegfunktion erfüllt ist und der Schmuckzweck nicht überwiegt (vgl. BGHZ 50, S. 147 ff. – »Kandinsky«). Die Grenze von der Belegfunktion einerseits zu dem Schmuckzweck andererseits ist jedoch fließend und schnell überschritten, wie das folgende Beispiel zeigt:

In der von RTL am 11.11.1991 ausgestrahlten Fernseh-Interviewsendung »Der flotte Dreier« zum Thema »Callboys« wurde eingangs ein Ausschnitt von 2 Min., 25 sec. aus dem Spielfilm »... aber Jonny!« mit Horst Buchholz in der Hauptrolle eingespielt. Das Gericht kam zu dem Ergebnis, dass der Einblendung dieser Spielfilmszene nicht die erforderliche Belegfunktion zukam. Vielmehr diente sie ausschließlich der »Anmoderation« und Unterhaltung des Publikums (OLG Köln, GRUR 1994, S. 47 ff.).

Auf dieser Linie liegt auch eine Entscheidung des Hanseatischen Oberlandesgerichts vom 29.4.1999 (Az. 3 U 129/98). Dort ging es um die viermalige Einblendung eines ca. 2,5 Sekunden langen Ausschnitts eines sado-masochistischen Videofilms in den Dokumentarfilm »Herzfeuer«, der sich mit den sexuellen Neigungen der Deutschen befasste. Während in diesem Dokumentarfilm ein älterer Herr von seinen voyeuristischen Obsessionen erzählt, wird die Szene aus dem Videofilm eingeblendet. Dabei ist diese Szene weder Gegenstand der konkreten Erörterung in dem Dokumentarfilm noch nimmt der Erzähler darauf irgendwie Bezug. Das Gericht erkannte zutreffend, dass die Verwendung des Filmausschnittes beliebig war und die für das Zitat erforderliche Belegfunktion fehlte. Wie in der vorstehend zitierten Entscheidung des OLG Köln diente auch in dieser Konstellation die Einblendung der Szene lediglich der Unterhaltung.

Schließlich müssen auch musikalische Einspielungen in Filmwerken die erforderliche Belegfunktion erfüllen (vgl. OLG Hamburg ZUM 1993, S. 35 ff.). In dieser Entscheidung hatte der Beklagte für die Jahre 1942 bis 1952 dokumentarische Videobänder erstellt, wobei der Text überwiegend von ihm stammte. In die Videobänder waren an 40 Stellen unter Berufung auf das Zitatrecht Musikwerke eingespielt (u.a. »Heimat, deine Sterne«, »Brüder, zur Sonne, zur Freiheit«, das »Horst Wessel-Lied« etc.). Nach dem vom BGH vorgegebenen Grundsatz, wonach die Vielfalt der Möglichkeiten so groß ist, dass die Zulässigkeit des Zitats nach Maßgabe des Einzelfalles zu prüfen ist, untersuchte das OLG Hamburg die 40 einzelnen Stellen darauf, ob jeweils die Voraussetzungen des Zitatrechts vorlagen. Dabei kam es zu dem Ergebnis, dass dies nur bei 10 Einspielungen zu bejahen war. Demgegenüber verfolgten die restlichen 30 Einspielungen keine Zitatzwecke, sondern dienten der bloßen Untermalung, musikalischen Abrundung und Ausschmückung des Textes und Materials.

Ist also die Musik nur ein »Mittel zur Darstellung«, wie auch der Fall des Einblendens weniger Takte von Schlagermusik als Geräuschkulisse zeigt, so sind stets die Rechte des Inhabers an der Musik einzuholen (LG Frankfurt/Main UFITA Bd. 57, S. 342).

4.3.4. gebotener Umfang

Für den gebotenen, also erlaubten Umfang existiert keine feststehende Regel. Sowohl die Auswahl wie auch die Länge des zitierten Werkes müssen sich an dem Grundsatz orientieren, dass nicht mehr benutzt werden darf, als im Rahmen der Belegfunktion erforderlich ist. Letztlich ist jeweils eine Einzelfallprüfung vorzunehmen, wobei insbesondere die folgenden Kriterien maßgeblich sind:
– das Verhältnis der Gesamtlänge des selbständigen, neuen Werkes zu der Länge des Zitats. In der eingangs erwähnten Grundsatzentscheidung hielt es der BGH für zulässig, aus dem zitierten Film »Mädchen in Uniform« 5 Minuten 23 Sekunden in den Film »Laterna Teutonica« zu übernehmen. Der BGH fand diese Länge »gerade noch in einem zulässigen Rahmen«, denn die Gesamtlänge verteilte sich auf zwei Zitate mit einem jeweils verschiedenen Handlungsablauf. In einem anderen Fall entschied das LG Hamburg am 2. November 1996 (Az. 309 O 267/96), dass eine Fernsehanstalt in den Beitrag von 100 Sekunden Gesamtlänge im Rahmen einer Verbraucherberatungssendung aus einem Werbefilm 5 Sekunden einblenden durfte.

- Der gebotene Umfang wird freilich nicht nur durch die Dauer, sondern vorwiegend durch den Zweck des Zitats bestimmt. Das Publikum soll in die Lage versetzt werden, den inneren Zusammenhang zwischen beiden Werken zu erkennen. In der vorerwähnten Entscheidung des LG Hamburg war die Einblendung der Sequenz von 5 Sekunden erforderlich, damit das Publikum die sprachliche Selbstdarstellung des Produktherstellers erfassen konnte.
- Klammerteilauswertungen haben eine erhebliche wirtschaftliche Bedeutung, insbesondere im internationalen Lizenzverkehr. Gleichwohl darf die Wahrnehmung der wirtschaftlichen Interessen der Rechtsinhaber nicht zu einer Aushöhlung des zitierten Werkes führen oder die normale wirtschaftliche Verwertungsmöglichkeit des zitierten Werkes unangemessen beeinträchtigen. Umgekehrt sind die Urheber der zitierten Werke im Rahmen der Schrankenbestimmungen und im Interesse der gewünschten geistigen Auseinandersetzung gehalten, die zitatweise Verwendung ihrer Werke zu dulden.

4.3.5. unveränderte Übernahme
Die benutzten Stellen aus dem zitierten Werk müssen unverändert übernommen werden. Sofern daran Veränderungen vorgenommen werden, handelt es sich um eine Bearbeitung (§ 23 UrhG) und nicht mehr um ein erlaubnisfreies Zitat im Sinne des § 51 UrhG.

Dies wird insbesondere bei der Verwendung von Filmszenen relevant, die musikalisch unterlegt sind. In diesem Falle ist auch die Musik Gegenstand des Zitats. Der Zitierende muss die Musikrechte zum zitierten Filmausschnitt nicht separat erwerben. Er darf dann allerdings die Musik aus dem zitierten Filmausschnitt nicht austauschen oder verändern.

4.3.6. Quellenangabe
Diesem Erfordernis wird bei Filmwerken dadurch genügt, dass die entsprechende Quelle im Abspann genannt wird.

4.3.7. Schadensersatz/ Lizenzgebühr
Sofern die Voraussetzungen des Zitatrechts nicht vorliegen, ist der »Zitierende« auf Verlangen des Rechtsinhabers verpflichtet, für die bisherige rechtswidrige Verwendung der Filmszenen Schadensersatz zu leisten und zukünftige Nutzungen zu unterlassen, falls keine Lizenzvereinbarung zustande kommt.

Aufgrund des im deutschen Recht herrschenden Grundsatzes der dreifachen Schadensberechnung kann der Rechtsinhaber zwischen der Herausgabe des erzielten Gewinns, dem Ersatz des entgangenen Gewinns und der üblichen Lizenzgebühr wählen. Wegen der andernfalls deutlich komplizierteren Gewinnermittlungen orientiert sich die Höhe des Schadensersatzes regelmäßig an der üblichen Lizenzgebühr, d.h. dem Preis, den der Schädiger im Falle eines Erwerbs der erforderlichen Lizenz zu zahlen gehabt hätte. Dieses Prinzip ist in der Literatur teilweise kritisiert worden mit dem Argument, damit würde dem »Piratentum« Vorschub geleistet. Die Rechtsprechung hält jedoch nach wie vor daran fest und lehnt die Zuerkennung eines »Verletzeraufschlags« ab.

Der zu erstattende Schaden wird dabei dadurch ermittelt, dass die Länge des eingeblendeten Ausschnitts mit der üblichen Minuten- bzw. Sekundenlizenz multipliziert wird. Als Anknüpfungspunkt dient bisweilen die Praxis großer Lizenzhändler und die dort verlangten Lizenzgebühren pro Sekunde. Diese variieren je nach dem Genre, der Bekanntheit des Filmwerks, der Größe des Senders, der Einschaltquote, der Sendezeit (z.B. »Prime Time«) etc.

4.3.8. Internationale Praxis

Das Zitatrecht ist in fast allen Rechtsordnungen anerkannt. Auch Artikel 10 der RBÜ regelt das Zitatrecht für die Mitgliedsstaaten. Danach sind Zitate zulässig, wenn sie »anständigen Gepflogenheiten entsprechen« und ein Zitatzweck gegeben ist. Diese generalklauselartige Bestimmung orientiert sich am anglo-amerikanischen Modell (in England »fair dealing« und in den USA »fair use« genannt).

Insbesondere in den USA kann es allerdings außerordentlich riskant sein, sich auf das gesetzliche Zitatrecht in den Grenzen des »fair use« zu verlassen. Im Gegensatz zu Deutschland werden dort bekanntermaßen sehr hohe Schadensersatzansprüche zugesprochen. Dies liegt – neben einer Reihe weiterer Umstände – daran, dass in den USA der Schadensersatz mit Strafcharakter ausgestattet wird (»punitive damages«). Das Risiko besteht erst recht, wenn die Rechte an dem eingeblendeten Filmwerk bei einem sog. Major liegen. Man sollte schon aus pragmatischen Gründen vermeiden, es auf einen langwierigen und kostspieligen Rechtsstreit in den USA ankommen zu lassen (der im Falle des Unterliegens deutlich mehr kosten kann, als sich zu Beginn auf eine Lizenz zu einigen). Im Übrigen wird dadurch die Herausbringung des Films in den USA unmöglich, denn kein Verleih wird dieses Risiko übernehmen, solange die Klage eines (angeblichen) Rechteinhabers anhängig ist oder auch nur droht.

Schließlich verlangen mittlerweile nahezu alle Weltvertriebe den Abschluss einer Errors & Omissions-Versicherung (vgl. Kap. VIII.2. »Filmversicherungen«) und auch diese Police wird nicht ausgestellt, solange die Rechte an einzelnen Szenen des Films nicht geklärt sind. Die Berufung auf das Zitatrecht hilft hier selten weiter. Vielmehr ist die Vorlage eines »Clip Licence Agreements« erforderlich. Darunter versteht man die Lizenzvereinbarung mit dem Rechtsinhaber zur Verwendung der entsprechenden Szenen in dem Film. Insbesondere bei internationalen Filmprojekten ist es ratsam, sich rechtzeitig mit dem Rechteinhaber in Verbindung zu setzten, um eine Lizenzvereinbarung abzuschließen. Dies kann erhebliche Zeit in Anspruch nehmen, denn bei den Major Studios in Los Angeles gehen monatlich hunderte derartiger Anfragen ein.

Die Rechtsinhaber sind allerdings nicht immer gewillt, die gewünschte Lizenz ohne Weiteres zu erteilen. Sie verlangen vielmehr umfassende Angaben zu den beteiligten Personen, dem Inhalt des Filmprojekts und dem Umfeld der beabsichtigten Einblendung. Erst nach Erhalt sämtlicher Informationen behalten sie sich vor, ihre Entscheidung zu treffen. Dann beginnt häufig erst ein mitunter langwieriger Prozess der internen Rechteklärung beim jeweiligen Rechteinhaber. Sofern nämlich eine Lizenzvereinbarung unterzeichnet werden soll, muss der Lizenzgeber seinerseits klären, ob er auch über alle in dem zitierten Filmausschnitt verkörperten Rechte verfügt. Gerade wenn bekannte Schauspieler dort gezeigt werden, kann es nämlich vorkommen, dass diese die Einwilligung erteilen müssen. Dies gilt fast ausnahmslos bei Werbefilmeinblendungen. Wenn nach Beseitigung aller Hürden schließlich das »Clip Licence Agreement« unterzeichnet wird, sollte der Anfragende darauf gefasst sein, dass trotz der Zahlung einer mitunter beträchtlichen Lizenzsumme eine Rechtegarantie und Freistellungserklärung im Hinblick auf die überlassenen Filmszenen nicht abgegeben wird.

4.4. Unwesentliches Beiwerk (§ 57 UrhG)

Außerdem ist gemäß § 57 UrhG die Verwendung von Werken erlaubnisfrei, wenn sie als unwesentliches Beiwerk neben dem eigentlichen Gegenstand des Filmwerkes anzusehen sind. Ein typisches Beispiel bietet das Fernsehgerät, welches während der Dreharbeiten in einer Ecke des Zimmers steht. Läuft bei dieser Gelegenheit im Fernsehen ein Film, ist dieses Filmwerk als unwesentliches Beiwerk zu betrachten, weshalb die Rechte daran nicht eingeholt werden müssen.

Die Vorschrift ist jedoch, wie alle Ausnahmeregelungen, eng auszulegen. Sie greift z.B. nicht, wenn die im Fernsehen laufenden Bilder in Großaufnahme gezeigt werden. Ferner liegen die Voraussetzungen des unwesentlichen Beiwerks nicht vor, wenn die Verwendung gezielt erfolgt und die Ausschnitte intensiv präsentiert werden. Gleiches gilt, wenn der Ausschnitt als nicht unwesentliches gestalterisches Mittel eingesetzt wird, oder wenn etwa beim Wegfall des »Beiwerks« auch Einbußen an Informationen erfolgten.

Im Übrigen ist insbesondere bei internationalen Produktionen zu beachten, dass zwar vielen Rechtsordnungen ähnliche Vorschriften zugrunde liegen, jedoch mit durchaus unterschiedlichen Ausprägungen. In England etwa wird dies als »incidental inclusion« bezeichnet, wobei die Auffassung herrscht, dass dies nur auf die Einblendung von Werken anwendbar ist, über die der Filmproduzent keine Kontrolle hat. In Frankreich dagegen wären – so die dem Verfasser vorliegenden Informationen – trotz einer ähnlichen Vorschrift in dem obigen Beispiel die Rechte an dem im Fernseher laufenden Film einzuholen.

4.5. Werke an öffentlichen Plätzen (§ 59 UrhG)

Nach § 59 UrhG ist es zulässig, Werke, die sich dauerhaft an öffentlichen Orten befinden, zu verfilmen. Erlaubnisfrei kann nach dieser Bestimmung etwa die Plastik »The Hammering Man« von Jonothan Borowsky, die vor dem Messeturm in Frankfurt/Main bleibend aufgestellt wurde, abgefilmt werden. Auch der Messeturm oder die gesamte Skyline von Frankfurt a. Main können aufgenommen werden. Vergleichbaren Bestimmungen begegnet man auch in den meisten anderen Urheberrechtsordnungen (z.B. in England als »Public display of artistic works«).

Nicht erfasst werden hingegen von der Ausnahmevorschrift des § 59 UrhG die in den Schaufenstern ausgestellten Werke. Ebenso bedürfen Innenaufnahmen in einem der nach § 2 Abs. 1 Ziffer 1 UrhG geschützten Bauwerke der Genehmigung.

4.6. Das Recht am eigenen Bild (§§ 22, 23 KUG)

Tatsächliche Ereignisse des politischen oder gesellschaftlichen Lebens, die in das Blickfeld der Öffentlichkeit geraten sind, dienen zunehmend als Vorlagen für Filmhandlungen. Dabei können entweder historische Materialien in die Filme eingeflochten (Doku-Dramen) oder fiktionale Filme gedreht werden. Aktuelle Beispiele sind »Tanz mit dem Teufel – Die Entführung des Richard Oetker« oder »Wambo«, die Geschichte über den Volksschauspieler Walter Sedlmaier. Hinzu kommen zunehmend Verfilmungen von Biographien berühmter Persönlichkeiten, wie z.B. das Leben des Verlegers Axel Springer für die ARD. Solche Projekte erfordern häufig sehr intensive Recherchen und die Sicherung der Persönlichkeitsrechte, die schnell Vorkosten in einer Größenordnung von 50.000 bis 300.000 DM entstehen lassen.

Nachfolgend soll aufgezeigt werden, unter welchen Voraussetzungen ein tatsächlich stattgefundenes Ereignis und damit das Leben der mit diesem Ereignis verknüpften Personen verfilmt werden darf.

Stets stehen sich in diesen Fällen die widerstreitenden Interessen der Beteiligten gegenüber: Einerseits die betroffenen Personen, die sich auf den Schutz ihrer Persönlichkeitssphäre berufen und dabei eine Vielzahl gesetzlicher Vorschriften für sich in Anspruch nehmen können (Art. 1 und 2 GG, § 823 Abs. 1 BGB, § 823 Abs. 2 BGB i.V.m §§ 185 ff StGB, § 12 BGB und schließlich §§ 22, 23 KUG). Andererseits das Interesse des Produzenten an einer möglichst spannenden authentischen »Story«, deren Verfilmung – unabhängig von ihrer künstlerischen Qualität – in aller Regel ein Kunstwerk im verfassungsrechtlichen Sinne darstellt. Dies gilt selbst für solche Filmwerke, die nahezu wörtlich auf Protokollen, tatsächlichen Aussagen etc. der beteiligten Personen basieren, da auch hier jedenfalls die Regieleistung ausreichen wird, das Filmwerk als Kunstwerk im verfassungsrechtlichen Sinne zu qualifizieren. Insoweit kann der Produzent für sich grundsätzlich die verfassungsrechtlich garantierte Kunstfreiheit (Art. 5 Abs. 3 GG) in Anspruch nehmen.

Die einschlägigen Rechtsgrundlagen für die Fragen der erlaubnisfreien Verfilmung und ihres Umfanges finden sich nach heute herrschender Meinung im Kunsturhebergesetz (KUG), (vgl. Eickmeier/Eickmeier. Die rechtlichen Grenzen des Doku-Dramas, ZUM 1998, S. 1 ff. m.w.N.). Die Auflösung des vorgenannten Konflikts erfolgt dabei nicht nach allgemeinen Kriterien, sondern im Einzelfall aufgrund einer umfassenden Güter- und Interessenabwägung.

4.6.1. Zustimmungserfordernis

Grundsätzlich ist die Verfilmung einer Person nach § 22 Abs. 1 KUG nur mit deren Zustimmung gestattet. Das dort geregelte »Recht am eigenen Bild« garantiert jedem Einzelnen das Selbstbestimmungsrecht über seine Darstellung im Bild. Dies gilt auch dann, wenn die betreffende Person durch Schauspieler dargestellt wird und Zeit und Ort der Geschehnisse sowie die Namen der Beteiligten abgeändert wurden. Ausreichend für die Anwendbarkeit des § 22 KUG ist es, wenn die dargestellte Person zumindest für Eingeweihte erkennbar ist und der Betrachter sich ohne weiteres an die Originalperson erinnert fühlt.

4.6.2. Personen der Zeitgeschichte (Ausnahme)

Zu diesem Recht auf Bildnisanonymität enthält § 23 Abs. 1 KUG eine bedeutsame Ausnahme. Danach ist die filmische Darstellung einer Person auch ohne ihre Einwilligung zulässig, wenn es sich um eine »Person der Zeitgeschichte« handelt. Grundsätzlich gilt hier, dass bei Personen der Zeitgeschichte das Selbstdarstellungsrecht des Abgebildeten durch das höherrangige Informationsinteresse der Allgemeinheit verdrängt wird.

Zu den Personen der Zeitgeschichte zählen zunächst solche, die sich durch ihre gesellschaftliche Stellung, ihre Leistungen, Taten oder »Untaten« außergewöhnlich aus dem Kreis ihrer Mitmenschen hervorheben und deshalb *ständig* in der Öffentlichkeit präsent sind (»absolute« Personen der Zeitgeschichte, z.b. Angehörige von Königshäusern, berühmte Schauspieler, Politiker, Sportstars). Darüber hinaus gilt die Ausnahmevorschrift des § 23 KUG für Personen, die – sei es freiwillig oder unfreiwillig – durch ihre Verknüpfung mit Ereignissen und Gegebenheiten nur *vorübergehend* in das Blickfeld des öffentlichen Interesses geraten (»relative« Personen der Zeitgeschichte). Letztere sind z.B. Angehörige von absoluten Personen der Zeitgeschichte, Angeklagte in Aufsehen erregenden Prozessen.

Die Differenzierung zwischen »absoluten« und »relativen« Personen der Zeitgeschichte ist vor allem für die Frage von Bedeutung, in welchem Ausmaß der Abgebildete in seinem Selbstbestimmungsrecht eingeschränkt wird und auch gegen seinen Willen die öffentliche Verbreitung seines Bildnisses hinnehmen muss. Je mehr er im Rampenlicht der Öffentlichkeit steht und zur »absoluten« Person der Zeitgeschichte zählt, desto stärker wird auch sein Recht am eigenen Bild eingeschränkt. Umgekehrt werden die »relativen Personen der Zeitgeschichte« nach Ablauf einer gewissen Zeit wieder zu »normalen Privatpersonen« und müssen deshalb nicht die Darstellung ihrer Person in den Medien gegen ihren Willen dulden (zum Sonderfall Täter und Opfer als Filmvorlage vgl. 4.6.4.).

4.6.3. »Berechtigtes Interesse« (Einschränkung der Ausnahme)

Auch Personen der Zeitgeschichte können sich allerdings gegen ihre Verfilmung zu Wehr setzen, wenn durch die Verbreitung des Films ihr »berechtigtes Interesse« (§ 23 Abs. 2 KUG) verletzt wird. Die *Verletzung eines berechtigten Interesses* kann insbesondere dann vorliegen, wenn durch die Art und Weise der Darstellung der Abgebildete in seiner Ehre oder seinem guten Ruf verletzt wird.

Ob eine derartige Herabsetzung zu bejahen ist, unterliegt einer einzelfallbezogenen Interessen- und Güterabwägung. Dabei kommt es grundsätzlich nicht darauf an, ob die im Filmwerk dargestellten Vorgänge des realen Lebens der Wahrheit entsprechen. Häufig wenden die Betroffenen ein, diese oder jene Tatsache sei nicht richtig dargestellt worden. Solche Einwände spielen jedoch nur im Bereich des Presserechts eine Rolle. Filmwerke, die als Kunstwerke zu qualifizieren sind, sind einer »Richtigkeitskontrolle« weitestgehend entzogen. Allein durch die Verkürzung der Wahrheit einzelner Vorgänge zugunsten der künstlerischen Finheit werden also nicht zwingend die berechtigten Interessen der betroffenen Personen der Zeitgeschichte verletzt.

Zu beachten ist in diesem Zusammenhang aber, ob und inwieweit das »Abbild« gegenüber dem »Urbild« durch die künstlerische Gestaltung des Stoffes und seine Ein- und Unterordnung in den Gesamtorganismus des Kunstwerkes so verselbständigt erscheint, dass das Individuelle, Persönlich-Intime zugunsten des Allgemeinen, Zeichenhaften der »Figur« objektiviert ist (vgl. auch das Urteil des OLG Hamburg vom 23.4.1996 »Dr. Schneider«, Az. 7 U 61/96). In praktischer Hinsicht bedeutet dies: Je stärker das entworfene Persönlichkeitsbild beansprucht, sich mit der sozialen Wirklichkeit des Dargestellten zu identifizieren, desto schutzwürdiger ist dessen Interesse an wirklichkeitsgetreuer Darstellung.

Daher ist auch das Genre des jeweiligen Filmwerks von Bedeutung. Die Grenze des Zulässigen wird zum Beispiel bei einer Satire deutlich weiter gezogen als bei einem Doku-Drama.

Um für die jeweils vorzunehmende Interessenabwägung Anhaltspunkte zu liefern, hat die Rechtsprechung den Schutzbereich des allgemeinen Persönlichkeitsrechts in bestimmte Sphären unterteilt. Je nachdem, aus welcher Sphäre die veröffentlichte Information stammt, überwiegt im Konfliktfalle die Meinungsäußerungsfreiheit oder das allgemeine Persönlichkeitsrecht des Betroffenen. Diese Sphären sind:

Die **Intimsphäre** umfasst die innere Gedanken- und Gefühlswelt. Sie genießt den stärksten Schutz vor Eingriffen Dritter. Eine nicht genehmigte Erörterung von Vorgängen aus diesem Bereich ist absolut unzulässig. Typische Bereiche, die geschützt sind, sind Vorgänge aus dem Sexualleben, Krankheiten in Details und intime Gespräche. Ein Schutz der Intimsphäre ist ausnahmsweise nur dann nicht gegeben, wenn der Betroffene selbst den an sich geschützten Bereich der Intimsphäre öffentlich ausbreitet, z.B. durch Teilnahme an einer Fernsehdiskussion. Der Schutz der Intimsphäre gilt grundsätzlich auch für (absolute) Personen der Zeitgeschichte.

Zur Intimsphäre zählt auch die sog. **Geheimsphäre**. Sie betrifft den Bereich des menschlichen Lebens, welcher der Öffentlichkeit erkennbar nicht offen gelegt werden soll und erstreckt sich z.B. auf vertrauliche Tonbandaufzeichnungen und Telefonate, Tagebucheintragungen und Äußerungen in persönlichen Briefen. Maßgeblich ist der Geheimhaltungswille des Betroffenen. Auch diesen Schutz genießen grundsätzlich Personen der Zeitgeschichte.

Die **Privatsphäre** umfasst zunächst alle Vorgänge innerhalb des privaten häuslichen Bereichs, also der Familie, Partnerschaft, Ehe, Einkommens- und Vermögensverhältnisse, Religion. Nach jüngster Rechtsprechung betrifft die schützenswerte Privatsphäre auch Orte außerhalb des häuslichen Bereichs, wenn sich der Betroffene erkennbar in öffentliche Abgeschiedenheit zurückgezogen hat, in welcher er allein sein will und sich im Vertrauen auf die Abgeschiedenheit so verhält, wie er es in der Öffentlichkeit nicht tun würde (BVerfG, ZUM 2000, S. 149, 155 – »Caroline von Monaco«).

Gleichwohl genießt die Privatsphäre im Gegensatz zur Intimsphäre keinen absoluten Schutz. Vielmehr ist der Schutzbereich der Privatsphäre vom Bekanntheitsgrad, der Stellung, der Aufgabe des Betroffenen in der Öffentlichkeit abhängig. Deshalb wird es z.B. ein bekannter Star grundsätzlich hinnehmen müssen, dass auch seine persönliche Lebensführung vom interessierten Publikum öffentlich nachvollzogen werden kann.

Durch die **Individualsphäre** wird das Recht auf Selbstbestimmung geschützt. Hierbei geht es insbesondere um die Zulässigkeit der Verwendung von Bildern und Namen von Personen. Privatpersonen müssen solche Veröffentlichungen grundsätzlich nur dann hinnehmen, wenn dies im Zusammenhang mit konkreten sozialen – d.h. öffentlichen – Bezügen erfolgt, durch welche sie zu relativen Personen der Zeitgeschichte werden, z.B. der Anwalt in einer öffentlichen Verhandlung. Dagegen müssen absolute Personen der Zeitgeschichte die Verwendung solchen Materials grundsätzlich dulden.

4.6.4. Sonderfall: Täter und Opfer als Filmvorlage

Grundsätzlich muss auch ein Straftäter hinnehmen, dass das von ihm begangene Verbrechen ohne seine Zustimmung in einem Film verarbeitet wird, wenn er durch die Tat zu einer relativen oder absoluten Person der Zeitgeschichte wurde. Dies gilt sogar dann, wenn die Straftat erst kurze Zeit zurückliegt und es noch zu keiner rechtskräftigen Verurteilung des »Beschuldigten« gekommen ist. Denn gerade in der Zeit nach der Tat ist das aktuelle Informationsinteresse der Allgemeinheit besonders hoch und genießt regelmäßig Vorrang vor den schutzwürdigen Interessen der Straftäter.

Das Recht zur erlaubnisfreien Verfilmung wird allerdings nicht nur durch das allgemeine Persönlichkeitsrecht (Art. 1, 2 GG), sondern auch durch die Unschuldsvermutung des Art. 6 Abs. 2 der Europäischen Menschenrechtskonvention (EMRK) eingeschränkt. Art. 6 Abs. 2 EMRK bindet zwar Presse, Film und Fernsehen nicht unmittelbar, entfaltet aber eine Ausstrahlungswirkung, welche die Medien zur »Zurückhaltung« verpflichtet. Wie intensiv die Pflicht zur Zurückhaltung besteht, hängt wiederum von den Umständen des Einzelfalles ab.

Darüber hinaus gibt es eine zeitliche Grenze, nach deren Ablauf die Persönlichkeitsrechte eines Straftäters wieder zunehmend an Bedeutung gewinnen. Sobald das aktuelle Interesse der Öffentlichkeit erloschen ist, verliert der Straftäter seine Stellung als (relative) Person der Zeitgeschichte und erlangt wieder den Status der Privatperson nach § 22 KUG. Ist dies der Fall, darf der Straftäter ohne seine Zustimmung nicht mehr zum Gegenstand eines Fernsehfilms gemacht werden. Eine fortgesetzte Verwertung der Geschehnisse durch die Medien würde nicht nur die Persönlichkeitsrechte des Straftäters verletzen, sondern auch dem in § 2 StVollzG normierten Ziel seiner Resozialisierung, also der künftigen Wiederanpassung und störungsfreien Eingliederung in die Gesellschaft, entgegenstehen (BVerfGE 35, S. 202, 220 – »Lebach«).

Dies bedeutet jedoch nicht, dass die Straftäter dann einen Anspruch darauf hätten, in der Öffentlichkeit überhaupt nicht mehr mit der Tat konfrontiert zu werden. Eine vollständige Immunisierung vor der ungewollten Darstellung persönlichkeitsrelevanter Geschehnisse kann er nicht in Anspruch nehmen. Entscheidend ist vielmehr stets, in welchem Maße eine Berichterstattung die Persönlichkeitsentfaltung beeinträchtigen kann. So ist es auch im Rahmen der Rundfunkfreiheit (Art. 5 Abs. 1 S. 2 GG) zulässig, anhand einer (unterhaltsamen) filmischen Darstellung eines Verbrechens, bei welcher der ehemalige Straftäter nicht zu identifizieren ist, eine bestimmte, zeitgeschichtlich interessante Phase zu thematisieren (BVerfG – ZUM RD, 2000, S 55, 60 – SAT 1 Serie »Verbrechen, die Geschichte machten«).

Bei der Verfilmung von Straftaten ist ferner dem Schutz des Opfers Rechnung zu tragen, welches – im Gegensatz zum Täter – in der Regel ohne eigenes Zutun zum Gegenstand des öffentlichen Interesses geworden ist. Dieser Schutz darf aber nicht so weit gehen, dass eine Verfilmung der aktuellen Geschehnisse ohne seine Zustimmung nicht möglich wäre. Denn durch die Begehung einer Straftat wird die allgemeine Rechtsordnung verletzt und die Öffentlichkeit hat ein berechtigtes Interesse daran, über die Tat näher informiert zu werden.

Daher ist der Opferschutz statt durch ein Verfilmungsverbot dadurch zu gewährleisten, dass bei der Verfilmung Namen, Orte und Geschehensabläufe so weit verfremdet werden, dass die Opfer der realen Straftat selbst für Eingeweihte nicht mehr zu identifizieren sind.

4.6.5. Postmortales Persönlichkeitsrecht

Zu beachten ist schließlich, dass das allgemeine Persönlichkeitsrecht nicht mit dem Tod des Betreffenden endet, sondern der Schutz des Lebensbildes gegen grob ehrverletzende Entstellungen weiterbesteht. Befugt zur Wahrnehmung des postmortalen Persönlichkeitsschutzes sind in erster Linie die Erben des Verstorbenen und daneben seine nahen Angehörigen (vgl. BVerfGE 30, S. 173 – »Gründgens-Mephisto«).

Der postmortale Persönlichkeitsschutz einer Person besteht jedoch nicht zeitlich unbegrenzt, sondern nur solange das gesamte Lebens- und Erscheinungsbild des Verstorbenen noch fortwirkt. Der Schutz verringert sich daher in dem Verhältnis, in dem das Bild des Verstorbenen verblasst und die Erinnerung an ihn erlischt. Die Dauer des Schutzes hängt neben der Intensität der Beeinträchtigung vor allem von der Bekanntheit und Bedeutung des durch das (künstlerische) Schaffen geprägten Persönlichkeitsbildes ab. Eine generelle zeitliche Grenze ist hierfür bislang nicht gezogen worden. Die 10-Jahresfrist des § 22 KUG ist insoweit nicht maßgeblich, denn sie gilt nur für Bildnisse, also Fotographien.

4.6.6. Rechtevereinbarungen mit den Betroffenen

Wie aufgezeigt, sind die Risiken einer Rechtsverletzung bei Filmprojekten, die reale Personen und Ereignisse zur Vorlage haben, nicht unerheblich. Produzenten tun daher gut daran, Verträge mit den betroffenen Personen zu schließen.

Zwar lassen sich Rechte an tatsächlichen außergewöhnlichen Geschehnissen wie z.B. an einem Verbrechen oder an einer Lebensgeschichte nicht exklusiv erwerben, da abstrakte Ereignisse gemeinfrei sind. Mithin besitzt niemand, auch nicht die unmittelbar betroffenen Personen, »Rechte« an ihren Erlebnissen. Der urheberrechtliche Schutz besteht insoweit auch nicht an den Geschehnissen selbst, sondern an den Drehbüchern oder Filmen, die diese Fakten künstlerisch verarbeiten. Grundsätzlich ist also jedermann gestattet, sich solcher Ereignisse als Inspiration für sein künstlerisches Schaffen zu bedienen.

Dennoch werden häufig Vereinbarungen zwischen Produzenten und den Betroffenen abgeschlossen. Die Betroffenen können zwar keine »Rechte« übertragen, übernehmen aber eine Mitwirkungspflicht hinsichtlich des geplanten Filmprojekts: Sie verpflichten sich, dem Produzenten exklusiv Informationen zu den tatsächlichen Ereignissen zu liefern. Darüber hinaus erteilen sie die Zustimmung zur Verfilmung ihrer Geschichte und verzichten damit vertraglich auf die Geltendmachung ihrer durch die Verfilmung möglicherweise verletzten Persönlichkeitsrechte. Die Produzenten erhalten dadurch die erforderliche Sicherheit und Berechenbarkeit ihres Projektes, insbesondere für die spätere Auswertung.

Eine solche Vereinbarung gewinnt vor allem im Rahmen einer internationalen Koproduktion oder Auswertung eines Films große Bedeutung. In diesen Fällen ist zu bedenken, dass die Persönlichkeitsrechte in den Auswertungsgebieten teilweise sehr unterschiedlich geschützt werden (z.B. USA, England, Frankreich), weshalb es sich empfiehlt, die Rechte der Betroffenen in den verschiedenen Territorien rechtzeitig prüfen zu lassen. Dieser Vorgang verursacht regelmäßig einen beträchtlichen Aufwand und Kosten, der sich aber spätestens beim Abschluss der für die internationale Auswertung erforderlichen E&O-Versicherung rechnet (vgl. Kap. VIII).

V. Schranken und Fallstricke des Rechtserwerbs

Im Folgenden sollen einige Fallstricke erörtert werden, denen sich der Produzent beim Erwerb der Auswertungsrechte gegenüber sieht.

1. Generalklausel

Häufig sehen Verträge eine Generalklausel vor, wonach die Rechte »ausschließlich, räumlich, zeitlich und sachlich (inhaltlich) uneingeschränkt auf den Produzenten übertragen werden«. Diese Generalklausel sollte zwar einleitend in jedem Vertrag verwandt werden. Ohne eine Aufzählung der einzelnen Verwertungsrechte ist den Interessen des Filmproduzenten allerdings nicht hinreichend gedient.

Die höchstrichterliche Rechtsprechung hat vielmehr wiederholt entschieden, dass eine solche Generalklausel grundsätzlich nicht ausreicht, um dem Filmproduzenten tatsächlich alle Rechte einzuräumen. Bei einer pauschalen vertraglichen Rechtseinräumung wird deshalb im Streitfalle stets überprüft, ob der ursprüngliche Rechtsinhaber nicht tatsächlich nur die Rechte übertragen wollte, die zur Durchführung des Vertrages unmittelbar erforderlich sind (Urteil des BGH vom 27.9.1995, GRUR 1996, S. 121 ff.). – Diese Einschränkung zulasten der Produzenten und zugunsten der Urheber ist Ausdruck der gesetzlich verankerten Zweckübertragungslehre (§ 31 Abs. 5 UrhG).

2. Die Zweckübertragungslehre

Nach der fundamentalen Vorschrift des § 31 Abs. 5 UrhG werden bei fehlender Einzelbezeichnung regelmäßig nur die Rechte übertragen, die zur Durchführung des Vertragszweckes notwendig sind (§ 31 Abs. 5 UrhG).

In der vorgenannten Entscheidung stellte der BGH fest:

> »für Vereinbarungen, nach deren Wortlaut der Urheber in pauschaler Weise Nutzungsrechte einräumt, hat die Zweckübertragungslehre – wie ihre gesetzliche Ausprägung in § 31 Abs. 5 UrhG deutlich macht – eine Bedeutung, die über die genannte Auslegungsregel hinausgeht. Gemäß § 31 Abs. 5 UrhG bestimmt sich der Umfang eines eingeräumten Nutzungsrechtes nach dem mit seiner Einräumung verfolgten Zweck, wenn bei der Rechtseinräumung die Nutzungsarten, auf die sich das Recht erstrecken soll, nicht einzeln bezeichnet sind. Bei pauschalen Vereinbarungen über die Einräumung von Nutzungsarten wird danach der Umfang des Nutzungsrechtes durch den Vertragszweck bestimmt und im Allgemeinen beschränkt, selbst wenn der Wortlaut der vertraglichen Regelung eindeutig ist.«

Die höchstrichterliche Rechtsprechung geht also im Hinblick auf die übertragenen Rechte von einem Erörterungs- und Bezeichnungserfordernis aus. Dementsprechend kam das LG München I in seinem Urteil vom 10.3.1999 zu dem Ergebnis, dass in einem Vertrag zwischen dem Produzenten eines Beitrages für ein Fernsehmagazin und dem Fernsehveranstalter (Focus TV) die Formulierung »der Produzent überträgt FTV die unbeschränkten Rechte an der ... Produktion« nicht das Recht zur Nutzung der Fernsehproduktion im Internet umfasst ist. Dem Gericht zufolge sprach vielmehr der Wortlaut des Vertrages, insbesondere die Festlegung des Vertragsgegenstandes »exklusive Ausstrahlung durch FTV« dafür, dass die Parteien als Vertragszweck die Erstellung eines Beitrages für eine Fernsehausstrahlung verfolgten. Die insoweit darlegungs- und beweislastpflichtige Beklagte (Focus TV) hatte auch nicht behauptet, dass es der Branchenübung entsprochen habe, neben den Fernsehrechten stets auch die Internetrechte einzuräumen (vgl. ZUM-RD 2000, S. 77, 79).

Zur Vermeidung des Risikos, als Filmproduzent trotz der pauschalen Rechtsübertragung nicht über sämtliche Rechte zu verfügen, ist es daher empfehlenswert, im Anschluss an die Generalklausel die einzelnen Rechte umfassend aufzuführen. Dabei ist stets darauf zu achten, dass der Katalog der zu übertragenden Rechte aktualisiert ist, der dynamischen technischen Entwicklung Rechnung getragen wird und die jeweiligen neuesten Nutzungsarten ausdrücklich genannt sind (z.B. Internet, Digitalisierung, CD-ROM, DVD, interaktive Rechte, Online-Dienste etc.), (ein Formulierungsvorschlag und der entsprechende Rechtekatalog ist in den »Anlagen« enthalten).

3. Die unbekannte Nutzungsart (§ 31 Abs. 4 UrhG)

Eine weitere Restriktion, die im Zusammenhang mit der vertraglichen Generalklausel zu nennen ist, ist die Vorschrift bezüglich der unbekannten Nutzungsarten, § 31 Abs. 4 UrhG. Nach dieser Norm sind die Einräumung von Nutzungsrechten für noch nicht bekannte Nutzungsarten sowie Verpflichtungen hierzu unwirksam.

In den deutschsprachigen Verträgen ist dessen ungeachtet regelmäßig etwa wie folgt zu lesen:

> »Der Urheber überträgt dem Produzenten die zeitlich, räumlich und sachlich unbegrenzten ausschließlichen Nutzungsrechte in allen bekannten und in Zukunft entwickelten Nutzungsarten.«

Ebenso enthalten nahezu alle englischsprachigen Verträge sinngemäß die folgende Formulierung:

> »Author hereby grants to producer the exclusive right to use and exploit the work by all manners and means throughout the world in all media now known or hereafter invented.«

Während in ausländischen Rechtsordnungen die Auswertungsrechte für zukünftige Nutzungsrechte wirksam übertragen werden können, stehen derartigen Vertragsklauseln in Deutschland § 89 UrhG als lex specialis für die Filmurheber und im Übrigen die vorgenannte Regelung des § 31 Abs. 4 UrhG entgegen.

Dies war jedoch nicht immer so. Vielmehr war vor Inkrafttreten des geltenden Urhebergesetzes (1. Januar 1966) eine uneingeschränkte Übertragung der urheberrechtlichen Nutzungsrechte zulässig, einschließlich der Rechte für noch unbekannte Nutzungsarten. Dies haben die Gerichte wiederholt bei der Überprüfung von »Altverträgen« entschieden. Beispielhaft sei in diesem Zusammenhang auf das Urteil des OLG München vom 14. Oktober 1999 (ZUM 2000, S. 61ff – »Das kalte Herz«) verwiesen. Der Sohn des 1975 verstorbenen Schauspielers und Regisseurs Paul Verhoeven machte Ansprüche aus der seiner Ansicht nach unrechtmäßigen Videoauswertung des Films »Das kalte Herz« geltend, bei dem Paul Verhoeven Regie führte und als Koautor das Drehbuch mitgestaltete. Der Vertrag stammte aus dem Jahr 1949 und darin übertrug Verhoeven dem Produzenten, der DEFA Deutsche Film AG, alle Urheberrechte am Film und am Drehbuch.

Das OLG München erkannte, dass durch den Vertrag von 1949 die umfassenden Nutzungsrechte auf die Produzentin übertragen wurden, und zwar auch die Rechte aus noch nicht bekannten Nutzungsarten. Dabei stellte das Gericht aber auch klar, dass die mögliche Einräumung der Rechte für noch nicht bekannte Nutzungsarten voraussetzt, dass ein entsprechender Wille der Vertragspartner unzweideutig zum Ausdruck gekommen ist. Hierfür genüge, dass die zukünftigen Nutzungsarten – wenn auch zwangsläufig verallgemeinernd – ausdrücklich in die Übertragung mit einbezogen wurden. Durch den Nichtannahmebeschluss des BGH vom 10. August 2000 wurde das Urteil des OLG München rechtskräftig.

Die Frage, welche Kriterien an die Bekanntheit einer neuen Nutzungsart zu stellen sind, beschäftigte wiederholt die Rechtsprechung. Bekannt ist eine Nutzungsart nicht schon dann, wenn sie im Zeitpunkt des Vertragsschlusses in technischer Hinsicht bekannt war; vielmehr muss sie auch als wirtschaftlich bedeutsam und verwertbar bekannt sein (BGH-Urteil vom 11. Oktober 1990 – Videozweitauswertung I). Dies setzt voraus, dass die neue Nutzungsart tatsächlich schon einen wirtschaftlich bedeutsamen Umfang erlangt hat. Entscheidend ist insoweit, dass dem Urheber bei Abschluss des Vertrages die wirtschaftliche Tragweite der Rechtsübertragung bewusst war.

Der BGH hat aber auch sog. Risikogeschäfte zugelassen (Urteil vom 26. Januar 1995 – Videozweitauswertung III), so dass die Vertragspartner über eine zwar technisch bekannte, wirtschaftlich indes noch unbedeutsame Nutzungsart eine wirksame Vereinbarung treffen können. Die Wirksamkeit solcher »Risikogeschäfte« setzt aber voraus, dass die Vertragspartner die neue Nutzungsart nicht nur im Vertrag konkret bezeichnen, sie müssen sie vielmehr auch ausdrücklich erörtert und vereinbart haben.

Mitte der 80er-Jahre begannen die Fernsehanstalten ihre Programme über Satelliten auszustrahlen. Durch die weiten Ausleuchtzonen (»footprint«) der Satelliten vergrößerte sich die Empfangbarkeit des Programms außerordentlich. Wegen der weitaus intensiveren Nutzung der Filme im Wege der Satellitenausstrahlung wurde die Auffassung vertreten, darin sei eine neue Nutzungsart zu sehen. Auch die Gerichte befassten sich mit dieser Thematik, denn einige Lizenzgeber machten sich diese Auffassung zu Eigen und nahmen die Sendeanstalt auf Unterlassung der Satellitenausstrahlung in Anspruch bzw. verlangten wegen der neuen Nutzung eine erhöhte Lizenzgebühr.

Mit dem »KLIMBIM«-Urteil des BGH vom 4. Juli 1997 (ZUM 1997, S. 128 ff.) wurde diese Problematik höchstrichterlich entschieden. Danach handelt es sich bei einer Ausstrahlung über Satellit nicht um eine neue Nutzungsart. Vielmehr liegt darin nur eine durch technischen Fortschritt mögliche Erweiterung und Verstärkung einer schon bisher üblichen Nutzung (Fernsehen), ohne dass sich aus Sicht der Endverbraucher die Werknutzung entscheidend verändert hätte.

Dieses Urteil ist insoweit bemerkenswert, als es bis zu diesem Zeitpunkt einhellig auf die Sicht der betroffenen Urheber ankam:

> »Entscheidend ist, ob die Nutzungsart in den einschlägigen Urheberkreisen bereits hinlänglich bekannt war. Jedenfalls ist Bekanntheit im Sinne des § 34 Abs. 4 UrhG anzunehmen, wenn die Nutzungsart dem Publikum bekannt war, insbesondere infolge der faktischen Verbreitung der Nutzungsart, der Information durch die Presse und andere Massenmedien« (vgl. BGH – GRUR 1982, 727–730)

Demgegenüber erklärt der BGH in der KLIMBIM-Entscheidung die »Sicht der Endverbraucher« für maßgeblich.

Wie erwähnt kommt es nach der Rechtsprechung des BGH für die Bekanntheit einer Nutzungsart darauf an, ob die fragliche Nutzungsart nicht nur mit ihren technischen Möglichkeiten, sondern auch als wirtschaftlich bedeutsam und verwertbar bekannt ist. Dieser Komplex – technische Möglichkeiten einerseits und ihre wirtschaftliche Verwertbarkeit andererseits – ist angesichts des stattfindenden technischen Innovationsschubes augenblicklich in hohem Maße virulent. Allem voran ist hier das Internet zu nennen, welches als »technische Plattform« immer weiterentwickeltere Nutzungsmöglichkeiten bietet und dabei u.a. Inhalte überträgt, die dem klassischen Fernsehen vorbehalten waren. An diesem Beispiel wird die von *Schwarz* benannnte Tendenz der »Diversifizierung der Nutzungsformen einerseits und eine Konvergenz ursprünglich getrennter Medien andererseits« besonders deutlich (vgl. *Schwarz*, Klassische Nutzungsrechte und Lizenzvergabe bzw. Rückbehalt von »Internet-Rechten«, ZUM 2000, S. 816).

Die entscheidende Frage in rechtlicher Hinsicht ist angesichts des gewaltigen technischen Innovationsschubes stets, ob es sich »nur« um eine Fortentwicklung des Mediums handelt, dessen Nutzung noch von einer früheren Rechteeinräumung gedeckt ist oder ob es sich um eine »unbekannte Nutzungsart« handelt, die von der Einräumung der Nutzungsrechte gemäß § 34 Abs.4 UrhG eben nicht umfasst ist. Im Hinblick auf das Internet wird in der Literatur dazu zutreffend hervorgehoben, dass es stets auf die konkrete Nutzungsart im Internet ankommt, also ob es sich z.B. um die linear gleichzeitige Sendung audiovisueller Werke oder den zeitlich versetzten Abruf einzelner Produktionen handelt (vgl. Schwarz, a.a.O., S. 826; Frohne, Filmverwertung im Internet und deren vertragliche Gestaltung, ZUM 2000, S. 810, 813).

Höchstrichterliche Rechtsprechung gibt es zu diesem Bereich noch nicht, es liegen allerdings einzelne Entscheidungen der Instanzgerichte vor. So stellte das LG München I mit Urteil vom 10.3.1999 fest, dass die Digitalisierung eines Fernsehbeitrages und die anschließende Verwendung zum zeitlich versetzten Abruf im Internet nicht von der Fernsehlizenz gedeckt war (vgl. oben »Zweckübertragungslehre«).

Dagegen kam das OLG München in einem Urteil vom 19.3.1998 (ZUM 1998, S. 413,

416) zu dem Ergebnis, dass die Klausel in einem Vertrag, in dem das Recht, die Filme »in allen audiovisuellen Verfahren« auszuwerten, übertragen wird, sich auch auf das Recht zur video-on-demand-Auswertung erstreckt. In seiner Begründung stellte das Gericht fest, dass der entscheidende Zeitpunkt der wirtschaftlichen Verwertbarkeit nicht generell mit dem Zeitpunkt identisch sein muss, in dem die Auswertung tatsächlich einen wirtschaftlichen bedeutsamen Umfang erreicht hat; er kann auch früher liegen. Video-on-demand befand sich bereits seit Anfang 1995 in Berlin in der öffentlichen Erprobung und anschließend waren in weiteren Städten ähnliche Vorhaben geplant. Damit war für das Gericht video-on-demand eine wirtschaftlich bedeutsame Nutzungsart, die in der Vertragspraxis auch bereits übernommen worden war. Wie der BGH in der »KLIMBIM«-Entscheidung, stellte dabei auch das OLG München auf die Sicht der Endverbraucher ab. Die Revision der Klägerin wies der BGH durch Nichtannahmebeschluss vom 17.12.1998 zurück, weshalb das OLG-Urteil rechtskräftig ist.

Die vorstehenden Entscheidungen verdeutlichen, dass die fortschreitende technische Entwicklung die Gerichte stets aufs Neue mit der Frage konfrontiert, welche Nutzungsart bislang unbekannt bzw. ab welchem Zeitpunkt sie ggf. bekannt war. Für die anstehende digitale Verwertung von Werken kann bisher noch nicht von einer gefestigten Rechtsprechung, d.h. von einer einheitlichen Beurteilung durch die Gerichte ausgegangen werden.

<u>Empfehlung:</u> Empfehlenswert ist daher eine entsprechende Ausgestaltung bzw. Anpassung der Verträge, damit der Produzent nicht Gefahr läuft, dass ein (Film)Urheber die Auswertung des Films in einem bestimmten Bereich untersagt, weil es sich dabei um eine »unbekannte Nutzungsart« handelt.

Bisweilen sehen Verträge vor, dass der Urheber dem Produzenten gegenüber zur Einräumung von Nutzungsrechten für noch nicht bekannte Nutzungsarten verpflichtet ist. Eine solche Verpflichtung ist jedoch nach § 31 Abs. 4 UrhG unwirksam. Auch eine Option auf den Erwerb solcher Rechte, wenn sich zukünftig neue Nutzungsarten entwickeln sollten, ist eine Verpflichtung im vorgenannten Sinne und damit nicht wirksam. Zu der Frage, ob der Urheber nach Treu und Glauben gemäß § 242 BGB zur Nachlizenzierung verpflichtet ist, hat das LG München I in seiner Entscheidung vom 10.3.1999 ausgeführt, dass eine Pflicht zur Nachlizenzierung allenfalls nur dann besteht, wenn der Lizenznehmer andernfalls auch die ihm bereits eingeräumten Rechte gar nicht nutzen könnte (LG München, a.a.O., S. 80).

Zulässig sein dürften hingegen eine Enthaltungspflicht des Urhebers und eine Erstanbietungspflicht gegenüber dem Produzenten, falls beabsichtigt wird, über diese Rechte später zu verfügen. Die Erstanbietungspflicht dürfte auch mit einem »last refusal right« des Produzenten kombinierbar sein. Ein entsprechender Formulierungsvorschlag lautet etwa folgendermaßen:

> »Die Vertragspartner sind sich darüber einig, dass alle vorstehenden Auswertungsrechte bekannte Nutzungsarten im Sinne des § 31 Abs. 4 UrhG sind. Soweit sich zukünftig neue Nutzungsarten ergeben sollten und der Urheber beabsichtigt, über diese Rechte zu verfügen, ist er verpflichtet, diese zunächst dem Produzenten an-

zubieten (»Erstanbietungspflicht«). Sofern sich die Vertragspartner über die Bedingungen des Erwerbs dieser Rechte nicht binnen eines Monats einigen können, ist der Urheber berechtigt, diese Rechte Dritten anzubieten. Vor Abschluss eines diesbezüglichen Vertrages ist der Urheber jedoch verpflichtet, dem Produzenten den Erwerb der fraglichen Rechte nochmals zu den Konditionen anzubieten, zu denen er mit dem Dritten abzuschließen beabsichtigt. Wenn der Produzent dieses Angebot nicht binnen zwei Wochen nach Zugang annimmt (»last refusal right«), ist der Urheber berechtigt, die entsprechenden Rechte anderweitig zu vergeben.«
Darüber hinaus ist es aufgrund des herrschenden Territorialitätsprinzips möglich, Vereinbarungen in Bezug auf ausländische Rechtsordnungen zu treffen, in denen auch die Rechte für unbekannte Nutzungsarten übertragbar sind (z.B. USA).
Eine solche Klausel könnte etwa folgenden Wortlaut haben:

Mit Wirkung für alle Rechtsordnungen, die eine Abtretung des Urheberrechts zulassen (z.B. »copyright assignment«), tritt der Vertragspartner dem Produzenten das Urheberrecht an dem Werk ab. Ferner gilt die Rechtseinräumung mit Wirkung für alle Rechtsordnungen, die auch eine Rechtseinräumung für unbekannte Nutzungsarten zulassen, auch für sich erst zukünftig entwickelnde und bekannt werdende Nutzungsarten. Soweit diese Rechtsordnungen hierfür etwaige Beteiligungen des Vertragspartners vorsehen, verpflichtet sich der Produzent, diese Zahlungen zu gegebener Zeit zu leisten. Solche Klauseln sind in internationalen Verträgen durchaus üblich bzw. werden von den Vertragspartnern (Koproduzenten, Financiers, Lizenznehmern) sogar erwartet.

4. Das Urheberpersönlichkeitsrecht (»droit moral«)

Selbst wenn der Produzent den gesamten Rechtekatalog ordnungsgemäß erworben hat, ist er nicht völlig von den Fesseln des Rechts befreit. Vielmehr sind – wie bereits angedeutet – weiterhin sowohl Rechte der Urheber der vorbestehenden Werke wie auch des Filmwerkes selbst zu beachten. Denn in der kontinentaleuropäischen Rechtstradition, die inzwischen auch in einer Richtlinie der Europäischen Gemeinschaft Niederschlag gefunden hat, verbleibt dem Urheber stets das Urheberpersönlichkeitsrecht (frz. »droit moral«, engl. »moral right«).
Dieses Recht gibt dem Urheber die Möglichkeit, Entstellungen seines Werkes zu unterbinden. Das »droit moral« ist insbesondere der amerikanischen Filmindustrie ein »Dorn im Auge«, seit das Obergericht in Paris (Cour de Cassation) mit Urteil vom 28.5.1991 entschied, dass die Kolorierung von Schwarz-Weiß Filmen eine Verletzung des Urheberpersönlichkeitsrechts des Regisseurs darstellt. Dem Fall lag der von John Houston gedrehte Schwarz-Weiß-Film »Asphalt Jungle« zugrunde, der für den französischen Markt koloriert werden sollte. Da John Houston zum damaligen Zeitpunkt schon verstorben war, reichten seine Erben diese Klage ein, infolgedessen das französische Gericht der amerikanischen Produktionsgesellschaft untersagte, den Film in kolorierter Version zu vertreiben (vgl. www.adagp.fr/edition/fr/ju_drin.htm).

Wichtig ist in diesem Zusammenhang festzuhalten, dass ein Urheber, der etwa nach amerikanischem oder englischem Recht eine Verzichtserklärung bezüglich seiner Urheberpersönlichkeitsrechte (»waiver of moral rights«) abgegeben hat, sich dennoch auf dieses Recht beispielsweise in Deutschland oder in Frankreich berufen kann. Diese Rechtsfolge ergibt sich aus dem in der »Revidierten Berner Übereinkunft« (RBÜ) festgelegten Grundsatz der Inländerbehandlung. Ein Urheber aus den Vereinigten Staaten wird folglich in Deutschland wie ein deutscher Urheber behandelt. Da das Urheberpersönlichkeitsrecht weder in Deutschland noch in Frankreich verzichtbar ist, kann der Urheber solche Rechte in diesen Staaten geltend machen, obwohl er z.B. in den USA einen vertraglichen Verzicht ausgesprochen hat (vgl. den Fall »Asphalt Jungle«). In Deutschland besteht allerdings im Filmbereich für das Urheberpersönlichkeitsrecht die Einschränkung, dass der Urheber lediglich »gröbliche Entstellungen« geltend machen kann (§ 93 UrhG). Mithin ist nicht jede Entstellung des Werkes erheblich, sondern nur diejenige, die unter Berücksichtigung des komplexen Mediums Film das Ansehen oder den Ruf des Urhebers oder ausübenden Künstlers gefährdet. Urheber und ausübende Künstler müssen daher solche Änderungen hinnehmen, zu denen sie unter Berücksichtigung der Werkart Film ihre Einwilligung nach Treu und Glauben nicht versagen können. Wann jeweils eine gröbliche Entstellung vorliegt, ist eine Frage des Einzelfalles und kann nicht abstrakt definiert werden. Die nachträgliche Kolorierung eines Filmwerkes wie »Asphalt Jungle«, welches trotz bereits bestehender Farbfilmtechnik in schwarz-weiß gedreht wurde, wäre wohl auch unter deutschem Recht ein Beispiel einer »gröblichen Entstellung« gemäß § 93 UrhG (vgl. Möhring/Nicolini, Urheberrechtsgesetz, § 93, Rz. 26; Schricker, a.a.O., § 93, Rz. 22 f.)
Die Rechtsprechung bejahte ferner eine gröbliche Entstellung im Falle eines Dokumentarfilmautors, der eine politische geschichtliche Sendung produziert hatte. Hier gingen die Veränderungen des Films so weit, dass die politische Aussage geradezu umgedreht wurde (LG Saarbrücken, UFITA 79, S. 358).
Ein prominentes Beispiel gibt außerdem die Verfilmung des Romans »Die unendliche Geschichte«. Der Romanautor Michael Ende, der zunächst auch am Drehbuch mitarbeitete, klagte später gegen den Produzenten auf Unterlassung der Auswertung des Films. Als Begründung führte er an, der Film sei eine Entstellung seines Romans. Das Oberlandesgericht München wies die Klage ab. Zur Begründung führte es aus, dass der Film zwar eine gröbliche Entstellung des Buches darstelle, dies der Autor jedoch unter Abwägung aller Umstände nach Treu und Glauben dulden müsse. Als entscheidend führte das Gericht an, dass der Autor zuvor einer Reihe von Veränderungen zugestimmt hatte, die das Gericht teilweise gravierender ansah, als das von Michael Ende zur Begründung seiner Position zitierte geänderte Filmende (OLG München, GRUR 1986, S. 460, 463, 467).
Eine andere Problematik, mit der sich die Gerichte wiederholt auseinandersetzen mussten, stellt die Veränderung bzw. der Austausch der Filmmusik dar. Insoweit entschied etwa das Oberlandesgericht München, dass der teilweise Austausch der Filmmusik gegen das beim Komponisten verbliebene Urheberpersönlichkeitsrecht verstößt, wenn die Musik im Zusammenhang mit dem Filmwerk ein schutzfähiges Gesamtwerk

darstellt, d.h. wenn die Musik eine Grundkonzeption aufweist (OLG München, ZUM 1992, S. 307, 309 – »Cristofero Colombo«). Im Einzelnen führte das Gericht aus, dass weite Teile des Films mit Musik unterlegt und die Musik auf die historische Zeit, in welcher der Film spielt, abgestimmt sei. Zudem greife die Musik immer wieder die Idee des Films auf und nehme auf die Idee Bezug (Leitmotivtechnik).

Darüber hinaus stellt das »droit moral« ein Problem für den Completion Bond eines Films dar. Die allgemeinen Bedingungen des Completion Bonds sehen regelmäßig das Recht zur Übernahme des Films unter bestimmten Voraussetzungen vor. Dieses Übernahmerecht enthält u.a. die standardmäßige Befugnis, den Regisseur des Films auszutauschen.

Diese Regelung ist in den Ländern relativ unproblematisch, die einen Verzicht auf die Urheberpersönlichkeitsrechte zulassen. Demgegenüber kann ein Austausch des Regisseurs dort problematisch werden, wo ein solcher Verzicht unwirksam ist und er unter Berufung auf sein »droit moral« die Auswertung des (teilweise) unter seiner Regie hergestellten Filmwerkes möglicherweise unterbinden kann.

Dieser Konflikt löst sich praktisch indessen meist dadurch, dass die Auswechslung des Regisseurs auch von Seiten des Completion Bonds als »Ultima Ratio« betrachtet wird und deshalb auf Seiten des Regisseurs schwer wiegende Vertragsverletzungen vorausgehen müssen. In solchen Fällen steht dem Produzenten das Recht zu, den Regievertrag zu kündigen, um den Film ggf. mit einem anderen Regisseur fertig zu stellen.

Erfüllt der Regisseur seinen Vertrag ordnungsgemäß, besteht auch im Falle der Übernahme des Projekts durch den Completion Bond keine Veranlassung, ihn auszutauschen. Im Übrigen ist dem Verfasser kein Fall bekannt, in dem ein Regisseur ausgetauscht wurde. Diese theoretische Möglichkeit scheitert zumindest bei großen Regisseuren daran, dass sie zu den »essential elements« zählen, die nur im Einvernehmen mit allen Beteiligten (Produzent, Completion Bond, Finanzier, Verleih, Weltvertrieb) ausgetauscht werden können.

Auch bezüglich der Urheberpersönlichkeitsrechte ist es wohl möglich, Vereinbarungen hinsichtlich ausländischer Rechtsordnungen zu treffen. Wie im vorstehenden Kapitel wäre dann sinngemäß weiter zu formulieren:

> Der Vertragspartner erklärt außerdem einen Verzicht auf seine Urheberpersönlichkeitsrechte (»waiver of moral rights«), soweit die jeweilige Rechtsordnung dies zulässt.

5. Allgemeines Persönlichkeitsrecht

Die ausübenden Künstler genießen zwar kein Urheberpersönlichkeitsrecht, ihnen steht aber das allgemeine Persönlichkeitsrecht zur Seite. Ferner sind auch sie gegen Entstellungen nach § 83 UrhG geschützt, wobei hier ebenso die Einschränkung des § 93 UrhG gilt, wonach nur gröbliche Entstellungen relevant sind.

Nach ständiger Rechtsprechung liegt eine Verletzung des allgemeinen Persönlichkeitsrechtes des Schauspielers vor, wenn ohne dessen Einwilligung seine Stimme in gleicher

Sprache durch einen anderen nachsynchronisiert, also seinem Bild eine andere Stimme unterlegt wird (OLG München, Urteil vom 7.8.1958, UFITA Bd. 28, S. 342).

Eine Verletzung des allgemeinen Persönlichkeitsrechtes liegt beispielsweise auch in der Nutzung des Bildnisses oder der Stimme eines Schauspielers für eine filmfremde Werbung. So schaltete im Jahr 1989 ein Unternehmen verschiedene Radiowerbespots, in denen durch einen Stimmenimitator die Sprache des in den 60er-Jahren populären Filmschauspielers Heinz Erhardt täuschend nachgeahmt und für Heinz Erhardt typische Redewendungen eingebaut wurden. Das OLG Hamburg gab der Klage des Sohnes des Mitte der 80er-Jahre verstorbenen Heinz Erhardt statt (OLG Hamburg, GRUR 1989, S. 666 ff.). Zur Begründung verwies das Gericht zunächst auf den Grundsatz des allgemeinen Selbstbestimmungsrechts, der jede Person davor schützt, zur Förderung materieller Interessen in der Werbung herhalten zu müssen. Weiter führte es aus, der Wert- und Achtungsanspruch einer Person ende nicht etwa mit dem Tod, sondern bestehe mit dem fortwirkenden Lebensbild weiter. Dies gelte insbesondere für Künstler, denen es gelungen sei, ein allgemein bekanntes, unverkennbares Persönlichkeitsprofil zu gewinnen.

Aus der zitierten Entscheidung des OLG Hamburg wird zudem deutlich, dass die weit verbreitete Meinung, das »Doubeln« bekannter Personen sei ohne weiteres zulässig, einen Rechtsirrtum darstellt.

6. Nennungsansprüche

Als Ausdruck des Urheberpersönlichkeitsrechts stehen den Urhebern Nennungsansprüche zu.

6.1. Kreis der Berechtigten

Im Gegensatz zu den US-amerikanischen Verträgen, in denen sich die Regelung der Nennungsansprüche mitunter über mehrere Seiten erstreckt, wird den Nennungsregelungen hierzulande (noch) keine übermäßige Bedeutung beigemessen. In den Verträgen findet sich vielmehr sinngemäß die folgende lapidare Nennungsklausel:

>»Der Produzent verpflichtet sich, den Urheber/Filmschaffenden im Vor- und/oder Abspann und in den Werbematerialien, insbesondere auf den Filmplakaten, in branchenüblicher Weise zu nennen.«

Diese standardisierte Nennungsbestimmung mag damit zusammenhängen, dass nach deutschem Recht dem Urheber schon von Gesetzes wegen ein Nennungsanspruch zusteht, § 13 UrhG. Diese Vorschrift trifft indessen nur auf Urheber eines Werkes zu (z.B. Drehbuchautor, Regisseur). Für die Filmschaffenden, die nicht als Urheber anzusehen sind, sieht das Gesetz keine Nennungsansprüche vor.

Teilweise wird diese Lücke durch den einschlägigen Tarifvertrag (Ziffer 3.10) geschlossen, der ausdrücklich auch Nennungsansprüche für einzelne Filmschaffende vorsieht, die Leistungsschutzrechte genießen (z.B. Hauptdarsteller, 1. Aufnahmeleiter). Die Regelung erscheint jedoch ungenügend, denn sie erkennt nicht die eminent wichtigen

Beiträge einer Reihe von weiteren Personen an, die bei der Realisierung des Filmes mitwirken. Hierzu zählen beispielsweise die Darsteller der tragenden Nebenrollen, Stunts, special effects etc. Diese und andere Filmschaffende haben auch nach dem Tarifvertrag keinen Nennungsanspruch.

Eine Verpflichtung zur Nennung soll nur dann bestehen, wenn dies im Einzelvertrag vereinbart worden ist. Diese Rechtslage wird den Leistungen der im Gesetz und im Tarifvertrag unerwähnten Personen nicht gerecht. Eine versehentlich unterbliebene vertragliche Nennungsklausel führte dazu, dass es der Willkür des Filmherstellers anheim gegeben wäre, ob und in welcher Weise er die Leistungen solcher Filmschaffenden durch ihre Nennung anerkennen möchte. Zur Vermeidung unsachgerechter und mitunter von persönlichen Neigungen geprägter Ergebnisse, sollte den Filmschaffenden nach Meinung des Verfassers grundsätzlich ein Anspruch auf Anerkennung ihrer Leistungen durch Nennung in der branchenüblichen Weise zustehen. In den Tarifvertrag könnte insoweit sinngemäß eine Formulierung aufgenommen werden, wonach Filmschaffende in angemessener Weise zu nennen sind, es sei denn ihre Nennung ist nicht branchenüblich.

Wenig sachgerecht ist außerdem, dass auch Unternehmen, die zum Filmwerk beitragen, keine Nennungsansprüche zustehen sollen. Hierbei ist etwa an ein Unternehmen zu denken, das die special effects hergestellt hat oder die (digitale) Postproduktion durchführte. Auch deren Ansprüche auf Anerkennung ihrer Leistungen durch Nennung sind nirgends geregelt. Daraus kann aber nach Meinung des Verfassers nicht folgen, dass sie keinerlei Nennungsansprüche hätten. Vielmehr müssen dann ebenfalls die branchenüblichen Gepflogenheiten herangezogen werden. Wird ein solches Unternehmen und die von ihm erbrachten Leistungen (z.B. special effects) üblicherweise erwähnt, dann steht dem Unternehmen auch ohne ausdrückliche vertragliche Regelung ein Nennungsanspruch zu. Dieser Anspruch ergibt sich aus § 242 BGB, den der Produzent als vertragliche Nebenpflicht zu erfüllen hat.

6.2. Widerruf der Nennung

Fraglich ist, ob der Produzent auch ein Recht auf Nennung der an der Herstellung des Films Beteiligten hat, z.B. des Drehbuchautors. Diesem Wunsch des Produzenten kann nämlich das Verlangen eines Autors entgegenstehen, mit dem Film namentlich nicht in Verbindung gebracht zu werden, weil der Film in dessen Augen missraten ist und keine adäquate Umsetzung seines Drehbuches darstellt. Eine denkbare andere Variante ist etwa der Filmkomponist, der nach Ansicht des fertigen Films seinen Namen als Komponist nicht genannt sehen möchte.

Die vorgenannten Fälle sind von der Entstellung eines Werkes im Sinne des § 14 UrhG zu unterscheiden, infolgedessen der Urheber die Veröffentlichung des Filmwerkes schlechthin untersagen kann. Demgegenüber geht es hier nur um »das Recht« zur Veröffentlichung des Filmwerkes unter Namensnennung des/der Verantwortlichen.

Wie bereits erwähnt, kann der Urheber nach § 13 UrhG nicht nur bestimmen, in welcher Weise, sondern auch, ob er überhaupt genannt werden möchte. Sofern er sich mit dem fertigen Film nicht mehr zu identifizieren vermag, kann er deshalb im

Rahmen seines Urheberpersönlichkeitsrechts grundsätzlich verlangen, damit namentlich nicht in Verbindung gebracht zu werden.

In diesem Sinne stellte das Landgericht Hamburg in seiner Entscheidung vom 25.11.1993 fest, dass der Antragsteller in dem Verfahren einen Anspruch darauf hatte, gegenüber dem Publikum nicht als Mitautor und Regisseur eines Films genannt zu werden, den er so weder konzipiert noch gedreht und geschnitten hatte (Az. 308 O 383/93). In dem Fall hatte die Antragsgegnerin – eine Sendeanstalt – nach Abnahme des fertigen Films die Schlussszene ohne Mitwirkung und Billigung des Regisseurs durch Umschnitte und Kürzungen geändert. Zutreffend entschied hier die Kammer, dass es sich dabei um eine wesentliche Abweichung von der allein autorisierten Erstfassung, mithin um eine »gröbliche Entstellung« des Werkes im Sinne des § 93 UrhG handelte. Die Sendeanstalt durfte den Film deshalb nur unter der Voraussetzung ausstrahlen, dass im Abspann des Films ausdrücklich darauf hingewiesen wurde, dass die Schlussszene ohne Mitwirkung des Co-Autors und Regisseurs geändert worden war.

Wenn es sich um die Verfilmung eines literarischen Werkes handelt, kann eine Lösungsmöglichkeit darin bestehen, den Titel zu ändern und weder auf den Autor noch auf den Verlag hinzuweisen. Bisweilen begegnet man auch Vertragsklauseln, denen zufolge der Autor das Recht hat, nach Besichtigung des Rohschnitts gegenüber dem Produzenten zu erklären, ob und gegebenenfalls wie er genannt werden möchte.

6.3. Rechtsfolgen einer unterlassenen oder unrichtigen Nennung

Wird die erforderliche Namensnennung pflichtwidrig unterlassen oder erfolgt sie unkorrekt, kann dies nicht nur die Auswertung des Films durch die Geltendmachung von Unterlassungsansprüchen behindern, sondern darüber hinaus auch Schadensersatzansprüche auslösen. Durch die Veröffentlichung eines Werkes und die Nennung der »Werkschöpfer« werden Dritte auf diese aufmerksam und daraus entstehen nach allgemeiner Ansicht Folgeaufträge. Unterbleibt jedoch die Nennung und der Urheber wird nicht wahrgenommen, wird er dadurch in seinem beruflichen Fortkommen beeinträchtigt.

Die einschlägige Rechtsprechung erkennt bei unterlassener Nennung einen Schadensersatzanspruch in Höhe von 25% bis 100% der ursprünglichen Vergütung zu, wobei sich die Höhe der Entschädigung nach dem Grad des Verschuldens bei der Urheberrechtsverletzung richtet. So hat etwa ein Gericht im Falle der fehlenden Namensnennung des klagenden Fotografen den beklagten Verlag wegen fahrlässiger Verletzung zu einer Entschädigung in Höhe von 50% der eigentlichen Vergütung und wegen vorsätzlicher grober Missachtung seines Urheberpersönlichkeitsrechts zu einer Entschädigung in Höhe von 100% verurteilt (AG Heilbronn AfP 1989, S. 596, 598).

6.4. Verletzung der Nennungsansprüche durch Dritte

Der Produzent wertet den Film nicht selbst aus und hat daher letztlich keine Kontrolle über die jeweilige Nennung der Berechtigten. Deshalb ist die Aufnahme einer Klausel in die Verträge üblich, dass der Produzent allen Dritten, welche die Auswertung des Films durchführen, vertraglich aufgibt, die Nennungsverpflichtungen einzuhalten. Gleichzeitig wird geregelt, dass der Produzent für etwaige Verletzungen der Nennungspflichten durch Dritte nicht haftet. Der Produzent hat jedoch auf seine Vertragspartner einzuwirken, um Verstöße gegen die Nennungsverpflichtungen umgehend zu beheben.

7. Das Rückrufsrecht

Gemäß § 41 UrhG kann der Urheber die von ihm übertragenen Rechte zurückrufen, wenn der Inhaber diese Nutzungsrechte nicht ausübt und der Urheber dadurch in seinen berechtigten Interessen verletzt wird. Außerdem hat der Urheber ein Rückrufsrecht wegen gewandelter Überzeugung nach § 42 UrhG.

Für die Urheber am Filmwerk gemäß § 89 UrhG sind diese Rückrufsrechte jedoch ausdrücklich ausgeschlossen (§ 90 UrhG). Gleiches gilt für die Urheber an vorbestehenden Werken im Hinblick auf die Bearbeitungs- und Auswertungsrechte des Filmherstellers. Lediglich das Recht zur Verfilmung eines vorbestehenden Werkes (§ 88 Abs. 1 Ziffer 1 UrhG) ist vom Rückrufverbot des § 90 UrhG nicht erfasst.

In Verfilmungsverträgen finden sich regelmäßig Klauseln, denen zufolge der Produzent nicht verpflichtet ist, den Film herzustellen oder die ihm übertragenen Rechte anderweitig zu nutzen. Andererseits sind auch Klauseln anzutreffen, die den Drehbuchautor zum Rückruf berechtigen, wenn der Film nicht binnen einer bestimmten Frist fertiggestellt oder zumindest mit der Herstellung begonnen wurde. Solche Klauseln sind in verschiedener Hinsicht problematisch.

7.1. Herstellungspflicht

Das Gesetz definiert nicht die »Ausübung« des Verfilmungsrechts, mit der das Rückrufsrecht ausgeschlossen ist. Die amtliche Begründung zum jetzigen § 90 UrhG sah erst mit der abgeschlossenen Herstellung des Filmwerks das Verfilmungsrecht als ausgeübt an. Dies hätte jedoch für den Filmhersteller fatale Folgen, denn er kann schon längst vor der Fertigstellung des Filmwerks hohe Kosten aufgewendet haben. *V. Hartlieb* betrachtet daher das Verfilmungsrecht als ausgeübt, sobald mit der Vorbereitung der Produktion begonnen wird, wofür schon die Anfertigung des Drehbuchs genügen soll (vgl. v. Hartlieb, a.a.O., Kap. 100, Rz. 25). Nach überwiegender Auffassung dient der erste Drehtag als der maßgebliche Zeitpunkt und mit diesem Ereignis gilt das Filmherstellungsrecht des § 41 Abs. 1 UrhG als ausgeübt (Schricker-Katzenberger, a.a.O., § 90, Rz. 10; Nordemann-Hertin, a.a.O., § 90, Rz. 6).

Der Verfasser ist der Meinung, dass zwar grundsätzlich im Beginn der Dreharbeiten die Ausübung des Verfilmungsrechts zu sehen ist. Dieser Grundsatz ist aber nicht unverrückbar, denn der Produzent ist mitunter zu diesem Zeitpunkt tatsächlich enorme finanzielle Verpflichtungen eingegangen. Hierzu zählen gegebenenfalls Entwicklungskosten für das Drehbuch, »pay or play«-Vereinbarungen etc. In solchen Fällen wäre es, zumindest wenn diese finanziellen Vorleistungen in Abstimmung mit dem Autor erfolgten, nicht sachgerecht, die Ausübung des Verfilmungsrechts starr an den ersten Drehtag zu koppeln. Dann ist mit *v. Hartlieb* im Einzelfall der maßgebliche Zeitpunkt in der Vorbereitung der Produktion zu sehen, vorbehaltlich einer anderweitigen vertraglichen Festlegung.

Andererseits muss der Film aber auch zügig fertiggestellt werden. Es stellte eine unzulässige Rechtsausübung dar, zur Verhinderung des Rückrufsrechts den ersten Drehtag durchzuführen und dann das Projekt wieder zu unterbrechen oder »einschlafen« zu lassen. Dies wäre als »unzureichende« Ausübung des Verfilmungsrechts zu qualifizieren, die den Urheber weiterhin zum Rückruf berechtigte (vgl. § 41 Abs. 1 S. 1 UrhG). Keinesfalls einlassen sollte sich der Produzent auf eine Vertragsklausel, wonach der Drehbuchautor zum Rückruf berechtigt ist, wenn der Film nicht binnen einer festgelegten Frist fertiggestellt ist. Die Fertigstellung eines Films kann sich aus verschiedenen Gründen erheblich verzögern. Außerdem wird eine solche Klausel das Projekt gefährden, weil sie für einige an der Herstellung des Films maßgeblich Beteiligte nicht akzeptabel ist.

Die Bedingungen etwa des Completion Bonds verlangen, dass die Verfilmungsrechte sogar »irrevocable«, also unwiderruflich dem Produzenten zustehen und auf den Completion Bond im Falle der Übernahme des Projektes übergehen. Auch Inves-toren und die im Rahmen der Filmfinanzierung engagierten Banken werden eine solche Rückrufsklausel nicht akzeptieren.

7.2. Rückrufsfrist

Nach dem Gesetzeswortlaut kann der Urheber das Rückrufsrecht wegen Nichtausübung frühestens nach zwei Jahren geltend machen (§ 41 Abs. 2 UrhG). Gleichzeitig kann es aber auch nicht länger als fünf Jahre ausgeschlossen werden (§ 41 Abs. 4 UrhG). Verfilmungsverträge sehen daher regelmäßig einen Ausschluß des Rückrufsrechts wegen Nichtausübung für eine bestimmte Zeit vor, die meist über der gesetzlichen Mindestfrist von zwei Jahren liegt. Üblich dürfte ein Zeitraum von 3 bis 5 Jahren sein, wobei es u.a. darauf ankommt, ob es sich um einen klassischen oder eher zeitgeistbestimmten Stoff handelt, ob ein Film zeitnah zu einem »Bestseller« herausgebracht werden soll, ob bereits ein »kurbelfertiges« Drehbuch vorliegt oder das Drehbuch erst entwickelt oder noch weitreichend überarbeitet werden muss, ob es sich um eine deutsche Produktion oder um eine internationale Produktion handelt etc. Aus Sicht des Filmproduzenten ist eine möglichst lange Ausschlussfrist wünschenswert, um das Projekt ohne Zeitdruck und mit der erforderlichen Sorgfalt stofflich entwickeln zu können und die Finanzierung sicherzustellen. Andernfalls besteht die Gefahr, dass ein nicht optimal entwickeltes Drehbuch verfilmt wird oder die Dreharbeiten begonnen werden, obwohl die Finanzierung des erforderlichen Budgets nicht sichergestellt ist. Dadurch ist weder den Interessen des Drehbuchautors und noch viel weniger denjenigen des Produzenten gedient.

Die Optionsfrist ist der vereinbarten oder gesetzlichen Rückrufsfrist nicht hinzuzurechnen, denn nach § 41 Abs. 2 UrhG ist der Zeitraum ab Einräumung oder Übertragung des Nutzungsrechts entscheidend. Dies erfolgt aber erst mit der Ausübung der Option. Im übrigen kann der Rückruf erst erklärt werden, nachdem der Urheber dem Produzenten unter Ankündigung des Rückrufs eine angemessene Nachfrist zur Ausübung des Verfilmungsrechts gesetzt hat (§ 41 Abs. 3 UrhG). Diese »Galgenfrist« des Produzenten sollte möglichst sechs Monaten betragen.

7.3. Auswertungspflicht

Ist ein Film hergestellt und damit das Verfilmungsrecht nach § 88 Abs. 1 Ziff. 1 UrhG ausgeübt, so hat der Filmhersteller hierfür meist hohe Kosten aufgewendet. Er soll, nachdem er dieses finanzielle Risiko eingegangen ist, nicht mehr durch den Urheber an der Verwertung des Filmwerks gehindert werden können, etwa durch die Ausübung des Rückrufsrechts. Nach der Herstellung des Filmwerks sind daher auch die Urheber der vorbestehenden Werke von Gesetzes wegen nicht berechtigt, die dem Filmproduzenten übertragenen Auswertungsrechte zurückzurufen. Den Filmhersteller trifft also – selbst bei einer erfolgsbezogenen weiteren Vergütung – keine Auswertungspflicht.

VI. Die Projektentwicklung

Bei der Entwicklung eines Projektes sind eine Reihe von Maßnahmen sinnvoll und erforderlich. Sofern diese versäumt werden, können sie (teilweise) nicht nachgeholt werden oder sie werden zu einem späteren Zeitpunkt deutlich teurer. Im Folgenden werden gleichsam die »Mindeststandards« formuliert, die bei einer sorgfältigen Entwicklung eines Projektes beachtet werden sollten.

1. Schutz der Idee

Eine Idee als solche ist nicht schutzfähig. Vielmehr bedarf sie der Formgebung und üblicherweise erfolgt dies in Form einer Synopsis, eines Exposés, eines Treatments oder eines fertigen Drehbuches. Sofern sich die Idee in diesen konkreten Umsetzungen als individuelle Geschichte verdichtet, liegt regelmäßig ein urheberrechtlich geschütztes Werk im Sinne des § 2 Abs. 1 Ziff. 1 UrhG vor. Wie bereits eingangs dargestellt, genießt ein solches Werk absoluten Schutz mit seiner Entstehung, ohne dass es irgendwelcher Registrierungsvoraussetzungen bedarf (vgl. Kap. I).

Die fehlende formale Registrierung urheberrechtlich geschützter Werke stellt allerdings ein Problem und teilweises Ärgernis dar, weil dadurch häufig die Streitfrage aufkommt, wer der Schöpfer und damit Inhaber der Urheberrechte eines Werkes ist. Hierbei geht es insbesondere um die Frage des Nachweises der Urheberschaft, zu deren Lösung sich unterschiedliche Wege anbieten.

1.1. Prioritätsverhandlung/ Hinterlegung

Eine Möglichkeit ist die sog. Prioritätsverhandlung, d.h. die Hinterlegung des Werkes bei einem Notar oder Rechtsanwalt.

Darüber hinaus kann das Werk bei der Writer's Guild of Germany (WGG) hinterlegt werden, was etwa denselben Zweck erfüllt. Die Hinterlegung bei der WGG erfolgt für einen Zeitraum von drei Jahren und kostet 40,00 DM. Nach Ablauf der drei Jahre wird das Manuskript vernichtet, sofern nicht zuvor eine Verlängerung beantragt wird, die maximal drei weitere Jahre beträgt.

Sofern der internationale Markt angestrebt wird, empfiehlt sich eine Hinterlegung bei der Writer's Guild of America, die wiederum eine Registrierung im Copyright Office durchführt.

Zur Vermeidung von Missverständnissen ist allerdings darauf hinzuweisen, dass im Urheberrecht im Gegensatz zum sonstigen gewerblichen Rechtsschutz (z.B. Titelschutz, Markenschutz) nicht der Prioritätsgrundsatz gilt, wonach derjenige das bessere Recht hat, der den entsprechenden Titel, die Marke, das Patent oder ein anderes Schutzrecht zuerst angemeldet, in Gebrauch genommen oder sonst wie veröffentlicht hat.

1.2. Vertraulichkeitsvereinbarung

Auch die Unterzeichnung einer Vertraulichkeitsvereinbarung (»Confidentiality Agreement«) kommt unter bestimmten Umständen als geeignetes Schutzmittel in Frage. Eine solche Vertraulichkeitsvereinbarung sollte die Verpflichtung des Vertragspartners vorsehen, die überlassenen Unterlagen vertraulich zu behandeln, insbesondere nicht an Dritte weiterzureichen. Außerdem kann in eine solche Erklärung die Verpflichtung aufgenommen werden, dass die Realisierung des Projektes an die Mitwirkung der Vertragspartner gebunden ist. Obgleich solche Vertraulichkeitsvereinbarungen in anderen Industriezweigen durchaus gängig sind, ist nicht nur in Deutschland im »Entertainment«-Bereich starke Zurückhaltung im Umgang mit derartigen Vereinbarungen festzustellen. Die deutschen Fernsehanstalten werden eine solche Erklärung grundsätzlich nicht unterzeichnen. Ebenso wenig wird der Produzent bei einem amerikanischen Studio damit Erfolg haben. Der Grund liegt darin, dass in einer großen »Ideenwerkstatt« unzählige Stoffe und Drehbücher entwickelt werden und darunter könnte zufällig ein Stoff sein, der mit dem angebotenen identisch oder diesem zumindest ähnlich ist. Dann käme der Unterzeichner einer solchen Vertraulichkeitsvereinbarung in eine rechtlich problematische Situation. Dies gilt es zu vermeiden und daher werden dort grundsätzlich keine Vertraulichkeitsvereinbarungen akzeptiert.

Zusammenfassend ist festzuhalten, dass ein urheberrechtlich geschütztes Werk absoluten Schutz ab dem Zeitpunkt seiner Schöpfung genießt. Hierzu bedarf es keiner formalen Registrierungsvoraussetzungen. Im Übrigen bleibt es dem Einzelnen überlassen, ob und wie er den Nachweis seiner Urheberschaft führt. Schon im Stadium der Entstehung des Werkes und der Projektentwicklung existieren verschiedene Möglichkeiten, eine Rechtsposition weitgehend zu festigen, um einer unberechtigten Übernahme vorzubeugen.

2. Titelschutz

Vom Schutz des Werkes ist der Schutz des Werktitels zu unterscheiden. Im Rahmen der Projektentwicklung empfiehlt sich vorab eine so genannte Titel-Recherche, um sicherzugehen, dass der gewählte Titel noch frei ist (vgl. Kap. IV.2.). Ist dies der Fall, kann nunmehr der fragliche Titel seinerseits nach Urheberrecht und nach Markenrecht geschützt sein.

2.1. Urheberrecht

Gegenstand des urheberrechtlichen Schutzes eines Werktitels ist sein möglicher Charakter als Sprachwerk im Sinne des § 2 Abs. 1 Ziff. 1 UrhG. Die ständige Rechtsprechung stellt allerdings strenge Anforderungen an die urheberrechtliche Schutzfähigkeit von Werktiteln und erkennt diese nur in engen Ausnahmefällen an. Voraussetzung ist stets, dass auch der Titel eine »persönliche geistige Schöpfung« darstellt. Er darf also nicht rein beschreibend sein und muss so weit von individueller Eigenart geprägt sein, dass er sich aus der Masse des Alltäglichen heraushebt.

Tatsächlich wird die urheberrechtliche Schutzfähigkeit von Titeln regelmäßig mit der Begründung abgelehnt, es fehle die hinreichende Gestaltungshöhe. Aus der Vielzahl der Entscheidungen, die einen urheberrechtlichen Schutz des Werktitels ablehnten, mögen lediglich die folgenden genannt werden: »Die Brücke zum Jenseits« (RG, UFITA Bd. 2, S.78), »du bist die Rose vom Wörthersee« (LG München, UFITA Bd. 20, S.226), »Solang noch unter'n Linden« (LG Berlin, UFITA Bd. 43, S. 224) und »Der 7. Sinn« (BGH, UFITA Bd. 80, S. 235).

Zu den wenigen Ausnahmen, bei denen die Rechtsprechung urheberrechtlichen Schutz des Werktitels anerkannte, zählte z.b. »Der Mensch lebt nicht vom Lohn allein« (OLG Köln, GRUR 1962, 534) oder »Zu wahr, um schön zu sein« (Kammergericht Berlin, FuR 1984, 529).

Sofern der Titel urheberrechtlichen Schutz genießt, entsteht dieser, wie bereits dargestellt, mit seiner Niederschrift und es bedarf dazu keiner weiteren formalen Voraussetzungen.

2.2. Markenrecht

Unabhängig von einem etwaigen Urheberschutz können Titel grundsätzlich Schutz gemäß § 5 Abs. 3 MarkenG beanspruchen. Nach dieser Vorschrift sind Werktitel als geschäftliche Bezeichnungen schutzfähig, wobei als Werktitel Namen und besondere Bezeichnungen von Druckschriften, Filmwerken, Tonwerken, Bühnenwerken oder sonstigen vergleichbaren Werken angesehen werden. Im Gegensatz zum Urheberrecht wird hier nicht der Charakter des Titels als Sprachwerk geschützt, sondern die Kennzeichnungskraft des Titels.

Schutzvoraussetzung ist daher grundsätzlich die Unterscheidungskraft des jeweiligen Titels und dessen Benutzung im Verkehr. An die Unterscheidungskraft werden allerdings keine hohen Anforderungen gestellt. Nach höchstrichterlicher Rechtsprechung genügt jede noch so geringe Unterscheidungskraft, um eine Bezeichnung als kennzeichnungskräftig anzusehen. Nicht titelschutzfähig sind allerdings reine Gattungsbezeichnungen (z.B. »Sonntagsblatt«, OLG Oldenburg – GRUR 87, S.127) und Titel, die lediglich den Inhalt wiedergeben und deshalb im Allgemeininteresse frei zu halten sind (z.B. »Who's who«, Kammergericht GRUR 1988, 158).

Ausnahmsweise erlangen nicht unterscheidungskräftige Titel Schutz, wenn sie sich im Verkehr durchgesetzt haben (sog. kennzeichenrechtlicher Schutz kraft Verkehrsgeltung). Die Voraussetzungen der Verkehrsgeltung liegen vor, wenn innerhalb der beteiligten Verkehrskreise die Bezeichnung einen hohen Bekanntheitsgrad genießt. Dies ist dann der Fall, wenn mindestens 50% der Verbraucher den Titel mit dem Werk in Verbindung bringen.

Ist der Titel eines Werkes von sich aus unterscheidungskräftig, entsteht sein Schutz nach dem Markengesetz mit der tatsächlichen Ingebrauchnahme, also der Benutzung im Verkehr. Bei einem Filmwerk liegt dieser Zeitpunkt regelmäßig in der Uraufführung, bei einer Fernsehsendung in der Erstausstrahlung. Der Titelschutz kann jedoch vorverlagert werden, wobei nach ständiger Rechtsprechung die Benutzung des Titels mit der Veröffentlichung einer Titelschutzanzeige erfolgt.

2.3. Titelschutzanzeige

Um sich den gewünschten Titel bereits vor Fertigstellung des Werkes zu sichern, besteht die Möglichkeit, die fehlende Benutzung im Geschäftsverkehr durch die Schaltung einer so genannten »Titelschutzanzeige« vorzuverlegen, d.h. zu fingieren.

Hierfür bieten sich verschiedene Möglichkeiten, wie etwa die Anmeldung zum Titelregister, welches bei der Spitzenorganisation der Filmwirtschaft e.V. (SPIO), Wiesbaden, geführt wird. Darüber hinaus erfolgt wöchentlich die Veröffentlichung verschiedener Organe, die sich ausschließlich mit der Veröffentlichung von Titelschutzanzeigen befassen (z.b. der »Titelschutz Anzeiger«). Eine Titelschutzanzeige kostet dort 280,00 DM nebst Mehrwertsteuer. Weiterhin kann eine Titelschutzanzeige in einschlägigen Fachzeitschriften (z.b. Film Echo/Film Woche, Blickpunkt: Film) geschaltet werden.

Zu beachten ist, dass eine solche Titelschutzanzeige regelmäßig nur für eine Zeit von 6 Monaten wirkt. Bei dieser sechs-monatigen Frist handelt es sich zwar nicht um eine starre Grenze. Sofern die tatsächliche Benutzung des Titels in dieser Frist nicht erfolgt, sollte zur Vermeidung von Nachteilen eine Wiederholungsanzeige geschaltet werden. Titelschutzanzeigen haben allerdings keinen konstitutiven, sondern lediglich deklaratorischen Charakter. Folglich wird der Titel durch Veröffentlichung einer entsprechenden Anzeige nur geschützt, wenn zuvor nicht bereits ein anderes Werk unter diesem Titel erschienen ist. Die Titelschutzanzeige zielt also ins Leere, wenn unter demselben oder einem verwechslungsfähigen Titel bereits ein Werk existiert, welches schon aufgeführt, gesendet oder in sonstiger Form veröffentlicht wurde.

Um derartige Überraschungen zu vermeiden, ist es empfehlenswert, vor der Einleitung von Schutzmaßnahmen eine Titel-, Namens- und Markenrecherche durchzuführen. Bei internationalen Spielfilmprojekten ist eine solche »Copyright and Title Research« ohnehin unerlässlich (z.b. verlangt die E&O-Versicherung einen »Title Report« vor Abschluss der Versicherung).

Hier existieren nationale und internationale Firmen und Anwaltsbüros, die sich auf die Durchführung solcher Recherchen spezialisiert haben. Da gegenüber verwechslungsfähigen Titeln und Kennzeichen Unterlassungsansprüche geltend gemacht werden können, werden Identitäts- und Ähnlichkeitsrecherchen durchgeführt. In der Bundesrepublik Deutschland kann eine solche Recherche binnen weniger Stunden erfolgen. Die Normalrecherche dauert ca. 3 Tage und kostet je nach Recherchegebiet zwischen 200,00 DM und 800,00 DM. Für den internationalen Bereich, speziell Amerika, dürfte das bekannteste Unternehmen Thomson & Thomson in den USA sein (www.thomson-thomson.com). Die Kosten einer »Copyright and Title research« liegen bei ca. US$ 700,00.

2.4. Markenanmeldung beim Patentamt

Zur Vorbereitung eines umfassend auszuwertenden Filmprojektes bietet es sich darüber hinaus an, den Titel als Marke beim Deutschen Patentamt einzutragen. Auch hier ist vorab zu überlegen, in welchem Umfang der Film ausgewertet werden soll, denn die Eintragung von Marken kann in unterschiedlichster Weise erfolgen. Beim Deutschen Patentamt werden 38 Warenklassen und zusätzlich 6 Dienstleistungsklassen geführt. Die Eintragung einer Marke löst eine Grundgebühr von 575,00 DM aus und darin sind die ersten 3 Klassen enthalten. Die Eintragung jeder weiteren Klasse kostet 175,00 DM.

Zu beachten ist jedoch, dass sich der Schutz der beim Deutschen Patentamt eingetragenen Marken lediglich auf das Gebiet der Bundesrepublik Deutschland erstreckt. Sofern weitere Territorien beansprucht werden, müssen die Marken in den jeweiligen Ländern registriert werden. Inzwischen existiert die Möglichkeit der Anmeldung einer Gemeinschaftsmarke beim Europäischen Patentamt in Alicante. Die Kosten einer solchen Anmeldung für drei Klassen belaufen sich 2075,00 ECU.

Statt der Gemeinschaftsmarke kann auch eine Marke für das jeweilige Land bei der OMPI (Organisation mondial de la propriété intellectuel, 34 Chemin des Colombettes, 1211 Genf 20) angemeldet werden. Die Kosten belaufen sich auf SF 653,00 für eine Schwarz-Weiß-Marke und SF 903,00 für eine farbige Marke. Hinzu kommt für jedes Land, in dem die Marke angemeldet werden, soll ein Betrag von SF 73,00. Diese Anmeldung gilt für die Anmeldung in drei Klassen. Für jede weitere Klasse kommen ebenfalls SF 73,00 hinzu. Darüber hinaus ist überlegenswert, ob Anmeldungen für bestimmte Hauptverwertungsgebiete außerhalb der Europäischen Gemeinschaft erfolgen sollen, wie z.B. USA, Kanada, Australien, Japan. Es würde den Rahmen dieser Veröffentlichung sprengen, hier auf nähere Einzelheiten einzugehen.

Letztendlich sind diese Überlegungen jedoch nur sinnvoll, sofern sie in einem vernünftigen Verhältnis zum Entwicklungsbudget stehen. Es wäre völlig verfehlt, hohe Kosten für die weltweite Registrierung vorzunehmen, wenn gleichzeitig für die kreative Entwicklung des Projektes keine Mittel mehr zur Verfügung stünden.

3. Vertragliche Gestaltungsmöglichkeiten

Bei der Entwicklung eines Projektes können unterschiedliche Vertragsgestaltungen auftreten, je nachdem, ob es sich um die Entwicklung des Stoffes (Figuren, Roman, Idee, Exposé, Treatment, Drehbuch etc.), um die Frage des Zusammenwirkens auf Produzentenseite oder etwa nur um die Verpflichtungserklärung eines Schauspielers oder Regisseurs handelt, bei der Herstellung des Films zur Verfügung zu stehen.

Die denkbaren juristischen Mittel reichen von nur wenige Zeilen umfassende Absichtserklärungen bis hin zu ausführlichen Options- und »Development«-Vereinbarungen. Aus den unterschiedlichsten Gründen (Zeitdruck, kein Budget für Rechtsberatung etc.) werden in der Entwicklungsphase häufig keine oder nur relativ kurze Verträge geschlossen. Vor einem nachlässigen Umgang mit vertraglichen Angelegenheiten auch in dieser Phase ist indes zu warnen, denn dies kann zu unangenehmen Folgen führen, wie die beiden folgenden Beispiele zeigen.

3.1. Fallbeispiel:
Erstattung der Vorkosten einer nicht durchgeführten Produktion
Das Landgericht München I befasste sich mit der Schadensersatzklage eines Produktions-

unternehmens gegen eine Fernsehanstalt aufgrund des folgenden Sachverhalts (ZUM 1999, S. 491 ff.):

Die Sendeanstalt hatte Stoffrechte für ein TV-Movie optioniert und ein Produktionsunternehmen zum Zwecke der Produktionsvorbereitung eingeschaltet. In Zusammenarbeit mit der Abteilung »Eigenproduktion« des Senders entwickelte das Produktionsunternehmen über ca. 1 Jahr das Projekt, wobei u.a. ein Drehbuchautor beauftragt, das Budget des Films kalkuliert wurde, gemeinsame Treffen mit dem möglichen Regisseur und Produktionsleiter stattfanden etc. Schließlich war der Sendeanstalt das mit 3,8 Mio. DM kalkulierte Budget zu hoch. Eine Restfinanzierung durch das Produktionsunternehmen oder durch Dritte konnte nicht angeboten werden. Daraufhin wurde das Projekt von der Fernsehanstalt eingestellt, so dass ein Produktionsauftrag nicht zustande kam. Überdies hatte der bislang verantwortliche Abteilungsleiter gewechselt.

Das Produktionsunternehmen verlangte daraufhin von der Fernsehanstalt die Erstattung ihrer Vorbereitungskosten. Da sich die Sendeanstalt nicht zur Zahlung verpflichtet sah, bemühte das Produktionsunternehmen die Gerichte. Eine schriftliche Vereinbarung oder Erklärung zur Kostenübernahme lag nicht vor.

Als Anspruchsgrundlage für die Erstattung der Vorkosten in Höhe von ca. 180.000,00 DM prüfte das Gericht zunächst, ob der Sender zumindest konkludent, also durch »schlüssiges Handeln« einen verbindlichen Willen zur Kostenübernahme kundgetan habe. Das Produktionsunternehmen trug insoweit vor, dass es sich um eine unechte Auftragsproduktion gehandelt habe, bei der die Sendeanstalt im eigenen Namen und auf eigenes Risiko ein Produktionsunternehmen mit der Herstellung des Films beauftragt. Die Sendeanstalt habe daher die Kosten der Entwicklung voll zu übernehmen. Hierfür spreche auch der Erwerb der Stoffrechte durch die Sendeanstalt, wodurch diese sämtliche Auswertungsrechte an dem hergestellten Film kontrolliere. Ferner habe die Betreuung der Entwicklung durch die Abteilung »Eigenproduktion« des Senders deutlich gemacht, dass dieser die Entwicklungskosten übernehme.

Diese durchaus vertretbaren Argumente genügten dem Gericht jedoch noch nicht, um einen vertraglichen Bindungswillen zur Übernahme der Vorkosten seitens des Senders zu erkennen. Vielmehr, so das Gericht, sei es denkbar, dass das Produktionsunternehmen in der Hoffnung auf den späteren Auftrag das Risiko der Vorleistungen erbracht habe. Auch Unklarheiten über das Budget und über die Besetzung des Regisseurs und des Produktionsleiters hätten noch keinen konkreten Realisierungswillen beim Sender erkennen lassen. Schließlich vermochte das Gericht auch keine Branchenübung dahingehend zu sehen, dass die Sendeanstalt in einer solchen Situation die Vorkosten erstatten würde und lehnte damit eine vertragliche Anspruchsgrundlage ab.

Sodann prüfte das Gericht, ob dem Produktionsunternehmen aus vorvertraglicher Vertrauenshaftung (»culpa in contrahendo«) die Erstattung der Vorkosten zustünde. Dies wäre der Fall gewesen, wenn die Sendeanstalt einen Vertrauenstatbestand dergestalt geschaffen hätte, dass der Produktionsauftrag zustande kommen und dann willkürlich den Abschluss des Vertrags verweigert hätte. Für diesen Sachverhalt lagen jedoch keine Anhaltspunkte vor und die Klage wurde folglich abgewiesen.

Dieser Fall verdeutlicht, dass die Vertragspartner möglichst frühzeitig klare Regelungen in schriftlicher Form niederlegen sollten. Dabei geht es grundsätzlich um zwei Fragen, nämlich die Frage der Kostenübernahme und die der Rechteeinräumung. Empfehlenswert ist zumindest, dass die Vertragspartner bzw. derjenige, der das Risiko trägt, die jeweiligen Absprachen, Treffen etc. in schriftlicher Form festhält und der Gegenseite übersendet. Dann können die Regeln des sog. kaufmännischen Bestätigungsschreibens eingreifen, wonach die Empfängerseite sich den Inhalt des Schreibens zurechnen lassen muss, falls sie nicht unverzüglich widerspricht. Dieser Fall ist die Ausnahme von der allgemeinen Regel, dass Schweigen nicht als Zustimmung gilt.

3.2. Fallbeispiel:
Vertrauen auf Zusagen von Redakteuren

Mit demselben Problemkreis, nämlich der Frage, ob eine wirksame Vereinbarung zustande gekommen ist oder eine Haftung aus vorvertraglichem Vertrauensschutz (»culpa in contrahendo«) besteht, befasste sich ein Urteil des OLG Köln vom 6. Mai 1997 (Az.: 15 U 170/95).

In dem Rechtsstreit ging es erneut um die Klage eines Produktionsunternehmens gegen eine Sendeanstalt. Der Produzent hatte mit dem Leiter der Abteilung Fernsehunterhaltung in einer abschließenden Besprechung die Eckpunkte einer herzustellenden Serie festgehalten. Dazu zählten der Preis, das Ausstrahlungsdatum, die Anzahl der Folgen, sowie die Herstellung der noch fehlenden Drehbücher.

Aufgrund dieser Absprache gab das Produktionsunternehmen die Erstellung der Drehbücher in Auftrag. Als jedoch die Drehbücher vorlagen, nahm die Sendeanstalt von der Produktion mit der Begründung Abstand, das Projekt habe im Verwaltungsrat keine Zustimmung gefunden (es handelte sich um eine öffentlich-rechtliche Rundfunkanstalt).

Die Sendeanstalt stellte sich nun auf den Standpunkt, nur ein schriftlicher Produktionsvertrag sei verbindlich. Von Anfang an sei allen Beteiligten klar gewesen, dass der Vertrag der Schriftform bedürfe und nur nach Zustimmung durch den Fernsehdirektor und den Verwaltungsrat wirksam würde. Zusagen von Redakteuren seien nicht bindend.

Das Gericht wies die Klage des Produktionsunternehmens mangels Vorlage eines wirksamen Produktionsvertrages ab. Wie das Gericht feststellte, war der verhandelnde Abteilungsleiter zum Abschluss eines solchen Vertrages nicht befugt. Ebenso wenig lagen die Voraussetzungen einer Duldungs- oder Anscheinsvollmacht vor, weil dem Produktionsunternehmen aus vorangegangener Zusammenarbeit bekannt sein musste, dass die Sendeanstalt rechtlich durch den Intendanten vertreten wird und Verträge schriftlich fixiert sein müssen.

Auch Ansprüche aus »culpa in contrahendo« scheiterten, weil die Konzeption der Serie auf die Person eines Hauptdarstellers zugeschnitten war, den der Produzent nicht verpflichten konnte. Den angebotenen Ersatz lehnte die Sendeanstalt wiederum ab. Unter diesen Umständen war noch keine Einigkeit über die wesentlichen Bestandteile des Vertrages erzielt.

Auch unter Berücksichtigung dieser Entscheidung sollte ein Produktionsunternehmen sich sofort alle mündlich getroffenen Vereinbarungen schriftlich bestätigen lassen und erst dann ins Risiko gehen, wenn von einem wirksamen Vertrag ausgegangen werden kann. Dies ist der Fall, wenn über alle oder zumindest die wesentlichen Vertragspunkte Einigkeit möglichst in schriftlicher Form erzielt worden ist. Ferner muss der Produzent aufgrund dieser Entscheidung darauf achten, dass nur vertretungsberechtigte Personen bei mündlichen Verhandlungen bindende Zusagen machen können, die vom Produzenten möglichst umgehend schriftlich bestätigt werden sollten.

3.3. Wesentliche Vertragsbestandteile

Ein Vertrag kommt durch die Unterbreitung eines Angebotes und dessen Annahme zustande. Unabhängig von der Frage, ob Verträge schriftlich oder mündlich geschlossen werden können, sind sie grundsätzlich nur dann wirksam, wenn Übereinstimmung über die wesentlichen Vertragsbestandteile erzielt wurde (die »essentialia negotii«). Welches die wesentlichen Vertragsbestandteile sind, ist jeweils eine Frage des Einzelfalles. Regelmäßig handelt es sich dabei um die Vertragspartner, den Vertragsgegenstand, die jeweiligen Hauptleistungspflichten, d.h. insbesondere die zu übertragenden Rechte und Materialien sowie die zu zahlende Vergütung.

Während in der kontinentaleuropäischen Rechtstradition die wichtigsten vertraglichen Regelungen getroffen werden und im Übrigen auf das kodifizierte Recht rekurriert werden kann, besteht insbesondere in den Vereinigten Staaten von Amerika die Gepflogenheit, Verträge sehr ausführlich und bis ins letzte Detail zu formulieren. Hierfür fehlt jedoch gerade in der Phase der Projektentwicklung häufig die Zeit oder die Kosten für eine angemessene Rechtsberatung. Dennoch sollte auf eine Festlegung der getroffenen Abreden nicht gänzlich verzichtet, und zumindest die angesprochenen Eckdaten schriftlich fixiert werden. Hierfür stehen die folgenden Mittel zur Verfügung.

3.4. Letter of Intent

Häufig steht am Anfang eines Projektes ein »Letter of intent«. Dieser im internationalen Geschäftsverkehr durchaus anerkannte Begriff begegnet in Deutschland offenbar noch immer einer gehörigen Portion Misstrauen. Dies belegt beispielhaft ein Zitat aus der Frankfurter Allgemeinen Zeitung vom 8. Juli 2000 anlässlich der Überlassung der Sammlung Corboud als Dauerleihgabe an das Kölner Wallraf-Richartz-Museum:

> »Die Konstruktion scheint so windig, dass wohl besser keine deutsche Formulierung dafür gewählt wurde: »Letter of intent«, sprich: Vorvertrag nennt die Stadt Köln das Papier, das sie von dem Schweizer Kunstsammler Gerard Corboud entgegengenommen hat.«

Ein »Letter of intent« begründet nach deutschem Recht traditionell keinen Vertrag, sondern gibt – entsprechend dem Wortlaut – lediglich eine »Absichtserklärung« wieder. Im Geschäftsverkehr hat sich der »Letter of intent« jedoch zunehmend etabliert und unter Berücksichtigung der Gepflogenheiten der jeweiligen Branche kann darin durchaus eine verbindliche Zusage bzw. ein Vorvertrag zu sehen sein. Selbstverständlich muss er die vorbezeichneten wesentlichen Vertragsbestandteile enthalten.

Die Vorlage solcher »Letters of intents« ist regelmäßig für alle an der Entwicklung eines Projektes Beteiligten unerlässlich. So wird ein »Letter of intent« insbesondere verwendet, um Regisseure, Schauspieler oder andere Mitwirkenden für ein bestimmtes Projekt verbindlich zu gewinnen. Auch der Completion Bond stellt nach Prüfung der Projektunterlagen gegenüber Investoren, Koproduzenten und dem Finanzierungsinstitut einen letter of intent aus. Darauf dürfen diese vertrauen und der Completion Bond wird das Projekt nur dann nicht versichern, wenn sich wesentliche Veränderungen zwischenzeitlich ergeben. Der »Letter of intent« ist also durchaus ein seriöses und verbindliches Instrument.

3.5. Deal Memo

Allenthalben werden nach anglo-amerikanischem Vorbild »Deal Memos« geschlossen, die meist unter hohem Zeitdruck auf Messen oder Festivals entworfen werden. »Deal Memo« ist etwa als »Geschäftsabschluss-Memorandum« zu übersetzen. Aus diesem »Deal Memo«-Boom ist zu ersehen, dass die Zeiten, als man auf die Frage »Do we have a deal?« kurz mit »Yes« antwortete, sich die Hände reichte und sich auf ein solches »Gentlemen's Agreement« verlassen konnte, endgültig vorbei zu sein scheinen. Welches sind aber die Voraussetzungen, die erfüllt sein müssen, damit das Deal Memo auch verbindlich ist?

Die Frage der Rechtsnatur und der Verbindlichkeit eines Deal Memos war vor einigen Jahren Gegenstand eines Rechtsstreits, der schließlich durch Vergleich beendet wurde. Es ging dabei um die Wirksamkeit eines Deal-Memos, welches während einer internationalen Fernsehmesse im Ausland geschlossen wurde. Nach dem Deal Memo sollte sich der Lizenznehmer aus dem vorgelegten Katalog des Lizenzgebers einige hundert Stunden »Programm« sowohl für »pay-TV« wie auch für »free-TV« aussuchen. Im Übrigen regelte das Deal Memo in den üblichen kurzen Stichworten die Ausstrahlungshäufigkeit (»runs«) jeweils für Free-TV und Pay-TV, die Lizenzzeit, das Lizenzgebiet, die zu liefernden Materialien sowie die Vergütung, wobei 10% der Gesamtvergütung mit der Unterzeichnung des Deal Memos fällig war.

Anlass der gerichtlichen Auseinandersetzung war schließlich der Umstand, dass sich der Lizenzgeber nicht in der Lage sah, die vereinbarte Anzahl der Programmstunden zu liefern, da er weitgehend nicht über die in seinem Katalog aufgeführten Programme verfügte. Als der Lizenznehmer auf Erfüllung des Deal Memos bestand, erklärte der Lizenzgeber, er könne die versprochenen Programme nicht liefern und bot gleichzeitig an, die geleistete Anzahlung zurückzuerstatten. Er war der Meinung, es handele sich schließlich »nur« um ein Deal Memo, welches noch keinen wirksamen Vertrag mit Bindungswirkung darstelle.

Das Gericht vertrat hingegen die Auffassung, dass in einem solchen Deal Memo jedenfalls dann eine verbindliche Regelung zu sehen sei, wenn darin die wesentlichen Eckdaten eines Lizenzvertrages geregelt seien. Diese wesentlichen Vertragsbestandteile sind in der Bestimmung der Vertragsparteien, des Lizenzgegenstandes (Filme bzw. Programme), der eingeräumten Nutzungsrechte (Ausstrahlungshäufigkeit, Free- und Pay TV, ggf. video on demand, pay-per-view etc.), Lizenzzeit, Lizenzgebiet, des zu liefernden Materials und schließlich in der Vereinbarung der Lizenzvergütung zu sehen. Die Bedenken im Hinblick auf die Bestimmtheit des Vertragsgegenstandes (Filme, die aus dem Katalog des Lizenzgebers erst noch auszusuchen waren) wurden ebenfalls zerstreut, denn diese Vorgehensweise genügt dem gesetzlichen Bestimmtheitsgebot (§ 315 BGB).

Deal Memos enthalten häufig den Hinweis, dass weitere Einzelheiten noch in einem »Long Form Agreement« geregelt werden. Diese Klausel stellt die Wirksamkeit nicht in Frage, denn letztlich handelt es sich zumindest um einen (verbindlichen) Vorvertrag, der bereits die wesentlichen Eckdaten enthält und zum Abschluss des vorgesehenen Hauptvertrages verpflichtet. Bisweilen ergibt sich jedoch, dass das Deal Memo die endgültige Vertragsgrundlage der Parteien bleibt und ein Projekt realisiert wird, ohne dass es zu dem ursprünglich beabsichtigten ausführlichen Vertrag kommt. Zur Ausräumung von Zweifeln sollte in einem solchen Fall im Deal Memo deshalb vermerkt werden, dass die Parteien das Deal Memo als verbindliche Grundlage ansehen, solange oder falls kein ausführlicher Vertrag mehr geschlossen werden sollte.

Aus den vorgenannten Gründen sollte bei länderübergreifenden Regelungen schon im Deal Memo festgelegt werden, welches Recht Anwendung findet und welcher Gerichtsstand für die Rechtsbeziehungen der Parteien gelten soll.

Hinzuweisen ist schließlich noch auf eine Eigentümlichkeit, bei der besondere Aufmerksamkeit geboten ist. Insbesondere bei Verhandlungen mit englischen oder amerikanischen Vertragspartnern ist ein Vertragsangebot oft mit »Subject to contract« oder »Subject to board approval« überschrieben. Im englischen bzw. amerikanischen Recht hat dies zur Konsequenz, dass der Vertrag noch nicht als verbindlich abgeschlossen betrachtet werden kann. Solange ein Deal Memo oder eine wie auch immer geartete Vereinbarung mit einem solchen Vorbehalt versehen ist, ist tunlich darauf zu achten, dass noch keine kostenintensiven Schritte eingeleitet werden. Andernfalls besteht die Gefahr, dass der Vertragspartner sich seiner Verantwortung unter Bezugnahme auf »Subject to contract« oder »Subject to board approval« entzieht. Zur Vermeidung solcher Nachteile sollten maßgebliche Entwicklungskosten möglichst in einer zusätzlichen Vereinbarung festgelegt werden.

3.6. Optionsverträge

Optionsverträge stellen ein außerordentlich wichtiges Instrument im Rahmen der Projektentwicklung dar. Der Sinn und Zweck von Optionsverträgen liegt darin, dass sich der Produzent die Rechte an einem Stoff exklusiv reserviert, um im Laufe der Optionsfrist das Projekt zu entwickeln und herauszufinden, ob es Realisierungschancen hat.

Der Produzent kann sich am Ende der Optionszeit in einer schwierigen Situation befinden, wenn er zwar einen erheblichen Teil des Budgets finanziert hat, ihm jedoch die Restfinanzierung fehlt. Dann sieht er sich der Alternative gegenüber, entweder die Option auszuüben oder sie verfallen zu lassen. Im ersten Fall geht der Produzent das Risiko ein, das Verfilmungshonorar zu zahlen und möglicherweise die Finanzierung des Projektes später zu verfehlen. Bei der zweiten Variante verfällt demgegenüber nicht nur die bereits gezahlte Optionsgebühr, sondern unter Umständen können sich auch verauslagte Entwicklungskosten in beträchtlicher Höhe als fruchtlose Aufwendungen erweisen. (z.B. die Anfertigung eines Drehbuches, Reisekosten etc.)

Obwohl Optionsverträge oft unter Zeitdruck und mit ungewissen Realisierungsaussichten des Projektes geschlossen werden, sollte der Produzent die Ausarbeitung eines ordentlichen Optionsvertrages keinesfalls vernachlässigen.

Grundsätzlich ist zwischen den einfachen (unechten) und den qualifizierten Optionsverträgen zu unterscheiden. Generell ist zu empfehlen, weder die Zeit noch die Kosten einer sorgfältigen Ausarbeitung eines qualifizierten Optionsvertrages zu scheuen.

Bei einem qualifizierten Optionsvertrag wird die Option und der mit Ausübung derselben automatisch in Kraft tretende Verfilmungsvertrag vollständig verhandelt und in einem Vertragswerk gebündelt.

Dagegen enthält der einfache Optionsvertrag nur Regelungen, welche die Option als solche betreffen und nicht den Verfilmungsvertrag. Die Vorteile des einfachen Optionsvertrages liegen darin, dass eine solche »Vereinbarung« relativ unkompliziert ist, schnell und ohne großen Zeit- und Kostenaufwand (z.B. Rechtsberatung) abgeschlossen werden kann, und dem Produzenten für eine oft geringe Optionsgebühr die Rechte exklusiv reserviert werden.

Sofern der Produzent nur den einfachen Optionsvertrag wählt, muss er sich allerdings vergegenwärtigen, dass er im Falle der beabsichtigten Ausübung der Option insbesondere über das später zu zahlende Verfilmungshonorar und die zu übertragenden Rechte unter Umständen schwierige und langwierige Verhandlungen führen muss, die ihn im »worst case scenario« sogar rechtlos stellen können.

Entschließt sich der Produzent für einen einfachen Optionsvertrag, sollten deshalb zumindest die wesentlichen »Eckdaten« des Verfilmungsvertrags schon festgelegt werden. Dann hat er jedenfalls einen verbindlichen Vorvertrag in der Hand und der Vertragspartner ist gehalten, den erforderlichen ausführlichen Vertrag nach Treu und Glauben zu verhandeln und abzuschließen.

Die wichtigsten Eckdaten eines (einfachen) Optionsvertrages lauten dann wie folgt:

3.6.1. Optionsgegenstand
Hier ist das Werk (ggf. unter dem vorläufigen Arbeitstitel) nebst Verfasser (und ggf. Verlag) genau zu bezeichnen.

3.6.2. Optionszeit
Üblicherweise werden Optionen für ca. 1 Jahr abgeschlossen mit der Möglichkeit, die Option um ein weiteres Jahr oder zumindest 6 Monate zu verlängern. Welche Optionszeit letztlich gewählt wird, hängt im Wesentlichen von dem einschlägigen Stoff ab. Handelt es sich etwa um einen Stoff, der stark »zeitgeistabhängig« ist, bietet sich eine möglichst kurze Optionszeit an. Gleiches gilt für einen Roman, der sich als Bestseller verkauft und deshalb möglichst zeitnah verfilmt werden soll.

Sofern es sich allerdings um ein »schwieriges« Thema handelt, ist auf Produzentenseite möglichst darauf zu achten, dass eine nicht zu kurze Optionszeit gewählt wird. Erfahrungsgemäß benötigen schwierige Stoffe eine nicht unerhebliche Zeit, um entwickelt und finanziert zu werden. Da die Filmbranche ein entwicklungs- und kosten-intensives Medium ist, sollte unter keinen Umständen eine Optionsfrist unter einem Jahr, mit einer Verlängerungsmöglichkeit von mindestens 6 Monaten vereinbart werden.

3.6.3. Optionsgebühr

Auch die zu zahlende Optionsgebühr ist von vielen Umständen abhängig, wie etwa von der Bekanntheit des Romans, des Autors und von vorliegenden Alternativangeboten. Üblicherweise liegen die Optionsgebühren bei ca. 10% des späteren Verfilmungshonorars. Dies gilt jedoch nur als grobe Faustregel und ist keineswegs verbindlich. Im Falle der Wahrnehmung der Verlängerungsoption ist ebenfalls zu regeln, welche Gebühr zu zahlen ist. Meist wird hier eine anteilige Gebühr berechnet, bezogen auf den ersten Optionszeitraum.

Wichtig ist in diesem Zusammenhang die Regelung, dass die Optionsgebühr und die Verlängerungsgebühr im Falle der Ausübung der Option auf das dann zu zahlende Verfilmungshonorar angerechnet wird. Bisweilen sind die Optionsgeber jedoch nicht bereit, auch die Gebühr für die Optionsverlängerung auf das spätere Verfilmungshonorar anzurechnen.

3.6.4. Verfilmungshonorar

Bezüglich des mit Ausübung der Option zu zahlenden Verfilmungshonorars kann schon ein bestimmtes Honorar festgelegt werden. Üblicherweise wird in diesem Fall geregelt, dass die Optionsgebühr 10% des zu zahlenden Verfilmungshonorars betragen soll. Alternativ können sich die Vertragspartner darauf verständigen, dass das Verfilmungshonorar sich an dem Budget des Films orientieren wird (z.B. 2,5%).

3.6.5. Rechtsübertragung

Unter dieser Rubrik ist zunächst verbindlich festzuhalten, dass es sich um eine exklusive Option handelt. Den Optionsgeber trifft dann eine Enthaltungspflicht, d.h. er darf diesen Stoff innerhalb der Optionsfrist keinem Dritten anbieten.

Sofern es sich etwa um einen Roman handelt, sollte dem Optionsnehmer (meist Produzent) das Recht eingeräumt werden, Drehbücher anfertigen zu lassen.

Wie schon erwähnt, sollten auch im Rahmen einer einfachen Option die Rechte, die im Falle der Ausübung der Option übertragen werden, möglichst unmissverständlich definiert werden.

3.6.6. Ausübung der Option

Wichtig ist außerdem eine Regelung hinsichtlich der Form der Optionsausübung und üblicherweise wird Schriftform vereinbart. Dies dient der Vermeidung von unnötigen Streitigkeiten und Beweisschwierigkeiten. Der Optionsnehmer muss im Zweifel beweisen, dass er die Option fristgerecht ausgeübt hat. Er muss deshalb die vereinbarte Schriftform beachten und die Erklärung sowie das Zustellungsdokument sorgfältig aufbewahren (z.B. Einschreiben/Rückschein, Telefaxbestätigung, falls ausreichend).

3.7. Der Drehbuchentwicklungs- und Verfilmungsvertrag

Bekanntermaßen ist die unentbehrliche Grundlage eines guten Films ein gelungenes Drehbuch. Während in den USA Drehbücher für große Spielfilme meist vielfach (regelmäßig von mehreren Autoren) überarbeitet werden, fehlen hierfür in Deutschland namentlich bei kleineren und mittleren Produktionsgesellschaften leider die Zeit und die Mittel.

Für die Entwicklung des Drehbuchs wird mit den Autoren ein Drehbuchentwicklungs- und Verfilmungsvertrag abgeschlossen, dessen wesentliche Gesichtspunkte im Folgenden skizziert sind:

3.7.1. Rechtliche Rahmenbedingungen

Der Verfilmungsvertrag ist seiner Rechtsnatur nach ein Lizenzvertrag. § 88 UrhG enthält für den Fall einer nur ungenügenden Regelung des Umfangs der übertragenen Nutzungsrechte einige Auslegungsregeln. Bei einem Auftrag zur Entwicklung eines Drehbuchs handelt es sich um einen Werkvertrag gem. § 631 ff. BGB.

Inhalt und Konditionen des Vertrags hängen jeweils von verschiedenen Umständen ab, wie etwa dem Status und der Bekanntheit des Autors oder der Anwendbarkeit bestimmter kollektiver Vereinbarungen (z.B. die Regelsammlung zwischen den Bühnenverlagen und den Rundfunkanstalten, das »Basic Agreement« der Writers Guild of America »WGA« etc.).

3.7.2. Entwicklungsstufen

Der Auftrag zur Entwicklung eines Drehbuches umfasst gewöhnlich die folgenden Stufen:

- Ablieferung des Treatments (ca. 15 bis 30 Seiten);
- Ablieferung der ersten Drehbuchfassung;
- Ablieferung der zweiten Drehbuchfassung;
- Ablieferung und Abnahme der dritten Drehbuchfassung.

Ab der Übergabe der jeweiligen Fassung hat der Produzent innerhalb einer festgelegten Frist (z.B. vier Wochen) Änderungswünsche (möglichst schriftlich) mitzuteilen. Der Autor ist dann verpflichtet, diese Änderungswünsche binnen einer bestimmten Frist (z.B. wiederum vier Wochen) zu berücksichtigen und das Drehbuch entsprechend zu überarbeiten.

Auch nach Abnahme muss der Produzent berechtigt sein, weitere Überarbeitungen des Drehbuchs vorzunehmen, denn häufig wird der später engagierte Regisseur Änderungswünsche äußern und das Drehbuch entsprechend überarbeiten wollen.

Nach Ablieferung der (vorläufig) letzten Drehbuchfassung hat sich der Produzent darüber zu erklären, ob er das Drehbuch als vertragsgerecht abnimmt. Er ist zur Abnahme verpflichtet, wenn das Drehbuch den vertraglich vereinbarten Anforderungen entspricht. Für den Autor ist die Abnahme von erheblicher Bedeutung, weil die von ihm geschuldeten Vertragsleistungen erst mit der Abnahme als erfüllt gelten. Nimmt der Produzent das Drehbuch nicht ab, so ist der Autor verpflichtet, sein Drehbuch »nachzubessern«, bis es den vertraglichen Vereinbarungen entspricht und vom Produzenten abgenommen wird. Der Produzent kann dem Autor eine Frist zur vertragsgerechten Ablieferung des Drehbuches setzen, verbunden mit der Erklärung, dass er das Drehbuch nach fruchtlosem Verstreichen der Frist nicht mehr annehmen wird. Verstreicht die Frist fruchtlos, ist der Produzent zur Rückgängigmachung des Vertrages oder zur Herabsetzung der Vergütung berechtigt.

In der Praxis wird im Zusammenhang mit der Abnahme überwiegend über inhaltliche Fragen diskutiert, wobei es regelmäßig schwierig ist, eine objektive Beurteilung zu treffen. Für den Produzenten empfiehlt sich deshalb eine Klausel, dass die Entscheidung darüber, ob das Drehbuch aus inhaltlichen oder dramaturgischen Gesichtspunkten abnahmefähig ist, allein dem Produzenten obliegt.

3.7.3. Kündigung

Nach den anzuwendenden Vorschriften des Werkvertrages kann der Produzent als Auftraggeber nach § 649 BGB in jeder Entwicklungsphase die Kündigung des Auftrags aussprechen. Das Kündigungsrecht ist für den Produzenten vor allem dann von Bedeutung, wenn der Produzent absieht, das Projekt nicht finanzieren zu können und die Drehbuchentwicklung für ihn deshalb sinnlos ist. Aber auch, wenn Produzent und Autor schon in einem frühen Entwicklungsstadium feststellen, sich in kreativer oder dramaturgischer Hinsicht nicht einigen zu können, ist es für den Produzenten erforderlich, sich vom bisherigen Autor trennen und die Drehbuchentwicklung mit einem anderen Autor fortsetzen zu können.

Allerdings ist im Kündigungsfalle nach dem Gesetz die volle Vergütung zu zahlen und nur die »ersparten Aufwendungen« des Autors sind abzugsfähig. In Ermangelung von Materialaufwendungen dürften diese »ersparten Aufwendungen« in der Regel nur gering sein, so dass im Falle der Kündigung letztlich das vereinbarte Honorar zu zahlen ist. Dem kann der Produzent durch die Aufnahme einer Vertragsklausel vorbeugen, dass im Falle der Kündigung das bis zum Zeitpunkt der Kündigung fällige Honorar und im Übrigen eine angemessene Entschädigung zu zahlen ist.

Bei einer vorzeitigen Beendigung des Auftrags sollte – trotz der bestehenden Vorschriften zum Werkvertrag – klarheitshalber der Verbleib der Rechte beim Produzenten vertraglich festgeschrieben werden. Außerdem ist die Verteilung weiterer Honorare (z.B. Wiederholungshonorare) und die Nennungsansprüche der verschiedenen (Ko)autoren zu klären.

Nach den internationalen Gepflogenheiten und den WGA-Bedingungen ist ein Autor dann zu weiteren Honoraren berechtigt, wenn er einen »shared credit« erhält, also die gemeinsame Nennung mit einem oder mehreren Koautoren. Ein »shared credit« steht ihm wiederum unter der Voraussetzung zu, dass wesentliche Teile des endgültigen Drehbuchs aus seiner Feder stammen.

3.7.4. Rechtsübertragung

Aus Sicht des Produzenten sollten möglichst sämtliche Rechte erworben werden. Insoweit wird auf den Rechtekatalog in den »Anlagen« Bezug genommen.

Die sich beim Erwerb und der Nutzung der übertragenen Rechte ergebenden Probleme (z.B. Beachtung der Urheberpersönlichkeitsrechte, die unbekannte Nutzungsart, der Rechterückruf, die Nennung) sind bereits im Kapitel V. näher kommentiert worden.

Nachfolgend sollen einige der im Rechtekatalog verwandten Begriffe definiert werden: Unter dem »Verfilmungsrecht« werden einerseits die Rechte zur Herstellung eines Filmwerkes (§ 88 Abs. 1 Nr. 1 UrhG) und andererseits zur Auswertung des hergestellten Filmwerkes verstanden (§ 88 Abs. 1 Nr. 2-5 UrhG). Unter Verfilmung ist die Herstellung eines Filmwerkes in jedweder Form des § 2 Abs. 1 Nr. 6 UrhG zu verstehen, wobei das Aufnahmeverfahren selbst nicht maßgeblich ist.

Unter dem »Remakerecht« ist das Wiederverfilmungsrecht zu verstehen. Wird über das Remakerecht keine Regelung getroffen, verbleibt es beim Drehbuchautor. Wenn das Verfilmungsrecht jedoch ohne zeitliche Beschränkung exklusiv eingeräumt wird, trifft den Drehbuchautor eine Enthaltungspflicht und er ist nicht befugt, über das Wiederverfilmungsrecht zu verfügen. Falls insoweit allerdings Zweifel bestehen, gilt die 10-Jahresfrist des § 88 Abs. 2 UrhG. Nach dieser Bestimmung kann der Drehbuchautor einem Dritten 10 Jahre nach Vertragsschluss die erneute Verfilmung seines Drehbuchs gestatten.

Unter den »Sequelrechten« werden die Rechte zur Verfilmung einer Folgegeschichte verstanden (z.B. »Terminator I«, »Terminator II«). Der Autor des Originaldrehbuchs wird mitunter eine Option auf das Verfassen des Drehbuchs für ein »Sequel« verlangen.

Unter einem »Prequel« ist die Verfilmung einer dem Inhalt des Werkes vorausgehenden Geschichte zu verstehen (z.B. »Die Abenteuer des jungen Indiana Jones« nach dem Erfolg »Indiana Jones«). Auch hier wird der Autor des Originaldrehbuchs nicht selten eine Option auf die Anfertigung des »Prequel«-Drehbuchs erhalten.

Unter »Spin-Off« wird eine Produktion verstanden, in der Nebenfiguren oder Nebenhandlungen einer früheren Produktion zum Gegenstand der neuen Produktion gemacht werden.

3.7.5. Honorar

(1) Pauschalhonorar: Die Höhe des Honorars im Spielfilmbereich bemisst sich in der Regel nach dem Budget und liegt durchschnittlich bei ca. 2% bis 3% desselben. Bei der Festlegung des Honorars ist auch zu berücksichtigen, ob es sich um ein Originaldrehbuch handelt oder ob das Drehbuch auf einem vorbestehenden Werk (z.B. Roman) basiert. Bei der zweiten Variante muss das Drehbuchhonorar in einem sinnvollen Verhältnis zum Honorar des Romanautors/Verlags stehen, denn aus dem Gesamtbudget wird nur ein bestimmter Prozentsatz (meist zwischen 3,5 und 7%) für die komplette Stoffentwicklung kalkuliert. Ungeachtet der prozentualen Orientierung am Budget wird oft ein bestimmtes Mindesthonorar (z.B. 120.000,00 DM) und ein Höchsthonorar (z.B. 300.000,00 DM) vereinbart.

(2) Gewinnbeteiligung: Dem Autor eines Originaldrehbuchs wird nicht selten eine Gewinnbeteiligung eingeräumt, die regelmäßig um die 5% des Produzentennettogewinns liegen dürfte. Falls eine Gewinnbeteiligung erfolgt, ist es zur Vermeidung von Miss-

verständnissen und Streitigkeiten empfehlenswert, die Beteiligungsgrundlage exakt zu definieren (z.B. Produzentennettogewinn).

Neben oder anstelle einer Gewinnbeteiligung kann ein »Box-Office Bonus« gezahlt werden. Darunter ist ein Zuschlag zu verstehen, der jeweils bei Erreichen einer bestimmten Zuschauerzahl im Kino gezahlt wird (z.B. 10.000,00 DM bei Überschreitung von 1 Mio. Zuschauern und jeweils weitere 10.000,00 DM bei je weiterer 0,5 Mio. Zuschauern).

(3) Vergütung für Remake-, Sequel- und Prequelrechte: Sofern die Remake-, Sequel- und Prequelrechte dem Produzenten übertragen wurden, ist – vorbehaltlich einer insoweit unüblichen Pauschalvergütung – zu klären, ob und gegebenenfalls welche Honorare im Falle der Nutzung dieser Rechte zu zahlen sind. In Deutschland hat sich diesbezüglich noch keine Branchenübung herauskristallisiert. Im internationalen Bereich erhalten die Autoren im Falle einer Verwertung der Remake-Rechte 33% und bei einer Verwertung der Sequel- und Prequelrechte jeweils 50% ihres ursprünglichen Honorars sowie ihrer ursprünglichen Beteiligungsansprüche und Boni.

Diese Regelung erscheint auf den ersten Blick einfach und praktikabel, führt aber – je nach Ausgestaltung des Vertrages – zu erheblichen Unterschieden, wie das nachfolgende Beispiel verdeutlicht:

– Ein Produzent erwirbt vom Autor Stoffrechte auf einer Bemessungsgrundlage in Höhe von 3% des Budgets. Das Budget beträgt DM 5 Mio. und der Autor erhält somit ein Honorar in Höhe von DM 150.000,00. Der Film läuft erfolgreich und es gelingt dem Produzenten, die Remakerechte an einen amerikanischen Produzenten zu veräußern, der den Stoff mit einem Budget von US$ 20 Mio. neu verfilmt. Der Autor erhält nach der zitierten Regelung als Honorar für die Wiederverfilmung 1% vom Budget, also US$ 200.000,00.

– Wenn der Produzent dem Autor im vorstehenden Fall das Drehbuchhonorar nicht budgetabhängig, sondern als Pauschalhonorar in Höhe von DM 150.000,00 gezahlt hätte, stünden dem Autor für die Wiederverfilmung 33% seines ursprünglichen Honorars, also lediglich DM 50.000,00 zu.

(4) Fälligkeit: Da auf den Drehbuchvertrag die werkvertraglichen Bestimmungen des BGB anzuwenden sind, wäre das Drehbuchhonorar gemäß § 641 Abs. 1 Satz 1 BGB erst bei Abnahme des Drehbuches fällig. Üblicherweise wird die Fälligkeit des Honorars aber in Raten entsprechend den unter Ziffer bb) skizzierten Entwicklungsstufen vereinbart, wobei jeweils 50% bei Beginn einer Entwicklungsstufe und 50% bei Ablieferung der jeweiligen Fassung gezahlt werden. Häufig wird aber auch ein noch groberes Fälligkeitsschema vereinbart, etwa 20% bei Beauftragung und weitere Raten jeweils bei Ablieferung der entsprechenden Fassung. Aus Sicht des Produzenten ist es wünschenswert, einen erheblichen Teil des Honorars erst mit der Abnahme zu zahlen.

Nicht selten begegnet man einer Regelung, dass die Schlussrate erst mit Beginn der Dreharbeiten fällig wird und dies wird meist als »Production Bonus« bezeichnet. Diese Regelung und insbesondere der Begriff »Production Bonus« sind jedoch missverständlich und sollten entweder überhaupt nicht verwandt oder zumindest präzisiert werden. Zum einen ist fraglich, ob die Schlussrate überhaupt fällig ist, wenn keine

Dreharbeiten stattfinden. Nach dem Wortlaut des Vertrages wäre dies nicht der Fall und der Autor hätte zwar seine Leistung komplett erbracht, würde jedoch die letzte und möglicherweise hohe Rate nicht erhalten. Aus seiner Sicht ist es daher ratsam, eine Frist einzufügen, zu der die letzte Rate spätestens fällig wird, z.B. bei Beginn der Dreharbeiten, spätestens jedoch ein Jahr ab Abnahme des Drehbuchs.

3.7.6. Rechterückfall/ »Turnaround«

Neben dem gesetzlichen Rückrufsrecht gemäß § 41 UrhG (vgl. Kap. V.7.) können die Vertragspartner vereinbaren, dass die Rechte unter bestimmten Umständen an den Autor zurückfallen oder er sie vom Produzenten zurück erwerben kann. In solchen Fällen sollte vertraglich geregelt werden, daß der Autor dem Produzenten bestimmte Aufwendungen zu erstatten hat, wenn er das Drehbuch anderweitig verwertet, insbesondere ein anderer Produzent das Drehbuch verfilmt. Insoweit existieren keine international verbindlichen Standards. Der Produzent sollte jedoch versuchen, 50% seiner Entwicklungskosten zurück zu erlangen, mindestens aber 50% des an den Autor gezahlten Honorars. Falls die Erstattung der Entwicklungskosten aufgrund der Finanzierung des Projekts nicht möglich ist, kann der Produzent alternativ seine Entwicklungskosten (z.B. pro rata pari passu) aus den eingehenden Verwertungserlösen »recoupen« oder sich eine anteilige Gewinnbeteiligung einräumen lassen.

3.7.7. Lizenzzeit

Der Produzent sollte sich möglichst auf keine exklusive Lizenzzeit unter 15 Jahren einlassen. Mit der Exklusivfrist endet nämlich auch die Enthaltungspflicht des Autors, der dann befugt ist, die Wiederverfilmungsrechte am Drehbuch neu zu vergeben. Dies kann u.U. zu einer Entwertung des Films in den dann noch verbleibenden Auswertungsformen, hauptsächlich also im Fernsehbereich führen. In jedem Fall sollte aber festgehalten werden, dass der Produzent auch nach Ablauf der exklusiven Lizenzzeit zu einer weiteren Auswertung des hergestellten Films auf nicht-exklusiver Basis berechtigt ist.

VII. Die Filmfinanzierung

Aufgrund einschlägiger Erfahrungen des Verfassers ist dringend davon abzuraten, die Herstellung eines Films zu beginnen, ohne dass die Finanzierung sichergestellt ist. Gleichwohl machen selbst erfahrene Produzenten diesen fundamentalen Fehler, der geradewegs ins Fiasko und bei weniger finanzkräftigen Produzenten zum Ruin führen kann. Es handelt sich dabei überwiegend um Projekte, für die z.B. Fördermittel in Aussicht gestellt wurden oder etwa ausländische Koproduzenten ihre finanzielle Beteiligung versprochen haben. Gehen diese Versprechen oder Erwartungen nicht in Erfüllung, befindet sich der Produzent in einer denkbar ungünstigen Situation: er muss das Projekt entweder mit hohem Verlust abbrechen oder weiterdrehen in der Hoffnung, dass sich ein Finanzier findet, der die Lücke schließt. Vorzugsweise wird der Produzent an mögliche Koproduzenten oder an Verleihunternehmen herantreten. Der Produzent hat in dieser Situation wenig Verhandlungsspielraum und – wenn es überhaupt zu einem Vertragsabschluss kommt – werden die Konditionen relativ ungünstig ausfallen. Solange die Finanzierung des Budgets nicht nachgewiesen ist, können auch keine Fördermittel abgerufen werden, wodurch das cash-flow Problem des Produzenten noch verstärkt wird.

Daher ist dringend davor zu warnen, die Dreharbeiten ohne gesicherte Finanzierung zu beginnen. Um dies auch in der Lektüre zu verdeutlichen, hat der Verfasser bewusst das Kapitel »Filmfinanzierung« vor das Kapitel »Filmherstellung« gestellt.

Unter dem Kapitel »Filmfinanzierung« wird zunächst die Rolle der Banken erörtert (1). Anschließend werden die wesentlichen Quellen der Finanzierung vorgestellt, wozu insbesondere die Fördermittel (2) und die Filmfonds (3) zählen. Schließlich wird das Bild durch die Darstellung des »Productplacement« abgerundet (4).

1. Die Rolle der Banken

In der boomenden Film- und Fernsehbranche in Deutschland engagieren sich zunehmend Banken bei der Finanzierung von Filmprojekten. Der Produzent sollte hierbei wissen, dass die Banken – von einigen Ausnahmen abgesehen, die sich auch mit »venture-capital« engagieren – als Darlehensgeber auftreten und nicht als Investoren. Folglich wird sich die Bank das Darlehen bestmöglich absichern lassen und darauf bestehen, dass dieses vorrangig vor allen anderen Investitionen zurückgezahlt wird.

Die im Rahmen der Filmfinanzierung erforderlichen Dokumente sind außerordentlich komplex und der Produzent sollte darauf eingestellt sein, die Bank mit den erforderlichen Informationen zu bedienen. Zunächst benötigt die Bank eine Reihe von Unterlagen, um das Projekt einzuschätzen (eine Liste der im Rahmen einer Zwischenfinanzierung vorzulegenden Dokumente befindet sich am Kapitel-Ende).

Die Bank kann im Rahmen der Herstellung und Auswertung eines Filmprojekts sehr unterschiedliche Rollen einnehmen, die in den nachfolgenden Ausführungen vorgestellt werden.

1.1. Die Zwischenfinanzierung (»Discounting«)

Diese Form der Finanzierung findet Anwendung auf Vorverkäufe eines noch nicht fertig gestellten Films. Der Käufer verpflichtet sich hierbei, eine Minimumgarantie zu zahlen. Regelmäßig werden die Minimumgarantien allerdings ganz oder zum überwiegenden Teil erst mit der Lieferung und Abnahme des Films fällig. Dadurch befindet sich der Produzent in dem Dilemma, das Budget zwar über Eigenmittel und Vorverkäufe finanziert zu haben. Die Vertriebsgarantien fließen jedoch nicht in den »Cash-Flow« und der Produzent muss die entsprechenden Vorverkäufe (Minimumgarantien) zwischenfinanzieren. Hierfür bedient er sich der Banken. Der Bereich der Zwischenfinanzierung (sog. Discounting) stellt insoweit die klassische Form dar, in der sich Banken bei der Filmfinanzierung engagieren. Der Vorgang wird manchmal auch als »Bridge Financing« bezeichnet, weil der Kredit die Zeit bis zur Fälligkeit der Minimumgarantie »überbrückt«.

1.1.1. Definition »Discounting«

Unter »Discounting« ist die Kalkulation des Darlehensbetrages zu verstehen, den die Bank der Produktionsfirma für einen Vertriebsvertrag mit einer Minimumgarantie zur Verfügung stellt. Der letztlich bereitgestellte Darlehensbetrag (»discounted value«) reduziert die Minimumgarantie um die anfallenden Gebühren und Kosten (z.B. Zinsen, Bereitstellungsgebühr, Quellensteuer, Rechtsberatungskosten etc.). Der wichtigste Faktor sind die Zinsen, deren Höhe vom endgültigen Liefertermin abhängt. Die Fertigstellung des Films und damit die Lieferung können sich aus unterschiedlichen Gründen verzögern (z.B. durch »höhere Gewalt«) und die Bank wird bei der Kalkulation der anfallenden Zinsen das »worst-case scenario« zugrunde legen, mithin die Zinsen bis zu dem letztmöglichen Liefertermin kalkulieren, d.h. dem »outside delivery date« in der Fertigstellungsgarantie.

1.1.2. Diskontierbarkeit des Vertriebsvertrages

Die Bank wird zunächst die »Diskontierbarkeit« des Vertriebsvertrages prüfen. Das bedeutet, dass der Vertrag keine Bedingungen enthalten darf, welche die Lieferung und Abnahme des Films vereiteln könnten und damit die Rückzahlung des Bankdarlehens gefährden. Hierzu zählen die folgenden Konditionen, ohne Anspruch auf Vollständigkeit:

–   Die Rechte aus dem Vertrag müssen abtretbar sein, weil die Bank sich diese zur Sicherheit abtreten lässt;
–   Die Festlegungen des Films müssen objektiv und justiziabel sein. Bezüglich eines Hauptdarstellers ist z.B. zulässig:
    »Starring Ewan McGregor or approved replacement«, vorausgesetzt, das »approval«-Verfahren ist hinreichend bestimmt.

Nicht akzeptabel wäre dagegen etwa folgende Klausel:
»The film's artistic quality shall be equal to Trainspotting«.

- Die Zahlung der Minimumgarantie sollte »on delivery« und nicht etwa »on acceptance« fällig sein, es sei denn, es handelt sich ausschließlich um »technical acceptance«, die der Completion Bond garantiert.

Letztlich ist das maßgebliche Kriterium für die Bank, ob der Lizenznehmer (Verleih, Weltvertrieb) die Zahlung der Minimumgarantie aus Gründen verweigern oder mindern kann, die nicht vom Completion Bond oder anderweitig abgesichert sind.

1.1.3. Kreditwürdigkeit/ Lieferrisiko
Neben der Diskontierbarkeit des Vertriebsvertrages muss die Bank zwei weitere Risiken evaluieren. Zum einen ist die Kreditwürdigkeit des Lizenznehmers zu überprüfen, dessen Minimumgarantie diskontiert wird, also die Frage der Zahlungsfähigkeit des Lizenznehmers zum Zeitpunkt der Fälligkeit der Minimumgarantie. Zur Absicherung dieses Risikos verlangt die Bank üblicherweise eine Bankgarantie oder einen »letter of credit«. Die US-Majors werden hiervon meist befreit, denn ihre Kreditwürdigkeit steht unter normalen Umständen außer Zweifel.

Zum anderen ist das Lieferrisiko zu kalkulieren, d.h. die Bank muss die Gewissheit haben, dass der Film auch tatsächlich fertig gestellt und geliefert wird. Neben der Prüfung der Verlässlichkeit der Vertragspartner (Regisseur, Produktionsfirma etc.) wird die Bank hierfür den Abschluss einer Fertigstellungsgarantie (»Completion Bond«) verlangen. Der Completion Bond garantiert die Fertigstellung und fristgerechte Ablieferung des Films zum festgelegten Budget. Die Fertigstellungsgarantie wird direkt gegenüber der Bank übernommen, wodurch das Lieferrisiko weitgehend ausgeräumt ist (vorbehaltlich der Ausschlussklauseln).

1.1.4. Kosten des Kredits
Da die Bank bei dieser Art der Finanzierung ein geringes Risiko eingeht, erhält sie relativ niedrige Zinsen. Diese berechnen sich regelmäßig nach der jeweiligen EURIBOR (Euro Interbank Offered Rate) oder LIBOR (London Interbank Offerd Rate) zuzüglich einer Marge von 1,5% bis maximal 2,5%.

Hinzu kommen Bereitstellungsgebühr und Anwaltskosten der Bank, die regelmäßig (auch in den USA oder England) derartige Kredite nicht über ihre Rechtsabteilung abwickelt, sondern sich eines spezialisierten Filmanwalts bedient.

1.2. GAP-Finanzierung
Bei dieser Finanzierungsform sieht sich die Bank einem ganz anderen, deutlich höheren Risiko gegenüber. Denn die Bank übernimmt das Risiko der Verwertbarkeit des Films insoweit, als ihr Darlehen durch noch nicht verkaufte Territorien gesichert ist. Die Bank sollte sich auf diese Finanzierung deshalb nur einlassen, wenn sie von der Vermarktbarkeit des Films und dem Wert der noch nicht verkauften Territorien überzeugt ist. Diese Überzeugung gewinnt sie primär durch die Verkaufsschätzungen (»sales estimates«) anerkannter und erfahrener Weltvertriebsfirmen, die schon früher ver-

gleichbare Filme in die entsprechenden Territorien verkauft haben. Wegen des hohen Risikos sollten die Verkaufsschätzungen den Darlehensbetrag deutlich übersteigen. Das Verhältnis zwischen dem zu finanzierenden »gap« und den Verkaufsschätzungen variiert von Bank zu Bank und liegt durchschnittlich zwischen 150% und 200%.

Dem verbleibenden Risiko wird bisweilen durch den Abschluss einer »Shortfall-Garantie« begegnet (auch »Pecuniary Loss Insurance« genannt). Diese Versicherung deckt das Risiko ab, dass die Verkaufsschätzungen nach Ablauf einer bestimmten Zeit (z.B. 2 Jahre nach Uraufführung des Films) nicht realisiert werden konnten. Im Versicherungsfall erhält dann die Bank als Begünstigte dieser »Shortfall-Garantie« den Geldbetrag in Höhe der entsprechenden Ausfälle ersetzt. (vgl. Kap. VIII.3. »Filmversicherungen«).

1.3. Library-Finanzierung

In Deutschland vergeht kaum ein Tag, an dem man den Nachrichten nicht eine Meldung entnehmen kann, der zufolge wieder ein – meist börsennotiertes – Filmunternehmen mit einem englischen oder amerikanischen Partner einen Vertrag über den Erwerb von Lizenzen oder ganzen »Libraries« im zwei- oder dreistelligen Millionenbereich abgeschlossen hat. Außerdem werden zunehmend kleinere und mittlere Filmfirmen von größeren (bereits oder demnächst börsennotierten) Unternehmen gekauft oder deren Rechtestock übernommen. Auch solche Transaktionen werden meist von Banken (mit)finanziert.

Bei der Finanzierung derartiger Erwerbsvorgänge ist zunächst zu prüfen, ob die beabsichtigte Nutzung der Filme (z.B. Internet) überhaupt rechtlich zulässig ist (vgl. Kap. V.3. »unbekannte Nutzungsart«). Bei einer älteren Library sollten außerdem die Schutzfristen der entsprechenden Filme überprüft werden, denn sie könnten bereits abgelaufen und die Filme mithin gemeinfrei sein.

Die Bewertung einer Library, also der zu erwerbenden Filmrechte, ist mitunter außerordentlich schwierig, denn oft ist die Erstverwertung (Kino, Video, TV) längst abgeschlossen, weshalb als Bemessungsgrundlage der weiteren Verwertungen primär die üblicherweise zu zahlenden Fernsehlizenzen dienen.

Im Hinblick auf zukünftig erst zu erschließende Märkte (z.B. Cinema on Demand, Internet) liegen zudem keine verlässlichen Zahlen oder Statistiken vor. Im Übrigen wird die Bank bei der Finanzierung darauf achten, ob das beantragende Unternehmen überhaupt Zugang zu den Fernsehmärkten hat, in die es den zu erwerbenden Filmstock zu lizenzieren beabsichtigt. Schlägt diese Lizenzierung nämlich fehl, kann dadurch die Rückzahlung des Darlehens nachhaltig gefährdet sein.

Zur Absicherung des Darlehens lässt sich die Bank die Rechte an der »Library« abtreten. Wegen der angesprochenen Unsicherheit der Bewertung und Verwertung der Library wird sich die Bank den Kredit möglichst über zusätzliche Sicherungsgegenstände absichern lassen (z.B. anderweitige »assets«, soweit vorhanden, Bürgschaften etc.).

1.4. Kursrisiken

Koproduktionen und andere grenzübergreifende Konstellationen haben notwendigerweise verschiedene Währungen zum Vertragsgegenstand. Dreharbeiten, die in den

USA stattfinden, müssen in US$ bezahlt werden. Finanzierungszusagen, Minimum-
garantien und anderweitige Zahlungsverpflichtungen werden häufig zu einem Zeitpunkt erklärt und kalkuliert, bei dem der entsprechende Wechselkurs zur Deutschen
Mark in einem deutlich günstigeren oder ungünstigeren Verhältnis steht. Dies trifft
insbesondere auf Verträge und den Austausch von Leistungen zu, die sich über einen
längeren Zeitraum erstrecken. Daraus können sich erhebliche Risiken und »Cash-Flow«
Probleme ergeben, wie die jüngste Entwicklung etwa des US-Dollar zur deutschen
Mark oder zum EURO zeigt.
In einem solchen Fall kann die Bank ihre Dienste durch die Fixierung der Wechselkurse
anbieten. Bei diesem Vorgang wird ein Wechselkurs vor Beginn der Dreharbeiten im
Hinblick auf den Betrag festgelegt, den ein Produzent im Laufe der Durchführung der
Produktion in eine andere Währung umtauscht bzw. in einer anderen Währung zahlen
muss. Außerdem können auch Versicherungen abgeschlossen werden, die das Wechsel-
risiko übernehmen. Auch hierbei ist allerdings regelmäßig eine Unter- und eine Obergrenze fixiert, innerhalb deren sich die Versicherung bewegt.
Im europäischen Raum werden inzwischen Koproduktionen und anderweitige Leistungen überwiegend in EURO kalkuliert, wodurch das Wechselkursrisiko weitgehend
entfällt.

1.5. Die Absicherungen des Darlehens
Die Bank lässt sich vom Produzenten zur Absicherung ihres Darlehens sämtliche Rechte, Befugnisse, Vermögenspositionen, Erlösansprüche etc. am Film und aus den Lizenzverträgen sicherungsweise abtreten. Die Absicherung erfolgt durch eine Vielzahl von
Sicherungsmaßnahmen, wobei nachfolgend die wichtigsten aufgezählt werden.

1.5.1. Rechte an den vorbestehenden Werken und am Filmwerk
Hierzu zählen alle vom Produzenten erworbenen, noch zu erwerbenden, bei ihm entstandenen oder noch entstehenden Rechte (Urheber- und Leistungsschutzrechte,
Copyright, literarische, dramatische, filmische, musikalische und sonstigen Rechte) jeweils im Zeitpunkt des entsprechenden Rechteerwerbs.

1.5.2. Die Ansprüche aus Lizenzverträgen
Nimmt der Produzent eine Bank zur Filmfinanzierung in Anspruch, so wird sich die
Bank regelmäßig die Lizenzrechte und die daraus fließenden Erlöse zur Sicherung des
Darlehens abtreten lassen. In Deutschland erfolgt die Sicherungsabtretung der Nutzungsrechte bzw. die Abtretung der künftigen Nutzungsrechte an dem Filmwerk nach
den üblichen Grundsätzen gemäß §§ 413, 398 BGB. Voraussetzung dafür ist allerdings
ihre Bestimmbarkeit im Zeitpunkt der Abtretung (vgl. BGH NJW RR 1998, 1057, 1058).
Der Sicherungsvertrag sollte daher – ebenso wie der Lizenzvertrag – eine genaue Auflistung des Rechtekatalogs enthalten, um dem Bestimmtheitsgrundsatz zu genügen.
Schließlich ist es üblich, die Abtretung der Ansprüche des Produzenten aus den abgeschlossenen oder noch abzuschließenden Lizenzverträgen an die finanzierende Bank
den Beteiligten gegenüber offen zu legen. Soweit sich dies nicht bereits aus den ge-

schlossenen Verträgen ergibt, erfolgt eine Mitteilung (»Notice of Assignment«) des Produzenten/Lizenzgebers an den Lizenznehmer in Form einer Abtretungsanzeige, worin der Lizenzgeber angewiesen wird, Zahlungen (z.B. die Minimumgarantie) nur an die finanzierende Bank zu leisten. Zusätzlich zu dieser Mitteilung verlangt die Bank, dass der Lizenzgeber (meist der Weltvertrieb und/oder der Verleih) die Abtretungsanzeige bestätigt und ausdrücklich anerkennt, dass die Zahlung ausschließlich und unwiderruflich an die Bank erfolgen wird (»Distributors Acceptance«). Regelmäßig ist diese Erklärung begleitet von einem Verzicht zugunsten der Bank auf die Geltendmachung von Einreden, Einwendungen und Zurückbehaltungsrechten des Lizenznehmers gegenüber dem Lizenzgeber.

1.5.3. Sicherungsübereignung von Filmmaterial/ Sicherung des Zugriffs
Neben den Sicherheiten an den immateriellen Nutzungsrechten ist es für den Sicherungsnehmer unerlässlich, die Sicherung seiner Ansprüche auch auf die Werkverkörperung zu erstrecken. Hierfür stehen verschiedene Möglichkeiten zur Verfügung:
(1) Sicherungsübereignung der Materialien: Wie bei der Bestellung von Sicherheiten am »Copyright« findet auch hier das Recht des Staates Anwendung, in dem sich die entsprechenden Materialien befinden (»lex rei sitae«). In Deutschland erfolgt die Übereignung der Materialien sicherungshalber gemäß §§ 929, 930 BGB. Sie sind wegen des geltenden Bestimmtheitsgrundsatzes möglichst präzise zu erfassen. Zu den Materialien zählen u.a. das Eigentum an sämtlichen Vorarbeiten (Zeichnungen, Drehbuch, Modelle etc.), an den im Rahmen der Herstellung des Films geschaffenen Gegenständen (z.B. Bauten, Kostüme, Figuren etc.), sowie sämtliche Materialien der Produktion (z.B. Negativ, Tonbänder etc.). Der Produzent verpflichtet sich üblicherweise, im Zeitpunkt der Herstellung der Nullkopie eine Auflistung sämtlicher Materialien zu erstellen, in der diese genau bezeichnet werden (Titel etc.) unter Angabe des jeweiligen Lagerorts (z.B. Kopierwerk).
(2) Abtretung der Herausgabeansprüche: So weit der Produzent bzw. Darlehensnehmer die entsprechenden Materialien im Besitz hat, wird in den Verträgen bestimmt, dass er diese für die finanzierende Bank verwahrt. Im Übrigen werden sämtliche Herausgabeansprüche gegen die Besitzer bzw. Verwahrer der Materialien, insbesondere das Kopierwerk, an die Bank abgetreten.
(3) Kopierwerkserklärung (»Laboratory Pledgeholder Agreement«):   Zugunsten der Bank wird außerdem eine sog. Kopierwerkserklärung (»Laboratory Pledgeholder Agreement«) abgeschlossen. Gegenstand dieser Vereinbarung ist die Verpflichtung des Kopierwerks, das Material als Besitzmittler für die Bank als Pfandrechtsinhaberin zu halten. Darin wird auch geregelt, dass das Kopierwerk ohne die Einwilligung der Bank Dritten (z.B. Verleih, Weltvertrieb) nicht gestattet, Kopien zur Auswertung des Films zu ziehen. Außerdem verpflichtet sich das Kopierwerk, ohne die jeweilige schriftliche Zustimmung aller Berechtigten keine Entfernung des Originalnegativs und der weiteren eingelagerten Materialien vorzunehmen.
(4) Ziehungsgenehmigung (»Laboratory Access Letter«):   Der Produzent lagert die

Originalkopie bei dem vereinbarten Kopierwerk ein. Die Lizenznehmer (Verleih, Vertrieb etc.) wie auch diejenigen, denen Sicherheiten an den Verwertungsrechten oder den hergestellten Materialien zustehen (z.B. Completion Bond) sichern sich durch den Abschluss einer unwiderruflichen Ziehungsgenehmigung den Zugriff zum Material ab. Auch die Bank wird gelegentlich die Vorlage einer solchen Genehmigung verlangen. Gegenstand dieser Vereinbarung ist die Verpflichtung des Kopierwerks, den Berechtigten jederzeit Zugang zum Material zu gewährleisten und dabei auf mögliche Einreden und Zurückbehaltungsrechte (z.B. aus unbezahlten Kopierwerksrechnungen aus anderen Projekten, Werkunternehmerpfandrechten etc.) zu verzichten.

1.5.4. Versicherungen
Die finanzierende Bank lässt sich ferner die Ansprüche aus den im Rahmen der Herstellung des Films abgeschlossenen bzw. abzuschließenden Versicherungsverträgen abtreten. Hierzu zählen insbesondere: Ausfallversicherung, Negativversicherung, Mehrkostenversicherung infolge Sachschadens, Requisiten- und Ausstattungsversicherung, Apparateversicherung, Haftpflichtversicherung, Feuerversicherung, Unfallversicherung, technische Versicherung, Reisegepäckversicherung, Vorausfallversicherung (vgl. Kap. VIII).

1.5.5. Verpfändung der Produktions- und Erlöskonten
Die Bank lässt sich insoweit Verpfändungserklärungen im Hinblick auf die Produktionskonten sowie etwaige bei der Bank selbst, anderen Banken oder einem Erlöstreuhänder (Collection Agent) eingerichteten Erlöskonten übermitteln.

1.5.6. Ausländische Rechtsordnungen/Registrierungen
Aus Sicht der Bank als Kreditgeber ist angesichts des oftmals grenzüberschreitenden Sachverhalts bei Produktionsfinanzierungen oder im Rahmen des Filmlizenzhandels zu berücksichtigen, welches nationale Recht im Streitfall auf die Sicherungsabrede anwendbar ist. Denn hat der Kreditnehmer weder seinen Sitz in Deutschland noch übt er hier seine Geschäftstätigkeit aus, stellt sich die vertragliche Absicherung für den deutschen Kreditgeber und die Durchsetzung seiner Ansprüche schwieriger dar, als im Falle der Finanzierung eines deutschen Unternehmens. Für diese Fälle empfiehlt es sich deshalb, im jeweiligen Ausland nach den nationalen Möglichkeiten entsprechende Sicherheiten zu begründen und die erforderlichen Registrierungen vorzunehmen.
In Deutschland bestehen keine Registrierungsvoraussetzungen und keine Behörden, bei denen etwaige Sicherheiten am Filmwerk hinterlegt oder registriert werden könnten. Demgegenüber sehen einige Staaten die Möglichkeit der Registrierung von Sicherheiten vor, ähnlich der Hypothek im Grundbuchamt. Aufgrund des geltenden Territorialgrundsatzes ist es empfehlenswert, möglicherweise auch erforderlich, die entsprechenden Registrierungen vorzunehmen. Nachfolgend sollen einige hierfür in Betracht kommende Länder kurz skizziert werden:
USA: So weit Auswertungsrechte für das Gebiet der USA zur Besicherung des Kredits dienen oder wenn die Gefahr besteht, dass der Kreditnehmer möglicherweise

einem Insolvenzverfahren in den USA unterliegen könnte, empfiehlt sich die Begründung von Sicherheiten nach amerikanischem Recht. Dies erfolgt üblicherweise auf zwei Ebenen:

Der Abschluss eines »Mortgage of Copyright and Security Agreements« (auch »Mortgage and Assignment of Copyright«) ist vergleichbar mit einer Hypothek, die am Copyright des Filmwerkes bestellt wird. Sie ist bei dem in Washington geführten »Copyright Office« zu registrieren (Internet-Adresse: www.loc.gov/copyright). Diese Registrierung ist prioritär vorzunehmen, denn sie ist im Falle von Insolvenzen maßgeblich für die Rangfolge der Gläubiger.

Daneben existiert die Möglichkeit, die üblicherweise auch wahrgenommen wird, die Sicherungsinteressen an dem Filmwerk nach dem Uniform Commercial Code (UCC-1 Filing) in verschiedenen US-Bundesstaaten vorzunehmen. Im Filmbereich erfolgen diese Registrierungen üblicherweise in Kalifornien und in New York City (State and County).

England: In England (und Wales) werden die Sicherheiten grundsätzlich durch eine »Deed of Charge and Security Assignment« begründet. Sie können beim »Companies House« registriert werden, welches in Cardiff geführt wird. Voraussetzung der Registrierung ist jedoch, dass der Sicherungsgeber in England seinen Sitz hat. Sofern es sich um ausländische Gesellschaften handelt, kann deshalb grundsätzlich keine Registrierung erfolgen.

Frankreich: Obwohl auch in Frankreich eine Registrierung möglich ist, wird diese selten wahrgenommen, denn hierzu ist die Hinterlegung einer französischen Fassung des Films nötig. Die Registrierung erfolgt beim »Centre National de la Cinematographie« (CNC) geführten »Registre Publique de la Cinematographie et l'Audiovisuel« (RPCA), einem öffentlichen Register.

Zusammenfassend ist festzuhalten, dass eine Registrierung in den USA regelmäßig sinnvoll ist. Auch in England werden meist Registrierungen durchgeführt, wenn ein englischer Vertragspartner beteiligt ist. Weitergehende Registrierungen stellen eher die Ausnahme dar, es sei denn, es handelt sich um eine Koproduktion oder eine anderweitige Einbeziehung eines in dem jeweiligen Land sitzenden Vertragspartners.

1.6. Fertigstellungsgarantie (»Completion Guarantee«)

Der Abschluss einer Fertigstellungsgarantie ist im Rahmen der Finanzierung und Absicherung eines Filmprojekts meist unentbehrlich. Der Completion Bond garantiert die fristgerechte und ordnungsgemäße Fertigstellung und Ablieferung des Filmwerkes, wodurch wiederum die Garantiezahlungen ausgelöst werden, die das Produktionsdarlehen bedienen.

Der Completion Bond nimmt eine sorgfältige Überprüfung der Projektunterlagen, der Vertragspartner und der Realisierbarkeit des Projekts zu einem bestimmten Budget (»Strike Price«) vor und dieses »risk assessment« stellt auch eine gewisse Entlastung für die Bank dar (vgl. Kap. VIII.1.).

1.7. Interparty Agreement

Im Rahmen der Herstellung eines Filmwerkes existiert eine Vielzahl von Sicherungsinteressen, die gleichsam »unter einen Hut« gebracht werden müssen. Um die Rangfolge der Verwertungsinteressen und die Freigabe der jeweiligen Sicherungsrechte bei ordnungsgemäßer Erfüllung zu regeln, bietet sich der Abschluss eines sog. »Interparty Agreement« an.

Zu den Parteien einer solchen Vereinbarung zählen neben der Bank der Completion Bond, die Vertriebs- und Verleihunternehmen, die Produktionsgesellschaft bzw. die Koproduzenten (ggf. auch die »Single Purpose Company«, eine in den USA übliche Produktionsfirma, die ausschließlich zum Zweck der Herstellung des jeweiligen Films gegründet wird) sowie ggf. die Shortfall-Versicherung und u.U. die Filmförderinstitutionen.

In dem Interparty Agreement werden zunächst sämtliche geschlossenen Verträge aufgezählt. In einem zweiten Schritt erklären die Vertragspartner, dass sämtliche Bedingungen der Verträge erfüllt sind, insbesondere, dass alle Rechte ordnungsgemäß erworben worden sind, die Voraussetzungen der Verträge jeweils vorliegen und die Garantiezahlungen unwiderruflich geleistet werden. Aus Sicht der Bank ist sodann entscheidend, dass die Lizenznehmer, welche die Garantiezahlungen (und weitergehenden Erlöse) schulden, auf eventuelle Einreden, Einwendungen und Zurückbehaltungsrechte verzichten. Ein solcher Verzicht wird allerdings nicht nur gegenüber der Bank, sondern regelmäßig gegenüber allen vorrangig Gesicherten erklärt. Dadurch gehen den jeweils Verzichtenden diese Rechte gegenüber ihren Vertragspartnern nicht verloren, sie dürfen lediglich gegenüber der Bank (und den gegebenenfalls weiteren vorrangig Gesicherten) bis zur Rückführung des Darlehens nicht ausgeübt werden.

Diese Vorgehensweise ist aus Sicht der Bank deshalb erforderlich, weil sie sich nicht mit Streitigkeiten unter den Vertragsparteien (Koproduzenten, Verleih und Vertrieb) auseinandersetzen will. Vielmehr liegt ihr Interesse ausschließlich darin, den Kredit abzusichern und die Rückzahlung zu gewährleisten.

Schließlich ist in einem solchen Interparty Agreement zu regeln, dass mit der Ablösung des Kredits die Rechte auf den in der Rangfolge nächstbesten Gesicherten übergehen. Dies ist nach der Bank meist ein Investor und danach der Completion Bond, sofern er Overbudget-Kosten verauslagt.

1.8. Notwendige Bankdokumente

1.8.1. Projektprüfung

Die Bank benötigt zur Prüfung der Finanzierung eines Projekts eine Fülle von Hintergrundinformationen, Unterlagen und Verträgen, wozu typischerweise die folgenden Dokumente zählen:

- Track-record des Produzenten und Handelsregisterauszug
- Drehbuch bzw. eine Synopsis
- CV des Regisseurs und der Hauptdarsteller
- Top Sheet des Budgets
- Finanzierungsplan
- Cash-Flow-Plan
- Weltvertrieb und Verkaufsschätzungen (Sales Estimates)

- Einzelheiten der Verträge, aus denen die Rückzahlung des Darlehens abgesichert wird, insbesondere Verleih-, Weltvertriebs- und andere Verwertungsverträge
- Completion Bond (Letter of Intent)
- Chain-of-title Dokumente
- Versicherungen, soweit bereits vorhanden (Filmversicherungen einschl. E&O- und evtl. Short-Fall-Versicherung)
- gegebenenfalls Name und Anschrift des Collection Agents.

1.8.2. Auszahlungsvoraussetzungen (»Closing List«)

Von dieser Checkliste zur Prüfung des Projekts ist die »closing list« zu unterscheiden, d.h. alle Verträge und Dokumente, die zur Finanzierung und Herauslegung des Darlehens erforderlich sind. Obwohl die wichtigsten Dokumente in diesem Kapitel bereits erwähnt wurden, wird nochmals eine Checkliste erstellt. Hierbei werden die bereits genannten Dokumente nicht wiederholt:

- Title und Copyright Reports
- Registrierungsunterlagen beim US Copyright Office
- Vorlage der Produktions- (einschließlich der Production Services Agreements) und Koproduktionsverträge
- Vorlage der Verleih-, Weltvertriebs- und sonstigen Auswertungsverträge
- Bankgarantie (letter of credit) bezüglich der Minimumgarantien
- Ausfertigung der Security Agreements und der UCC-1 Financing Statements und Nachweis über die Beantragung einer (beschleunigten) Eintragung in Kalifornien und New York
- Ausfertigung der Mortgage and Assignment of Copyright Erklärung und Nachweis über die Beantragung der Registrierung
- Vorlage der Kopierwerksvereinbarung (»Laboratory Pledgeholder Agreement«) und ggf. der Ziehungsgenehmigung (»Laboratory Access Letter«)
- Vorlage der Verpfändungserklärungen bezüglich der Produktionskonten und etwaiger Erlöskonten
- Abschluss des Interparty Agreements und/oder der »Notice of Assignment and Distributor's Acceptance« und
- schließlich der Abschluss des Darlehens- und Sicherungsvertrags.

Die vorstehenden Ausführungen halten sich an die in den USA üblichen Termini, denn erfahrungsgemäß werden auch deutsche Banken im Rahmen der Finanzierung eines (internationalen) Filmprojekts zumindest die genannten Rechercheunterlagen verlangen und Registrierungen in den USA vornehmen. Diese »Closing List« kann im Einzelfall um das eine oder andere Dokument erweitert werden, je nachdem, wie kompliziert die Transaktion ist und wer daran beteiligt ist.

2. Filmförderungen

Die Filmförderung in Europa umfasst ca. 1,7 Milliarden DM jährlich. Laut Statistik der Filmförderanstalt (FFA) erhalten französische Filmproduktionen rund 745 Millionen DM, gefolgt von Deutschland mit ca. 280 Millionen DM und Italien mit ca. 190 Millionen DM.

Die in Deutschland verfügbaren ca. 270 Millionen DM setzen sich aus ca. DM 100 Millionen Bundesmitteln (Filmförderungsanstalt, BKM und Kuratorium junger deutscher Film) und den Länderförderungen in Höhe von ca. 180 Millionen DM zusammen. Unter den Länderförderungen sind insbesondere die Filmstiftung NRW (ca. 70 Mio. DM), der Filmfernsehfonds Bayern (ca. 50 Mio. DM), das Filmboard Berlin-Brandenburg (ca. 30 Mio. DM) und die Filmförderung Hamburg (ca. 18 Mio. DM) hervorzuheben.

Eine detaillierte Erörterung sämtlicher Formen der Filmförderung auf bundes- und regionaler Ebene würde den Rahmen dieses Buches sprengen. Der Verfasser beschränkt sich auf einige grundsätzliche Anmerkungen im Hinblick auf die Projektfilmförderung und die Referenzfilmförderung. Diese beiden Förderarten stellen gleichsam die beiden Grundpfeiler der Filmfinanzierung in Deutschland dar.

2.1. Allgemeine Bestimmungen

Die generellen Voraussetzungen der Förderung eines Films sind in § 15 FFG und für die Gemeinschaftsproduktionen in § 16 bzw. § 16a FFG definiert. Nach § 15 Abs. 1 ist ein Film programmfüllend, wenn er eine Vorführdauer von mindestens 79 Minuten, bei Kinder- oder Jugendfilmen mindestens 59 Minuten hat. Diese Mindestvorführdauer ist für die Definition der zu fördernden »programmfüllenden« Filme erforderlich, weil die Filmtheater auf eine solche Mindestlänge angewiesen sind und damit die Gruppennützigkeit des Filmförderungsgesetzes gewährleistet wird.

In § 15 Abs. 2 FFG sind die einzelnen Voraussetzungen definiert, die für die Gewährung von Förderhilfe neben dem Kriterium »programmfüllend« vorliegen müssen. Traditionell musste es sich dabei um einen »deutschen Film« handeln. Hierfür war u.a. erforderlich, dass der Hersteller seinen Sitz in Deutschland hatte, eine Endfassung des Films in deutscher Sprache hergestellt wurde und insbesondere der Regisseur Deutscher oder zumindest Angehöriger des deutschen Kulturkreises war.

Wegen der darin zu sehenden »Diskriminierung« wurde diese Definition (wie übrigens auch in den anderen Mitgliedsstaaten) auf Druck der Kommission in Brüssel erweitert. Antragsberechtigt sind nunmehr auch Hersteller, die Angehörige der EU oder des Europäischen Wirtschaftsraums (EWR) sind, und die – wenn nicht ihren Sitz – doch jedenfalls eine Niederlassung in Deutschland haben. Darüber hinaus kann auch der Regisseur Angehöriger der EU oder des EWR sein. Als weitere Voraussetzung muss schließlich der Film in deutscher Sprache in Deutschland oder auf einem A-Filmfestival als deutscher Beitrag uraufgeführt werden.

In § 16 FFG sind die Voraussetzungen der Förderfähigkeit von Koproduktionen enthalten, wobei insoweit zunächst die geschlossenen bi- und multilateralen Abkommen maßgeblich sind. Wenn kein Koproduktionsabkommen vorliegt oder anwendbar ist, verlangt das Gesetz eine erhebliche finanzielle Beteiligung des Herstellers als EU- oder EWR-Angehörigen und eine angemessene künstlerische und technische Beteiligung von jeweils 30% durch Mitwirkende, die ebenfalls Deutsche, Angehörige des deutschen Kulturkreises oder EU- oder EWR-Angehörige sind. Bei majoritären Beteiligungen muss der Film außerdem in deutscher Sprache in Deutschland oder auf einem A-Filmfestival als deutscher Beitrag uraufgeführt werden.

2.2. Die Projektfilmförderung

Die Projektfilmförderung nach § 32 FFG setzt ein Filmvorhaben voraus, welches geeignet erscheint, die Qualität und Wirtschaftlichkeit des deutschen Films zu verbessern.

2.2.1. Höhe der Förderung

Als Förderhilfen werden bedingt rückzahlbare zinslose Darlehen bis zur Höhe von 500.000,00 DM (in besonderen Fällen bis zu DM 2 Mio.) gewährt (§ 32 Abs. 2 FFG).

2.2.2. Eigenanteil

Die Zuerkennung des Förderdarlehens setzt gemäß § 34 Abs. 1 FFG einen angemessenen Eigenanteil des Filmherstellers an den Herstellungskosten voraus, der mindestens 15% des Budgets betragen muss.

Der Eigenanteil kann durch Eigenmittel des Herstellers oder durch Darlehen Dritter mit unbedingter Rückzahlungsverpflichtung finanziert werden. Zu diesen Fremdmitteln gehören Investitionen Dritter, Bankdarlehen sowie Verleih- und Vertriebsgarantien, soweit sie während der Herstellung des Films gezahlt werden. Dabei sind unter Eigenmitteln nicht nur Barmittel des Filmherstellers zu verstehen, sondern auch dessen »Eigenleistungen«.

§ 34 Abs. 3 FFG definiert diese Eigenleistungen des Filmherstellers. Dazu zählen die Leistungen, die der Hersteller als kreativer Produzent, Herstellungsleiter, Regisseur, Hauptdarsteller oder Kameramann zur Herstellung des Films erbringt. Außerdem fallen darunter Verwertungsrechte an eigenen Werken des Filmherstellers, die zur Herstellung des Films benutzt werden (z.B. Romanrechte, Drehbuch oder Filmmusik). Eigenleistungen können nur in Höhe ihres marktüblichen Geldwertes berücksichtigt werden. Insoweit ist allerdings auf die Richtlinie für die Projektfilmförderung hinzuweisen, namentlich auf die Grundsätze sparsamer Wirtschaftsführung (§§ 15 ff). Die vorstehend zitierte »marktübliche« Vergütung wird dadurch begrenzt, dass für bestimmte Leistungen Höchstgagen festgelegt sind. § 24 der Richtlinie für die Projektfilmförderung regelt die Höchstgagen für die Regietätigkeit, den Herstellungsleiter und das Produzentenhonorar. Danach liegt die Höchstgage für die Regie bei einem Budget bis zu 5 Mio. DM bei 5% der Herstellungskosten, maximal jedoch bei 150.000,00 DM und bei einem höheren Budget bis zu 3% der Herstellungskosten, maximal jedoch bei 250.000,00 DM. Die Höchstgage für die Herstellungsleitung darf 2/3 der Regiegage betragen. Das Produzentenhonorar darf bei Budgets bis zu 10 Mio. DM maximal 2,5% der Herstellungskosten ausmachen.

Die Finanzierung des Budgets durch Eigenleistungen erfolgt durch die Rückstellungen der Honorare des Filmherstellers. Er kann allerdings maximal 10% der anerkannten Kosten durch die bezeichneten Eigenleistungen finanzieren (§ 34 Abs. 3 FFG). Er muss also in jedem Fall mindestens 5% der Herstellungskosten durch eigene oder fremde Barmittel finanzieren. Referenzfördermittel können nicht zur Finanzierung des Eigenanteils dienen (§ 34 Abs. 4 FFG).

Bei internationalen Koproduktionen sind bei der Berechnung des Eigenanteils die auf den deutschen Hersteller entfallenden Kosten zugrunde zu legen. Dies gilt auch für Filme, die unter Mitwirkung einer Rundfunkanstalt hergestellt werden (§ 34 Abs. 1 Satz 2 FFG).

2.2.3. Rückzahlungsbedingungen

Das Förderdarlehen ist unter den Voraussetzungen des § 39 FFG zurückzuzahlen, und zwar aus allen Erträgen, die der Filmhersteller aus der Verwertung des Films erzielt. Die Rückzahlungspflicht beginnt, wenn die Verwertungserträge die von der FFA anerkannten Herstellungskosten, vermindert um die Höhe des Darlehens, übersteigen. Der Filmhersteller ist also erst dann zur Rückzahlung verpflichtet, wenn er die Herstellungskosten des Films, reduziert um die Höhe des Förderdarlehens, recouped hat. Von den dann eingehenden Verwertungserlösen muss er 50% zur Tilgung des Förderdarlehens verwenden.

So weit der Filmhersteller seinen Eigenanteil durch die Rückstellung von Eigenleistungen finanziert hat, zählen die zurückgestellten Honorare zu den anerkannten Kosten, die dem Filmhersteller vor Beginn der Rückzahlungspflicht verbleiben. Das Recoupment der anerkannten Kosten wirft eine Reihe von Fragen auf. Wie vorab dargestellt, hat der Produzent den »Grundsätzen sparsamer Wirtschaftsführung« Rechnung zu tragen (§ 15 Richtlinie für die Projektfilmförderung). Dabei ist insbesondere zu beachten, dass die Verträge mit Dritten (Vertrieb, Verleih, Video etc.) der Richtlinie entsprechen. Danach dürfen z.B. die Verleihspesen lediglich 35% betragen, solange das Förderdarlehen noch nicht zurückgezahlt ist (§ 28 Abs. 1 RL Projektfilm).

Darüber hinaus wurde bereits ausgeführt, dass die Honorare, seien es die Eigenleistungen des Filmherstellers, seien es die Honorare der Filmschaffenden, ebenfalls den Grundsätzen der sparsamen Wirtschaftsführung entsprechen müssen. Diese Richtlinie schreibt allerdings nur bestimmte Honorare fest, zu denen nicht die Drehbuchhonorare oder die Gagen der Schauspieler zählen. Durch einige Landesrechnungshöfe angeregt, wurde in jüngster Zeit eine Begrenzung der in den letzten Jahren enorm gestiegenen Schauspielerhonorare diskutiert. Eine entsprechende Änderung des Gesetzes ist nach Kenntnis des Verfassers allerdings bislang nicht beabsichtigt. Außerdem verlangen einige Förderinstitutionen, dass den Produzenten ein »Korridor« eingeräumt wird. Darunter ist eine Beteiligung an den Verleiheinnahmen zu verstehen, die schon vor der Rückführung der Verleihgarantie und der Herausbringungskosten einsetzt (vgl. Kap. X.2.7.). Diese Forderung wird insbesondere erhoben, wenn zur Finanzierung des Films Fondsmittel eingesetzt werden. Diese Fondsmittel wären nach den traditionellen Grundsätzen als Eigenanteil zu behandeln und damit vorrangig zurückzuführen. Das Recoupment

einer hohen Investition ist bei einem durchschnittlichen deutschen Spielfilm schon fraglich, so dass generell nicht davon ausgegangen werden kann, dass das Förderdarlehen
jemals zurückgezahlt werden wird. Deshalb verlangen einige Filmförderungen, dass in
einer solchen Konstellation ein Korridor eingeräumt wird, aus dem auch bereits Rückzahlungen an die Förderung geleistet werden. Diese Diskussion ist allerdings erst jüngst
angestoßen worden und die weitere Entwicklung bleibt abzuwarten.

2.3. Die Referenzfilmförderung

Die Referenzfilmförderung gem. §§ 22 ff. FFG ist gleichsam die Quintessenz der Filmförderung, denn fast die Hälfte der Einnahmen der FFA sind für diese Förderart zu
verwenden (§ 68 FFG). Die Referenzfilmförderung ist grundsätzlich an eine bestimmte
Besucherzahl im Kino gekoppelt und wird für ein Folgeprojekt gewährt. Die wesentlichen Voraussetzungen sind hierbei:

2.3.1. Besucherzahl

Die zu erreichende Besucherzahl liegt bei 100.000 (§ 22 Abs. 1 FFG). Sofern es sich um
einen Film mit dem Prädikat »wertvoll« handelt, erfolgt die Referenzfilmförderung
bereits ab 50.000 Kinobesuchern. Alternativ zum Prädikat »wertvoll« ist das Gütezei-
chen der FFA oder der Hauptpreis bei einem A-Filmfestival (Cannes, Venedig, Berlin)
ausreichend (§ 22 Abs. 2 FFG).

2.3.2. Zeitraum

Referenzfilmförderung wird gewährt, wenn der entsprechende Film innerhalb eines
Jahres die erforderlichen Besucherzahlen erreicht (§ 22 Abs. 1 FFG), während sich der
Zeitraum sowohl für Dokumentarfilme als auch für Kinder- und Jugendfilme auf 4
Jahre erweitert. Außerdem reicht für solche Filme eine Zuschauerzahl von lediglich
25.000 (§ 22 Abs. 2 FFG) aus.

2.3.3. Höhe der Förderung

Bei der Berechnung der Referenzfördermittel werden höchstens 1,2 Millionen Besucher berücksichtigt (§ 22 Abs. 4 FFG), wobei die Höchstfördersumme 4 Millionen DM
beträgt (§ 22 Abs. 5 FFG). Die je Zuschauer zu vergebenden Förderhilfen schwanken
und momentan entfallen ca. 1,80 bis 2,00 DM auf jeden Zuschauer.

2.3.4. Referenzfilmprojekt

Das Referenzfilmprojekt muss den Voraussetzungen des § 15 FFG genügen. Bei internationalen Koproduktionen ist zu beachten, dass dem Koproduzenten mit Sitz oder
Niederlassung in Deutschland eine Förderungshilfe für die Gemeinschaftsproduktion
mit einem außereuropäischen Partner grundsätzlich nur gewährt wird, wenn er innerhalb von 5 Jahren vor Antragstellung einen rein »europäischen« Film hergestellt hat
(§ 17 a Abs. 1 Nr. 1 FFG). Die Förderungshilfe darf bei internationalen Koproduktionen jedenfalls nicht den finanziellen Beitrag des Koproduzenten im vorgenannten Sinne überschreiten (§ 17 a Abs. 5 FFG).

2.3.5. Verwendung

Die Referenzfördermittel sind innerhalb von zwei Jahren seit der zuletzt erfolgten Zuerkennung für die Finanzierung eines neuen programmfüllenden Films durch den Hersteller zu verwenden (§ 28 Abs. 1 FFG). Der Hersteller kann dabei die Mittel auch in eine deutsche bzw. europäische Koproduktion oder, soweit die entsprechenden Voraussetzungen vorliegen, in eine internationale Koproduktion einbringen. Der Hersteller, dem die Fördermittel zuerkannt worden sind, muss aber bei dem neuen Projekt wiederum als Hersteller oder zumindest als Mithersteller tätig sein. Dies hat zur Folge, dass die Fördermittel z.B. im Falle der Insolvenz des Herstellers grundsätzlich verfallen.

2.3.6. Auszahlungsvoraussetzungen/Versagung

Die einzelnen Voraussetzungen der Auszahlung bzw. der Versagung sind in den §§ 25, 26 FFG sowie in der Richtlinie für die Referenzfilmförderung, Teil A, § 6 enthalten. Die Auszahlung ist an eine Reihe von Auflagen gebunden. Eine wichtige Voraussetzung ist dabei, dass in dem Auswertungsvertrag mit einer öffentlich-rechtlichen Rundfunkanstalt oder einem privaten Fernsehveranstalter ein Rückfall der Fernsehnutzungsrechte an den Filmhersteller spätestens nach 7 Jahren vereinbart werden muss, sofern keine besonderen Gründe vorliegen. Dies gilt auch für den Fall, dass der Filmhersteller die TV-Nutzungsrechte für das deutschsprachige Lizenzgebiet einem Verleih gegen Zahlung einer Minimumgarantie eingeräumt hat. Der Rückfall der TV-Nutzungsrechte nach 7 Jahren an den Hersteller ist nur dann nicht erforderlich, wenn die Verleihgarantie mindestens 50% der Herstellungskosten des Films beträgt oder die Minimumgarantie und die Herausbringungskosten noch nicht zurückgeführt sind. Auch in diesen Fällen darf jedoch die Erstlizenz an den TV-Sender nicht länger als 7 Jahre laufen, wobei die Frist mit dem Beginn der TV-Lizenzzeit, frühestens jedoch mit dem Ablauf der TV-Sperrfrist gem. § 30 FFG gerechnet wird.

Schließlich ist noch darauf hinzuweisen, dass die Referenzfördermittel nicht ausgezahlt werden dürfen, wenn sie mehr als 50% der Herstellungskosten des neuen Films oder bei Gemeinschaftsproduktionen des deutschen Anteils an den Herstellungskosten betragen (§ 26 Abs. 1 Nr. 4 FFG). Wird nach der Auszahlung der Fördermittel festgestellt, dass sie die 50%-Grenze der Herstellungskosten übersteigen, ist der Hersteller zur Rückzahlung verpflichtet (§ 29 Abs. 1 Nr. 6 FFG).

2.3.7. Abtretungsverbot/Pfändung

In Verträgen (z.B. zwischen Filmhersteller und Regisseur) ist immer wieder zu lesen, dass im Falle des Erfolgs des Films die zu gewährenden Referenzfördermittel in einem bestimmten Verhältnis geteilt werden. Diese Klausel ist unwirksam, denn im Hinblick auf die Referenzfördermittel besteht ein Abtretungsverbot (§§ 134, 399, 413 BGB). Die Referenzfördermittel sind auch nicht verpfändbar, d.h. Gläubiger des Filmherstellers können diese nicht pfänden oder anderweitig vollstrecken.

2.4. Das Ursprungszeugnis (§ 17 FFG)

Unter den Voraussetzungen des § 15 oder der §§ 16, 16 a FFG, stellt das Bundesamt für Wirtschaft und Ausfuhrkontrolle (»BAFA«, ehemals Bundesamt für Wirtschaft, »BAW«) auf Antrag des Produzenten gemäß § 17 FFG das sog. filmische Ursprungszeugnis aus. Wie der Name sagt, wird damit die Herstellung (der »Ursprung«) des Filmes in Deutschland unter Einbeziehung der europäischen Gemeinschaft bestätigt.

Der Antrag auf Ausstellung eines »Ursprungszeugnis« ist bei Koproduktionen spätestens zwei Monate vor Drehbeginn zu stellen. Der Sinn dieser Frist liegt darin, den zuständigen Behörden genügend Zeit für die erforderlichen Konsultationen und Abstimmungen einzuräumen. In der Praxis wird meist ein vorläufiger Antrag gestellt und der endgültige Antrag wird dann eingereicht, wenn alle Festlegungen des Filmprojekts erfolgt sind und die Unterlagen vollständig vorliegen. Die verbindlichen Unterlagen können auch noch kurz vor oder ausnahmsweise während der Dreharbeiten eingereicht werden.

Die Bescheinigung wird durch das BAFA mit ausschließlicher Zuständigkeit erteilt und hat für die FFA bindende Wirkung. Sie ist Voraussetzung sowohl für die Projektfilmförderung als auch für die Referenzfilmförderung. Außerdem dient sie bei der Lizenzvergabe als »certificate of origin«, das der Weltvertrieb benötigt.

Das Ursprungszeugnis ist damit als Nachweis dafür geeignet, dass es sich um ein Europäisches Programm im Sinne der Europäischen Fernsehrichtlinie handelt. Dadurch lässt sich der Film besser in Länder verkaufen, welche die Quotenregelung der Richtlinie verbindlich in nationales Recht umgesetzt haben (z.B. Frankreich). Bei Koproduktionen hat das BAFA die Übereinstimmung des Filmprojekts mit den bi- oder multinationalen Koproduktionsabkommen und den Bestimmungen der §§ 16, 16 a FFG festzustellen.

In jüngster Zeit kam es zwischen der FFA und dem BAFA wiederholt zu Meinungsunterschieden darüber, unter welchen Voraussetzungen ein filmisches Ursprungszeugnis zu erteilen sei. Die unterschiedlichen Auffassungen ergaben sich insbesondere daraus, dass im Rahmen der Schaffung des europäischen Binnenmarktes die Voraussetzungen für die Anerkennung und Definition des nationalen Films immer weiter liberalisiert wurden, z.B. den deutschen Filmschaffenden die Staatsangehörigen der EU Mitgliedsstaaten gleichgestellt wurden (vgl. § 15 Abs. 2 Nr. 4 und 5 FFG).

Für Koproduktionen gilt diese Liberalisierung nach dem Wortlaut des § 16 Abs. 1 Nr. 2 FFG dann, wenn kein besonderes Koproduktionsabkommen existiert. Diese Regelung muss aber erst recht für Koproduktionen gelten, die aufgrund eines bilateralen Koproduktionsabkommens nach § 16 Abs. 1 Nr. 1 FFG eingegangen wurden.

Die Koproduktionsabkommen, die nach 1993 abgeschlossen worden sind, tragen diesem Umstand bereits Rechnung. Die vor 1993 abgeschlossenen Koproduktionsabkommen knüpfen hingegen noch an die früheren Regelungen an, wonach überwiegend nur die Staatsangehörigen der beiden Vertragspartner bei Koproduktionen zu berücksichtigen waren. Entgegen ihrem Wortlaut müssen jedoch auch auf diese Koproduktionsabkommen im Lichte der europäischen Rechtslage die liberalen Regelungen Anwendung finden.

Leider halten sich die ausländischen Partner der Koproduktionsabkommen nicht immer an diese Grundsätze. Das Department for Culture, Media and Sport (»DCMS«) etwa, das die entsprechende Bescheinigung des »British Film« erteilt, hat sich gegen eine solche liberalisierte Zuordnung ausgesprochen und rechnet dem englischen Koproduzenten nur die englischen Staatsangehörigen zu, nicht aber die deutschen Mitwirkenden. Entsprechend tritt bisweilen seitens des BAFA Widerstand dagegen auf, in einer solchen Konstellation dem deutschen Koproduzenten (zur Erfüllung der erforderlichen Quote) die englischen Mitwirkenden als europäische und damit den deutschen gleichgestellten Mitwirkenden anzuerkennen.

Dieser für Produzenten höchst missliche und teilweise unberechenbare Zustand sollte umgehend behoben werden. Die FFA hat deshalb in einer Stellungnahme vom 13. Dezember 2000 an das BAFA erklärt, dass bei der Berechnung des künstlerischen und technischen Anteils gemäß § 15 Abs. 2 FFG entscheidend ist, dass alle mitwirkenden Europäer Deutschen gleichgestellt werden. Dies bedeutet, dass z.B. im Rahmen einer deutsch-französischen Koproduktion auch der deutsche Koproduzent seinen kreativen und technischen Anteil durch französische Beteiligte vereinbaren und erbringen kann, auch wenn andere Länder sich insoweit restriktiver verhalten.

Für das vorstehend zitierte Beispiel einer deutsch-britischen Koproduktion würde dies bedeuten, dass trotz der restriktiven Auslegung des Abkommens durch das DCMS das Ursprungszeugnis durch die BAFA zu erteilen wäre, weil auf Seiten des deutschen Koproduzenten auch die englischen Mitwirkenden als europäische und damit deutschen gleichgestellte Mitwirkende zählen.

Es ist zu hoffen, dass die unterschiedlichen Auffassungen der FFA und der BAFA durch diese Stellungnahme ausgeräumt werden. Denn einerseits nimmt dieser Zustand den Filmproduzenten die erforderliche Planungssicherheit und andererseits kann es schlicht nicht angehen, dass die Filmproduzenten durch Meinungsverschiedenheiten zweier Behörden, die sich beide die Förderung von Filmproduktionen auf ihre Fahnen geschrieben haben, nachhaltig beeinträchtigt werden.

2.5. Rechtsbehelfe gegen ablehnende Bescheide

Die Entscheidungen der Förderanstalten stellen Verwaltungsakte dar und können durch Widerspruch (§ 65 FFG) und – nach endgültiger negativer Entscheidung – durch Klage vor den Verwaltungsgerichten angefochten werden.

Bei den Tatbestandsvoraussetzungen der Filmförderung handelt es sich um unbestimmte Rechtsbegriffe, die eine Wertung und Prognose erfordern. Projektfilmförderung wird z.B. nach § 32 Abs. 1 FFG gewährt, wenn ein Filmvorhaben aufgrund des Drehbuches sowie der Stab- und die Besetzungsliste einen Film erwarten lässt, der geeignet erscheint, die Qualität und die Wirtschaftlichkeit des deutschen Films zu verbessern.

Die Prüfung dieser Voraussetzungen erfolgt durch die Vergabekommission der FFA, die aus 9 Mitgliedern besteht, die auf dem Gebiet des Filmwesens sachkundig und an Aufträge und Weisungen nicht gebunden sein sollen (§§ 8 Abs. 3, 64 Abs. 1 FFG). Diese vom Gesetzgeber vorgenommene Zuweisung des Werturteils über die Förderungsfähigkeit eines Films an ein Gremium schließt eine volle gerichtliche Nachprü-

fung der wertenden Entscheidung aus. Es ist daher nicht zulässig, dass die Verwaltungsgerichte etwa aufgrund eigener Ermittlungen (mit Hilfe von Sachverständigen) ihre
Entscheidung an die Stelle der Entscheidung der Vergabekommission zu stellen. Den
Rahmen der gerichtlichen Nachprüfung der Entscheidungen hat das Oberverwaltungs-
gericht Berlin in einem Urteil vom 19.3.1987 (Az.: 5 B 15.85) klar definiert. Demnach
hat sich die Nachprüfung nur darauf zu erstrecken, ob die Vergabekommission

– die einschlägigen Verfahrensvorschriften eingehalten hat
– von einem zutreffenden Sachverhalt ausgegangen ist
– die Grenzen und Wertmaßstäbe des unbestimmten Rechtsbegriffs »Eignung, Qualität und Wirtschaftlichkeit des deutschen Films zu verbessern« in seiner abstrak-
  ten Bedeutung richtig erkannt und beachtet hat
– die Entscheidung mit einer Begründung versehen hat, welche die ihrer Entscheidung zugrunde liegenden tatsächlichen und rechtlichen Beurteilungsmaßstäbe erkennen lässt
– sich nicht von sachfremden Erwägungen hat leiten lassen.

Exemplarisch für solche Verfahrensfehler war ein Vorgang, der der Entscheidung des
Verwaltungsgerichts Berlin vom 12.2.1999 (Az.: VG 22 A 100.96) zugrunde lag.
Das Gericht hob einen ablehnenden Widerspruchsbescheid der FFA auf, weil die Entscheidung der Vergabekommission nicht unter Beachtung der Verfahrensvorschrift des
§ 7 Absatz 1 der Geschäftsordnung der Vergabekommission der FFA zustande gekommen war. Nach dieser Vorschrift ist die Begründung für die Ablehnung eines Antrags in
der Sitzung in Stichworten zu formulieren. Dies gilt auch für die Begründung von
Widerspruchsbescheiden. Das Gericht erkannte, dass es sich bei dieser Vorschrift im
Hinblick auf die nur eingeschränkte Nachprüfbarkeit der Entscheidung der Vergabekommission um eine wesentliche Vorschrift handelt. Sie soll gewährleisten, dass allein
die Erwägungen, auf die sich eine Mehrheit der Kommissionsmitglieder geeinigt hat
und die für die ablehnende Entscheidung der Kommission letztlich maßgeblich waren,
für die Begründung des später zu erlassenden Bescheides herangezogen werden. Damit wird weiterhin sichergestellt, dass bei der Abfassung des Bescheids nicht durch
eigenständige Protokollauswertung eine Begründung erfolgt, die nicht in jeder Hinsicht durch die Beurteilung der Vergabekommission gedeckt ist.
Nach dem Protokollauszug des der Entscheidung zugrunde liegenden Sachverhalts
enthielt das Protokoll – anders als sonst üblich – eine anonymisierte, zusammenfassen-
de Niederschrift von Diskussionsbeiträgen einzelner Mitglieder der Vergabekommission.
Ohne eine Beschlussfassung gemäß § 7 Absatz 1 Satz 5 der Geschäftsordnung lässt sich
nicht feststellen, welche Erwägungen für eine Mehrheit der Vergabekommission für
die Entscheidung maßgeblich waren und ob die von einer Mehrheit der Vergabekommission getragene Begründung auch im Hinblick auf ihre Vertretbarkeit anders zu
beurteilen ist, als die im Widerspruchsbescheid zugrunde gelegte Begründung. Aufgrund dieses Verfahrensfehlers hob das Gericht den Widerspruchsbescheid auf und
verwies die Sache zur erneuten Entscheidung an die Vergabekommission zurück. Das
Urteil erging am 12.2.1999, während der Antrag auf Förderung des Filmprojekts im
Juni 1995 bei der FFA eingereicht worden war.

Allein diese zeitliche Spanne verdeutlicht, dass auch ein erfolgreicher Abschluss eines Gerichtsverfahrens letztlich u.U. wenig Trost bieten kann, weil sich das Projekt mit einer solchen Verzögerung nicht mehr realisieren lässt.

Abschließend sei noch erwähnt, dass die eingeschränkte Nachprüfung von Entscheidungen der FFA nicht für die Ablehnung des Antrags auf Erteilung des Ursprungszeugnisses nach § 17 FFG durch das BAFA gilt. Das BAFA trifft seine Entscheidung nicht durch ein entsprechendes Gremium. Ihm steht daher nicht dieser Beurteilungsspielraum zu. Die Verwaltungsgerichte können also in vollem Umfang überprüfen, ob die Ablehnung des Antrags berechtigt war.

2.6. Eurimages

Die paneuropäische Filmförderung »Eurimages« ist im Rahmen von europäischen Koproduktionen die ideale Ergänzung zu den nationalen Filmförderungen. Eurimages ist die Filmförderungsinitiative des Europarates, die 1989 ins Leben gerufen wurde. Während die EG vorwiegend wirtschaftliche Ziele verfolgt, geht es dem Europarat zusätzlich um die Schaffung einer kulturellen europäischen Identität. Gegenwärtig hat Eurimages 25 Mitgliedsstaaten, zu denen fast alle europäischen Länder gehören (außer England).

2.6.1. Qualifikationskriterien

Eurimages fördert nach den jüngsten Richtlinien die Herstellung von Spiel- und Animationsfilmen sowie Dokumentarfilmen mit mindestens 70 Minuten Länge, die für die Vorführung in Filmtheatern bestimmt sind. Im Hinblick auf Spielfilme sind die folgenden zwei Kategorien förderfähig:

– Filme mit einem hohen Potential für den internationalen Vertrieb. Diese Filme werden eher als »kommerzielle« Filme mit einem hohen Budget angesehen.
– Filme, die die kulturelle Vielfalt Europas mit einem hohen künstlerischen Wert verkörpern. Darunter werden überwiegend »Arthouse«-Filme angesiedelt.

Außerdem muss das Projekt im Einklang mit dem Europäischen Koproduktionsabkommen stehen und sich als »europäisch« im Sinne des Punktesystems qualifizieren. Dabei müssen die Koproduktionsgesellschaften aus Europa stammen. Als weitere Voraussetzung müssen mindestens 51% der Finanzierungskosten aus Eurimages-Mitgliedsstaaten fließen. Schließlich muss das Recht zum »final cut« beim (europäischen) Regisseur oder bei den europäischen Koproduzenten liegen.

2.6.2. Anzahl der Koproduzenten

Der Antrag ist von mindestens drei Produzenten aus drei verschiedenen Mitgliedsländern für die Antragstellung erforderlich. Der Anteil der minoritären Koproduzenten darf 10% der Herstellungskosten nicht unterschreiten und derjenige des majoritären Koproduzenten darf 80% nicht überschreiten. Beteiligen sich Produzenten aus Nichtmitgliedsstaaten, so darf deren Anteil 30% nicht übersteigen.

Inzwischen können auch Projekte mit nur zwei Koproduktionspartnern aus den Mitgliedsstaaten gefördert werden. Der majoritäre Koproduzent darf dann nicht mehr als

80% der Herstellungskosten und der minoritäre muss mindestens 20% betragen. Sofern das Budget indessen 5,4 Mio. Euro übersteigt, können sich diese Prozentsätze bis zum Verhältnis 90% : 10% verschieben. Ist bei einer bilateralen Koproduktion ein weiterer Produzent aus einem Nichtmitgliedsland beteiligt, darf dessen Beteiligung 20% nicht übersteigen.

Bei einer bilateralen Koproduktion muss der Film ferner an mindestens einen Verleiher aus einem weiteren europäischen Staat verkauft worden sein und durch diesen Verkauf müssen mindestens 5% der Gesamtherstellungskosten des Films finanziert werden. Bei einer bilateralen Produktion müssen die beteiligten Produzenten außerdem in den letzten fünf Jahren Filme für das Kino produziert haben bzw. muss der Film in mindestens drei eurpäischen Ländern ausgestrahlt worden sein.

2.6.3. Fördersummen
Für die unter aa) genannte erste Kategorie von Filmen (Vertriebspotential) liegt die maximale Fördersumme bis zu einem Budget von 5,4 Mio. Euro bei 610.000 Euro und bei einem höheren Budget bei 763.000 Euro. Für die zweite Kategorie von Filmen (Arthouse) beträgt die maximale Fördersumme 380.000 Euro bei einem Budget bis zu 3 Mio. Euro und 460.000 Euro bei einem höheren Budget.

Die Auszahlung der zuerkannten Fördermittel erfolgt für die Kategorie 1 grundsätzlich in drei Raten (50% bei Drehbeginn, 25% bei Vorlage der Verleihverträge und der Kopierwerkserklärung und 25% nach der Erstaufführung und Vorlage des Schlusskostenstands) und für die Kategorie 2 in zwei Raten (75% bei Drehbeginn und 25% bei Erstaufführung und Vorlage des Schlusskostenstands) auf ein speziell für die Koproduktion eingerichtetes Konto.

2.6.4. Rückzahlungen
Die Rückzahlung erfolgt zinslos, jedoch in voller Höhe aus den Produzentennettoerlösen und zwar in Höhe der prozentualen Eurimages-Beteiligung an den Herstellungskosten. Ist also z.B. die Herstellung des Films zu 10% durch Eurimages-Mittel gefördert worden, so erfolgt die Rückzahlung aus jeweils 10% der Produzentennettoerlöse. Die beteiligten Koproduzenten haften anteilsmäßig für die vollständige Rückzahlung des Darlehens.

3. Filmfonds

> *»Mit einer Steuervorteilsquote von 100% hätte ich keine Anleger gefunden.«*
> *Dr. Jochem Erlemann*

Bereits Mitte der 70er-Jahre erlebten Filmfonds in Deutschland eine Blütezeit. Damals wurden mit deutschen Mitteln internationale Spielfilme wie z.B. »Kramer gegen Kramer« und »Wenn der Postmann zweimal klingelt« finanziert. Für die Anleger, die nahezu ausschließlich zu den Spitzenverdienern zählten, war allein die Investition in ein Filmprojekt lukrativ, ohne dass es auf die Auswertungsergebnisse angekommen wäre. Dies ergab sich daraus, dass zum damaligen Zeitpunkt bis zu 250% der Investition als steuerlicher Verlustvortrag geltend gemacht werden konnte.

Ende der 70er-Jahre erfolgte eine Änderung der Steuergesetze und die Filmfonds verschwanden weitgehend aus dem Blickfeld. Seit dem Ende der 90er-Jahre erleben die Film- und Medienfonds eine Renaissance mit jährlichen Volumina in Milliardenhöhe. Diese Entwicklung hat ihren Grund zunächst im Wegfall steuerlicher Vergünstigungen in den klassischen Investitionsbereichen (z.B. Investitionen in den neuen Bundesländern). Auch die boomende Film- und TV-Branche tragen hierzu bei (börsennotierte Unternehmen, international ausgerichtete Produzenten etc.). Letztlich dürfte der Motor jedoch der »Steuerspartrieb der Deutschen sein, der bekanntlich stärker ist, als deren Geschlechtstrieb« (Der Spiegel).

Für unabhängige Filmproduzenten bieten sich im Hinblick auf Filmfonds verschiedene Möglichkeiten. Sie können sich als »Production Service Company« bei der Herstellung der durch die Filmfonds finanzierten und produzierten Filme betätigen oder die Filmfonds als Coproduzenten engagieren und damit die Finanzierung ihrer Projekte schließen. Die Produzenten sollten sich hierbei die durchaus unterschiedlichen Bedingungen der verschiedenen Fonds sorgfältig durchsehen und prüfen, welcher Fonds als geeigneter Koproduzent in Frage kommt.

3.1. Kategorien von Filmfonds

Grundsätzlich ist zwischen zwei unterschiedlichen Kategorien von Filmfonds zu differenzieren: der Akquisitionsfonds und der Producerfonds.

3.1.1. Akquisitionsfonds

Ein Akquisitionsfonds stellt keine Filme her, sondern erwirbt und verwertet Filmrechte. Die Verwertung erfolgt über Leasingverträge. Dem Anleger wird bereits im Voraus eine feste Rendite garantiert, die der Fonds in Form von fixierten Leasingraten (Lizenzzahlungen) während der Laufzeit des Fonds und Rückkaufraten nach Beendigung des Fonds aufgrund bereits abgeschlossener Verträge erwirtschaftet.

Aufgrund dieser Struktur besteht für den Anleger eine relativ hohe Anlagesicherheit durch die im Voraus garantierte Rendite und dem zu erzielenden Steuervorteil. Die Kehrseite der Medaille liegt darin, dass der Anleger regelmäßig keine Gewinnchancen hat, die sich aus dem Erfolg der von ihm mitfinanzierten Projekte ergeben.

3.1.2. Producerfonds

Dagegen trägt der Anleger bei einem Producerfonds ein echtes Mitunternehmerrisiko, denn er wird an den Erlösen der Filmauswertung beteiligt. Dieser Gewinnchance steht das Risiko des Totalverlusts seiner Investition gegenüber, falls sich die von ihm mitfinanzierten Projekte als Misserfolge erweisen sollten. Die meisten Producerfonds grenzen das Risiko des Totalverlustes allerdings durch verschiedene Maßnahmen ein, wie z.B.:

– den Abschluss einer Short-Fall-Garantie, welche die komplette oder zumindest einen hohen Teil der Investition absichert

- eine beträchtliche Finanzierung der Projekte (z.B. 50%) über Minimumgarantien des Weltvertriebs. Der vom Fonds finanzierte Teil der Herstellungskosten wird vorrangig abgesichert durch noch nicht verkaufte Territorien, durch (teilweise) Rückstellung oder Reduzierung der Vertriebsprovisionen etc.
- bisweilen wird den Anlegern während der Laufzeit die Möglichkeit des Ausstiegs eröffnet und zwar in Form von Andienungsrechten (Put-Option), die den Fonds bzw. dessen Gesellschafter zur Übernahme der Anlegerbeteiligung zu einem a priori festgelegten Übernahmepreis verpflichten
- einige Fonds garantieren den Anlegern einen bestimmten Abkaufpreis am Ende der Vorlaufzeit (Call-Option). In diesen Fällen hat der Anleger zumindest im Hinblick auf den Verkaufspreis am Ende seiner Beteiligung einen (teilweisen) Rückfluss seiner Investition zu erwarten.

3.2. Organisationsformen der Fonds

Die Fonds sind in der Regel als GmbH & CoKG oder als AG & CoKG strukturiert, wobei sich die Anleger als Kommanditisten beteiligen. Alternativ besteht die Möglichkeit, dass sich der Anleger an einem Produktionsfonds als sog. atypisch stiller Gesellschafter beteiligt. Beide Versionen haben den Vorteil der Haftungsbeschränkung, denn letztlich haftet in beiden Fällen der Anleger lediglich mit seiner Einlage.

3.3. Treuhänder

In der Praxis sehen die Fonds meist keine direkte Beteiligung der Anleger vor. Vielmehr schließt der Anleger mit einem Treuhänder einen Treuhandvertrag ab. Diese Konstellation hat verschiedene Vorteile, u.a. die Vereinfachung der Verwaltung der Anleger und darüber hinaus für den Anleger selbst, indem er nicht als Kommanditist in das Handelsregister eingetragen werden muss (§ 12 I HGB).

Der Treuhänder wiederum hat regelmäßig die Aufgabe, die ihm anvertrauten Mittel der Anleger sorgfältig zu verwalten und ordnungsgemäß einzusetzen. Insoweit ist der Treuhänder regelmäßig als »Mittelverwendungskontrolleur« eingesetzt, der die ihm anvertrauten Mittel nur nach festgelegten Kriterien freigeben darf, von deren Vorliegen er sich zuvor zu überzeugen hat. Hierzu zählen z.B. der Nachweis der geschlossenen Finanzierung, der Abschluss der Versicherungen einschließlich des Completion Bonds etc.

3.4. Steuerrechtliche Erwägungen

Anknüpfungspunkt für die steuerliche Begünstigung von Filmfonds ist das Aktivierungsverbot von Aufwendungen im Zusammenhang mit der Schaffung immaterieller Wirtschaftsgüter des Anlagevermögens gem. § 248 HGB. Dieses Verbot korrespondiert mit § 5 II EStG und hat damit Auswirkungen auf die Steuerbilanz der beteiligten Anleger. Nach § 5 II EStG ist für immaterielle Wirtschaftsgüter des Anlagevermögens ein Aktivposten nur anzusetzen, wenn sie entgeltlich erworben wurden. Liegt aber eine eigene Herstellung immaterieller Wirtschaftsgüter (z.B. eines Filmwerkes) vor, so ist der fertig gestellte Film lediglich in der Inventarliste des Unternehmens zu bilanzieren. Die

Aufwendungen können im Jahr ihrer Veranlassung, also der Filmherstellung, unmittelbar als Betriebsausgaben geltend gemacht werden. Dies führt bei einem Filmfonds für den Anleger als Mitunternehmer (§ 15 EStG) dazu, dass er im Jahr der Produktionsausgaben sich diese bis zu 100% in Höhe seiner Beteiligung als Verluste zuweisen lassen kann, vorbehaltlich der nunmehr geltenden Grenzen des § 2 b EStG.

Zu den Produktionsausgaben zählen alle Aufwendungen, die dem Filmfonds durch eigene produktionsbezogene Tätigkeiten (z.B. Regisseur, Kamera, Postproduktion) sowie den Erwerb von Rechten an vorbestehenden Werken (z.B. Drehbuch) im Rahmen der Filmherstellung entstehen.

3.5. Der »Medienerlass«

Mit Datum vom 23. Februar 2001 hat das Bundesfinanzministerium den endgültigen Erlass zur ertragssteuerrechtlichen Behandlung von Film- und Fernsehfonds (»Medienerlass«) vorgelegt. Die Veröffentlichung im Bundessteuerblatt ist für den 27. März 2001 angekündigt. Bei diesem Erlass handelt es sich um eine Verwaltungsanordnung, die eine gesetzesähnliche Wirkung hat. Die Finanzverwaltung muss die im Medienerlass enthaltenen Anordnungen allgemein und auf jeden Einzelfall in derselben Weise anwenden.

Der Medienerlass selbst differenziert zwischen den zwei vorgenannten Fonds-Formen: dem Akquisitionsfonds und dem Producerfonds. Er hat nunmehr insbesondere die bis dato strittigen Voraussetzungen, die ein Producerfonds erfüllen muss, klar definiert.

3.5.1. Herstellereigenschaft

Ein Fonds ist Hersteller eines Films, wenn er als Auftraggeber das gesamte Risiko der Filmherstellung trägt oder im Wege der Koproduktion ein Filmprojekt in eigener (Mit-) Verantwortung durchführt unter (Mit-)Übernahme aller sich daraus ergebenden Risiken und Chancen. Daraus folgt, dass der Fonds wesentliche Einflussnahmemöglichkeiten im Rahmen der Filmherstellung haben muss, d.h. kreative, finanzielle, organisatorische (Mit-)Kontrolle. Diese Einflussnahmemöglichkeiten müssen nicht nur auf dem Papier gegeben sein, sondern auch tatsächlich ausgeübt werden können.

3.5.2. Übernahme begonnener Projekte

Die Herstellereigenschaft eines Fonds ist unter zeitlichen Gesichtspunkten problematisch, wenn er ein bereits begonnenes Filmprojekt übernimmt oder in ein solches als Koproduzent »einsteigt«.

Bei Übernahme eines bereits begonnenen Filmprojekts wird die Herstellereigenschaft des Fonds dann noch bejaht, wenn ihm wesentliche Einflussnahmemöglichkeiten verbleiben. Hiervon kann der Einfachheit halber dann ausgegangen werden, wenn im Zeitpunkt der Übernahme mit den Dreharbeiten noch nicht begonnen worden ist. Klarstellend wurde noch hinzugefügt, dass andernfalls sämtliche Aufwendungen des Fonds im Zusammenhang mit dem Erwerb und der Fertigstellung des Filmprojekts zu den Anschaffungskosten zählen.

Nach Textziffer 11 des Erlasses gilt für die Frage, ob Aufwendungen eines später beitretenden Anlegers als Herstellungskosten oder insgesamt als Anschaffungskosten behandelt werden, die Regelung für die Übernahme bereits begonnener Filmprojekte durch Fonds entsprechend.

Die Aufwendungen des Anlegers sind also dann als Herstellungskosten abzugsfähig, wenn ein Fonds zum Zeitpunkt des Anleger-Beitritts das begonnene Filmprojekt noch hätte übernehmen können, ohne die Herstellereigenschaft zu verlieren. Daraus folgt, dass auch zum Zeitpunkt des Anleger-Beitritts dem Fonds wesentliche Einflussnahmemöglichkeiten verbleiben müssen.

Andernfalls müsste der Anleger, möglicherweise anders als früher beigetretene Anleger, wie ein Erwerber behandelt werden. Seine Investition zählte dann nicht zu den Herstellungskosten des Films mit der erwarteten 100%igen Abschreibung. Vielmehr wäre sie als Anschaffungskosten zu aktivieren mit der steuerlichen Konsequenz, dass sich die Abschreibung grundsätzlich über die betriebsgewöhnliche Nutzungsdauer des Films von 50 Jahren erstreckte.

3.5.3. Einschaltung von Dienstleistern

Häufig hat der Filmfonds keinen eigenen Produktionsbetrieb und bedient sich Dienstleister im Rahmen der Herstellung von Filmwerken. Bei dieser Konstellation ist vertraglich sicherzustellen, dass

– die durch den Fonds abgeschlossenen Verträge gewährleisten, dass alle zur Herstellung und Auswertung des Films erforderlichen Rechte dem Fonds zustehen

– alle wesentlichen Maßnahmen der Filmproduktion, insbesondere die Auswahl des Filmstoffs, des Drehbuchs, der Besetzung, die Kalkulation, der Drehplan und die Filmfinanzierung der Entscheidung durch den Fonds unterliegen. Maßgeblich sind hierbei die tatsächlichen Verhältnisse und es muss sichergestellt sein, dass der Fonds auch faktisch in den Produktionsprozess eingegliedert ist, Weisungen erteilen und Entscheidungen treffen kann.

Der Dienstleister erhält lediglich ein fest vereinbartes Honorar. Dies kann problematisch werden, weil renommierte Dienstleister im internationalen Bereich nicht selten über das Festhonorar hinaus an den Unterschreitungen oder den Gewinnen eines Films beteiligt werden.

3.5.4. Koproduktionen

Auch im Rahmen von Koproduktionen müssen bestimmte Voraussetzungen erfüllt sein, damit der Fonds als Hersteller des Films anzusehen ist. Der Fonds muss neben den anderen Koproduzenten bei den im Rahmen der Filmherstellung wesentlichen Tätigkeiten (Organisation, Durchführung, Finanzierung) sowie bei den rechtlichen Maßnahmen mitwirken oder zumindest mitbestimmen. Davon kann unter den folgenden Voraussetzungen ausgegangen werden:

– Die abgeschlossenen Verträge müssen gewährleisten, dass alle zur Herstellung und Auswertung des Films erforderlichen Rechte der Koproduktionsgemeinschaft zustehen. Die erst während der Filmproduktion begründeten Rechte müssen der

Koproduktionsgemeinschaft in vollem Umfang eingeräumt werden, auch diejenigen, die im Ausland entstehen.

- Das Leistungsschutzrecht am Filmwerk und das Eigentum am fertigen Filmprodukt muss der Koproduktionsgemeinschaft zustehen.
- Für die Fälle, in denen ein anderer Koproduzent als der Fonds als ausführender Koproduzent auftritt, muss sichergestellt sein, dass dem Fonds ausreichende Mitwirkungs- und Mitbestimmungsrechte zustehen. Jedenfalls muss gewährleistet sein, dass der Fonds über das von ihm mitgetragene wirtschaftliche Risiko hinaus tatsächliche Einflussnahmemöglichkeiten auf den Herstellungsprozess hat.

3.5.5. Wirtschaftliches Eigentum/ Verwertungsrechte

Die betriebsgewöhnliche Nutzungsdauer von Filmrechten beträgt grundsätzlich 50 Jahre (§ 94 Abs. 3 UrhG). Im Einzelfall kann auch eine kürzere Nutzungsdauer unter Berücksichtigung der zukünftigen Erlöserwartungen nachgewiesen werden.

Angesichts dieser Umstände stellt der Abschluss von Verwertungsverträgen nach branchenüblichen Standards, d.h. zeitlich, örtlich und sachlich begrenzte Überlassungen oder Veräußerungen einzelner Verwertungsrechte kein Problem dar.

Virulent wird die Frage des wirtschaftlichen Eigentums jedoch dann, wenn der Fonds sich durch entsprechende vertragliche Vereinbarungen aller Rechte begibt. Werden also Lizenzvereinbarungen oder Verwertungsabreden getroffen, die den Fonds als Filmhersteller für die gewöhnliche Nutzungsdauer der Filmrechte von jeder Einwirkung ausschließen oder die dem Fonds verbleibenden Verwertungsrechte bedeutungslos sind, riskiert der Fonds, dass ihm das wirtschaftliche Eigentum abgesprochen wird. Die Verwertungsverträge sollten daher sorgfältig unter Berücksichtigung der Branchenstandards und des jeweiligen Einzelfalls gestaltet werden.

3.5.6. Betriebsstättenproblematik und § 2 a EStG

Der Frage einer Betriebsstätte im Ausland kommt zentrale Bedeutung zu, denn sie hat weitreichende steuerrechtliche Konsequenzen. Unterhält oder begründet ein Filmproduzent im Ausland eine Betriebsstätte, können Verluste, die in einer ausländischen Betriebsstätte entstehen, nicht mit positiven Einkünften aus anderen Einkunftsquellen in Deutschland verrechnet werden. Gleichzeitig unterliegt der Filmproduzent im Ausland der Besteuerung.

Die Frage der Betriebsstättenproblematik stellt sich sowohl bei der Einschaltung von Dienstleistern im Ausland als auch bei internationalen Koproduktionen.

(1) Ausländische Dienstleister: Bedient sich der Fonds eines ausländischen Dienstleisters (»Production Service Company«) im Rahmen der Herstellung des Films, liegt eine Betriebsstätte im Sinne des § 12 AO regelmäßig nicht vor, da der Fonds keine feste Geschäftseinrichtung hat, die der Tätigkeit seines Unternehmens dient. Dabei kommt es nicht darauf an, ob die Herstellung des Films im Wege der echten oder unechten Auftragsproduktion erfolgt.

Der Fonds hat insbesondere keine Verfügungsgewalt über einen bestimmten abgegrenzten Teilbereich, und zwar auch nicht über die Räume eines selbständig tätigen

Vertreters. Die Kriterien einer sog. Vertreterbetriebsstätte sind nicht erfüllt, wenn das ausländische Subunternehmen nicht die Vollmacht des Fonds besitzt, in dessen Namen Verträge abzuschließen.

Damit ist die Konstellation unproblematisch, dass ein Fonds sich zur Herstellung eines Films einer Production Service Company im Ausland bedient. Dies berührt unter den genannten Umständen weder die Herstellereigenschaft des Fonds noch begründet es eine ausländische Betriebsstätte.

(2) Internationale Koproduktionen: Demgegenüber sind die Vorgaben des Medienerlasses für grenzüberschreitende Koproduktionen alles andere als befriedigend. Danach sind Koproduktionen als Mitunternehmerschaften i. S. d. § 15 Abs. 1 Satz 1 Ziff. 2 EStG. anzusehen.

Eine Mitunternehmerschaft soll nach Textziffer 29 a des Erlasses nur dann nicht vorliegen, wenn eine Koproduktionsgemeinschaft nach objektiv nachprüfbaren Kriterien kostendeckend lediglich Leistungen für die Koproduzenten erbringt und nach Beendigung der Filmherstellung den Koproduzenten keinerlei gemeinsame Verwertungsrechte verbleiben. Welche »objektiv nachprüfbaren Kriterien« die Annahme einer reinen Hilfstätigkeit rechtfertigen, muss sich erst noch erweisen. Der zweite Halbsatz bedeutet praktisch, dass die weltweiten Verwertungsrechte unter den Koproduzenten vollständig (nach Territorien) aufgeteilt werden müssen. Nur wenn diese Voraussetzungen erfüllt sind, entfällt die Mitunternehmerschaft der Koproduzenten ausnahmsweise.

Nach den im deutschen Steuerrecht geltenden Regelungen sind die im Rahmen der Mitunternehmerschaft erwirtschafteten Einkünfte stets Einkünfte der Gesellschafter. Diese Mitunternehmerkonzeption gilt aus deutscher Sicht sowohl für inländische als auch für ausländische Personengesellschaften. Falls eine ausländische Personengesellschaft eine Betriebsstätte im Inland oder eine inländische Personengesellschaft eine im Ausland unterhält, wird der Anteil des einzelnen Gesellschafters am Gewinn dieser Betriebsstätten so behandelt, als ob der Mitunternehmer im jeweiligen Land selbst eine solche unterhielte. Hiernach erzielen die Gesellschafter selbst inländische oder ausländische Betriebsstätteneinkünfte. Diese Grundsätze gelten auch bei der Anwendung der Doppelbesteuerungsabkommen.

Für die steuerliche Behandlung der Koproduktionsgesellschaften bedeutet dies:
-   Der Unternehmensgewinn einer Koproduktionsgesellschaft im Ausland kann gemäß Artikel 7 Abs. 1 OECD-MA nur im ausländischen Staat besteuert werden. Mit einem Mitunternehmeranteil begründen inländische Beteiligte im ausländischen Staat eine Betriebsstätte.
-   Umgekehrt begründen bei Koproduktionen im Inland ausländische Beteiligte an der Koproduktion mit ihrem Mitunternehmeranteil eine Betriebsstätte im Inland.
-   Eine Besonderheit ergibt sich für den Fall, dass eine Koproduktionsgesellschaft mit Sitz im Inland den Film ganz oder teilweise in einem anderen Staat herstellt bzw. herstellen lässt, und zwar von einem Koproduzenten in dessen ausländischer Betriebsstätte. Die Beantwortung der Frage, ob die inländische Koproduktionsgesellschaft in diesem Fall eine Betriebsstätte im ausländischen Staat begründet, soll davon abhängen, ob der ausländische Koproduzent die Leistungen aufgrund gesell-

schaftsrechtlicher oder schuldrechtlicher Grundlage erbringt. Hierbei ist darauf zu achten, ob die gegenüber der Koproduktionsgesellschaft erbrachten Leistungen zur Förderung des Gesellschaftszweckes erfolgen. Deshalb ist von einem weiten Verständnis der gesellschaftlichen Leistung auszugehen und die Koproduktionsgemeinschaft unterhält danach am Sitz des ausländischen Koproduzenten regelmäßig eine Betriebsstätte.

Die Vorgaben des Medienerlasses sind nicht nur rechtsdogmatisch fragwürdig, sondern auch in ihren praktischen Konsequenzen höchst problematisch:

– Bisher war eine wesentliche Voraussetzung für die Annahme einer Betriebsstätte, dass die Gesellschaft eine nicht nur vorübergehende Verfügungsmacht über die ausländische Produktionsstätte haben musste. Die bloße tatsächliche Nutzung einer solchen im Zusammenhang mit dem Gesellschaftszweck begründete noch keine Betriebsstätte. Der Medienerlass geht deutlich über das hinaus, was bislang unter der Betriebsstätte verstanden wurde.

– Mit der artifiziellen Unterscheidung zwischen gesellschaftsrechtlicher und schuldrechtlicher Grundlage bei der Leistungserbringung hinterlässt der Medienerlass eine gewisse Ratlosigkeit schon bei den hier ansässigen Koproduzenten. Den ausländischen Koproduktionspartnern ist diese Differenzierung kaum noch verständlich zu machen.

– Im Ergebnis hat die Annahme einer ausländischen Betriebsstätte zur Folge, dass die dort erzielten Ergebnisse auch im Ausland zu versteuern sind, und zwar Verluste wie auch Gewinne. Damit können diese Verluste und Gewinne aufgrund der Doppelbesteuerungsabkommen nicht mehr in Deutschland geltend gemacht werden. Dies führt zu einem Ausschluss der Verrechenbarkeit der in der ausländischen Betriebsstätte entstandenen Verluste mit den inländischen Gewinnen. Wird etwa ein hoher Teil der Herstellungkosten eines Films im Ausland ausgegeben, so sind diese Ausgaben in Deutschland nicht als Betriebsausgaben abschreibungsfähig und die Anleger können diese Verluste nur mit Gewinnen im Ausland verrechnen. Gleichzeitig können sie Gewinne, die in Deutschland erzielt werden, nicht mit den ausländischen Herstellungskosten verrechnen. Vergibt der Fonds als Filmhersteller z.B. Lizenzen und erzielt daraus in Deutschland Erlöse, können diese mit den auf die ausländische Betriebsstätte entfallenden Verluste nicht verrechnet werden. Dies führt zu einem unerwünschten und unsinnigen Ergebnis, dass derartige Lizenzeinnahmen in Deutschland als Gewinne zu versteuern sind, obwohl die Herstellungskosten des Films noch nicht »recouped« sind und die Produktion sich daher insgesamt noch im Verlustbereich bewegt. Dasselbe gilt für die ausländischen Koproduzenten, die sich die Ergebnisse der deutschen Betriebsstätte zurechnen lassen müssen, was wiederum zu denselben Verrechnungsproblemen in ihrem eigenen Staat führt.

– Die zur Vermeidung der Mitunternehmerschaft geforderte vollständige Aufteilung der Territorien in der Verwertungsphase ist praktisch häufig nicht zu bewerkstelligen, wie auch völlig unerwünscht. Im Übrigen widerspricht diese Forderung der langjährigen Praxis internationaler, insbesondere europäischer Koproduktionen.

Dieser steuerrechtliche Ansatz ist umso unverständlicher, als auch die Koproduktionsabkommen regelmäßig davon ausgehen, dass den Vertragspartnern bestimmte Territorien exklusiv zustehen und die restlichen Territorien gemeinsam über einen Weltvertrieb verwertet werden. Aus den daraus fließenden Erlösen »recoupen« die Koproduzenten zunächst ihre anteiligen Herstellungskosten, um schließlich entsprechend ihrer Beteiligungsquote Gewinne zu erhalten.

3.5.7. Ausblick

Der Medienerlass hat erfreulicherweise weitgehend Klarheit und Planungssicherheit für zukünftige Filmfonds geschaffen. Soweit er sich mit Koproduktionen beschäftigt, ist er indessen völlig unbefriedigend, praxisfremd und letztlich nicht akzeptabel. Er wirkt insofern fatal, als die dort niedergelegten Grundsätze nicht nur für fondsfinanzierte, sondern für alle Produktionen gelten. Im Jahre 1999 waren immerhin die Hälfte aller in Deutschland aufgeführten deutschen Filme Koproduktionen. Durch die Allgemeingültigkeit des Medienerlasses werden nicht nur jahrzehntelang im Einklang mit Abkommen praktizierte Koproduktionen unmöglich gemacht, sondern auch klein- und mittelständische Produktionsunternehmen nachhaltig in ihrer Planung beeinträchtigt. Es ist daher zu hoffen, dass durch Gespräche aller Beteiligten und die praktische Anwendung des Erlasses die dringend erforderlichen Korrekturen erfolgen werden.

4. Productplacement

Ein anderer Weg der Filmfinanzierung ist der Einsatz von Werbung. Die wichtigste Form ist das Productplacement. Darunter wird im engeren Sinne zumeist die werbewirksame Platzierung von Markenprodukten in der Handlung eines Spielfilms verstanden. Dies geschieht entweder in der Form, dass bekannte Markenartikel als Requisiten in eine Spielhandlung eingebaut werden oder den Hintergrund einer Szene bilden. Als Joan Crawford 1945 in dem Film »Mildred Pierce« deutlich sichtbar einen Whisky der Marke »Jack Daniels« trank, war das bereits ein klarer Fall von Productplacement. Damals wurden allerdings noch keine Verträge zur Vermarktung von Gebrauchsartikeln im Film abgeschlossen. Heute hingegen ist Productplacement im internationalen Film- und Fernsehgeschäft ein nicht wegzudenkender Bestandteil. Er entlastet das Budget von Produktionen und offeriert den Anbietern von Luxus- und anderen Konsumartikeln (insbesondere Autos) willkommene Imagewerbung.

Als jüngstes Beispiel mag der letzte James Bond-Film »Tomorrow never dies« dienen. Bond's offizielles Dienstauto war der BMW 750 i L, gleichzeitig fuhr er die BMW R 1200 C als Fluchtmotorrad, das kurz vor der Filmpremiere am Markt eingeführt wurde. BMW stand im Gegenzug das Recht zu, mit dem Film für seine Produkte zu werben. Die weltweite Produktwerbung wird dann mit der Information verknüpft, dass die entsprechenden Produkte die neuen Bond-Fahrzeuge seien. BMW-Interessenten werden so wiederum zum Kinobesuch animiert. Im Marketingjargon nennt sich dies »Cross Promotion«.

So weit der Kontakt nicht direkt zwischen dem Filmproduzenten und dem Produkthersteller besteht, werden »Placement-Agenturen« eingeschaltet. Solche Agenturen verfügen über eine Grundausstattung von Produkten und bedienen die nachfragenden Filmproduktionen aufgrund einer Checkliste, die aus dem Kundenbriefing resultiert. Darin wird zunächst das Umfeld der Produktplatzierung sorgfältig ausgewählt. Die Agentur gibt sodann gegenüber dem Kunden (Produkthersteller) eine Platzierungsgarantie ab, wobei sich der Kunde auf die verabredete Medialeistung verlassen muss. Für die verschiedenen Platzierungsvarianten des Productplacement existiert eine feststehende Preisliste.

Trotz dieser eingeschliffenen Praxis birgt Productplacement nach wie vor für alle Beteiligten ein gewisses Risiko, wie die folgende Entscheidung des Landgerichts München I verdeutlicht. In seinem Urteil vom 10. Oktober 1996 (Az.: 7 O 22488/96) stellte das Gericht die Unwirksamkeit von Productplacement-Verträgen im Fernsehbereich fest. Dem Rechtsstreit lag ein Productplacement-Vertrag zwischen einem Filmhersteller und einem Hersteller von Milchprodukten zugrunde. Gegen Zahlung eines Sekundenpreises von 1.600,00 DM sollte das Milchprodukt bzw. das Logo des Herstellers mindestens 25 Sekunden klar und deutlich erkennbar im Bild platziert werden.

Nach Fertigstellung des Films übersandte der Filmhersteller dem Milchproduktehersteller eine Videokassette und verlangte die Zahlung des vereinbarten Honorars. Die Zahlung wurde jedoch verweigert, weshalb der Filmhersteller Klage erhob.

Das Landgericht wies die Klage mit der Begründung ab, der Vertrag sei sittenwidrig und damit nichtig. Es sah in dem Vertrag nicht nur einen Verstoß gegen den Rundfunkstaatsvertrag, sondern auch gegen die Persönlichkeitsrechte der Zuschauer. Werbung sei grundsätzlich kenntlich zu machen. Eine getarnte Werbemaßnahme in Form des Productplacements verletze hingegen das Gebot der Achtung der Zuschauer-Persönlichkeitssphäre.

Im Gegensatz zu Sponsoring, das nach § 8 RfSV ausdrücklich erlaubt ist, bewegt sich Productplacement allerdings am Rande der Legalität und birgt daher für alle Beteiligten ein erhebliches Risiko. Die nachfolgenden Darstellungen sollen zeigen, wo die rechtlichen Grenzen liegen und welche (zulässigen) Handlungsmöglichkeiten bestehen.

4.1. Fernsehen

Das deutsche Synonym für Productplacement lautet Schleichwerbung. Schleichwerbung ist nach § 7 Abs. 6 Satz 1 des Rundfunkstaatsvertrages unzulässig, d.h. verboten. Dieses Verbot steht im Einklang mit dem europäischen Fernsehübereinkommen vom 5.5.1998 (Artikel 13 Abs. 3) und der EG-Fernsehrichtlinie vom 3.10.1998 (Artikel 10 Abs. 4). Nach der Legaldefinition (§ 2 Abs. 2 Nr. 6 der Richtlinien der Landesmedienanstalten) ist Schleichwerbung die Erwähnung oder Darstellung von Waren, Dienstleistungen, Namen, Marken oder Tätigkeiten eines Herstellers von Waren oder eines Erbringers von Dienstleistungen in Programmen, wenn sie absichtlich zu Werbezwecken vorgesehen ist und die Allgemeinheit hinsichtlich des eigentlichen Zwecks der Erwähnung oder Darstellung irreführen kann. Trotz des grundsätzlichen Verbots übt sich die Branche hinter den Kulissen in breitem Ausmaße in derartiger Werbung.

Ob es sich bei den gezeigten Markenartikeln als Requisiten einer Spielhandlung um unzulässige Schleichwerbung oder um die zulässige Platzierung von Produkten im Sinne einer Darstellung der realen Wirklichkeit handelt, ist eine Frage des Einzelfalles. Unzulässiges Productplacement liegt nur dann vor, wenn außerhalb der regulären Werbezeiten im allgemeinen Programm in werbewirksamer Weise Produkte dargestellt und entsprechende Zahlungen für diese Präsentation geleistet werden. Zwingende Indizien für einen Verstoß gegen das Verbot der Schleichwerbung liegen vor, wenn
– eine vertragliche oder sonstige Verpflichtung für die Einblendung der Produkte besteht;
– bereits in der Entstehungsphase eines Werkes dieses bewusst auf das Einbringen von Marken und Produkten geschrieben wird;
– für die Einblendung der Produkte oder Marken Vergütungen geleistet werden.
Productplacement ist darüber hinaus wettbewerbsrechtlich unzulässig, weil darin ein Verstoß gegen das Trennungsgebot von Werbung und Programm und gegen die Kennzeichnungspflicht gesehen und durch diese »getarnte Werbung« eine Irreführung des Verbrauchers hervorgerufen wird.
In Einzelfällen ist die Abgrenzung zwischen unzulässigem Productplacement und der zulässigen Abbildung der Wirklichkeit außerordentlich schwierig. Dies gilt insbesondere für Spielfilme, die einen möglichst hohen Grad an Wirklichkeitsnähe und Authentizität vermitteln sollen, so dass Requisiten aus dem wirklichen Leben unvermeidbar sind. Solange die Produkt-Einblendung dramaturgisch gerechtfertigt ist, ist hiergegen grundsätzlich nichts einzuwenden (»Prinzip der Unvermeidbarkeit« vgl. BGH NJW 1990, 3199, 3201 – »Wer erschoss Boro?«).
Im Übrigen ist bei Spielfilmen im Fernsehbereich bei der »Zulässigkeit« von Productplacement zwischen Auftrags- und Eigenproduktionen der Rundfunkanstalten einerseits und den Koproduktionen und dem Programmankauf andererseits zu unterscheiden. Bei Auftrags- und Eigenproduktionen der Rundfunkanstalten sind die Kriterien wohl gleichermaßen streng anzulegen, denn die finanzierende Rundfunkanstalt übt jeweils die Kontrolle aus, einschließlich des Rechts der Endabnahme des Spielfilms.
So weit die Rundfunkanstalten als Koproduzenten auftreten, ist ihre Position deutlich schwächer als im Falle der Auftrags- und Eigenproduktion. Vor allem bei Kinofilmen ergeben sich für den Produzenten weitere Handlungsmöglichkeiten und »Unvermeidbarkeiten«. Ihre Einflussnahme auf die Spielhandlung nimmt im Verhältnis zwischen ihrem Koproduktionsbeitrag und den gesamten Herstellungskosten des Films ab. Selbst wenn die Rundfunkanstalt bei deutschen Koproduktionen mitunter noch maßgeblichen Einfluss ausüben kann, wird dies bei internationalen Koproduktionen kaum mehr der Fall sein. Dies gilt besonders dann, wenn der federführende Koproduzent im Ausland sitzt und dort auch die Herstellung des Films überwiegend durchgeführt wird. Vor allem bei Kinofilmen dürfte für die Fernsehanstalt die Frage der Unvermeidbarkeit im Rahmen des Productplacements in den Vordergrund treten.
Beim Programmankauf hat die Rundfunkanstalt keine Möglichkeiten, auf die Herstellung des Films einzuwirken. Vielmehr wird sie, gerade im Hinblick auf große internationale Spielfilme, vor die Entscheidung gestellt, diese Filme »wie gekauft« auszustrah-

len und befindet sich daher in einer »take it or leave it«-Situation. Deshalb muss abgewogen werden, ob dem umfassenden Programmauftrag oder dem Trennungsgebot Priorität beizumessen ist.

In der Praxis hat der Programmauftrag Priorität und aufgrund des regen Publikumsinteresses an großen internationalen Spielfilmen greift in solchen Situationen regelmäßig das Kriterium der Unvermeidbarkeit. Damit ist es der Rundfunkanstalt unzumutbar, etwa den Film »Reifeprüfung« abzulehnen, weil Dustin Hoffman darin in einem roten Alfa Romeo Spider werbewirksam in Szene gesetzt wird oder James Bond die jüngsten BMW-Produkte in »Tomorrow Never Dies« vorführt. Die Rundfunkanstalt könnte allenfalls dadurch entgegenwirken, dass die Nennung bestimmter Hersteller der gezeigten Marken im Abspann herausgeschnitten würde. Diese Frage stellt sich nur bei den öffentlich-rechtlichen Rundfunkanstalten, denn die Privaten zeigen ohnehin keinen Abspann.

4.2. Kino

Der Rundfunkstaatsvertrag gilt nicht für Kinospielfilme und deshalb war lange Zeit streitig, ob Productplacement auch bei Spielfilmen in der Kinoauswertung unzulässig sei. Dies wurde unter Hinweis auf den für alle Medien verbindlichen Grundsatz der Trennung von Werbung und Programm bejaht. Der Streit entzündete sich an dem Film »Feuer, Eis & Dynamit« von Willi Bogner.

Der Film erzählt die Geschichte eines exzentrischen Millionärs, der sein angeschlagenes Finanzimperium durch einen vorgetäuschten Selbstmord sanieren will. Alleinerbe soll der Gewinner eines dreitägigen Wettkampfes (»Megathon«) in verschiedenen, überwiegend alpinen Sportarten sein. An dem Wettbewerb nehmen die drei Kinder des Millionärs und seine Gläubiger teil. Die Gläubiger sind Markenartikelunternehmer. Das »Megathon« muss von Mannschaften bewältigt werden, die jeweils mit drei Teilnehmern eine Staffel bilden. Die Firmenteams sind ihrem Unternehmenszweck entsprechend ausgerüstet und/oder mit den Produkten und/oder Werbesymbolen der einzelnen Firmen in die Rahmenhandlung eingebaut. Produkte und Werbesymbole werden auch während des »Megathons« und im Verlauf der Filmhandlung eingesetzt (z.B. Skier, Fahrräder, Getränke).

Die Produktionskosten des Films wurden mindestens in Höhe von 20% durch die im Film auftretenden Unternehmen bezahlt.

Gegen Filmproduzenten und Filmverleih wurde eine Klage auf Unterlassung der Film-Aufführung eingereicht, und zwar bei den Landgerichten Hamburg und München I. Während das Landgericht Hamburg der Klage in erster Instanz stattgab, wurde die Klage in München abgewiesen. Das hanseatische Oberlandesgericht hob zwar das erstinstanzliche Urteil auf und wies die Klage ab, während das Oberlandesgericht München der Klage stattgab. Dieses Verwirrspiel der Instanzgerichte wurde schließlich vom BGH mit Urteil vom 6.7.1995 (I ZR 2/94; OLG Hamburg und I ZR 58/93; OLG München) beendet (AfP 1996, S. 59 ff).

In diesen beiden richtungsweisenden Urteilen stellte der BGH endlich klar, dass zwar der wettbewerbsrechtliche Grundsatz des Verbotes getarnter Werbung auch für Kinospielfilme gilt. Im Vergleich mit den Printmedien und dem Fernsehen ist bei Kino-spielfilmen jedoch eine unterschiedliche Beurteilung im Hinblick auf die Werbung ge-boten. Insoweit hat es der BGH als zulässig erachtet, dass Zahlungen oder andere geldwerte Leistungen von Unternehmen dafür erbracht werden, dass diese selbst oder ihre Produkte im Film werbend in Szene gesetzt werden. Anders als bei Fernsehfil-men, die strengeren Kriterien unterliegen, werden es die Zuschauer im Kino regelmä-ßig nicht schon als Täuschung oder Beeinflussung ihrer Willensfreiheit ansehen, wenn bestimmte Requisiten in eine Spielhandlung integriert werden. Auch bei Spielfilmen liegt die Toleranzgrenze dort, wo über das übliche und erträgliche Maß hinaus Zahlun-gen und andere geldwerte Leistungen von Unternehmen dafür erbracht werden, dass diese selbst oder ihre Erzeugnisse im Film in Erscheinung treten. In solchen Fällen der »massiven Werbung« ist eine Abwägung zwischen der Freiheit der Kunst (Filmwerk) und dem Persönlichkeitsrecht des Zuschauers geboten. Dieser Konflikt wird dadurch gelöst, dass ein solcher Film auch im Kino nur mit dem einleitenden Hinweis auf seinen Werbecharakter gezeigt werden darf.

Für die Filmproduzenten ist mit diesem Urteil immerhin klargestellt, dass Product-placement bei Kinospielfilmen grundsätzlich zulässig ist. Entsprechende Hinweise auf den Werbecharakter sind jedoch erforderlich, wenn das Productplacement den übli-chen Rahmen überschreitet. Davon ist unter Berücksichtigung der BGH-Entscheidung zu »Feuer, Eis & Dynamit« auszugehen, wenn mindestens 20% des Budgets über Productplacement finanziert worden ist und der Film mit einer entsprechenden Produkt-penetranz ausgestattet ist.

Damit war diese Angelegenheit noch längst nicht abgeschlossen. Als Pro7 den Film Dezember 1998 ausstrahlen wollte, verlangte die zuständige Medienanstalt Berlin-Bran-denburg (MABB) zunächst die Kennzeichnung des Films als Dauerwerbesendung. Schließlich einigten sich die Parteien auf den Kompromiss, dass der Sender während der Ausstrahlung nach jedem Werbeblock darauf hinzuweisen hat, dass in dem Film Produkte gegen Entgelt gezeigt werden.

Im Verhältnis zwischen Filmproduzenten und Filmverleiher dürfte aus der BGH-Ent-scheidung für das dort skizzierte »Borderline« Productplacement folgen, dass darin ein Sachmangel des Films zu sehen ist. Der Produzent muss daher den Verleiher auf ein solches im Film enthaltene Productplacement hinweisen, um die Sachmangelhaftung auszuschließen. Eine Informationspflicht des Verleihers dürfte nicht zu bejahen sein, es sei denn, es sind ihm konkrete Umstände bekannt, die auf ein solches Productplacement im Film hindeuten.

4.3. Fazit

Obwohl einige Agenturen existieren, die sich auf die Vermittlung von Productplacement zwischen Kunden und Filmproduzenten spezialisiert haben, sind die zugrunde liegen-den Verträge im Fernsehbereich meist als sittenwidrig und damit nichtig anzusehen. Der Filmhersteller sollte deshalb bei solchen Konstellationen Vorsicht walten lassen, denn er sieht sich einer doppelten Gefahr gegenüber: Einerseits kann ihm drohen, dass die Fernsehanstalt die Filmabnahme des mit der Begründung verweigert, der Film enthalte Productplacement und verstoße damit gegen die Richtlinien der Fernsehanstalt und den Rundfunkstaatsvertrag. Andererseits sieht sich der Produzent dem Risiko gegenüber, dass er den Productplacement-Vertrag erfüllt hat, der Kunde jedoch die Zahlung verweigert. Dann wird möglicherweise der Film mit dem Productplacement ausgestrahlt, ohne dass der Produzent Anspruch auf sein Honorar hätte. Denn der zugrunde liegende Vertrag ist nichtig und damit können keine Ansprüche hergeleitet werden.

Im Rahmen der Herstellung eines durchschnittlichen deutschen Kinospielfilms sollte der Produzent den Finanzierungsanteil durch Productplacement nicht überschätzen. Es handelt sich nämlich um eine »Quantité Négligeable« und der Produzent sollte derartige »Finanzierungsquellen« eher als angenehmen Nebeneffekt denn als verlässliche Finanzierungsquelle betrachten.

VIII. Filmversicherungen

Die Film-Herstellung ist ein komplexes und mitunter riskantes Unterfangen. Zur Risiko-minimierung existiert eine Vielzahl von Versicherungen. Bei den Einzelversicherungen sind vor allem zu nennen:

– die Film-Ausfall-Versicherung,
– die Mehrkostenversicherung infolge Sachschadens,
– die Bild-Ton- und Datenträgerversicherung,
– die Film-Requisiten- und Ausstattungsversicherung,
– die Apparateversicherung, die Filmproduktionshaftpflichtversicherung,
– die Feuerhaftungs-Versicherung und
– die Kassen-Versicherung.

Diese Versicherungen werden im Rahmen eines umfassenden Versicherungspakets ab-geschlossen. Wegen näherer Einzelheiten hierzu wird auf die Übersicht von *Frank Hübner* Bezug genommen (in Bastian Cléve (Hg.) »Investoren im Visier«, S. 167 ff.).

Zur Abrundung des »Finanzierungsszenarios im weitesten Sinne« werden nachfol-gend die Fertigstellungsgarantie (Completion Bond) (1), die Errors & Omissions-Versi-cherung (2) und die Short Fall-Versicherung (3) dargestellt.

1. Fertigstellungsgarantie (Completion Bond)

Film Finances, der älteste Completion Bond der Welt, feierte im Jahr 2000 in Cannes sein 50-jähriges Bestehen. Nicht alle Completion Bonds hatten das Glück und die Tüch-tigkeit von Film Finances – der selbst das Desaster »Baron von Münchhausen« über-stand – und mussten nach Filmen, die erheblich »over-budget« gingen, Insolvenz an-melden.

Aufgrund der boomenden Filmbranche in Deutschland, bedingt durch Börsengänge, Filmfonds, dem zunehmenden Engagement von Banken und Investoren sowie der in-ternationalen Ausrichtung deutscher Produzenten gewinnt auch die Fertigstellungs-garantie in Deutschland immer mehr an Bedeutung. Inzwischen bieten nach Kenntnis des Verfassers vier Versicherungsgesellschaften in Deutschland Completion Bonds an. Die Fertigstellungsgarantie besteht aus zwei unterschiedlichen Vertragswerken, dem Garantievertrag und der Produzentenvereinbarung.

1.1. Der Garantievertrag

1.1.1. Vertragspartner

Der Garantievertrag wird zwischen den Begünstigten (Bank, Investoren) auf der einen Seite und dem Fertigstellungsgaranten auf der anderen Seite geschlossen. Der Vertrag sichert die Begünstigten ab, indem die fristgerechte Fertigstellung und Lieferung des

Films zu vereinbaren Konditionen an die Vertragspartner (Weltvertrieb, Verleih etc.) garantiert wird. Der Produzent kann ebenfalls Begünstigter sein, wenn er erhebliche Eigenmittel in die Herstellung des Films investiert. Auch diese Mittel sollten im Falle des Projekt-Abbruchs von der Garantie umfasst sein.

1.1.2. Die Prüfung der Projektunterlagen

Vor Abgabe der Fertigstellungs- und Liefergarantie überprüft der Completion Bond zunächst das Projekt und nimmt eine Risikoanalyse vor (»risk assessment«). Im Rahmen dieser Prüfung sind mindestens die folgenden Unterlagen erforderlich: Drehbuch, Drehplan, Kalkulation, Finanzierungsplan, Cash-Flow-Plan, Besetzungsliste, Track-Records der Schlüsselbesetzungen und des Produktionsunternehmens. Darüber hinaus werden regelmäßig auch die Chain of Title-Dokumente, die Verträge mit den Hauptdarstellern, die Koproduktions- und Finanzierungsverträge, Verleih- und Weltvertriebsverträge verlangt.

Außerdem überprüft der Completion Bond vor der Garantie-Übernahme, dass sämtliche Liefermaterialien auch ordnungsgemäß kalkuliert und im abgenommenen Budget aufgelistet sind.

1.1.3. »Strike Price«/ Überschreitungskosten

Die Fertigstellungsgarantie gewährleistet nicht die Bereitstellung der finanziellen Mittel im Sinne des abgenommenen Budgets. Vielmehr bezieht sie sich ausschließlich auf Überschreitungen des abgenommenen Budgets (»Overbudget Costs«). Das abgenommene Budget des Films (Strike Price) ist eine Voraussetzung, die der Produzent bzw. die Finanziers des Films zu erbringen haben und nicht etwa der Fertigstellungsgarant. Fällt also eine Finanzierungsquelle aus (z.B. ein Investor), ist es nicht etwa Aufgabe des Completion Bonds die dadurch entstehende Lücke zu schließen. Die Bereitstellung der Mittel entsprechend dem »Strike Price« ist vielmehr Aufgabe des Filmproduzenten.

1.1.4. Ausgeschlossene Risiken

Obgleich der Completion Bond eine relativ umfassende Garantie für die Fertigstellung und Ablieferung des Films bietet und dadurch das Risiko der Finanziers und Investoren minimiert, enthält er – wie jede Versicherung – eine Reihe von Ausschlusstatbeständen. Die Wichtigsten sind die folgenden:

- höhere Gewalt (Krieg, Bürgerkrieg, Streik, Natur- oder Nuklearkatastrophen etc.). In diesem Fall wird jedoch üblicherweise ein späteres Lieferdatum (»outside delivery date«) festgelegt, welches regelmäßig zwischen 60 und 90 Tagen liegt;
- Wechselkursrisiken;
- unzulängliche Rechteklärungen (Chain of Title oder anderweitige Urheber- und Leistungsschutzrechte);
- der Ausfall von Finanzierungsquellen;
- Produktionshindernisse und Mehrkosten, die durch grobe Fahrlässigkeit oder Vorsatz Dritter entstehen.

In diesem Zusammenhang soll noch auf zwei Phänomene kurz eingegangen werden, die aus Sicht des Fertigstellungsgaranten problematisch erscheinen.

Zum einen ist der Fertigstellungsgarant sehr zögerlich, wenn er nicht nur die Fertigstellung und Lieferung des Films, sondern auch bestimmte Qualitäten und Kriterien garantieren soll, die der Film erfüllen muss. Hierzu zählt z.B., dass der Film sich nach einem bestimmten bilateralen oder multilateralen Koproduktionsabkommen qualifiziert. Wenn etwa der Film sich als »französischer Film« oder »British Film« qualifizieren muss, sind bestimmte Voraussetzungen erforderlich. Diese Voraussetzungen können wegfallen oder schwierig zu ersetzen sein, wenn z.B. ein Hauptdarsteller ausfällt. Ein zweites Problem kann der Regisseur darstellen, wenn ihm das Recht zum »Final Cut« eingeräumt worden ist. Zwar wird der Completion Bond nur im »worst case-scenario« den Regisseur austauschen, da der Regisseur regelmäßig ein »essential element« ist und gleichsam zu den »Liefermaterialien« zählt. Gleichwohl behält sich der Completion Bond dieses Recht vor und der Regisseur muss in seinem Regievertrag die Konditionen des Completion Bonds anerkennen. Unabhängig von der Frage der Kündigung des Regisseurs im Falle des schwerwiegenden Vertragsbruches, stellt sich für den Completion Bond bei Fertigstellung des Films mit dem Regisseur das Recht des »Final Cut«. Dies wird der Completion Bond nur dann anerkennen, wenn er hinreichend Vertrauen in den Regisseur aufgrund seiner bisherigen Tätigkeit setzt. Andernfalls wird im Vertrag zumindest geregelt, dass der Regisseur sein »Final Cut«-Recht nicht treuwidrig ausüben darf und auf die Belange aller Beteiligten Rücksicht zu nehmen hat.

1.1.5. Der Abbruch des Filmvorhabens

Sofern die Fertigstellung unmöglich erscheint oder mit unverhältnismäßigen Kosten verbunden wäre, hat der Fertigstellungsgarant die Möglichkeit, das Projekt abzubrechen und den Begünstigten, die bis dahin getätigten Investitionen zurückzuerstatten. In diesem Fall gehen die Rechte an dem Film auf den Fertigstellungsgaranten über.

Der Abbruch des Filmprojekts ist das worst case-Szenario, welches unter allen Umständen zu vermeiden ist. Es wirft weder auf den Produzenten noch auf den Completion Bond ein besonders günstiges Licht, da sie beide beim Management der Produktion versagt haben. Außerdem wird der Completion Bond immer versuchen, den Film fertig zu stellen und ihn zu verwerten. Dann besteht zumindest die Chance, dass er aus den Verwertungserlösen die von ihm veranlagten Mehrkosten zurückerhält. Demgegenüber sind die im Falle des Abbruchs zu erstattenden Investitionen Dritter regelmäßig verloren. Dem Verfasser sind deshalb nur einige wenige Fälle des Abbruchs eines Filmprojektes bekannt. Hierzu zählt z.B., dass bei Drehbeginn ein Hauptdarsteller vertragswidrig nicht erscheint. Sofern die Rolle nicht anderweitig besetzt werden kann, ist es für den Fertigstellungsgaranten möglicherweise die sinnvollste und kostengünstigste Variante, das Projekt ausnahmsweise abzubrechen und die bisherigen Kosten zu erstatten.

1.1.6. Die Rückversicherung

Wie die Versicherungen ist auch der Completion Bond rückversichert (z.B. bei »Lloyds«). Die Begünstigten können sich in diese Police eintragen lassen und erwerben damit einen direkten Zahlungsanspruch gegen den Rückversicherer, falls der Completion Bond ausfallen sollte. Dieses Arrangement wird als »Cut-Through« oder auch »Loss Payee Endorsement« bezeichnet.

1.1.7. Die Kosten

Das Honorar des Completion Bonds beläuft sich üblicherweise auf 5 bis 6% des Budgets. Die Höhe des Honorars hängt letztlich von verschiedenen Umständen ab. Wenn die Vertragspartner schon eine Reihe von Projekten gemeinsam durchgeführt haben, ohne dass es jemals zu Überschreitungen oder zur Inanspruchnahme des Completion Bonds kam, wird der Completion Bond geneigt sein, sein Honorar niedriger anzusetzen als im Falle der erstmaligen Zusammenarbeit. Außerdem hängt das Honorar auch von der Einschätzung des Projekts ab, insbesondere ob es sich um Außen- oder Studioaufnahmen handelt, wer Regisseur ist, welche Schauspieler mitwirken etc. Der Completion Bond wird üblicherweise ein »Risk Assessment« vornehmen und – entsprechend dem Projektrisiko – eine höhere Prämie ansetzen oder das Projekt überhaupt nicht versichern.

Das Honorar des Completion Bonds ist zur Hälfte mit Vertrags- Abschluss und die zweite Hälfte mit Inanspruchnahme des Completion Bonds fällig. Sofern sich die Herstellungskosten im Rahmen des abgenommenen Budgets bewegen, wird die zweite Hälfte der Prämie mithin nicht fällig.

Gleichwohl muss die Finanzierung des Projekts geschlossen sein und dazu zählt die gesamte Prämie und nicht etwa nur die zunächst fällige erste Hälfte. Der Completion Bond wird nämlich nicht das Risiko eingehen, dass lediglich 50% bei Vertragsunterzeichnung gezahlt werden und, sofern er in Anspruch genommen wird, die zweite Hälfte nicht mehr zur Verfügung steht.

Außerdem verlangt der Completion Bond regelmäßig eine Überschreitungsreserve (»Contingency«) in Höhe von 10%. Unter bestimmten Umständen kann diese auch niedriger ausfallen. Da diese Kosten jedoch insgesamt finanziert werden müssen, wird das Projekt in der Regel durch die Einschaltung eines Completion Bonds ca. 15% teurer. Darin liegt einer der Gründe, weshalb bei Fernsehproduktionen in Deutschland meist keine Completion Bonds engagiert werden, im Unterschied zu einigen anderen Ländern (z.B. England). Die deutschen Fernsehanstalten sind nämlich in der Regel nicht bereit, diese Kosten mitzufinanzieren.

1.2. Die Produzentenvereinbarung

1.2.1. Vertragspartner

Als zweite Komponente der Fertigstellungsgarantie wird eine Produzentenvereinbarung zwischen dem Completion Bond und dem Produzenten des Films geschlossen, wobei gegebenenfalls auch Dienstleister (»Production Services Company«) mit einbezogen werden.

1.2.2. Mitwirkungs- und Kontrollrechte

In der Produzentenvereinbarung versichert der Produzent zunächst, alle Maßnahmen getroffen zu haben, die im Rahmen einer sorgfältigen Vorbereitung und Durchführung der Produktion erforderlich sind. Außerdem werden Verpflichtungen des Produzenten und Rechte des Fertigstellungsgaranten festgelegt, die für das nunmehr gebotene »Risikomonitoring« erforderlich sind.

Hierzu zählen u.a. die folgenden Pflichten des Produzenten:

- Sämtliche Finanzierungsmittel auf ein Produktionskonto zu zahlen, welches dem Fertigstellungsgaranten sicherungsabgetreten oder verpfändet wird;
- die Finanzierungsmittel ausschließlich für die Produktion nach Maßgabe des Budgets und des Cash-Flow-Plans zu verwenden und nur mit schriftlicher Zustimmung des Fertigstellungsgaranten auszuzahlen;
- ständige Informationen über den Fortgang der Produktion (Tagesberichte, Tagesdispos, wöchentliche Cost Reports, rechtzeitige Mitteilungen über Abweichungen vom Drehplan etc.);

Dem Fertigstellungsgaranten stehen u.a. die folgenden Rechte zu, um seine Kontrollrechte auszuüben:

- das Recht, einen Mitarbeiter am Set zu haben;
- Schecks vom Produktionskonto gegenzuzeichnen;
- Änderungen in der Besetzung, am Drehbuch, am Budget etc. vorzunehmen bzw. mitzubestimmen;
- dem Produzenten Weisungen zu erteilen.

1.3. Übernahme der Produktion

Sofern der Fertigstellungsgarant nach sorgfältiger Prüfung befürchten muss, dass der Produzent den Film nicht vertrags- und fristgerecht fertig stellen und liefern wird, hat er das Recht der Produktions-Übernahme. Erfolgt die Übernahme, ist der Fertigstellungsgarant berechtigt, im eigenen Namen aber für Rechnung des Produzenten Verträge abzuschließen und weitere Maßnahmen zu ergreifen, die zur ordnungsgemäßen Fertigstellung der Produktion erforderlich erscheinen.

Die Übernahme bedeutet keine Rechtsnachfolge in die Produzenten-Position, wie auch der Fertigstellungsgarant nicht im Außenverhältnis an die Stelle des Produzenten tritt. Vielmehr hat bei Ausübung des Übernahmerechts der Fertigstellungsgarant im Außenverhältnis allein die Stellung eines vom Produzenten unwiderruflich und für die Erfüllung des Vertrags umfassend bevollmächtigten (offenen oder verdeckten) Stellvertreters.

1.4. Sicherungsrechte des Fertigstellungsgaranten

Wie die Bank lässt sich auch der Completion Bond sämtliche Rechte des Produzenten an den vorbestehenden Werken (Drehbuch), dem Filmwerk und den Materialien sicherungsweise abtreten. Üblicherweise erfolgt die Sicherung dieser Rechte im zweiten Rang nach der Bank oder, wenn ein Investor beteiligt ist, im dritten Rang nach der Bank und dem Investor. Entsprechend »recouped« der Fertigstellungsgarant im Falle

der Inanspruchnahme die von ihm verauslagten Überschreitungskosten nach der Rückführung des Bankdarlehens und der Befriedigung des Investors an dritter Stelle.
Der Completion Bond lässt sich ebenso eine Kopierwerkserklärung (»Laboratory
Pledgeholder Agreement«) und eine Ziehungsgenehmigung (»Laboratory Access Letter«) erteilen. Schließlich ist er auch Partei des Interparty Agreements.

2. Errors and Omissions-Versicherung

Der Abschluss einer Errors & Omissions-Versicherung (kurz »E&O« genannt) war im
deutschsprachigen Raum bis vor kurzem so gut wie unbekannt. Mit dem zunehmenden Vertrieb deutscher Filme im Ausland (z.B. über deutsche Weltvertriebe) und der
Internationalisierung der Branche wird inzwischen allerdings auch für deutsche Spielfilme regelmäßig eine E&O-Versicherung abgeschlossen. Ohne eine solche Versicherung
ist es unmöglich, den Film – insbesondere in den USA – herauszubringen. Dies erklärt
sich aus den außerordentlich hohen Schadensersatzforderungen, die dort für Rechtsverletzungen zuerkannt werden können.
Eine E&O-Versicherung ist für den Abschluss eines Weltvertriebsvertrages unerlässlich
und zählt zu den Liefermaterialien. Darüber sollte sich der Produzent im Klaren sein,
denn sämtliche Liefermaterialien müssen im abgenommenen Budget kalkuliert werden.
Sofern deutsche Filmprojekte in der Vergangenheit eine E&O-Versicherung benötigten, war regelmäßig der Umweg über London oder Nordamerika erforderlich. Inzwischen bietet auch Gerling eine E&O-Versicherung an, wobei diese den Vorteil hat, dass
der Vertrag in deutscher Sprache gehalten ist.

2.1. versicherte Risiken
Die E&O-Versicherung ist eine Mischung von Rechtsschutz- und Schadensversicherung.
Sie sichert den Produzenten und die weiteren Begünstigten (Verleih, Vertrieb, Dreh-
buchautoren etc.) insbesondere gegen die folgenden Risiken:
- Verletzungen des allgemeinen Persönlichkeitsrechts lebender oder verstorbener
  Personen, insbesondere Eheverletzungen, Rufschädigungen, Verletzungen des Rechts
  am eigenen Bild, unberechtigte Veröffentlichung oder Weitergabe von persönlichen Daten;
- Verletzungen von Urheberrechten oder Urheberpersönlichkeitsrechten, namentlich durch die unberechtigte Nutzung von Drehbüchern oder anderen literarischen
  Werken, Filmwerken, Charakteren, Lichtbild-, Sprach- und Filmwerken, Musikwerken, pantomimischen Werken, Datenbanken, Computerprogrammen sowie dar-
  stellerischen Leistungen;
- Verletzungen von Marken-, Geschmacksmuster-, Namens- und Titelrechten, insbesondere durch die unberechtigte Nutzung von realen oder fiktiven Namen, Unter-
  nehmenskennzeichen, Marken, Titel oder Logos;
- Überschreitungen von vertraglich oder konkludent eingeräumten Nutzungs- und

Verwertungsrechten hinsichtlich von Dritten überlassenes literarisches, musikalisches, bildliches oder filmisches Material;

Die E&O-Versicherung deckt alle Schadensersatzforderungen, zu denen der Produzent wegen der vorgenannten Rechtsverletzungen verpflichtet ist. Hierzu zählen auch die notwendigen Kosten der Rechtsverfolgung, einschließlich der Anwalts- und Gerichtskosten. Letztere sind gerade in den USA relevant, denn dort trägt grundsätzlich jede Partei ihre Anwaltskosten selbst, unabhängig von der Frage des Unterliegens oder Obsiegens.

2.2. »Clearance Procedures«

Vor Abschluss der Versicherung prüft die Versicherungsgesellschaft, ob der Filmproduzent alle zur Verwirklichung des Filmvorhabens erforderlichen Rechte erlangt hat. Hierfür ist die Vorlage des sog. »Chain of Title« erforderlich, der den ordnungsgemäßen Erwerb der vorbestehenden Rechte (Roman, Drehbuch, Musik, Figuren, Zeichnungen etc.) nachweist. Darüber hinaus hat der Filmproduzent einen umfassenden Fragebogen auszufüllen mit detaillierten Angaben zum Filmprojekt.

Außerdem ist die Vorlage eines »Title und Copyright Report« erforderlich. Diese Recherchen werden von Agenturen durchgeführt, die sich hierauf spezialisiert haben (z.B. Thomson & Thomson). Eine solche Recherche kostet regelmäßig ca. 600 – 800 US$. Je nach Genre des Films (Spielfilm, Dokumentarfilm etc.) werden weitere Rechtsklärungen erforderlich. Dazu zählen z.B. die Einholung der Zustimmungen von Personen, die Gegenstand des Films sind. Selbst wenn es sich um einen Spielfilm handelt, sind die verwendeten Namen zu klären, wenn die Handlung z.B. in einer bestimmten Stadt spielt. Dies kann zur Folge haben, dass die Versicherung die Überprüfung der Telefonbücher verlangt im Hinblick darauf, ob eine Person unter einem bestimmten Namen identifiziert werden könnte.

Falls Klammerteile anderer Filme (»Filmclips«) verwendet werden sollen, müssen auch diese Rechte geklärt werden. Auf die entsprechenden Probleme wurde im Rahmen des Zitatrechts bereits hingewiesen (vgl. Kap. IV.4.3.8.).

Schließlich verlangt die Versicherungsgesellschaft das Schreiben eines im Filmbereich erfahrenen Rechtsanwalts, in dem der Erwerb der erforderlichen Rechte zusammengefasst wird und aus dem hervorgeht, dass aus der Sicht des Rechtsanwalts keine Bedenken gegen die Herstellung und Auswertung des Films bestehen.

2.3. Dauer

Die Dauer des Versicherungsschutzes beträgt mindestens 1 Jahr, ab Erstaufführung des Films. Die meisten Weltvertriebe fordern jedoch den Abschluss einer E&O-Versicherung mit einer Mindestlaufzeit von 3 Jahren. Dabei wird allgemein davon ausgegangen, dass nach 3 Jahren keine Rechtsverletzungen mehr drohen, wenn sich innerhalb dieser Auswertungszeit kein Anspruchsteller gemeldet hat. Regelmäßig lässt sich der Filmproduzent jedoch eine Verlängerungsoption einräumen, die je nach den Umstand des Einzelfalles auch ausgeübt wird.

2.4. Deckungssumme

Bei internationalen Spielfilmen wird üblicherweise im Weltvertriebsvertrag eine Deckungssumme von mindestens 1 Mio. US$ pro Schadensfall und einer Gesamtsumme von 3 Mio. US$ vorgegeben. Sofern eine deutsche E&O-Versicherung gewählt wird, ist darauf zu achten, dass diese Mindeststandards erfüllt sind.

Die Versicherung sieht einen Selbstbehalt vor, der meist bei 10.000,00 US$ liegt. Dies ist in den allgemeinen Bedingungen der Gerling-E&O-Police vorgesehen. Demgegenüber ersetzt Gerling nach den allgemeinen Bedingungen in Deutschland 80% des Schadensersatzes im Falle einer Verurteilung, somit liegt der Selbstbehalt bei 20%.

2.5. Kosten

Die Kosten einer E&O-Versicherung liegen normalerweise zwischen 7.000,00 bis 12.000,00 US$, je nachdem, welche Deckungssummen, Selbstbehalte etc. vereinbart werden.

2.6. Zeitpunkt

Wie bereits erwähnt, sollte der Filmproduzent von vornherein die Voraussetzungen und den Abschluss einer E&O-Versicherung in sein Projekt miteinbeziehen. Einige Investoren (insbesondere in den USA und in England) machen schon die Zurverfügungstellung ihrer Mittel von der Vorlage einer E&O-Versicherung abhängig. Sie möchten dabei Gewissheit darüber erlangen, dass die Chain of Title-Dokumente in Ordnung sind und das Projekt ordnungsgemäß versichert ist. Falls die E&O-Versicherung zu einem solchen frühen Zeitpunkt abgeschlossen wird, stehen verschiedene Dinge, auf die sich die E&O-Versicherung bezieht, noch nicht fest, wie z.B. die Filmmusik. In einem solchen Fall sollte dies in der E&O-Versicherung ausdrücklich erwähnt und die E&O zum gegebenen Zeitpunkt entsprechend ergänzt werden.

3. Die Shortfall-Versicherung

Die Shortfall-Versicherung (auch »Pecuniary Loss Insurance« genannt) kommt ursprünglich aus dem Bereich des so genannten GAP-Financing. Sie funktioniert so, dass ein anerkannter Weltvertrieb die Verkaufsaussichten des Films in noch unverkaufte Territorien schätzt (»sales estimates«). Aufgrund dieser Schätzungen gewährt die Bank dem Produzenten ein Darlehen, welches der Finanzierung der noch bestehenden Lücke (»GAP«) dient.

Die Bank verlangt wiederum eine Sicherheit dafür, dass die geschätzten Verkaufszahlen auch tatsächlich erzielt werden. Die Shortfall-Versicherung garantiert nun die geschätzten Verkäufe und tritt dann ein, wenn die tatsächlichen Verkaufserlöse hinter den Schätzungen zurückbleiben, indem sie den Differenzbetrag erstattet.

3.1. Vertragspartner

Ähnlich dem Completion Bond besteht auch die Shortfall-Versicherung aus dem Garantievertrag zwischen Versicherung und Begünstigten (Bank, Investoren) einerseits und der Produzentenvereinbarung zwischen Versicherung und Produzenten andererseits.

3.2. Zeitraum

Die Shortfall-Versicherung garantiert die geschätzten Verkaufszahlen binnen eines bestimmten Zeitraums, der meist drei Jahre ab Premiere des Films beträgt. Sofern die Verkäufe innerhalb dieser Zeit hinter den Schätzungen zurückbleiben, erstattet die Shortfall-Versicherung den Differenzbetrag.

3.3. Kosten

Die Kosten der Shortfall-Versicherung liegen regelmäßig bei 10% des garantierten Betrages. Sie können sogar höher sein, je nachdem wie das »risk assessment« ausfällt.

3.4. Haftungsausschlüsse

Die Versicherung erfasst nicht die Erlösdifferenzen, die sich aus einem fehlenden oder mangelnden Erwerb der dem Film zugrunde liegenden Urheberrechten (Drehbuch etc.) und sonstigen Urheber- und Leistungsschutzrechten im Zusammenhang mit der Herstellung und Verwertung des Films oder der Filmmusik ergeben. Außerdem sind Erlösdifferenzen ausgeschlossen, die auf Krieg, Bürgerkrieg, Streik und höhere Gewalt zurückzuführen sind sowie aufgrund von Wechselkursänderungen.
Schließlich hat die Haftung zur Voraussetzung, dass der Film mit einem Completion Bond eingedeckt ist.

3.5. Verpflichtungen des Produzenten

Die Shortfall-Versicherung gibt dem Produzenten mitunter Verpflichtungen auf, deren Erfüllung für den Produzenten höchst problematisch sind. Hierzu zählt beispielsweise, dass die Provisionen für die Vertriebstätigkeit im nationalen wie auch im internationalen Bereich auf einen niedrigen Prozentsatz festgeschrieben werden, der nicht oder nur mit Zustimmung der Shortfall-Versicherung überschritten werden dürfen. Vor allem ist jedoch die vorgesehene Möglichkeit der Shortfall-Versicherung problematisch, den Vertriebsvertrag zwei Jahre nach Abschluss zu kündigen, sofern die jeweilige Auswertung aus Sicht der Versicherung unzureichend ist und sich eine Inanspruchnahme der Shortfall-Versicherung abzeichnet. Der Versicherung soll in diesem Fall die Möglichkeit zustehen, einen neuen Verwertungsvertrag (mit einem anderen Verleih- und/ oder Vertriebsunternehmen) abzuschließen.
Die Versicherungsbedingungen sehen sogar die Möglichkeit eines Umschnitts und einer Neumischung des Films auf Veranlassung der Versicherung vor. Auf die in diesem Zusammenhang entstehenden urheber- und leistungsschutzrechtlichen Probleme muss an dieser Stelle nicht nochmals hingewiesen werden.

3.6. Sicherung der Ansprüche

Wie die Bank und der Completion Bond lässt sich auch die Shortfall-Versicherung sämtliche Rechte und Ansprüche des Produzenten an den vorbestehenden Werken, dem Filmwerk, den Materialien und den Auswertungsverträgen sicherungsweise abtreten. Die Shortfall-Versicherung verlangt hierbei eine möglichst erstrangige Recoupmentposition und damit ergeben sich offensichtlich Konflikte mit den Sicherungsansprüchen der Bank und des Completion Bonds. Die Bank wird in jedem Fall darauf bestehen, dass ihr Darlehen vorrangig zurückgezahlt und vorrangig besichert wird. Da die Shortfall-Versicherung im Falle ihrer Inanspruchnahme einen Teil des Bankdarlehens abdeckt, wird ihre Recoupment und Sicherungsposition gegenüber dem Completion Bond vorrangig sein. Dies alles ist letztlich im Interparty Agreement zu regeln, wobei ersichtlich wird, dass das Hinzutreten einer Shortfall-Versicherung das Szenario zusätzlich kompliziert.

3.7. Ausblick

Im internationalen »Filmbusiness« ist es in den letzten Jahren schwieriger geworden, Shortfall-Versicherungen abzuschließen. Zum einen sind kaum noch Versicherungsgesellschaften bereit, ein solches Risiko einzugehen, zum anderen kam es zu Prozessen, u.a. weil die Versicherung nicht eintrat und dies war der Branche ebenfalls abträglich. In Deutschland verlangen zwar einige Filmfonds als Voraussetzung ihres Investments den Abschluss einer Shortfall-Versicherung. Nachdem der Gerling-Konzern, der nach Informationen des Verfassers einziger Anbieter in Deutschland war, sich aus diesem Bereich wieder zurückgezogen hat, verbleiben nur noch wenige ausländische Versicherungsgesellschaften als mögliche Ansprechpartner.

IX. Die Herstellung des Films

Im folgenden Kapitel werden die wesentlichen Eckdaten der Verträge vorgestellt, die im Rahmen der Herstellung des Filmwerks geschlossen werden. Es geht dabei um die Verträge mit »Filmschaffenden«, Schauspielern, Regisseur sowie um den Auftragsproduktionsvertrag (»Production Services Agreement«) und den Koproduktionsvertrag. Zuletzt werden die rechtlichen Probleme im Rahmen der Postproduktion erörtert.

1. Verträge mit den Filmschaffenden

Mit der Mehrzahl der Mitwirkenden an der Herstellung eines Filmes schließt der Produzent üblicherweise einen standardisierten Formularvertrag, der jeweils den Besonderheiten des Vertragspartners angepasst wird.

Darüber hinaus existiert ein Tarifvertrag zwischen der IG Medien und den Verbänden der Filmproduzenten vom 1. Januar 1996. Dieser Tarifvertrag wurde als allgemeinverbindlich erklärt mit der Folge, dass er für die gesamte Branche verbindlich ist.

Der Tarifvertrag gilt für nahezu alle Bereiche der Filmschaffenden und er nennt ausdrücklich u.a. Architekten (Szenenbildner), Aufnahmeleiter, Cutter, Darsteller (Schauspieler, Sänger, Tänzer), Filmgeschäftsführer, Fotografen, Kameramänner, Maskenbildner, Produktionsleiter, Regisseure, Requisiteure, Tonmeister sowie Assistenten der vorgenannten Sparten (vgl. Ziffer 1.3 des Tarifvertrags).

Nach Ziffer 1.5 des Tarifvertrags sind allerdings abweichende Vereinbarungen mit »ständig beschäftigten Filmschaffenden« zulässig, wobei unter diese Gruppe diejenigen fallen, die für mindestens sechs zusammenhängende Monate beschäftigt werden oder für mindestens drei Filme während der Dauer eines Jahres engagiert werden.

Für einige der Filmschaffenden (z.B. Herstellungsleiter und »Producer«) sind bei geförderten Filmprojekten die Grundsätze sparsamer Wirtschaftsführung bei der Bemessung ihrer Honorare zu beachten (Richtlinie für die Projektförderung, Teil B). Nach § 24 dieser Richtlinie beträgt z.B. das Honorar des Herstellungsleiters bei einem Budget bis zu DM 5 Mio. maximal 100.000,– DM.

Die Filmschaffenden sind regelmäßig sozialversicherungspflichtige Angestellte des Filmproduzenten, die auf Lohnsteuerkarte tätig werden. Daraus folgt, dass es sich um Arbeitnehmer i.S. des § 5 Abs. 1 Arbeitsgerichtsgesetz handelt und Rechtsstreitigkeiten vor den Arbeitsgerichten auszutragen sind. Bei Personen mit leitenden Funktionen, wie etwa dem Produktionsleiter, werden dagegen überwiegend Dienstverträge im Sinne des § 611 BGB abgeschlossen. Kommt es in diesen Vertragsverhältnissen zu Streitigkeiten, sind diese vor den ordentlichen Gerichten anhängig zu machen.

Beim Engagement ausländischer Filmschaffender (»crew-members«) ist neben den erforderlichen Anmeldungen (Arbeitserlaubnis, Visum etc.) insbesondere die Besteue-

rung zu bedenken. Die ausländischen Filmschaffenden unterstehen der Besteuerung in Deutschland, es sei denn, die folgenden Voraussetzungen sind (kumulativ) erfüllt:
– ihr Aufenthalt in Deutschland überschreitet 183 Tage pro Kalenderjahr nicht;
– sie sind nicht beim deutschen Produzenten, sondern beim ausländischen (Ko)produzenten oder Dienstleister (Production Service Company) angestellt;
– der ausländische Arbeitgeber unterhält keine Betriebsstätte in Deutschland.
Falls nur eine der vorstehend genannten Voraussetzungen nicht zutrifft, gilt bei ausländischen Filmschaffenden generell ein pauschaler Einkommensteuereinbehalt in Höhe von 31,65% incl. Solidaritätszuschlag.
Wegen der komplexen Problematik im Falle der Beschäftigung ausländischer Filmschaffender ist es ratsam, einen sachkundigen Steuerberater hinzuziehen.

Exkurs: Wer haftet für Budgetüberschreitungen?

Bei der Herstellung von Filmen kommt es immer wieder zu Überschreitungen des kalkulierten Budgets. Da es sich hier um das komplexe Zusammenwirken sehr vieler Beteiligter handelt, ist es jedoch außerordentlich schwierig, die Ursachen der Budgetüberschreitung im Einzelnen zu identifizieren. Häufig kommt der Produktionsleiter in Betracht, denn er ist derjenige, der das *»Produktionsvorhaben in wirtschaftlicher und organisatorischer Verantwortung führt, alle Entscheidungen im Hinblick auf ein optimales Endprodukt trifft und die rechtsrelevanten Konsequenzen aus allen Aktivitäten in der Regel alleine trägt«.*
Dennoch existieren kaum Rechtsstreitigkeiten, in denen ein Produktionsunternehmen den Produktionsleiter wegen Überschreitung des kalkulierten Budgets in Anspruch nahm. In einem Musterverfahren beschäftigten sich das LG München I (AZ.: 7 O 7575/94) und das OLG München (AZ.: 29 U 3158/96) mit der Frage, ob und unter welchen Voraussetzungen ein Produktionsleiter für Budgetüberschreitungen verantwortlich gemacht werden kann.
Gegenstand des Streits war die Herstellung eines TV-Movies mit einem kalkulierten Budget von ca. 1,9 Mio. DM, das der Produktionsleiter um über 200.000,00 DM überzog. Die Parteien hatten den üblichen Anstellungsvertrag für Filmschaffende unterzeichnet, in dem stand, dass eine »Zusatzvereinbarung über die Einhaltung des Budgets« nachgereicht würde. Diese Vorgehensweise wurde gewählt, weil einige Positionen noch nicht verbindlich kalkuliert werden konnten, denn die Dreharbeiten fanden teilweise im Ausland statt.
Die Dreharbeiten wurden begonnen und auf die jeweiligen Nachfragen erklärte der Produktionsleiter stets, er bewege sich »locker im Budget« und sehe keine Probleme, den Film im Rahmen des kalkulierten Budgets fertig zu stellen. Diese Erklärung gab er sogar noch einige Tage vor dem letzten Drehtag ab.
Bald stellte sich heraus, dass der Produktionsleiter den Überblick über den Kostenstand völlig verloren hatte und zu dem Zeitpunkt, als er noch immer beteuerte, sich im Rahmen des kalkulierten Budgets zu bewegen und sogar noch Einsparungen durchführen zu können, das kalkulierte Budget bereits über 200.000,00 DM überschritten war. Daraufhin nahm das Produktionsunternehmen den Produktionsleiter auf Schadenser-

satz in Anspruch. Das OLG München stellte in seinem Urteil vom 12. Dezember 1996 (ZUM-RD 1997, S. 125) fest, dass bei Abschluss einer Vereinbarung über die Einhaltung des Budgets im Falle der Überschreitung die Haftung des Produktionsleiters gegeben sei. Die Produzentin müsse

»nur darlegen und eventuell beweisen, dass (und mit welchem Inhalt) die Haftungsvereinbarung geschlossen worden ist und dass das Budget überschritten wurde. Damit ist die objektive Vertragsverletzung hinreichend dargelegt. Dem Produktionsleiter bleibt es dann überlassen, darzulegen, dass und in welcher Höhe Kosten nicht von ihm verursacht wurden« oder falls Kosten von ihm verursacht wurden, »dass und in welcher Höhe ihn kein Verschulden an den Kosten trifft.«

Nach Auffassung des Gerichts sind diese Grundsätze jedenfalls dann anzuwenden, wenn der Produktionsleiter beauftragt und berechtigt ist, alle notwendigen Rechtsgeschäfte für die Produktion im Rahmen der Kalkulation abzuschließen und er damit die Kontrolle über die Entstehung der Kosten hat. Ihn trifft diese Darlegungslast dann nicht unangemessen.

Das Dilemma des klagenden Produktionsunternehmens lag nun darin, dass die Zusatzvereinbarung nicht schriftlich fixiert worden war und das Unternehmen auch deren konkludenten Abschluss nicht beweisen konnte. Das Gericht folgte zwar der Auffassung des Produktionsunternehmens dahingehend, dass – ungeachtet der streitigen Zusatzvereinbarung – den Produktionsleiter für die Einhaltung des Budgets eine vertragliche Sorgfaltspflicht treffe, »*die ihm anvertrauten Produktionsmittel mit der Sorgfalt eines ordentlichen Produzenten zu verwalten und insbesondere unnötige Kosten zu vermeiden*«.

Im Falle der Geltendmachung von Schadensersatzansprüchen aufgrund einer Verletzung dieser Sorgfaltspflicht, trägt jedoch das Produktionsunternehmen die Darlegungslast hinsichtlich der objektiven Verletzung der Sorgfaltspflicht und der Entstehung des Schadens. Dieser Darlegungspflicht konnte das Produktionsunternehmen nur in einigen Fällen genügen, in denen es über die erforderlichen Informationen verfügte. Insoweit wurde der Klage auch stattgegeben.

Im Übrigen war die substantiierte Darlegung der Verletzung der Sorgfaltspflicht und des entstandenen Schadens – wie bei derartigen Konstellationen typisch – dem Produktionsunternehmen schlicht nicht möglich. Es konnte nur den Schlusskostenstand mit der abgenommenen Kalkulation vergleichen und die einzelnen Positionen gegenüberstellen, die überzogen wurden. Diese Positionen waren aber unstreitig und ausschließlich der beklagte Produktionsleiter, nicht aber das klagende Produktionsunternehmen wäre in der Lage gewesen, im Einzelnen darzulegen, weshalb und auf welche Weise es zu den Überziehungen kam. Die Klage wurde deshalb im Ergebnis überwiegend abgewiesen.

Hierbei ist noch ein Umstand zu erwähnen, der in dem zitierten Rechtsstreit auf Seiten des Produktionsleiters erstaunlicherweise nicht zur Verteidigung vorgetragen wurde, nämlich der Completion Bond. Sofern die Herstellung eines Films offensichtlich mit besonderen Risiken behaftet ist, dürfte nach dem Dafürhalten des Verfassers ein nicht unerhebliches Mitverschulden beim Produzenten liegen, wenn er keinen Completion Bond abschließt.

Einmal mehr zeigt sich an diesem Fall, dass die Fixierung der wesentlichen Vertragspunkte jedenfalls schriftlich und möglichst vor Beginn der Arbeit bzw. sobald als möglich erfolgen sollte, um bei später einsetzenden Schwierigkeiten in der Vertragsabwicklung die ursprünglich getroffenen Vereinbarungen auch beweisen zu können.

2. Schauspielerverträge

Seit der Aufhebung des Arbeitsvermittlungsmonopols der Bundesanstalt für Arbeit in den 80er Jahren entwickelte sich in Deutschland eine Vielzahl von Agenturen, die mit unterschiedlichen Schwerpunkten auf die Vertretung von Schauspielern, Regisseuren und Drehbuchautoren spezialisiert sind.

Im Hinblick auf die Vertragsgestaltung existiert keine Standardversion. Häufig werden zwar für Schauspieler nach wie vor die für die Filmschaffenden geltenden allgemeinen Vertragsformulare verwandt. Andererseits entwickeln Agenturen ihre eigenen Vertragsmuster, die den Besonderheiten des jeweiligen Projekts angepasst werden. Nachfolgend werden die wichtigsten Eckdaten eines Schauspielervertrages dargestellt.

2.1. Rechteübertragung

Die Schauspieler haben Leistungsschutzrechte (§ 73 UrhG) an ihren Darbietungen, wobei die Verwertungsrechte nach § 92 UrhG dem Produzenten zustehen. Im Allgemeinen ist die Rechtsübertragung in den Verträgen mit Schauspielern daher nicht weiter problematisch, es sei denn, die Schauspieler möchten sich bestimmte Rechte vorbehalten.

Die Auswertung des Films bzw. von Teilen daraus im Wege des Merchandising und/oder für Zwecke der Werbung für filmfremde Produkte ist hingegen ohne die Zustimmung der Schauspieler unzulässig. Dagegen sind sie durch das Recht am eigenen Bild (§§ 22, 23 KUG) und das allgemeine Persönlichkeitsrecht geschützt.

2.2. Dubbing/ Doubeln

Nach gängiger Rechtsprechung ist es ein Verstoß gegen das Persönlichkeitsrecht, Schauspieler ohne deren ausdrückliche Zustimmung in ihrer Muttersprache neu zu synchronisieren, also ihr Bild mit einer fremden Stimme zu unterlegen. Bisweilen behalten sich Schauspieler das Recht vor, ihre Rolle in fremde Sprachen zu synchronisieren. Darauf sollte sich der Produzent generell nicht einlassen, denn dies könnte die internationale Auswertung des Films beeinträchtigen. Entsprechend muss sich der Produzent (in Abstimmung mit dem Weltvertrieb) die Möglichkeit offen halten, die Rolle durch eine andere Person zu synchronisieren.

Auch das Doubeln des Schauspielers ist nur mit dessen Einwilligung erlaubt. Neben den üblichen gefährlichen Aufnahmen, bei denen der Schauspieler durch Stunts verkörpert wird, kommt Doubeln mitunter bei Nacktaufnahmen in Frage. Dies ist ein heikles Thema und die entsprechenden Szenen sollten klar festgelegt werden. Vertraglich werden Nacktaufnahmen häufig zusätzlich dadurch »abgesichert«, dass kein Standphotograph anwesend sein darf, nur eine eingeschränkte Crew dreht (»closed set«), keine der Szenen für die Promotion des Films verwendet werden darf etc.

2.3. Honorar
Zunächst gilt hier der Tarifvertrag. Darin sind jedoch nur die Mindestsätze festgeschrieben und die meisten Schauspieler arbeiten zu deutlich höheren Gagen. Die Honorare der Schauspieler in Deutschland sind – weniger durch die Kinoerfolge als durch die boomende Fernsehbranche – in den letzten Jahren enorm gestiegen. Dabei ist festzustellen, dass der Honorarunterschied zwischen einem durchschnittlichen Schauspieler und einem »Star« in Deutschland relativ gering ist, anders in Frankreich, England oder in den USA. In jedem Fall ist es für den Produzenten empfehlenswert, sich vor der Aufnahme von Verhandlungen darüber sachkundig zu machen, welche Rollen der Schauspieler in der jüngsten Vergangenheit spielte, wie hoch seine Honorarvorstellungen waren und ob diese auch tatsächlich gezahlt wurden.

2.3.1. Pauschalhonorar
Die Honorare der Schauspieler bemessen sich grundsätzlich nach Tagessätzen und die Auszahlung erfolgt wöchentlich.
Im Rahmen von Filmprojekten ist es gerade bei Hauptdarstellern üblich, Pauschalhonorare zu vereinbaren. Diese Pauschalen sehen eine bestimmte Anzahl von Drehtagen vor. Bei Überschreitung der geplanten Drehtage muss geklärt werden, ob und in welcher Höhe ein weiteres Honorar zu zahlen ist (z.B. auf Basis der üblichen Tagesgage oder auf der Basis des vereinbarten Pauschalhonorars dividiert durch die Drehtage). Ferner ist bei einer Pauschalgage zu konkretisieren, welche Leistungen darin enthalten sind, z.B. Proben (incl. Kostüm- und Maskenproben), An- und Abreisetage, Synchronisationsarbeiten etc.

2.3.2. Rückstellungen
Viele Filme sind in Deutschland unterfinanziert und es ist dem Produzenten nicht möglich, das »übliche« Honorar des Schauspielers zu zahlen. Eine Lösung für die mangelnde Liquidität des Produzenten bietet die Rückstellung eines Teils des Honorars. Hierzu sind die Schauspieler in der Regel bereit, wenn ihnen die Rolle gefällt und das tatsächlich gezahlte Honorar noch »ausreichend« ist. In welcher Höhe das Honorar zurückgestellt wird, ist jeweils eine Frage des Einzelfalls. Die Bereitschaft zur Rückstellung und deren Höhe hängen maßgeblich von folgenden Koordinaten ab:
– Sind auch andere bereit, ihr Honorar (teilweise) zurückzustellen?
– In welchem Rang und in welchem Verhältnis wird die Rückstellung zurückgeführt?
– Wie sind die Aussichten, dass der Film überhaupt Erlöse generiert, aus denen die Rückstellungen zu befriedigen sind?
Üblicherweise stellen auch andere Mitwirkende einen Teil ihrer Honorare zurück, einschließlich des Produzenten selbst (HU, Produzentenhonorar) und die Rückführung der Rückstellungen erfolgt »pro rata pari passu«. Alle Beteiligten werden also im gleichen Rang und anteilig aus allen eingehenden Erlösen befriedigt.

2.3.3. Gewinnbeteiligung

In Deutschland ist es bislang – von wenigen Ausnahmen abgesehen – nicht üblich, Schauspieler an den Erlösen des Films zu beteiligen.

Sofern aber eine Gewinnbeteiligung gezahlt werden soll (z.B. weil der Film ganz entscheidend von einer Rolle abhängt, die durch einen »Star« gespielt wird, der auch noch einen Teil seiner Gage zurückgestellt hat), muss klar definiert werden, an welchen Erlösen bzw. Gewinnen die Beteiligung erfolgen soll. In Deutschland wird allenfalls eine Beteiligung an dem Nettogewinn des Produzenten vereinbart. Außerdem sollte klargestellt werden, ob nur die Gewinne aus der Filmverwertung oder auch diejenigen aus Nebenrechtsverwertungen (z.B. Soundtrackalbum, Merchandising) als Berechnungsbasis dienen sollen.

Anstelle einer Gewinnbeteiligung, bisweilen auch zusätzlich, kann ein »Box Office Bonus« eingeräumt werden.

Insbesondere in den USA gibt es einige Top-Schauspieler, denen eine Beteiligung an den »Gross Receipts« eingeräumt wird. Darunter sind die Bruttoverleih-Einnahmen zu verstehen, lediglich bereinigt um die Steuern. Dies stellt allerdings auch bei Topstars die Ausnahme dar und wird meist nur gewährt, wenn der Schauspieler zu einem »relativ« niedrigen Honorar die Rolle übernimmt. Da diese Art der Beteiligung die Recoupmentposition aller anderen beeinflusst, ist die Zustimmung der Bank, der Investoren, des Completion Bonds und gegebenenfalls weiterer Beteiligter erforderlich. Ansonsten werden auch in den USA üblicherweise Beteiligungen an den »Producer's Net Receipts« und ggf. ein »Box Office Bonus« vereinbart.

2.3.4. Zusätzliche Leistungen

Zusätzlich werden Tagesspesen (»per diem«) gezahlt und es sind insbesondere die Reisekosten und sonstigen Verpflichtungen zu berücksichtigen (Flüge, Zugfahrten, Hotels, Mietwagen, Fahrer etc.). Der Tagesspesensatz liegt augenblicklich bei 46,00 DM.

Die weiteren Zusatzleistungen können aber teuer werden, je nachdem, welche »Stars« zu welchen Sonderkonditionen engagiert werden (z.B. ein 1.-Klasse-Flug eines Schauspielers in Begleitung seiner Frau oder Familie von Los Angeles nach Deutschland, Anspruch auf Einladung zur Premierenfeier etc.). Diese Kosten sind daher sorgfältig zu prüfen und im Budget zu veranschlagen.

2.4. Standfotos/ Promotion

Bekannte Darsteller behalten sich meist vor, die Standfotos abzunehmen. Dann ist die Mindestzahl der zu genehmigenden Standfotos festzulegen und das Genehmigungsverfahren, insbesondere der Zeitrahmen. Gleiches gilt für Promotion- und Werbematerial, auf dem der Schauspieler abgebildet ist.

Im Übrigen muss der Schauspieler für Promotionzwecke ausreichend zur Verfügung stehen, denn hierzu ist der Produzent gegenüber dem Verleih verpflichtet. Hierbei sollte die Produktionsfirma bzw. der Verleih lediglich die mit den PR-Maßnahmen verbundenen Reise- und Aufenthaltskosten tragen und nicht etwa weitergehende Honorare.

2.5. Exklusivzeitraum/ »first call«-Periode

Der Schauspieler wird auf jeden Fall während der Dreharbeiten exklusiv zur Verfügung stehen müssen, soweit keine anderweitigen, längerfristig angelegten Engagements bestehen (z.B. Bühnenengagements).

Darüberhinaus sollte sich der Produzent »first-call«-Perioden vorbehalten. Darunter ist ein Zeitraum zu verstehen, während dessen ein Schauspieler nur dann anderweitige Engagements akzeptieren darf, wenn sie nicht mit seinen vertraglichen Pflichten kollidieren und der Produzent vorher zustimmt. Zu diesen Zeiträumen zählen die Vorbereitungszeit vor Drehbeginn (z.B. Proben) und eine Frist nach Drehende für ggf. erforderlich werdende Neu-, Nachaufnahmen, Synchronisationsarbeiten und andere Tätigkeiten in der Postproduktion. Gerade bei Projekten, bei denen eine Verlängerung der Dreharbeiten aufgrund schwieriger Produktionsverhältnisse nicht unwahrscheinlich ist, sollte sich der Produzent das Recht einräumen lassen, anderweitige zeitnahe Engagements der Schauspieler zu genehmigen.

2.6. »Stop date«

Wichtig ist außerdem, keinen »stop date« in den Vertrag aufzunehmen. Dies bedeutet, dass der Schauspieler nur bis zu einem bestimmten Zeitpunkt zur Verfügung steht und mit Ablauf dieser Frist frei wird, unabhängig davon, ob die Dreharbeiten beendet sind oder nicht. Problematisch ist ein »Stop Date« auch für den Completion Bond, denn ohne die Verfügbarkeit des Schauspielers kann er die Fertigstellung und Lieferung des Films zu den vereinbarten Konditionen nicht garantieren. Ausnahmsweise wird ein »stop date« vereinbar sein (z.B. drei Wochen nach dem geplanten Drehende), wobei in jedem Fall die Bank, der Completion Bond und alle anderen maßgeblich an der Produktion Beteiligten zustimmen müssen.

2.7. Versicherung

Für Hauptdarsteller ist eine Ausfallversicherung abzuschließen und der Vertrag sollte nur unter der aufschiebenden Bedingung wirksam werden, dass sich der Schauspieler hierfür zur Verfügung hält und die Versicherung auch abgeschlossen wird.

2.8. Besonderheiten mit ausländischen Schauspielern

Wer ausländische (vor allem amerikanische) Schauspieler engagieren möchte, wird unweigerlich mit einigen Begriffen konfrontiert, die in Deutschland weitgehend unbekannt oder zumindest nicht üblich sind. Es ist daher angebracht, einige dieser Begriffe kurz zu erläutern.

2.8.1. »loan-out company«

Dabei handelt es sich um eine Gesellschaft, die den Schauspieler gleichsam »verleiht«. Vertragspartner wird nicht der Schauspieler selbst, sondern die »loan-out company«. Viele Schauspieler haben ihre eigene »loan out company« oder sind an einer solchen beteiligt. Diese Konstruktion wird meist aus steuerlichen und aus haftungsrechtlichen Gründen gewählt.

2.8.2. »Pay or Play«

Bei einem »Pay or Play« Vertrag ist das Honorar unabhängig davon fällig, ob der Film tatsächlich gedreht wird oder die Dienste des Schauspielers in Anspruch genommen werden (außer wegen Verhinderung des Schauspielers selbst oder infolge höherer Gewalt). »Pay or Play« bedeutet also, dass dem Schauspieler ein Ausfallhonorar in voller Höhe gezahlt wird. Der Hintergrund dieser Übung ist darin zu sehen, dass Schauspieler sich für den gewünschten Zeitraum exklusiv zur Verfügung halten und dadurch andere Rollen absagen müssen.

Der Begriff »Pay or Play« wird jedoch in vielfach modifizierter Form verwendet. So können z.B. zeitliche Grenzen (gleichsam »Stornierungsfristen«) gesetzt werden, wonach bei Absage des Projekts ein je nach Zeitnähe zum Drehbeginn gestaffeltes Ausfallhonorar zu zahlen ist. Im Falle der Nichtinanspruchnahme des Schauspielers kann das Honorar (teilweise) auf eine andere Rolle angerechnet werden. Schließlich sollte der Schauspieler verpflichtet sein, zumutbare anderweitige Engagements einzugehen und die entsprechenden Gagen sollten – zumindest teilweise – auf das Ausfallhonorar angerechnet werden.

Zur Vermeidung von Missverständnissen soll nicht unerwähnt bleiben, dass auch in Deutschland – ungeachtet der Regelungen im Tarifvertrag – Ausfallhonorare im Sinne eines »Pay or Play« vereinbart werden. Hier werden solche Vereinbarungen weiteren Einschränkungen unterworfen; insbesondere der Maßstab eines zumutbaren Ersatz-Engagements dürfte bei deutschen Schauspielern niedriger anzulegen sein als bei einem amerikanischen »Star«, da die deutschen Schauspieler fast alle auch in Fernsehfilmen zu sehen sind und es deshalb in der Regel nicht an Ersatzengagements fehlt.

2.8.3. Screen Actors Guild of America (SAG)

Wie die Drehbuchautoren (Writers Guild of America) und die Regisseure (Directors Guild of America) sind auch die Schauspieler überwiegend Mitglieder in einer kollektiven Interessensvertretung, der SAG. SAG-Mitglieder sind verpflichtet, nur auf Basis der SAG-Konditionen Verträge einzugehen, außer es handelt sich um einen »Non-SAG« Film. Dies ist dann der Fall, wenn der Vertrag außerhalb der USA geschlossen wird und auch die Leistungen des Schauspielers außerhalb der USA erbracht werden. Wenn ein Engagement nach den SAG-Konditionen erfolgt, wird der Vertrag meist auf der Basis des »SAG Basic Agreements« abgeschlossen. Dadurch wird den Schauspielern der SAG-Status erhalten und die Zahlung von »residuals« (vergleichbar mit unserem Wiederholungshonorar) und Sozialabgaben sichergestellt.

Die SAG schließt außerdem mit dem Produzenten ein »Security Agreement« ab, in dem sie sich zur Besicherung der Ansprüche des Schauspielers (einschl. der residuals) wie die Bank und der Completion Bond die Rechte am Filmwerk, den Materialien etc. sicherungsweise abtreten und registrieren lässt.

2.8.4. »Withholding Tax«

Vorsicht geboten ist bei der Zusage eines bestimmten Honorars »brutto gleich netto«, wie es manchmal von ausländischen Schauspielern verlangt wird. Dabei ist die Besteuerung zu berücksichtigen, denn andernfalls ist das Budget nicht korrekt kalkuliert und die Finanzierung nicht geschlossen.

Grundsätzlich ist bei ausländischen Schauspielern eine »Withholding tax« von 25% zuzüglich eines Solidaritätszuschlags von 5,5% darauf, also insgesamt 26,375% abzuführen. Aufgrund des zwischen Deutschland und verschiedenen Staaten (u.a. den USA) für ausübende Künstler geschlossenen Doppelbesteuerungsabkommens kann der Einbehalt jedoch entfallen, wenn ein Freistellungsbescheid (»exemption certificate«) durch das Bundesamt für Finanzen erteilt wird. Zu beachten ist jedoch, dass die Freistellung für einige Staaten nur bis zu einem Höchstbetrag (in den USA z.B. bis US$ 20.000) erteilt wird und von den darüber hinausgehenden Honoraren die »witholding tax« gleichwohl einzuhalten ist.

Der Produzent sollte in die Verträge mit ausländischen Schauspielern jedenfalls eine Klausel aufnahmen, der zufolge er berechtigt ist, gesetzlich vorgeschriebene Steuern von den Gagen der Schauspieler einzubehalten, solange diese keine Freistellungsbescheide vorlegen.

3. Regieverträge

Die vorstehend erörterten Grundsätze für Schauspieler gelten teilweise analog für den Regievertrag. Aufgrund der dominanten Stellung des Regisseurs im Rahmen der Herstellung eines Films und seiner Filmurheberschaft bedarf der Regievertrag indessen einer näheren Betrachtung.

3.1. Rechtsnatur

Der Abschluss eines Regievertrages begründet nach überwiegender Ansicht zwischen dem Produzenten und dem Regisseur einen Arbeits- oder Dienstvertrag (vgl. v. Hartlieb, a.a.O., Kapitel 101, Rz. 37). Letztlich ist die Rechtsnatur des Regievertrages jedoch eine Frage des Einzelfalles und kann entsprechend variieren. So hat z.B. das Kammergericht Berlin entschieden, dass es sich beim Vertrag über die Erstellung eines Dokumentarfilms um einen Werkvertrag handelt (KG Berlin, ZUM-RD 1999, S. 337 ff.). Weiterhin hat das Landgericht München I in der nachfolgend noch näher erörterten Entscheidung vom 24.2.2000 (AZ: 7 O 21058/99) einen Mischvertrag zwischen Dienst- und Werkvertrag i.S. der §§ 611, 631 BGB angenommen. Das Landgericht München qualifizierte die Aufgabe des Regisseurs der Inszenierung als Werkvertrag, anderweitige Aufgaben, wie z.B. die verantwortliche Leitung und Überwachung des Schnitts und der Synchronisationsarbeiten dagegen als Dienstvertrag.

3.2. Vertragsgrundlage

Grundlagen des Regievertrages sind das Drehbuch, der Drehplan und das abgenommene Budget, die der Regisseur üblicherweise mitunterzeichnet. Die Aufgabe des Regisseurs besteht darin, das Drehbuch im Rahmen des vorgegebenen Budgets zu verfilmen. Der Regisseur ist gegenüber dem Produzenten weisungsgebunden. Er ist insbesondere nicht berechtigt, das abgenommene Drehbuch und den Drehplan ohne die Zustimmung des Produzenten und der weiteren Beteiligten (Bank, Completion Bond etc.) zu verändern.

3.3. Leistungen des Regisseurs

Der Regisseur ist unter normalen Umständen schon in die Projektentwicklung einge-bunden. Er wird nicht selten das Drehbuch – in Zusammenarbeit mit dem Drehbuch-autor – nochmals überarbeiten. Dann ist darauf zu achten, dass mit dem Regisseur gegebenenfalls als Ko-Autor auch darüber eine Vereinbarung getroffen wird, damit die »chain of title« lückenlos ist. Der Regisseur wird außerdem bei der Anfertigung des Drehplans, beim Casting, bei der Auswahl der Locations und des künstlerischen Stabs (Kamera, Regieassistenz, Schnitt, Maske, Ton, Musik etc.) mitwirken. Fraglich ist im Einzelfall, inwieweit dem Regisseur Entscheidungsbefugnisse zustehen und welche Ent-scheidungen letztlich dem Produzenten vorbehalten bleiben.

Neben der Leitung der Dreharbeiten und der Führung der Schauspieler obliegt dem Regisseur schließlich die Leitung des Schnitts, der Postproduktion und aller Endferti-gungsarbeiten bis zur endgültigen Fertigstellung des Films.

3.4. Honorar

3.4.1. Grundvergütung

Dem Regisseur wird regelmäßig eine Vergütung gezahlt, die sich prozentual am abge-nommenen Budget des Films orientiert (2% bis 5%). Ungeachtet der prozentualen Bemessung nach dem Budget werden Mindest- und Höchsthonorare vereinbart.

Bei geförderten Filmen ist zu beachten, dass nach § 24 der Richtlinie für die Projekt-filmförderung, Teil B, die Höchstgage für Regie bis zu 5% der Herstellungskosten bis DM 5 Mio., maximal jedoch 150.000,00 DM und 3% der Herstellungskosten über DM 5 Mio., maximal jedoch 250.000,00 DM beträgt.

3.4.2. Fälligkeit/Rückstellung

Das Honorar wird gewöhnlich zu 20% während der Vorbereitungszeit, zu 60% wäh-rend der Drehzeit, zu 10% bei Rohschnittabgabe und zu 10% bei endgültiger Fertig-stellung und Abnahme des Films gezahlt.

Wenn es sich aus Sicht des Produzenten um ein riskantes Projekt handelt (ohne Completion Bond), das maßgeblich vom Regisseur getragen und beeinflusst wird, soll-te der Produzent darauf hinwirken, dass ein nicht unerheblicher Teil des Honorars erst bei Fertigstellung des Films im Rahmen des Budgets fällig wird. Wenn das Budget über-schritten wird, stellt der Regisseur die letzte Rate seines Honorars zurück. Dadurch wird der Regisseur in die Pflicht genommen und trägt das »over-budget«-Risiko mit. In einem solchen Fall muss aber auch geregelt werden, wie das zurückgestellte Hono-rar »recouped« wird.

3.4.3. Gewinnbeteiligung/ Box Office Bonus

Im Gegensatz zur Honorierung der Schauspieler stellt eine Gewinnbeteiligung des

Regisseurs nicht die Ausnahme, sondern eher die Regel dar. Dies gilt in besonderem Maße, wenn er auch das Drehbuch (mit)verfasst hat. Dann wird, je nach Fall, eine Beteiligung am Produzentengewinn in Höhe von 5% bis 10% angemessen sein. Zusätzlich oder anstelle der Gewinnbeteiligung kann dem Regisseur ein Box-Office-Bonus eingeräumt werden. Insoweit gelten die Ausführungen zum Schauspielervertrag analog.

3.5. Abnahme des Films (Director's cut/ final cut)
Der Regievertrag endet mit der Fertigstellung des Films und Abnahme durch den Produzenten. Regieverträge sehen manchmal vor, dass der Regisseur den Film lediglich abzugeben habe. Aus Sicht des Produzenten sollte die Abnahme vereinbart werden. Daraus folgt, dass der Produzent seinerseits von der Abnahme durch Dritte (Verleih, Vertrieb, Fernsehsender etc.) abhängig ist. Deshalb sollte er den Regisseur erst dann aus der Pflicht entlassen, wenn er auch einen Film abgeliefert hat, mit dem der Produzent seine vertraglichen Obliegenheiten gegenüber Dritten zu erfüllen vermag.
Der Produzent sollte dem Regisseur auch nicht das Recht zum »final cut« zugestehen, es sei denn, es handelt sich um einen erfahrenen und erfolgreichen Regisseur. Daraus resultierten viele Probleme, auf die bereits hingewiesen wurde (vgl. Kap. VIII.1.1.3.) und Kap. V.4.).
In den USA sehen die Regeln der DGA vor, dass der Regisseur binnen einer bestimmten Frist den »Director's Cut« zu übergeben hat. Danach ist der Produzent befugt, gegebenenfalls erforderliche Änderungen vorzunehmen. Nur wenigen »Star«-Regisseuren wird das Recht zum »final cut« zugebilligt.

3.6. Kündigung/ Freistellung
Sofern der Regisseur die vertraglichen Vorgaben nicht beachtet, kann der Vertrag unter bestimmten Voraussetzungen gekündigt werden. Insoweit gelten die allgemeinen arbeitsrechtlichen Grundzüge. Das bedeutet, dass einer außerordentlichen Kündigung ein einschlägiges vertragswidriges Verhalten des Regisseurs vorausgegangen sein muss, welches bereits abgemahnt wurde. Sofern der Regisseur trotz vorangegangener Abmahnung sein vertragswidriges Verhalten fortsetzt, kann der Vertrag fristlos gekündigt werden. Aufgrund der starken Position des Regisseurs als Urheber des Filmwerks und – bei großen Regisseuren – als »essential element« des Films, wird die Kündigung des Vertrags indessen stets »Ultima Ratio« sein und mit allen anderen Beteiligten (Verleih, Weltvertrieb, Bank, Completion Bond etc.) abgestimmt.
Neben der Kündigung hat der Produzent u.U. auch die Möglichkeit, auf die weitere Mitwirkung des Regisseurs zu verzichten, diesen also von der Erbringung seiner weiteren Leistungen freizustellen (bei Zahlung seines Honorars).
In diesem Zusammenhang ist ein Rechtsstreit außerordentlich interessant, der vor dem LG München I anhängig gemacht wurde. Die Parteien stritten um das Recht des Regisseurs, an der Hauptmischung und Endfertigung eines Fernsehfilms, bei dem er bis in das Stadium des Feinschnittes Regie geführt hatte, mitzuwirken.
Im Streitfall kam es während der Dreharbeiten und vor allem nach deren Abschluss zu

einem Zerwürfnis zwischen dem Regisseur und dem Produktionsunternehmen. Schließlich teilte die Produzentin dem Regisseur mit, dass sie ab sofort mit Ausnahme seiner Mitwirkung bei der Hauptmischung der deutschen Sprachfassung auf seine Leistung als Regisseur verzichte. Sie stützte sich dabei auf Nr. 7.3 des Regievertrags, denn aufgrund dessen war die Produzentin »nicht verpflichtet, die Leistungen des Regisseurs in Anspruch zu nehmen. Sie hat das Recht, jederzeit auf die Leistungen des Regisseurs zu verzichten und sie von einem Dritten erbringen zu lassen«.

Auf Antrag des Regisseurs erließ das Landgericht München I (Az: 7 O 21058/99 – ZUM 2000, 414) eine einstweilige Verfügung, die der Produzentin untersagte, die Endfassung des Films ohne Mitwirkung des Regisseurs bei der Hauptmischung der deutschen Sprachfassung vorzunehmen und den Film ohne vorherige Mitwirkung des Regisseurs in dem bezeichneten Umfang öffentlich auszustrahlen.

Das Gericht stützte seine Entscheidung auf § 12 I UrhG. Nach dieser Vorschrift kann der Urheber bestimmen, *ob* und *wie* sein Werk veröffentlicht wird. Aus diesem »Erstveröffentlichungsrecht« gem. § 12 I UrhG folgerte das Gericht die Befugnis des Regisseurs, darüber zu entscheiden, wann das Filmwerk als »vollendet« freizugeben ist (dieses Recht wird bisweilen als »Abnahmerecht« bezeichnet). Aus diesem Recht auf Freigabe des Films und im Übrigen aus dem Regievertrag leitete das Gericht weiter das Recht des Regisseurs her, an den für die Fertigstellung des Filmwerkes wesentlichen Produktionsschritten, zu denen auch die Haupttonmischung zählt, mitzuwirken.

Das Gericht sah in der Klausel, dass die Produzentin nicht verpflichtet sei, die Leistung des Regisseurs in Anspruch zu nehmen und das Recht hat, jederzeit auf die Leistung des Regisseurs zu verzichten, einen eklatanten Verstoß gegen die gesetzliche Grundwertung des Urhebergesetzes und hielt sie für sittenwidrig und damit nichtig.

Diese Auffassung des Gerichts musste deshalb erstaunen, weil die Möglichkeit des Verzichts nahezu wortgleich in Ziffer 4.3 des Tarifvertrags geregelt ist. Aber insbesondere die weiteren Ausführungen des Landgerichts zum Abnahmerecht und zur Entscheidungsbefugnis des Regisseurs über die Veröffentlichungsreife des Filmwerks hätten die Filmproduzenten und die weiteren an der Herstellung eines Filmwerks Beteiligten (Banken, Completion Bond etc.) vor erhebliche Probleme gestellt.

Die beklagte Produzentin legte gegen dieses Urteil des Landgerichts Berufung ein und das OLG München hob das Urteil in seiner Entscheidung vom 20. Juli 2000 (Az: 29 U 2762/00 – ZUM 2000, S. 767 ff.) auf.

Zwar stellte auch das OLG unter Bezugnahme auf § 12 UrhG zunächst klar, dass der Regisseur als Filmurheber das Recht habe, zu bestimmen, ob und wie sein Werk zu veröffentlichen ist. Das OLG hatte jedoch keine Bedenken gegen eine Vertragsklausel, die den Filmproduzenten zwar berechtigt, aber nicht verpflichtet, die Leistungen des Regisseurs für die Gestaltung des gesamten Films in Anspruch zu nehmen und die dem Filmproduzenten das Recht einräumt, nach Abschluss von einzelnen Produktionsabschnitten auf die weitere Mitwirkung des Regisseurs zu verzichten. Verzichtet der Produzent auf die weitere Mitwirkung des Regisseurs, so beschränkt sich dessen Urheberrecht auf die fertig gestellten Teile des Films und er übt sein Veröffentlichungsrecht durch deren Übergabe an den Produzenten aus. Das Gericht stellte ausdrücklich klar, dass der Umfang der urheberrechtlichen Befugnisse keinen Anspruch auf Erbringung weiterer Leistungen begründet.

Im Übrigen hielt das Gericht fest, dass der Regisseur im Falle seiner Mitwirkung bis zur Fertigstellung des Films sein Veröffentlichungsrecht durch Übergabe des Films zur Abnahme durch den Produzenten ausübe. Dieser »endgültigen Freigabeerklärung« gingen indessen bereits Entscheidungen über die Veröffentlichungsreife von Vorstufen des Films voraus: so habe der Regisseur spätestens durch die Fertigstellung des Rohschnittes seine Entscheidung über die Veröffentlichungsreife der Aufnahmen als solche getroffen.

Folgendes sei noch angemerkt:

– Der Produzent darf den Regisseur nicht willkürlich und unbillig von der weiteren Mitwirkung bei der Fertigstellung des Films ausschließen. Vielmehr bedarf es eines hinreichenden Grundes, der aber regelmäßig in den – auch vom Regisseur mitverantworteten – Spannungen und dem gestörten Vertrauensverhältnis gegeben sein wird.

– Außerdem ist der Produzent im Falle des Verzichts auf die weitere Mitwirkung des Regisseurs verpflichtet, das vereinbarte Honorar zu zahlen.

Die Entscheidung des OLG München ist für die Vertragspraxis auch deshalb interessant, weil es weiterhin um die Wirksamkeit einer Klausel folgenden Wortlauts ging:

»Für den Fall einer vom Regisseur behaupteten Vertragsverletzung oder eines sonstigen Konflikts im Zusammenhang mit der Produktion vereinbaren die Vertragsparteien, dass ein derartiger Konflikt ausschließlich zwischen den Parteien auszutragen ist, wobei die Auswertung der Produktion nicht gestört, behindert oder verhindert werden darf. Der Regisseur verzichtet demnach insbesondere auf die Geltendmachung von Unterlassungsansprüchen im Wege eines einstweiligen Verfügungsverfahrens.«

Solche Klauseln werden in der Praxis deshalb verwendet, weil wegen der Vorläufigkeit des einstweiligen Rechtsschutzes eine Auswertung des Films nicht behindert werden soll und sich der Regisseur – im Falle einer später zulässigen Auswertung – hohen Schadensersatzansprüchen ausgesetzt sähe. Die Klausel hat deshalb doppelte Schutzfunktion: einerseits soll sie dem Produzenten die Verwertung des Filmwerks nicht im Wege der einstweiligen Verfügung versagen, andererseits soll sie den Regisseur vor unüberlegten Handlungen schützen, die ihn später erhebliche Beträge, wenn nicht gar »Kopf und Kragen« kosten könnten.

Das Landgericht beurteilte diese Klausel als »eindeutig sittenwidrig i.S. des § 138 I BGB und somit nichtig«, weil es einem Regisseur möglich sein müsste, »seine Rechte effektiv gerichtlich durchzusetzen«. Das OLG schloss sich dieser Auffassung insoweit an, als die einschlägige Klausel »jede Anrufung der staatlichen Gerichte unterbinden will«, also den Regisseur jeglicher Mittel, sich gegen Vertragsverletzungen zur Wehr zu setzen beraubt. Dagegen ließ das OLG offen, ob der Ausschluss etwaiger Ansprüche im Wege der einstweiligen Verfügung allein wirksam ist.

Nach Meinung des Verfassers ist dies zumindest dann möglich, wenn die Ansprüche hinreichend konkretisiert sind und nur die Durchsetzbarkeit im einstweiligen Rechtsschutz ausgeschlossen wird. Derartige Klauseln sind im Übrigen bei internationalen

Filmprojekten nicht nur branchenüblich, sondern werden bisweilen ausdrücklich verlangt (z.B. von Finanziers, Koproduzenten, Completion Bond etc.).

Der im einstweiligen Verfügungsverfahren unterlegene Regisseur hat angekündigt, diese Sache im Hauptsacheverfahren weiterzubetreiben. Es bleibt deshalb abzuwarten, wie dieser Rechtsstreit endgültig entschieden werden wird. Ungeachtet des Ausgangs eines Hauptsacheverfahrens zeigt dieser Fall, dass der Filmproduzent jedenfalls sehr sorgfältig die Regieverträge überprüfen und beachten sollte, dass ihm die entsprechenden Rechte auch tatsächlich eingeräumt werden.

4. Die Auftragsproduktion

Der Produzent beschäftigt im Rahmen der Herstellung eines Films nicht nur den Regisseur, Kameramann, Schauspieler und andere Mitwirkende, sondern er bedient sich auch Subunternehmer bei der Durchführung bestimmter Dienstleistungen. Häufig sind diese ebenfalls Produktionsgesellschaften und mitunter überträgt der Produzent die Herstellung des kompletten Films einem Subunternehmer. In solchen Fällen handelt es sich um eine Auftragsproduktion, wobei zwischen der echten und der unechten Auftragsproduktion zu unterscheiden ist.

4.1. Die echte Auftragsproduktion
Bei der echten Auftragsproduktion ist der Subunternehmer der Filmhersteller. Ihm werden zwar wirtschaftliches Risiko und Finanzierung weitgehend abgenommen. Er bleibt aber für den Erwerb der für das Filmwerk erforderlichen Nutzungs- und Leistungsschutzrechte der Mitwirkenden verantwortlich. Eine solche echte Auftragsproduktion liegt etwa im Verhältnis der Fernsehanstalten zu den Filmproduzenten regelmäßig vor, wenn die Fernsehanstalten vom Filmproduzenten ein Filmwerk herstellen lassen.

Die entscheidende Frage, wer in diesem Verhältnis als Filmhersteller im Sinne des § 94 UrhG und damit Berechtigter der Tantiemen nach §§ 27, 54 UrhG anzusehen ist, haben die Filmproduzenten mit den Fernsehanstalten salomonisch gelöst, indem sie sich diese Tantiemen hälftig teilen.

4.2. Die unechte Auftragsproduktion
Die unechte Auftragsproduktion ist dadurch gekennzeichnet, dass der Subunternehmer in voller Abhängigkeit vom Auftraggeber die Produktion durchzuführen hat und das umfassende Risiko der Filmherstellung beim Auftraggeber liegt. Der Subunternehmer ist hierbei bloßer Dienstleister, der Auftraggeber gilt als der Filmhersteller.

In jüngster Zeit ist die Frage der Auftragsproduktion im Rahmen der Herstellereigenschaft von Filmfonds virulent geworden, was daran liegt, dass einige Filmfonds keinen eigenen Produktionsbetrieb unterhalten, sondern sich zur Herstellung des Films Dienstleistungsunternehmen bedienen, mit denen jeweils ein »Production Services Agreement« abgeschlossen wird. Die Einschaltung von Dienstleistern ist für die Herstellereigenschaft unschädlich, wenn zumindest die folgenden Voraussetzungen erfüllt sind:

- Die Verträge müssen gewährleisten, dass alle zur Herstellung und Auswertung des Films erforderlichen Rechte dem auftraggebenden Filmhersteller zustehen;
- alle wesentlichen Maßnahmen der Filmproduktion, insbesondere die Auswahl des zu verfilmenden Stoffes, der Drehbuchautoren, der Besetzung, die Kalkulation, der Drehplan und die Finanzierung unterliegen der Entscheidung des Auftraggebers;
- der Dienstleister erhält ein fest vereinbartes Honorar und die bei ihm anfallenden Aufwendungen, die auf Rechnung des auftraggebenden Filmherstellers erbracht worden sind, werden ihm ersetzt;
- der auftraggebende Filmhersteller ist Versicherungsnehmer der Versicherungen, insbesondere des Completion Bonds.

4.3. Die wichtigsten weiteren Regelungen

Die Verträge einer Auftragsproduktion sind als Werkverträge zu qualifizieren, wobei die folgenden weiteren Regelungen beachtet werden sollten:

- Die vom Auftragnehmer zu erbringenden Leistungen sollten möglichst präzise definiert werden. Dies ist aus verschiedenen Gründen wichtig, denn der Leistungskatalog muss möglichst komplett im Rahmen der Pauschalvergütung definiert werden und ist darüber hinaus für die Frage der Abnahme wichtig.
- Der Auftragnehmer (Subunternehmer) erhält eine Pauschale und erbringt hierfür seine vertragsgemäßen Leistungen, die sowohl die technischen Geräte wie auch die Dienste seines Personals enthalten sollten (z.B. Beleuchtungsfirma). Soweit der Subunternehmer das kalkulierte Budget unterschreitet, ist es üblich, ihm einen Bonus zu zahlen.
- Alle wesentlichen Entscheidungen und Maßnahmen im Rahmen der Tätigkeit des Dienstleisters müssen vom Auftraggeber getroffen werden. Hierzu zählen insbesondere Änderungen des Drehbuchs, der Besetzung, der Kalkulation, des Drehplans etc.
- Der Auftraggeber sollte versuchen, die Tätigkeit des Subunternehmers möglichst weit zu kontrollieren. Dies erfolgt einerseits durch die Entsendung eines Vertreters an den Set. Ferner sollten die Überwachungsmöglichkeiten durch präzise Auflistung der Informationspflichten über den Fortgang der Produktion wie daily rushes, wöchentliche Kostenstände, Übersendung der Tagesdispo etc. weitgehend ausgeschöpft werden.
- Der Auftraggeber sollte unter praktischen Gesichtspunkten dringend darauf achten, dass die Materialien in seinem Namen beim zuständigen Kopierwerk eingelagert werden und er eine unwiderrufliche Ziehungsgenehmigung erhält (Laboratory Access Letter). Falls die Materialien nicht in seinem eigenen Namen, sondern im Namen des Subunternehmers eingelagert werden, hat er keine Kontrolle hierüber und gerät in große Schwierigkeiten, wenn sich sein Verhältnis zum Subunternehmer als wenig »harmonisch« entwickeln sollte.
- Änderungen und Ergänzungen, die der Auftraggeber im Rahmen der Film-Herstellung wünscht, sollten möglichst schriftlich fixiert werden wie die entsprechende Kostentragung.

– Der Auftragnehmer erwirbt an seinen Leistungen bzw. dem hergestellten Film keinerlei Rechte. Vielmehr stehen diese in vollem Umfang dem Auftraggeber zu.

– Es sollte ein Mechanismus installiert werden, der die ordnungsgemäße Verwendung der Mittel vom Produktionskonto gewährleistet. Sofern der Subunternehmer eine Pauschale erhält, sollte diese in Raten gezahlt werden, die dem Fortgang der Produktion angepasst sind. Handelt es sich andererseits um die Bewältigung einer vollständigen Produktion oder des wesentlichen Teils (z.B. Dreharbeiten), sollten die Kontovollmachten so gestaltet werden, dass nur bestimmte Beträge (z.B. bis zu 5.000,00 DM) vom jeweiligen Subunternehmer verfügt werden können. Darüber hinausgehende Beträge sollten der Gegenzeichnung durch eine vertretungsberechtigte Person des Auftraggebers bedürfen.

– Die Nennung des Dienstleistungsunternehmens und der beteiligten Personen.

4.4. Mischformen

Eine Zusammenarbeit zwischen Auftraggeber und -nehmer kann auch Formen haben, die vom reinen Werkvertrag abweichen. Denn bisweilen erwirbt der Auftragnehmer Rechte am Filmwerk, wie etwa die Verwertungsrechte für ein bestimmtes Territorium (z.B. Ungarn, wenn ein Film teilweise in Ungarn hergestellt wird und die Leistungen von einer ungarischen Firma erbracht werden), oder eine Gewinnbeteiligung, weil die Leistungen unentgeltlich oder zu einem günstigen Preis erbracht werden.

4.5. »Single Purpose Company«

In den USA ist es u.a. aus Haftungsgründen üblich, bei der Herstellung eines Films eigens eine Produktionsgesellschaft zu gründen, die mit der Herstellung und Ablieferung des Films im Rahmen einer bestimmten Pauschalvergütung beauftragt wird. Es handelt sich dabei um die sog. »Single-Purpose-Company«. Alle Verträge, einschließlich der Kreditverträge, lauten auch auf diese »Single-Purpose-Company«, die jedoch mit der Herstellung und Ablieferung des Films an den Auftraggeber ihren Zweck erfüllt hat und wieder aufgelöst wird.

4.6. steuerrechtliche Vorgaben

So weit Subunternehmer im Ausland eingeschaltet werden, sind neben der jeweiligen Rechtsordnung auch steuerrechtliche Vorgaben zu beachten. Insbesondere ist sicherzustellen, dass es sich um keine Koproduktion handelt und auch keine Betriebsstätte im Ausland begründet wird. Bei einer klassischen Beauftragung eines Subunternehmers ist dies regelmäßig nicht der Fall. Sofern jedoch individuelle Abweichungen vereinbart werden (vgl. 4.4.), sollte ein Steuerexperte hinzugezogen werden.

5. Die Koproduktion

Was den finanziellen Rahmen anbelangt, sind die deutschen Filmproduzenten ideale Partner einer Koproduktion. Die Filmförderung in Europa umfasst jährlich ca. 1,7 Mrd. DM. Laut FFA erhalten französische Filmproduktionen rund 743 Mio. DM, gefolgt von Deutschland (268 Mio. DM) und Italien (190 Mio. DM). Zu diesen öffentlichen Fördermitteln treten in Deutschland private Filmfonds und börsennotierte Unternehmen, die ebenfalls über beachtliche Mittel verfügen. Außerdem ist Deutschland nach den USA der zweitgrößte Film- und Fernsehmarkt, woraus sich weitere finanzielle Möglichkeiten ergeben.

Schließlich hat Deutschland mit nahezu allen europäischen Staaten bilaterale Koproduktionsabkommen geschlossen und ist Unterzeichnerstaat sowohl des europäischen Koproduktionsabkommens von 1992 als auch der paneuropäischen Filmförderung »Eurimages«.

Nachstehend werden die typischen Regelungen und Konfliktpunkte bei der Verhandlung, Herstellung und Auswertung eines koproduzierten Films erörtert.

5.1. Rechtsnatur

Eine Koproduktion auf nationaler wie auch auf internationaler Ebene stellt nach deutschem Recht eine Gesellschaft bürgerlichen Rechts (§§ 705 ff BGB) dar, bei der sich die Gesellschafter (d.h. die Koproduzenten) zum gemeinsamen Zweck der Herstellung und ggf. zur Auswertung eines Filmwerkes zusammenschließen.

In der Vertragspraxis bringen die Verträge im Hinblick auf ihre Rechtsnatur meist wenig zum Ausdruck, mit Ausnahme der aus haftungs- und steuerrechtlichen Gründen eingefügten Standardformulierung, dass der Vertrag keine Gesellschaft begründe. Auch die internationalen Koproduktionsverträge enthalten stets eine Formulierung etwa folgenden Wortlauts:

> »Nothing in this Agreement is intended to or shall be deemed to constitute a partnership or a joint venture between the co-producers«.

Während solche Klauseln in bestimmten Rechtsordnungen das Vorliegen eines »partnerships« angeblich ausschließen, ist in Deutschland dennoch eine Gesellschaft bürgerlichen Rechts anzunehmen. Denn maßgeblich für die Qualifizierung des Vertrags ist nicht dessen Wortlaut, sondern die tatsächlich getroffenen sachlichen Regelungen.

5.2. Einbringung der vorbestehenden Rechte

So weit die Koproduzenten einen Stoff nicht gemeinsam entwickelt haben, liegen die vorbestehenden Rechte (z.B. Drehbuch) zunächst beim Koproduzenten. Die anderen Koproduzenten sollten sich anfangs von der Verfügbarkeit der Rechte durch Vorlage der »chain-of-title«-Dokumente überzeugen. Dieses Vorgehen verschafft ihnen einen Überblick über den tatsächlichen Umfang der Rechte.

Aus Sicht der anderen Koproduzenten ist dann darauf zu achten, dass die erworbenen Rechte vollumfänglich gegen Erstattung der (nachgewiesenen) Kosten in die Koproduktion eingebracht werden. Denn gelegentlich versuchen die Rechteinhaber, bestimmte

Rechte zurückzubehalten (z.B. Remake-, Sequelrechte,) oder der Koproduktionsgemeinschaft nur eine Lizenz zur einmaligen Verfilmung und Auswertung des Filmwerkes einzuräumen. Ein solches Vorgehen kann ausnahmsweise gerechtfertigt sein, wenn z.b. die Entwicklung eines Projekts zeit- und kostenintensiv war und die anderen Koproduzenten nicht bereit oder nicht in der Lage sind, die hohen Entwicklungskosten vollständig zu erstatten.

5.3. Festlegungen des Films
Der herzustellende Film sollte möglichst präzise festgelegt werden. Hierzu zählen mindestens das abgenommene Drehbuch, der (vorläufige) Titel, der Regisseur und die Hauptdarsteller, das Aufzeichnungsmaterial, die Laufzeit, sowie Drehorte, Drehzeit und Fertigstellung des Films, vorbehaltlich der Verfügbarkeit dieser Informationen.

5.4. Entscheidungen
Alle wesentlichen Entscheidungen sollten von den Koproduzenten einvernehmlich getroffen werden. Dies gilt insbesondere für Abweichungen von den Film-Festlegungen wie Drehbuch, Budget, Dreharbeiten, Regisseur, Hauptdarsteller und anderen wesentlichen Vertragsbestandteilen. Die tatsächliche Einbindung in derartige Entscheidungen ist nach deutschem Recht Voraussetzung für die Herstellereigenschaft des jeweiligen Koproduzenten.

Für den Fall, dass zwischen den Koproduzenten kein Einvernehmen erzielt werden kann, sollte unbedingt ein Entscheidungsmechanismus vereinbart werden. Hierfür bieten sich verschiedene Möglichkeiten an. In der Regel wird dem Koproduzenten – der als Hauptfinanzier des Films auftritt – die Entscheidungsbefugnis in finanziellen Angelegenheiten zuerkannt. Eher produktionsbezogene Entscheidungen können dem federführenden Koproduzent übertragen werden, denn dieser ist naturgemäß mit den Produktionsverhältnissen am engsten vertraut und damit befähigt, eine sachgerechte Entscheidung zu treffen. Dies gilt besonders für die Drehzeit, in der Verzögerungen möglichst zu vermeiden sind und Entscheidungen üblicherweise binnen 48 Stunden getroffen werden.

Zweckmäßig kann auch sein, einen beteiligten Dritten (z.B. Verleih, Weltvertrieb), der bezüglich der »essential elements« ohnehin Mitspracherechte hat und den fertigen Film abnehmen muss, in die Entscheidung einzubeziehen.

5.5. Budget/ Koproduktionsbeiträge
Das verbindlich festgelegte Budget nebst eines Finanzierungsplans, aus dem sich die jeweiligen Beiträge der Koproduzenten ergeben, muss Gegenstand der Vereinbarung werden. Weiterhin muss ein Cash-flow-Plan festgelegt werden, der die Fälligkeit der jeweiligen Zahlungen mit Produktionsfortschritt festhält.

Die Beiträge der Koproduzenten müssen unbedingt sichergestellt werden, auch zum Schutz der weiteren Beteiligten. Fällt nämlich der Beitrag eines Koproduzenten aus, ist die Finanzierung des Projekts nicht mehr gewährleistet und das Projekt muss unterbrochen, schlimmstenfalls sogar abgebrochen werden. Deshalb sollten die Koproduktionsbeiträge entweder zu einem bestimmten Zeitpunkt auf das Produktionskonto gezahlt oder durch einen »letter of credit« abgesichert werden. Sofern die Finanzierung über ein Kreditinstitut erfolgt oder ein Completion Bond eingeschaltet wird, ist die vorbezeichnete Absicherung der Koproduktionsbeiträge in aller Regel ohnehin »conditio sine qua non«.

5.6. Rolle der Koproduzenten

Ferner sollte exakt definiert sein, welche Aufgaben die Koproduzenten bei der gemeinsamen Herstellung des Filmwerkes zu erfüllen haben. Üblicherweise ist ein Koproduzent als »federführender« oder »ausführender« Koproduzent (»delegate producer«) für die Herstellung und Ablieferung des Films verantwortlich. Es empfiehlt sich, denjenigen als Koproduzenten vorzusehen, der das Projekt entwickelt hat, in dessen Land die Dreharbeiten stattfinden und der die engsten Kontakte zu den tragenden Mitwirkenden hat (Regisseur, Hauptdarsteller etc.).

Die Aufgaben des ausführenden Koproduzenten können aber auch unter den Koproduzenten aufgeteilt werden. Finden die Dreharbeiten z.B. in verschiedenen Ländern statt, bietet es sich an, dass der jeweils vor Ort ansässige Koproduzent die entsprechenden Dreharbeiten durchführt. Der durchführende Koproduzent sollte jedenfalls verpflichtet sein, regelmäßig über den Fortgang der Produktion und den Stand der Kosten Bericht zu erstatten. Insoweit gelten dieselben Überlegungen, wie vorstehend zur Auftragsproduktion, denn der ausführende Koproduzent ist gleichsam Auftragnehmer der anderen Koproduzenten. Aus praktischen Gründen sollte außerdem festgelegt werden, welcher von ihnen als Repräsentant jeweils am Set erscheinen darf und dort Ansprechpartner möglichst mit Entscheidungsbefugnis sein soll.

Die Rolle des ausführenden Koproduzenten kann alternativ einem fremden Dritten (einer »Production Service Company«) für die komplette oder teilweise Herstellung des Films übertragen werden. Dann handelt es sich um eine Auftragsproduktion und es gelten die Ausführungen im vorstehenden Kapitel.

5.7. Verträge mit Dritten/ Mitwirkenden

Üblicherweise schließt der federführende Koproduzent auch die zur Herstellung des Films erforderlichen Verträge mit Dritten ab und zwar im Namen und auf Rechnung der Koproduzenten. Unter haftungsrechtlichen Gesichtspunkten kann wünschenswert sein, dass der federführende Koproduzent sämtliche oder bestimmte Verträge im eigenen Namen und auf eigene Rechnung abschließen soll. Dies ist allerdings steuerschädlich, denn die Verträge müssen zumindest auf Rechnung der Koproduzenten abgeschlossen werden.

Wichtig ist ferner, dass die Koproduzenten die entsprechenden Verträge überprüfen und sich vergewissern, dass der jeweils vertragschließende Koproduzent sämtliche erforderlichen Rechte ordnungsgemäß für die Koproduktionsgemeinschaft erwirbt. Unter praktischen Gesichtspunkten ist es daher sinnvoll, dem Koproduktionsvertrag einen Anhang beizufügen, der den mit den Mitwirkenden zu schließenden Standardvertrag oder wenigstens die wichtigsten Klauseln (Rechtsübertragung) enthält.

5.8. Über- und Unterschreitungen

Außerdem sollte der Koproduktionsvertrag eine Regelung darüber enthalten, wer die Kosten zu tragen hat, wenn das abgenommene Budget überschritten wird. Dies erscheint insbesondere dann unerlässlich, wenn keine Fertigstellungsgarantie abgeschlossen wurde.

Die »over-budget«-Kosten trägt typischerweise der Koproduzent, in dessen Verantwortungsbereich sie entstanden sind, also in der Regel der federführende Koproduzent. Aus dessen Sicht sollte jedoch eine Einschränkung erfolgen, dass er Überschreitungen nur dann übernehmen muss, wenn er sie schuldhaft verursacht hat. Alternativ kann vereinbart werden, dass die Koproduzenten die Überschreitungen anteilig im Verhältnis ihrer Finanzierungsbeiträge aufzubringen haben. In jedem Fall ist zu klären, ob und gegebenenfalls wie die verauslagten Mehrkosten zurückgeführt werden. Dies ist im Recoupmentplan zu berücksichtigen.

Bewegen sich die Kosten der Herstellung gemäß Schlusskostenstand unter dem abgenommenen Budget (z.B. weil die kalkulierte Überschreitungsreserve nicht aufgezehrt wurde), sollte ebenso geregelt werden, wie diese Beträge zu verteilen sind. Es ist üblich, dem federführenden Koproduzenten einen Bonus zuzusprechen und den Differenzbetrag unter den Koproduzenten aufzuteilen. Hier ist allerdings darauf hinzuweisen, dass nach den Richtlinien der deutschen Filmförderungen dem Koproduzenten die zugesprochenen Fördermittel entsprechend dem Schlusskostenstand gekürzt werden, während in anderen Ländern (z.B. Frankreich) die Unterschreitungen dem Produzenten gleichsam als Erfolgsprämie verbleiben.

5.9. Overheads, Producer fee

Diese Positionen des Budgets müssen unter den Koproduzenten in fairer Weise aufgeteilt werden. Letztlich ist eine faire Allokation dieser Beträge eine Frage des Einzelfalles und entzieht sich einer Generalisierung. Bei der Zuordnung sind insbesondere die Leistungen der Koproduzenten in der Projektentwicklung und im Rahmen der Herstellung des Films zu berücksichtigen.

5.10. Versicherungen/Completion Bond

Darüber hinaus sollte im Koproduktionsvertrag festgelegt werden, welcher Koproduzent für den Abschluss der Versicherungen für das Filmvorhaben verantwortlich sein soll. Die standardmäßig abzuschließenden Versicherungen sollten zur Vermeidung von Missverständnissen aufgezählt werden, einschließlich der E&O-Versicherung und des Completion Bonds. Die Koproduzenten sollten in die Versicherungspolicen als Begünstigte mitaufgenommen werden und sich eine Kopie der jeweiligen Police vorlegen lassen.

5.11. Zuordnung der Rechte

Bezüglich der in einer Koproduktion entstehenden Rechte ist grundsätzlich zu unterscheiden zwischen den vorbestehenden Rechten (z.B. Drehbuch, Musik), den Rechten am Filmwerk selbst und den Eigentumsrechten an sämtlichen Materialien (Original-

negativ, belichtete oder unbelichtete Filmmaterialien, Skizzen, Zeichnungen, Modelle, Kostüme, Figuren etc.), die im Rahmen der Filmproduktion entstehen. Wie zu Beginn dieses Abschnitts dargelegt, handelt es sich nach deutschem Recht bei einer Koproduktion um eine Gesellschaft bürgerlichen Rechts, so dass die Rechte allen Koproduzenten »zur gesamten Hand« zustehen. Dieser dauerhaft unerwünschten Situation begegnen die Koproduktionsverträge meist dadurch, dass die Gesellschaft mit Fertigstellung der Nullkopie aufgelöst und in eine Bruchteilsgemeinschaft umgewandelt wird. Die Rechte stehen dann den Koproduzenten meist im Verhältnis ihrer Beteiligung an den Herstellungskosten zu. Es können sich aber im Einzelfall auch davon abweichende Rechts- und insbesondere Erlöszuordnungen ergeben. In englischsprachigen Verträgen findet sich häufig eine Formulierung etwa folgenden Wortlauts:
»The co-producers shall jointly own all rights including the copyright in the picture as tenants in common«
Alternativ trifft man auf folgende Formulierung:
»The co-producers shall co-own the copyright and all other rights in and to the picture in proportion to their financial contributions to the budget.«
Die erste Variante ist nach Kenntnis des Verfassers eher als »Gesamthandsgemeinschaft« zu verstehen, während die zweite Variante als Bruchteilsgemeinschaft aufzufassen ist. Ungeachtet der jeweiligen Formulierung und rechtlichen Qualifikation aufgrund des anzuwendenden Rechts sind klare Regelungen im Hinblick auf die den Koproduzenten zustehenden Rechte, insbesondere den Auswertungsrechten am Filmwerk, erforderlich. Hierfür existieren bestimmte Standards, die nachfolgend skizziert werden.

5.11.1. Eigentums- und Zugangsrecht

Die Eigentumsrechte werden letztlich durch Ablieferung und Übergabe der physischen Materialien verschafft. Das belichtete Filmmaterial (Originalnegativ) wird regelmäßig nicht an die einzelnen Koproduzenten übergeben, sondern bei einem einvernehmlich zu bestimmenden Kopierwerk eingelagert. Die Einlagerung sollte möglichst auf den Namen aller Koproduzenten erfolgen und allen Koproduzenten muss jederzeit ungehindert Zugang durch eine unwiderrufliche Ziehungsgenehmigung (»laboratory access letter«) gewährt werden.

5.11.2. Auswertungsrechte

Hinsichtlich der Auswertungsrechte eines Filmwerks existieren verschiedene Modelle, die je nach Sach- und Interessenslage, sowie den rechtlichen Rahmenbedingungen Anwendung finden. Dabei sind neuerdings die steuerrechtlichen Vorgaben verstärkt zu beachten (vgl. 5.18.) »steuerrechtliche Fragen« sowie »Der Medienerlass«, Kap. VII.3.5.6.(2)).

(1) Gemeinsame Auswertung
Bei dieser Variante erfolgt die Auswertung weltweit gemeinsam und alle Erlöse fließen in einen Pool. Die Verteilung der Erlöse erfolgt nach einem festgelegten Rückfluss- und Gewinnverteilungsplan und ist bei großen internationalen Koproduktionen nicht unüblich.

(2) Zuordnung exklusiver Territorien

Bei europäischen Koproduktionen ist die klassische Konstellation, dass den Koproduzenten die ausschließlichen Auswertungsrechte in ihren jeweiligen Territorien übertragen werden (z.B. deutschsprachige oder französischsprachige Territorien) und ihnen die Rechte und Erlöse in den übrigen Territorien im Verhältnis ihrer Koproduktionsbeiträge zustehen. Bei dieser Fallgestaltung sind die Rechteinhaber der exklusiven Territorien in der Gestaltung ihrer Auswertungen frei und gegenüber den anderen Koproduzenten weder abrechnungs- noch verteilungspflichtig.

Die Auswertung in den verbleibenden Territorien wird über einen Weltvertrieb vorgenommen, der möglichst an die jeweiligen Koproduzenten abrechnet und die Erlöse anteilig nach dem festgelegten Recoupment- und Verteilungsplan ausschüttet.

(3) Querverrechnung der exklusiven Territorien

Die in der vorstehenden Ziffer beschriebene Zuordnung der Rechte ist jedoch nicht immer sinnvoll und interessensgerecht. Zum Beispiel kann ein Film starke französische Akzente haben (spielt in Frankreich, basiert auf einem französischen Roman, französische Hauptdarsteller etc.) und ihm sind deshalb in Frankreich höhere Auswertungschancen einzuräumen als etwa in Deutschland. Voraussichtlich wird dann der französische Koproduzent seine Investition aus den Einspielerlösen in seinem exklusiven (französischsprachigen) Territorium eingespielt haben und möglicherweise Gewinne erzielen, während der deutsche Koproduzent aus dem ihm zugewiesenen exklusiven (deutschsprachigen) Territorium noch weit vom Recoupment seiner Investition entfernt ist. Zusätzlich würde der französische Koproduzent aus den Erlösen aus dem Weltvertrieb Gewinne erzielen, während der deutsche Koproduzent auch diese Erlöse zunächst noch zum Recoupment seiner Investition verwenden müsste, bevor er in die Gewinnzone käme.

In derartigen Konstellationen sollte sich, um beim gegebenen Beispiel zu bleiben, der deutsche Koproduzent an den Einnahmen aus Frankreich zumindest solange beteiligen lassen, bis er seinen Koproduktionsbeitrag »recouped« hat. Alternativ können ihm die Erlöse aus den weltweiten Territorien bis zum Recoupment seines Koproduktionsbeitrags vorrangig zufließen. Nach Recoupment auch des deutschen Koproduktionsbeitrags stünden die Erlöse aus dem Weltvertrieb den Koproduzenten im vereinbarten Verhältnis zu.

Solche Abweichungen von der üblichen Rechts- und Erlösverteilung komplizieren das Szenario, denn die Erlöse aus den exklusiven Territorien müssen gegenseitig abgerechnet und unter den Koproduzenten aufgeteilt werden, während in der Standardversion die Auswertung des Films in den exklusiven Territorien ausschließlich Sache des jeweiligen Koproduzenten ist.

Zu überlegen ist daher in einer solchen Situation, ob nicht das Modell (1) gewählt wird und alle Erlöse in einen Pool fließen, wobei es zusätzlich sinnvoll erscheint, mit dem Einzug und der Verteilung der Erlöse eine »Collection Agency« zu betrauen.

5.12. Recoupment und Gewinnbeteiligung

Im Koproduktionsvertrag muss exakt definiert werden, welche Parteien in welchem Verhältnis und in welchem Rang an den eingehenden Auswertungserlösen beteiligt sind.

Grundsätzlich wird zwischen der Recoupmentphase (Rückdeckung der Herstellungskosten) und – nach break even – der anschließenden Gewinnphase unterschieden. Bei Aufstellung und Definition der Herstellungskosten ist darauf zu achten, dass tatsächlich alle im Zusammenhang mit dem Projekt entstandenen Kosten enthalten sind. Die endgültigen Herstellungskosten werden im sog. Schlusskostenstand (»final cost statement«) festgehalten, der für alle Parteien verbindlich ist. Dieser wird regelmäßig von einer Wirtschaftsprüfungsgesellschaft überprüft und bestätigt.

Bei einer Vielzahl von Projekten stellen die Koproduzenten (ggf. auch andere Beteiligte) einen Teil ihrer Honorare zurück, um die Finanzierung des Budgets zu schließen. Auch diese Rückstellungen sind in den Recoupmentplan einzustellen und werden zurückgeführt, bevor die Gewinnbeteiligungen einsetzen.

Die Standardformel für den Recoupmentplan lautet »pro rata pari passu« und dies bedeutet, dass alle Beteiligten im gleichen Rang und anteilig aus allen eingehenden Erlösen befriedigt werden. Das Gegenteil ist die vorrangige Befriedigung eines Beteiligten, der zunächst alle eingehenden Erlöse bis zur Rückführung seiner Rückstellung und/ oder seiner Investition erhält. Erst danach kommen die weiteren Beteiligten zum Zuge, und zwar – vorbehaltlich einer abweichenden Regelung – wiederum »pro rata pari passu«.

Die Rangfolge der Beteiligten kann allerdings heftig umstritten sein, insbesondere dann, wenn neben den Koproduzenten auch Schauspieler, Regisseur und andere Mitwirkende einen Teil ihres Honorars zurückgestellt haben. Im Allgemeinen sollte von der Gleichwertigkeit der Ansprüche ausgegangen werden, so dass die Formel »pro rata pari passu« anzuwenden ist. Im Einzelfall kann es auch sachgerecht sein, bestimmte Forderungen vorrangig zu behandeln oder verhältnismäßig besser zu stellen.

Nachdem die Herstellungskosten des Films zurückgeführt sind, hat das Projekt den »break even«-Punkt erreicht und gelangt in die Gewinnzone. Jetzt kommen diejenigen zum Zuge (z.B. Regisseur, Drehbuchautor, Schauspieler), die an den Gewinnen beteiligt sind.

In diesem Zusammenhang ist noch kurz auf ein immer wiederkehrendes Problem einzugehen. Produzenten schließen bei Beginn eines Filmprojekts Verträge, in dem sie dem Vertragspartner eine bestimmte Gewinnbeteiligung einräumen (z.B. dem Drehbuchautor 5%). Geht der Produzent später eine Koproduktion ein, stellt sich die Frage, ob der Drehbuchautor am Gewinn aller Koproduzenten oder nur am Gewinn seines Vertragspartners beteiligt wird. Nach zutreffender Auffassung partizipiert der Drehbuchautor an den Gewinnen aller Koproduzenten, sofern nicht ausdrücklich sein Gewinnanspruch auf den Anteil seines Vertragspartners beschränkt ist. Denn andernfalls sähe er sich der Situation gegenüber, dass seinem Vertragspartner als minoritärem Koproduzenten selbst nur noch z.B. 20% der Gewinne zustehen, mit der Folge, dass sein vereinbarter Gewinnanteil letztlich nicht bei 5%, sondern nur noch bei 1% läge.

Dies ist nicht zulässig und würde einen unwirksamen Vertrag zu Lasten Dritter im Sinne des 328 BGB darstellen. Der Drehbuchautor ist im gegebenen Fall an den Gewinnen aller Koproduzenten mit 5% zu beteiligen.

Aber auch aus Sicht des Koproduzenten, der den Vertrag mit dem Drehbuchautor geschlossen hat, ist Vorsicht geboten. Er sollte nämlich darauf achten, dass der Autor von den eingehenden Gewinnen vorrangig seinen Anteil erhält und die zwischen den Koproduzenten vereinbarte Verteilung erst danach einsetzt. Andernfalls läuft er Gefahr, dass er aus dem ihm verbleibenden Anteil den Drehbuchautor befriedigen muss und sich sein Gewinnanteil entsprechend schmälert.

All dies ist in einem Rückfluss- und Gewinnverteilungsplan (»Recoupment and Disbursement Schedule«) sorgfältig zu regeln. Darin sind alle an dem Projekt Beteiligten zu berücksichtigen, einschließlich der Banken, Investoren, Completion Bond, Rückstellungen, Filmförderungen, Gewinnbeteiligte wie z.B. Drehbuchautoren, Regisseur, Schauspieler etc.

5.13. Verleih- und Vertriebsverträge

Außerdem sollte die Zuständigkeit für Verhandlung und Abschluss der Auswertungsverträge vertraglich festgelegt werden. Im Falle der Zuordnung von exklusiven Territorien schließen die jeweiligen Koproduzenten die entsprechenden Verträge selbst, ohne dass es einer Abstimmung bedarf. Lediglich die Vergabe bestimmter Lizenzen, wie z.B. Satellitenausstrahlungen, Online und/oder Internet sollten jeweils abgestimmt werden.

Der Abschluss des Weltvertriebsvertrags für die Auswertung gemeinsamer Territorien wird üblicherweise von einem Koproduzenten verhandelt. Vor Vertrags-Abschluss ist die Zustimmung aller Koproduzenten einzuholen. Ein ohne die erforderliche Zustimmung abgeschlossener Vertrag ist schwebend unwirksam.

5.14. Nennungen/ Copyrightvermerk

Die Nennung bezieht sich einerseits auf das Filmwerk selbst und darüber hinaus auf die Begleitmaterialien und Werbeankündigungen. Die zu erfolgenden Nennungen sollten möglichst präzise definiert werden.

Die Nennung im Rahmen einer Koproduktion lautet regelmäßig wie folgt:

Eine Koproduktion
der X-Filmproduktion/ Y-Filmproduktion/ Z-Filmproduktion.

Häufig werden neben den Koproduzenten noch Dritte (z.B. eine Fernsehanstalt), die an der Entwicklung oder Durchführung des Projekts beteiligt waren, etwa in folgender Weise genannt:

Eine Koproduktion der ...
in Zusammenarbeit mit ...(»in association with«) ...

Neben der Nennung der Koproduzenten werden auch die verschiedenen Personen in ihren jeweiligen Tätigkeiten (Producer, Executive Producer, Creative Producer etc.) genannt. Die Nennung im Film differenziert dabei nach verschiedenen Kriterien, die je nach Bedeutung des Betroffenen anzuwenden sind: front- oder end-credit, single oder

shared card, Größe der Buchstaben, Dauer der Einblendung, Farbe etc. Dies gilt auch
für alle anderen Mitwirkenden, insbesondere den Schauspielern.
Es entspricht allgemeiner Erfahrung, dass gerade bei den Nennungen die individuellen
Eitelkeiten eine große Rolle spielen und wie sich darin auch die jeweiligen Leistungen der Beteiligten und die Hierarchien offenbaren. Insbesondere in den USA widmen
alle Beteiligten ihrer Nennung ganz außerordentliche Aufmerksamkeit. Aber auch in
Deutschland sollte der Produzent die vereinbarten Nennungen nicht vernachlässigen,
denn daraus können sich erhebliche Rechtsprobleme ergeben. Versäumnisse oder
Unkorrektheiten können zu Unterlassungs- und Schadensersatzansprüchen führen.
Unabhängig von der erwähnten Nennung ist der Copyrightvermerk zu bedenken. Dieser
erfolgt am Ende des Films und lautet wie folgt:
    ©, *Name des Berechtigten (hier die Koproduzenten) und Erscheinungsjahr.*
Dieser Vermerk dient verschiedenen Funktionen, u.a. stützt sich die Vermutung des §
10 UrhG darauf. Danach gilt bis zum Beweis des Gegenteils derjenige als Urheber des
Werkes, der auf dem Original oder auf den Vervielfältigungsstücken in der üblichen
Weise als Urheber bezeichnet ist. Für den Filmproduzenten bedeutet dies, dass er als
Inhaber der ausschließlichen Nutzungsrechte am Filmwerk anzusehen ist.

5.15. Kündigung/Insolvenzklausel

Zwar schließen sich die Koproduzenten in einer kreativen Phase zusammen. Verträge
werden jedoch gerade für den Fall geschlossen, dass etwas »schief geht«. Der vorsich-
tige Koproduzent schließt deshalb immer das »worst case scenario« in seine Überlegungen mit ein. Dazu zählt nicht nur, dass der Vertragspartner mit seinen vertraglichen
Verpflichtungen in Verzug gerät oder diese überhaupt nicht erfüllt, sondern auch die
Insolvenz eines Beteiligten während der Herstellung oder Auswertung des Films.
Im Falle einer schwerwiegenden Leistungsstörung (z.B. Zahlungsunfähigkeit) eines
Vertragspartners sollten die vertragstreuen Koproduzenten das Recht haben, das Projekt zu übernehmen und ohne den vertragsbrüchigen Koproduktionspartner fortzu-
setzen. Je nach geltender Rechtsordnung können die Rechte des ausgeschiedenen Koproduzenten den verbleibenden Koproduzenten mitunter entschädigungslos anheim
fallen.
Im Falle der Insolvenz ist es – zur Vermeidung von Gläubigerbenachteiligungsproblemen
– in den meisten Rechtsordnungen üblich, den bis dato erbrachten Finanzierungsbeitrag
des ausgeschiedenen Koproduzenten aus den Erlösen des Films in einer bestimmten
Rangfolge verfügbar zu machen. Einzelheiten hierzu sollten jeweils sorgfältig überlegt
werden und mit der vereinbarten Rechtsordnung kompatibel sein. Nach deutschem
Recht könnte eine solche Klausel etwa folgenden Wortlaut haben:
    »Der Koproduzent scheidet aus der Koproduktion aus, ohne dass es einer Ausein-
    andersetzung zwischen den Vertragspartnern bedarf. Der ausscheidende Koprodu-
    zent nimmt am Ergebnis schwebender Geschäfte nicht teil. Er hat lediglich An-
    spruch auf Erstattung seines tatsächlich geleisteten Koproduktionsbeitrags nach
    Recoupment der Herstellungskosten des Films aus dem Gewinnanteil, der ihm ohne
    sein Ausscheiden zugestanden hätte.«

5.16. Anwendbares Recht, Gerichtsstand

Bei internationalen Koproduktionen sollte verbindlich festgelegt werden, welchem Recht der geschlossene Vertrag unterstehen soll und welches Gericht zuständig ist.

Dabei ist es empfehlenswert, den Gerichtsstand und das anzuwendende Recht einheitlich zu gestalten. Mit anderen Worten: wenn deutsches Recht anwendbar sein soll, ist es sinnvoll, auch ein deutsches Gericht anzurufen.

Andererseits kann ein Rechtsstreit nach deutschem Recht auch vor einem ausländischen Gericht verhandelt und entschieden werden oder umgekehrt: vor einem deutschen Gericht nach ausländischem Recht. Dies allerdings kompliziert die Situation und führt nicht nur zu höheren Kosten, sondern auch zu erheblichen Verzögerungen. (vgl. Kap. X.5.1.).

5.17. Die Rolle der Fernsehanstalten

Die Fernsehanstalten haben ein Film/Fernsehrahmenabkommen mit der Filmförderungsanstalt geschlossen und tragen jährlich ca. 20 Mio. zum Budget der FFA bei. Die Fernsehanstalten erwerben bestimmte Rechte an den Filmen, die unter diesem Rahmenabkommen koproduziert werden. Es handelt sich hierbei um ein Dreiphasenmodell:

Sofern die »Arte«-Rechte übertragen werden, stehen die deutschsprachigen Rechte der Fernsehanstalt für einen Zeitraum von 6 Jahren zu. Falls die »Arte«-Rechte nicht übergehen, beträgt der Zeitraum 7 Jahre.

Nach Ablauf der ersten Phase hat die Fernsehanstalt die Möglichkeit, eine Option auf weitere 5 Jahre auszuüben. Übt die Fernsehanstalt diese Option aus, so zahlt sie erneut 30% ihres ursprünglichen Koproduktionsbeitrages an den Produzenten.

Nach Ablauf dieser 5 Jahre stehen die Rechte der Fernsehanstalt und dem Koproduzenten gemeinsam zu. Die Fernsehanstalt kann die Rechte nun weiter nutzen und hat für jede weitere Ausstrahlung 10% ihres ursprünglichen Koproduktionsbeitrages an den Produzenten zu zahlen.

5.18. Steuerrechtliche Fragen

Eine Koproduktion wirft eine Vielzahl steuerrechtlicher Fragen auf, deren detaillierte Darlegung den Rahmen dieser Veröffentlichung sprengte. Es soll jedoch nicht versäumt werden, auf einige der dringendsten Probleme hinzuweisen.

5.18.1. Betriebsstätte

Wie bereits unter dem Abschnitt »Filmfonds« (vgl. Kap. VII.3.5.6.) ausgeführt, unterhalten Koproduzenten in Mitunternehmerschaft regelmäßig eine gemeinsame Betriebsstätte mit allen sich daraus ergebenden Konsequenzen.

Gänzlich unverständlich ist den ausländischen Koproduzenten die artifizielle Differenzierung, ob sie ihre Leistungen (z.B. als ausführende Koproduzenten) auf gesellschaftsrechtlicher oder schuldrechtlicher Grundlage erbringen. Sofern es sich, wofür eine Vermutung sprechen soll, um die Leistung auf gesellschaftsrechtlicher Grundlage handelt, soll dadurch eine Betriebsstätte begründet werden.

Die Koproduzenten können dem – entweder durch die Einschaltung einer unabhängigen »Production Service Company« – entgegenwirken oder einen separaten Vertrag mit dem ausländischen Koproduzenten schließen, aufgrund dessen er seine Leistungen als ausführender Koproduzent auf schuldrechtlicher Basis zu erbringen hat. Ob durch die zweite Variante die Betriebsstättenproblematik gelöst wird, ist allerdings zweifelhaft.

5.18.2. Gemeinsame Verwertung der Rechte

Nach dem unbefriedigenden Medienerlass soll eine Mitunternehmerschaft zwischen den Koproduzenten nur dann nicht vorliegen, wenn die Auswertung des Films in allen Territorien jeweils getrennt von jedem einzelnen Koproduzenten vorgenommen wird. Dies bedeutet, dass zur Vermeidung einer Mitunternehmerschaft sämtliche Territorien vollständig zwischen den Koproduzenten aufzuteilen sind, eine gemeinsame Verwertung sich also in steuerrechtlicher Hinsicht schädlich auswirkt.

Seit Jahrzehnten werden internationale Koproduktionen auf der Grundlage der bilateralen Abkommen durchgeführt. Seit vielen Jahren werden europäische Koproduktionen außerdem auf der Basis der paneuropäischen Eurimages-Bestimmungen und des europäischen Koproduktionsabkommens vom 2. Oktober 1992 realisiert. Stets war unzweifelhaft, dass die Koproduktionsgemeinschaft mit der Herstellung der Nullkopie aufgelöst und in eine Bruchteilsgemeinschaft umgewandelt wurde. Aus dieser langjährigen und bewährten Praxis resultierte, dass den jeweiligen Koproduzenten bestimmte Territorien exklusiv zustanden und die restlichen Territorien über einen Weltvertrieb verwertet wurden. An diesen Erlösen partizipierten die Koproduzenten im Verhältnis ihrer Beiträge.

Diese Praxis ist jetzt gefährdet und es steht zu hoffen, dass trotz des Medienerlasses das letzte Wort noch nicht gesprochen ist, um nicht nur für deutsche, sondern auch für ausländische Koproduzenten die dringend benötigte Klarheit und Berechenbarkeit wiederherzustellen.

5.19. Tax Shelter Modelle

Im Rahmen von Koproduktionen bedienen sich die Koproduzenten häufig sog. »Tax Shelter Modelle« als Finanzierungsinstrumente. Die Integration solcher Modelle führt bisweilen zu juristischer Akrobatik im Rahmen der Gestaltung von Koproduktionsverträgen. Nachfolgend werden die gängigsten Modelle in der gebotenen Kürze erwähnt, wobei die in deutsch-britischen bzw. europäischen Koproduktionsverträgen regelmäßig anzutreffenden »Sale and Lease Back« ausführlicher beschrieben werden.

5.19.1. Sale and Lease Back

Eine Sale and Lease Back-Transaktion findet zwischen einem Verkäufer (normalerweise eine Produktionsgesellschaft) und einem Käufer (üblicherweise eine Leasingabteilung einer Bank, z.B. Lombard Leasing oder Lloyds Leasing) statt. Der Käufer lizenziert die Rechte dem Verkäufer oder einem mit diesem verbundenen Unternehmen zurück (»lease back«), wobei der Verkäufer eine jährliche Lizenzgebühr entrichten muss. Die Lizenzzeit beläuft sich normalerweise auf ca. 10 bis 15 Jahre.

Die Bank kann die Erwerbskosten des Films in dem entsprechenden Jahr steuerlich zu 100% geltend machen und der Produzent erhält den Verkaufspreis. Die Bank verlangt jedoch für den gesamten Vertragszeitraum (z.B. 15 Jahre) eine Sicherheit dafür, dass der Verkäufer und Lizenznehmer auch tatsächlich in der Lage ist, die jährlichen Lizenzzahlungen bzw. Leasingraten zu erbringen. Üblicherweise wird die Bank die Garantie einer weiteren Bank oder einen »Letter of Credit« verlangen.

Die Bank, die den »Letter of Credit« ausstellt, verlangt als Sicherheit die Hinterlegung des Kaufpreises auf ein Treuhandkonto (»Escrow Account«). Tatsächlich wird jedoch nur ein Teil (allerdings der größte Teil) des Kaufpreises auf dieses Treuhandkonto eingezahlt, denn dieser Teil mit den daraus erwachsenden Zinsen ist ausreichend, um die Leasingraten zu erfüllen. Der verbleibende Differenzbetrag stellt den »Benefit« dar, den der Verkäufer (Produzent) aus dieser Transaktion erzielt. Dieser liegt regelmäßig bei ca. 10% der Herstellungskosten.

Die Sale and Lease Back-Transaktion ist ein komplexer Vorgang und hat eine Vielzahl von Voraussetzungen:
– Die Herstellungskosten des Films dürfen max. GBP 15 Millionen betragen;
– Der Film muss sich als »British Film« nach dem »UK Films Act« qualifizieren und muss durch ein Zertifikat des Department of Culture, Media and Sport (DCMS) bestätigt werden. Die Qualifizierung des »British Films« wird durch die des Koproduktionsvorhabens nach bilateralen oder multilateralen Abkommen verdrängt. England hat ein Koproduktionsabkommen mit Deutschland geschlossen und, sofern der Film aufgrund dessen als offizielle deutsch-englische Koproduktion anerkannt ist, hat er auch automatisch die Qualifikation als »British«. Außerdem hat England das europäische Koproduktionsabkommen von 1992 unterzeichnet. Filme, die unter diesem Abkommen hergestellt werden, erfüllen ebenfalls die Definitionskriterien.
– Das »Original Picture and Sound-Negativ« ist Gegenstand des Sale and Lease Back Deals. Deshalb muss im Koproduktionsvertrag exakt geregelt werden, welche Rechte den jeweiligen Koproduzenten zustehen und, dass der jeweils angesprochene Koproduzent über die erforderlichen Rechte verfügen kann.

5.19.2. Irland: Section 481
Ein populäres Tax Shelter-Modell ist die Film-Herstellung in Irland unter der Section 481 (früher Section 35).

Diese Regelung wird im Rahmen von deutsch-irischen Koproduktionen häufig angewandt, wobei einige Voraussetzungen zutreffen müssen. Dabei wird in verschiedener Hinsicht differenziert, z.B. nach der Höhe des Film-Budgets und der Produktionszeit (Peak – Februar bis September und Off-Peak-Period – Oktober bis Januar). Das Departement of Arts, Hermitage, Gaeltacht and the Islands spielt eine aktive Rolle bei der Anwendung des Section 481. Es stellt das erforderliche Zertifikat aus und prüft das jeweilige Projekt im Hinblick auf den Beschäftigungseffekt oder die wirtschaftliche und kulturelle Bedeutung für Irland.

5.19.3. Kanada

Neben den vorerwähnten wichtigsten europäischen »Tax Shelter«-Modellen existieren einige weitere, die in regem Austausch mit deutschen Koproduzenten stehen. Als wichtigstes Land ist hier Kanada zu nennen. Die kanadische Filmindustrie erlebt augenblicklich einen Boom, denn von den Steuervorteilen und günstigen Produktionsbedingungen macht auch »Hollywood« intensiv Gebrauch.

Für deutsche Produzenten ist darüber hinaus interessant, dass sich das deutsch-kanadische Koproduktionsabkommen nicht nur auf die Herstellung von Kinospielfilmen, sondern auch auf Fernsehproduktionen erstreckt.

5.20. Ausblick: einheitlicher europäischer Rechtsrahmen

Neben der Lösung der angesprochenen steuerrechtlichen Probleme ist die Schaffung eines einheitlichen europäischen Rechtsrahmens für die Herstellung und Auswertung von Filmwerken wünschenswert. Es fehlt bereits eine verbindliche Definition, was überhaupt unter einem »europäischen Film« zu verstehen ist.

Das Europäische Übereinkommen vom 2. Oktober 1992 über die Gemeinschaftsproduktion von Kinofilmen – für Deutschland in Kraft seit dem 1. Juli 1995 – enthält im Anhang II eine Definition darüber, was unter einem europäischen Film zu verstehen ist: »*A cinematographic work qualifies as European … if it achieves at least 15 points out of a possible total of 19…*«. Es folgt eine Tabelle mit verschiedenen »European elements« (z.B. Regisseur), denen bestimmte Punkte zugeordnet sind. Letztlich läuft das Ergebnis auf einen Punktetest hinaus, wobei ein Film 15 der möglichen 19 Punkte erreichen muss, um als europäisch anerkannt zu werden.

Nach den Eurimages-Richtlinien (vgl. Kap. VII.2.6. zur paneuropäischen Filmförderung »Eurimages«) ist u.a. Voraussetzung für einen europäischen Film, dass er unter der Regie eines europäischen Regisseurs gedreht wurde. Hinzu kommen weitere Anforderungen, wobei teilweise auch das Punktesystem der Koproduktions-Konvention herangezogen wird.

Die europäischen Fernsehrichtlinien aus dem Jahr 1989 (revidiert 1997), die eine bestimmte Quote für »europäische Programme« vorsieht, enthält darüber keine klare Definition.

Ebenso wenig herrschen in den verschiedenen Mitgliedsstaaten übereinstimmende Begriffsbestimmungen des jeweiligen nationalen bzw. europäischen Films. Trotz eines Koproduktionsabkommens zwischen Deutschland und England wendet das Department for Culture, Media and Sports (»DCMS«) bei der Ausstellung des Zertifikats für einen »British Film« andere Kriterien an, als das für die Erteilung des »deutschen Ursprungszeugnisses« zuständige Bundesamt für Wirtschaft und Ausfuhrkontrolle (»BAFA«). Hier ist kein Raum, die jeweiligen nationalen Gesetze auf Übereinstimmung und Differenz im Hinblick auf Definitionskriterien des Begriffs »europäisch« zu überprüfen. Dennoch soll auf diese Problematik hingewiesen werden, denn sie hat weitreichende Konsequenzen, z.B. im Hinblick auf die Inanspruchnahme von Fördermitteln, die Erfüllung der »europäischen Quote«, der Zuerkennung von Steuervorteilen etc.

Der Sachverhalt wird zusätzlich dadurch kompliziert, dass nicht alle Staaten sämtliche Abkommen unterzeichnet haben. Im Rahmen einer deutsch-französisch-englischen Koproduktion sieht sich der deutsche Koproduzent mit der Problematik konfrontiert, dass England im Gegensatz zu Frankreich das europäische Koproduktionsabkommen unterzeichnet hat, Frankreich wiederum im Gegensatz zu England Mitglied bei »Eurimages« ist.

Deutschland ist insoweit vorbildlich, als es sowohl das europäische Koproduktionsabkommen unterzeichnet hat, als auch Mitgliedsstaat von Eurimages ist.

6. Die Postproduktion

»Postproduction is production«.

Dieses Zitat des New Yorker Filmanwalts Wilder Knight (während der eDIT 1999) besagt, dass der digitalen Postproduktion eine zunehmend größere Bedeutung im Rahmen der Herstellung von Filmwerken zukommt. Dieses Kapitel beschäftigt sich nicht mit den klassischen Arbeiten der Nachbearbeitung (Schnitt, Dialog, Musik, Synchronisation etc.), sondern ausschließlich mit den technischen Möglichkeiten der digitalen Postproduktion und den damit zusammenhängenden rechtlichen Fragen.

Die Fortschritte in der Datenverarbeitung, insbesondere die Umsetzung von Bildern in binäre, computerlesbare Form (Digitalisierung) ermöglichen es, immer mehr Bilder und Bildfolgen (einschl. Texten und Klängen) auf technisch einheitliche Datenträger zu bringen, sie zu ändern, mit anderen Bildern zu kombinieren oder in sonstiger Weise zu bearbeiten.

Die Gründe für den Einsatz dieser technischen Mittel sind vielgestaltig. Sie ermöglichen digitale Effekte, die mit konventionellen optischen Methoden nicht erzielt werden können. Häufig geben Kostengründe den Ausschlag, denn die nachträgliche Veränderung des Materials im Wege der digitalen Postbearbeitung ist kostengünstiger, als die entsprechenden Szenen nachzudrehen, z.B. wenn die Location nicht mehr verfügbar ist oder nach Drehschluss festgestellt wird, dass bei einer Szene mit 15 Darstellern nachträglich die Dekoration verändert werden muss.

Nachfolgend werden die erforderlichen Arbeitsschritte der digitalen Bildbearbeitung mit Beispielen skizziert und die damit zusammenhängenden Rechtsfragen erörtert.

6.1. Scannen

Die digitale Bildbearbeitung erfordert zunächst die Digitalisierung und Datenkompression sowie die (Zwischen-)Speicherung der zu bearbeitenden vorbestehenden Werke (»scannen«). In der digitalen Speicherung von Werken liegt grundsätzlich eine zustimmungsbedürftige Vervielfältigung im Sinne von § 16 UrhG.

Fraglich ist daher, ob schon jede Zwischenspeicherung als genehmigungsbedürftige Vervielfältigung anzusehen ist, sofern sie nicht ausschließlich privaten Zwecken dient (§ 53 UrhG). Hierzu gibt es noch keine Rechtsprechung, die herrschende Meinung bejaht diese Frage allerdings.

Der Filmproduzent benötigt, jedoch nicht notgedrungen, für jede Vervielfältigung, die der vertragsgemäßen Nutzung vorausgeht, eine gesonderte Einwilligung. Denn die unausweichlich vorausgehende Vervielfältigung ist entweder ausdrücklich oder zumindest konkludent von der erteilten Genehmigung zur Bearbeitung und Nutzung des Quellenmaterials mitumfasst.

6.2. Bearbeitung

Nach der Zwischenspeicherung werden die Bilder bearbeitet. Die digitale Bildbearbeitung ist, je nach Einzelfall, eine abhängige Bearbeitung (§ 23 UrhG) oder eine freie Benutzung (§ 24 UrhG) des zugrunde liegenden Materials. Soweit die engen Voraussetzungen des Ausnahmetatbestands der freien Benutzung nicht vorliegen (vgl. Kap. IV.4.2.), erfordert die Verwendung und Bearbeitung eines Filmausschnitts (Klammerteils) die Klärung der folgenden Rechte:
– das Copyright (Leistungsschutzrecht) des Filmherstellers;
– das Recht (»droit moral«) der Filmurheber (z.B. Filmregisseur);
– die Urheberrechte an den vorbestehenden Werken des bearbeiteten Filmwerks (z.B. Musikkomponist, Drehbuchautor, Ausstatter);
– die Rechte der betroffenen Schauspieler.

6.3. Beispielsfälle

6.3.1. Hineinmontieren von Szenen aus anderen Spielfilmen
In dem Film »Tote tragen keine Karos« von Carl Reiner werden Szenen eines bzw. mehrerer anderer Filme in diesen hineinmontiert, insbesondere kurze Einstellungen aus bekannten Krimis in eine ganz andere Handlung eingearbeitet. Ob diese Vorgehensweise durch das Zitatrecht abgedeckt ist (so Reuter, Digitale Bild- und Filmbearbeitung im Lichte des Urheberrechts, GRUR 1997, S. 23, 33), erscheint höchst zweifelhaft. Aus den bereits (in Kap. IV.4.3.) ausgeführten Gründen ist es nicht zu empfehlen, sich darauf zu verlassen und die entsprechende »Rights Clearance« sollte durchgeführt werden.
Auch in »Forrest Gump« wurden Szenen aus anderen Spielfilmen verwendet bzw. hineinmontiert. Darüber hinaus wurden Archivmaterialien benutzt, in die der Hauptdarsteller (Tom Hanks) so hineinmontiert wurde, als gehöre er dazu (z.B. Tom Hanks schüttelt dem früheren US-Präsidenten John F. Kennedy auf einem Empfang die Hand). Auch hier ist die Klärung und Einholung der Rechte an den verwendeten Klammerteilen erforderlich.
In diesem Zusammenhang ist die Entscheidung des OLG Hamburg vom 15.5.1997 (AfP 1998, S. 80 ff.) erwähnenswert. Es ging dabei um die Übernahme von Filmsequenzen aus alten Edgar Wallace Filmen in eine neu produzierte Comedy-Serie (OTTO – Die Serie). Die Filmausschnitte aus den Edgar Wallace Filmen wurden mit neuem Ton unterlegt und der Komponist der »Edgar Wallace« Filmmusik klagte gegen die Verwendung der Filmsequenzen unter Entfernung seiner Musik. Das Gericht entschied, dass der Komponist nicht gegen die Verwendung der Filmausschnitte unter Entfernung seiner Musik vorgehen könne, weil der Beitrag seiner Filmmusik für den schöpferischen

Gehalt der einzelnen Ausschnitte angesichts deren Kürze nur »minimal« gewesen sei. Insgesamt hat das Gericht allerdings auch klargestellt, dass die teilweise unveränderte Übernahme von Klammerteilen in einen neuen Film nicht ohne weiteres als freie Benutzung im Sinne von § 24 UrhG anzusehen sei und damit die Zustimmung der Inhaber von Urheber- und Leistungsschutzrechten am betroffenen Filmwerk grundsätzlich erforderlich ist.

6.3.2. Kolorierung

Der Film »Asphalt Jungle« von John Huston wurde nachträglich koloriert und sollte neu herausgebracht werden. Nach der Auffassung des Pariser Obergerichts handelte es sich um eine Verletzung der Urheberpersönlichkeitsrechte des Regisseurs und die Aufführung wurde untersagt (vgl. Kap. V.4.).

Ob die Kolorierung von Schwarz-Weiß-Filmen auch in Deutschland eine Verletzung des Urheberpersönlichkeitsrechts darstellt, ist von der Rechtsprechung bislang nicht entschieden worden. In der einschlägigen Fachliteratur wird zu Recht darauf hingewiesen, dass es auf die jeweiligen Umstände des konkreten Einzelfalles ankommt. So wird auch unter deutschem Recht die nachträgliche Kolorierung eines künstlerisch ambitionierten Films, der bewusst in der Schwarz-Weiß-Technik gedreht ist, als gröbliche Entstellung im Sinne des § 93 UrhG und damit als ein Eingriff in das Urheberpersönlichkeitsrecht des Regisseurs einzustufen sein, im Gegensatz etwa zur Kolorierung eines rein wissenschaftlichen Films zur Erzielung besserer Kontraste (vgl. Schricker, a.a.O., § 93, Rz. 22 f.).

Jedenfalls stellt die unberechtigte Einfärbung von Filmen eine Bearbeitung im Sinne von § 23 UrhG dar und setzt damit die Erlaubnis des »Copyright«-Inhabers voraus. Fraglich und teilweise umstritten ist außerdem, ob daneben auch die Zustimmung anderer Mitwirkender (z.B. Schauspieler) erforderlich ist. Dieselben Probleme stellen sich bei sonstigen Farbveränderungen, Anhebung der Konturen, Änderungen des Formats etc. Hier ist im Einzelfall zu prüfen, ob eine Verletzung von Urheberrechten oder sonstigen Rechten gegeben ist und die Betroffenen vertraglich ihre Zustimmung erteilt haben.

6.3.3. Veränderung von Personen/ Figuren

Immer beliebter ist das Verändern von Personen und Figuren in Filmen, wie
- die Veränderung des Aussehens oder des Bewegungsablaufs (z.B. wurden in dem Film »Ein Schweinchen namens Babe die Lippenbewegungen der Tiere den Dialogen nachträglich digital angepasst);
- die Verwandlung in eine andere Person (»Morphing«). Als Beispiel dient der Film »Terminator II«, in dem Arnold Schwarzenegger mit einem Gegenspieler konfrontiert ist, der durch digitales Morphing jede Gestalt annehmen kann.
- das Doubeln durch eine digital animierte Figur. In »Total Recall« sieht sich Arnold Schwarzenegger mittels Morphing seinem Ebenbild gegenüber;
- die synthetische Herstellung einer Person. Dies kann z.B. durch die Kombination von Körperteilen verschiedener Personen erfolgen. Anwendung fand es beim Film

»The Crow« mit dem Hauptdarsteller Brandon Lee, der während der Dreharbeiten ums Leben kam. Außerdem wird an derartigen synthetischen Charakteren im Hinblick auf das Weiterleben bzw. die Wiederauferstehung von verstorbenen Ikonen gearbeitet (z.B. Marylin Monroe).

Alle diese Konstellationen berühren nicht nur die Rechte der Urheber der vorbestehenden Werke und die am Filmwerk, sondern sie werfen in erster Linie persönlichkeitsrechtliche Fragen hinsichtlich der betroffenen Schauspieler auf. Diese bzw. deren Erben müssen die entsprechenden Zustimmungen erteilen, soweit dies nicht bereits in den geschlossenen Verträgen geregelt ist.

Angesichts der Schwierigkeiten, die bisweilen im Hinblick auf die Zustimmung von Schauspielern oder Persönlichkeitsrechten verstorbener Schauspieler entstehen können, ist es nicht verwunderlich, dass inzwischen pflegeleichte virtuelle Popstars (»Kyoto Date«) und Computerspielhelden (»Lara Croft«) immer populärer werden. Dennoch ist in absehbarer Zeit nicht anzunehmen, dass derartige künstliche Welten die wirklichen Helden aus Fleisch und Blut abzulösen vermögen. Im Übrigen sind auch virtuelle Pop- und Filmstars urheberrechtlich geschützte Werke, lediglich ohne eigene Persönlichkeitsrechte.

6.4. Ausblick

Aus den bisherigen Darlegungen geht hervor, dass die »Rights Clearance« im Rahmen der Postproduktion immer wichtiger wird. Allerdings sind Postproduktionsunternehmen traditionell reine Dienstleister, die mit den juristischen Problemen nicht konfrontiert werden. Die Klärung der betroffenen Rechte ist vielmehr Sache des Filmherstellers als Auftraggeber des Postproduktionsunternehmens. Das klassische Dilemma, als reiner Dienstleister nicht am Erfolg des Films teilzuhaben und keine »Library« bilden zu können, versuchen Postproduktionsunternehmen inzwischen dadurch zu beheben, dass sie sich als »Koproduzenten« betätigen. Ihr Koproduktionsbeitrag wird dabei häufig nicht durch Geldleistungen erbracht. Vielmehr liegt dieser in der unentgeltlichen Zurverfügungstellung der technischen Ausrüstung, der (teilweisen) Rückstellung des Honorars und/oder der Bereitstellung ihres Knowhows, welches inzwischen außerordentlich hoch einzuschätzen ist.

Sobald sich ein Postproduktionsunternehmen an einem Filmprojekt als Koproduzent beteiligt, wird es Mitinhaber des Copyrights und damit auch haftbar für entsprechende Rechtsverletzungen. Deshalb ist es in solchen Konstellationen auch für Postproduktionsunternehmen wichtig, für die Klärung der betroffenen Rechte zu sorgen.

X. Die Auswertung des Films

»Nothing succeeds like success« (Joseph Heller in »Good as Gold«)

Die vertragliche Grundlage zwischen Filmhersteller und jeweiligem Verwerter bildet der Filmlizenzvertrag. Dieser ist seiner Rechtsnatur nach ein urheberrechtlicher Nutzungsvertrag eigener Art, der je nach gegebener Konstellation Elemente des Gesellschaftsvertrages, Werkvertrages, Pachtvertrages und Kaufvertrages enthalten kann (BHGZ 2, S. 331 ff; 9, S. 262 ff; v. Hartlieb, a.a.O., Kapitel 112, Rz. 1). Insoweit besteht kein Unterschied zwischen Weltvertriebs- und Verleihvertrag.

Mit dem Begriff »Vertrieb« wird üblicherweise die Lizenztätigkeit im Ausland bezeichnet, während »Verleih« die inländische bzw. deutschsprachige Verwertung des Films ausdrückt. Der Begriff »Verleih« ist in juristischer Hinsicht nicht präzise, da der Verleiher den Film selbstverständlich nur gegen Entgelt den Kinos überlässt, also vermietet. Im Folgenden werden die Auswertungswege des Films skizziert sowie die wichtigsten praktischen Gesichtspunkte, auf die bei Abschluss der jeweiligen Verträge zu achten ist.

1. Der Weltvertriebsvertrag (»Sales Agency Agreement«)

1.1. Die Rolle des Weltvertriebs

Der Weltvertrieb baut gleichsam die Brücken bei der Überschreitung von nationalen Märkten und dem Eintritt in andere Territorien. Nur wenige Produktionsfirmen haben die Kontakte und die Expertise, ihre eigenen Produkte in ausländische Territorien zu verkaufen. Die Kosten des jährlichen Zirkels von Festivals und Märkten und die erforderliche Zeit, um enge Verbindungen mit unterschiedlichen Käufern in den verschiedenen territorialen Märkten aufzubauen und zu pflegen, ist wirtschaftlich nur sinnvoll, wenn eine Firma jährlich mehrere Filme oder eine große Anzahl von Fernsehprogrammen zu produzieren in der Lage ist. Der Produzent beauftragt deshalb mit dem weltweiten Vertrieb seines Films ein professionelles Unternehmen. Diese Weltvertriebsfirmen haben ihren Sitz traditionell in England (z.B. Capitol Films, Film Four, Intermedia, J&M, The Sales Company) oder in den USA (Alliance Atlantis, Miramax, Newline, Summit etc.).

Auch deutsche Filme werden inzwischen wieder international vertrieben (allen voran »Lola rennt«) und hier ist insbesondere die Bavaria International als Weltvertrieb zu nennen. Als weitere Weltvertriebsfirmen in Deutschland sind die Atlas International Film (München) sowie Media Luna und Orpheo in Köln zu erwähnen.

Die meisten börsennotierten Filmunternehmen haben inzwischen einen eigenen Weltvertrieb gegründet oder sind ein Kooperationsabkommen mit internationalen Weltvertriebsunternehmen eingegangen.

Die Rolle des Weltvertriebs kann unterschiedliche Formen annehmen und der »Deal«

hängt letztlich davon ab, wann und in welcher Weise der Weltvertrieb in die Entwicklung, Herstellung, Finanzierung und den Vertrieb des Films eingeschaltet wird. Außerdem ist entscheidend, ob sich der Weltvertrieb an der Finanzierung des Films mit einer Vertriebsgarantie beteiligt und wann diese fällig ist. Die Rechtseinräumung, die Höhe der Provision und gegebenenfalls sogar eine Erlösbeteiligung richten sich nach den vorgenannten Kriterien.

Die Einschaltung des Weltvertriebs und insbesondere das »Timing« der Verkäufe sind außerordentlich wichtig. Dabei sind die drei folgenden Stadien eines Verkaufs sorgfältig abzuwägen:

1.1.1. »Creative Package«
Das »Creative Package« ist regelmäßig nach der Entwicklung des Projekts erreicht, wobei hierzu das Drehbuch, der Regisseur und die Besetzung der Hauptdarsteller zählen. Internationale Spielfilme werden nicht selten schon über Vorverkäufe solcher »Creative Packages« mitfinanziert.

1.1.2. während der Herstellung
Nach (teilweise auch während) der Dreharbeiten erhält der Weltvertrieb »footage«, welches als Verkaufsargument vorgeführt werden kann. Anhand dieses Materials können interessierte Lizenznehmer bereits die Film-Qualität erkennen und seine Marktchance einschätzen.

1.1.3. nach der Fertigstellung
Wenn der Film gelungen ist und auf einem Festival als »hot« gehandelt wird, kann der Weltvertrieb die besten Verkäufe tätigen. Bei dieser Verfahrensweise stehen dem Produzenten allerdings keine »Pre-Sales« zur Finanzierung des Budgets zur Verfügung. Vielmehr muss er, vorbehaltlich der Zahlung einer Vertriebsgarantie durch den Weltvertrieb, in der Lage sein, den Film ohne Vorverkäufe zu finanzieren und fertig zu stellen.

Die Frage, wann ein Weltvertrieb eingeschaltet bzw. wann die Vorverkäufe getätigt werden sollen, ist fundamentaler Natur. Viele Produzenten vertreten die Auffassung, dass Vorverkäufe nur dann erfolgen sollten, wenn sie zur Finanzierung des Projekts erforderlich sind. Dahinter steht der Gedanke (oft leider nur die Hoffnung), dass ein Film auf einem Festival oder Markt als besonders »hot« gehandelt wird und dann deutlich höhere Verkaufszahlen erzielt, als ein unfertiger Film oder nur ein »Creative Package«. Andererseits kann sich ein »Creative Package« besser verkaufen als der (vielleicht enttäuschende) fertige Film.

1.2. Rechtsnatur des Vertrages
Im Gegensatz zum nationalen Verleihunternehmen, das eine exklusive Lizenz erwirbt, ist der Weltvertrieb mitunter nur auf (exklusiver) Agenturbasis tätig, was bedeutet, dass er nicht selbst die vertragsgegenständlichen Rechte bzw. die entsprechende Lizenz erwirbt, sondern lediglich die Befugnis, diese Rechte im Auftrag des Filmprodu-

zenten zu vertreiben. Indessen akzeptieren viele Weltvertriebe nicht mehr die bloße Rolle eines »Sales Agent«, sondern erwerben selbst die Vertriebsrechte an dem Film, die sie dann im eigenen Namen in die jeweiligen nationalen Territorien lizenzieren. Gerade wenn ein Weltvertrieb eine hohe Minimumgarantie zahlt, wird er die Übertragung der Vertriebsrechte verlangen und nicht nur als »Agent« tätig werden. Amerikanische bzw. internationale Weltvertriebe, die einen Film in den nordamerikanischen Markt lizenzieren, lassen sich auch das entsprechende Copyright übertragen, um dieses registrieren zu lassen. Manchmal wird Weltvertrieben zur weltweiten Rechtsdurchsetzung ein geringer Anteil (z.B. 1%) am Copyright des Films für die Dauer des Lizenzvertrages treuhänderisch übertragen.

1.3. Lizenzzeit

Die Lizenzzeit hängt von einer Reihe von Faktoren ab. Sie kann relativ kurz bemessen sein (z.B. 7 Jahre) oder ausnahmsweise (beschränkt auf ein bestimmtes Territorium) für die Gesamtdauer der urheberrechtlichen Schutzfrist vergeben werden. Beide Konstellationen bilden jedoch die Ausnahme. Als branchenüblich dürfte hingegen ein Zeitraum von 10-15 Jahren gelten.

Ein Weltvertrieb, der signifikante Beiträge zur Entwicklung und insbesondere zur Finanzierung des Films geleistet hat, wird eine Lizenzzeit von mindestens 15-20 Jahren verlangen, wenn nicht sogar eine Lizenz ohne zeitliche Begrenzung. Insbesondere die Lizenzierung in die USA, sofern von dort (wesentliche) Teile des Films finanziert wurden, wird kaum unter 28 Jahren (mit einer möglicherweise nochmals ebenso langen Verlängerungsoption) möglich sein.

In jedem Fall sollte eine Bestimmung aufgenommen werden, wonach der Weltvertrieb nicht berechtigt ist, Sublizenzen zu vergeben, die seine eigene Lizenzzeit überschreiten. Solche Sublizenzen sollten zumindest der schriftlichen Zustimmung des Lizenzgebers/ Produzenten bedürfen.

Dem Weltvertrieb können auch bestimmte Verkaufserlöse auferlegt werden, die er innerhalb einer bestimmten Frist erreichen muss. Andernfalls kann der Produzent zur Kündigung des Vertrages berechtigt sein.

Der Weltvertrieb wird versuchen, eine Verlängerungsoption für den Fall zu erlangen, dass er innerhalb der Lizenzzeit seine Minimumgarantie nicht »recouped« hat.

1.4. Lizenzgebiet

Bei internationalen Spielfilmen ist das Lizenzgebiet meist die Welt, ausschließlich des eigenen Territoriums des Filmproduzenten (z.B. England, Deutschland oder Nordamerika). Der Grund für diesen Ausschluss liegt darin, dass der Produzent in seinem eigenen Gebiet ebenso gut (bisweilen sogar besser) Verkäufe vornehmen kann wie der Weltvertrieb. Es wäre unter diesen Umständen unsinnig, von diesen Verkäufen dem Weltvertrieb eine Provision zufließen zu lassen. Außerdem wird der Produzent in seinem eigenen Territorium häufig Vorverkäufe getätigt haben, mit denen er die Herstellungskosten des Films finanziert hat.

Bei europäischen Koproduktionen ist es meist so, dass die Koproduzenten den Film in ihren jeweiligen Exklusivterritorien selbst verwerten und der Weltvertrieb in den noch verbleibenden Territorien.

Die Definition des Lizenzgebietes wird immer komplizierter, da Filme nicht nur durch grenzüberschreitendes Satellitenfernsehen ausgestrahlt werden, sondern zunehmend auch Rechte zur Online- und Internetnutzung vergeben werden, die territorial nicht eingrenzbar sind. Die Lizenzierung der Rechte ist sorgfältig abzustimmen, wobei sich die Vergabe von Sprachversionen sowie die Vereinbarung von Sperrfristen und Genehmigungsvorbehalten anbieten.

1.5. Lizenzierte Rechte

Die dem Verleih lizenzierten wie auch die gegebenenfalls zurückbehaltenen Rechte bedürfen einer exakten Definition, um Missverständnisse und Überschneidungen auszuschließen. Üblicherweise werden dem Weltvertrieb sämtliche Rechte übertragen, es sei denn, der Produzent möchte bestimmte Rechte selbst verwerten, nicht oder vorläufig nicht lizenzieren (z.B. Online und Internetnutzung) oder er verfügt selbst nicht über die entsprechenden Rechte.

1.6. Zurückbehaltene Rechte (»Retained Rights«)

Zu den reservierten Rechten zählen häufig die Merchandisingrechte, Soundtrackrechte und etwaige Drucknebenrechte, die der Produzent selbst lizenzieren möchte. In diesem Bereich kann es für den Produzenten sinnvoll sein, die Rechte an ein global operierendes Unternehmen zu vergeben (z.B. Soundtrackrechte) und es macht in solchen Fällen keinen Sinn, diese Rechte dem Weltvertrieb zur territorialen Lizenzierung einzuräumen.

Darüber hinaus möchte der Produzent nicht die Remake-, Sequel-, Prequel-, Spin-off- und ähnliche Rechte vergeben, sondern darüber selbst die Verfügungsbefugnis behalten. Wie schon zum Lizenzgebiet ausgeführt, werden zum gegenwärtigen Zeitpunkt oft noch die Online- und Internetrechte zurückbehalten.

1.7. Auflagen und Genehmigungsvorbehalte

Die Einschaltung eines Weltvertriebs bedingt naturgemäß einen gewissen Verlust an Kontrolle über die Auswertung des Films und es ist wichtig, dem Weltvertrieb klare Vorgaben aufzuerlegen. Die Wichtigsten sind die folgenden:

1.7.1. Sperrfristen

Sperrfristen entfalten gem. §§ 399, 413 BGB absolute dingliche Wirkung gegenüber allen Dritten. Daraus folgt, dass die Vergabe solcher Rechte unter Verstoß gegen eine vertraglich vereinbarte Sperrfrist nicht nur eine Vertragsverletzung darstellt, sondern auch unwirksam ist.

Dem Weltvertrieb sollten die international üblichen Sperrfristen bezüglich der Auswertungsabfolge auferlegt werden. Soweit es sich um einen geförderten deutschen Film handelt, ist außerdem darauf zu achten, dass im Lizenzgebiet auch die Sperrfristen der Förderinstitutionen eingehalten werden.

Zum Schutz des Produzenten und des deutschen Verleihunternehmens wird beispielsweise vereinbart, dass keine Veröffentlichung von Videogrammen in der Europäischen Union vor der Herausbringung des Films auf Videogrammen in Deutschland zulässig ist, keine Fernsehausstrahlung im Ausland vor der erfolgten Erstausstrahlung in der Bundesrepublik Deutschland erfolgen darf etc. Außerdem wird zur Vergabe der Online- und Internetrechte die Zustimmung des Lizenzgebers erforderlich sein.

1.7.2. Bearbeitungen des Films
Der Weltvertrieb sollte sicherstellen, dass der jeweilige nationale Verleih den Film nicht umschneidet oder anderweitige Veränderungen vornimmt, soweit dies nicht nationale Zensurbestimmungen erfordern und für die Besonderheiten der nationalen Fernsehauswertung (z.B. Werbeunterbrechung, Timing etc.) nötig ist.

Im Übrigen wird der Weltvertrieb den jeweiligen Verleiher berechtigen dürfen, den Film zu synchronisieren oder zu untertiteln und darüber hinaus erlauben, dass der Verleih seinen Namen und sein Logo, gegebenenfalls mit einem »Presentation Credit«, einfügt.

Hier sind mögliche Genehmigungsvorbehalte des Regisseurs oder eines Schauspielers zu beachten, der sich die Synchronisation von der Rolle in einer bestimmten Sprache vorbehalten kann. All diese Restriktionen müssen dem Weltvertrieb mitgeteilt und hierüber eine Liste erstellt werden.

1.7.3. Zugang zu fremdsprachigen Fassungen
Aus Sicht des deutschen Produzenten, der im Rahmen des Verleihvertrags regelmäßig die deutschsprachigen Rechte in Europa und für die Schweiz zu Zwecken der Kinoauswertung auch die französische und italienische Version lizenziert, sollte im Weltvertriebsvertrag der Zugang zu den vom Weltvertrieb selbst oder dessen Lizenznehmern hergestellten, französisch oder italienisch synchronisierten oder untertitelten Fassungen des Films gegen Kostenerstattung gewährleistet werden.

1.7.4. Mindestlizenzen für »Major Territories
Für die Hauptlizenzgebiete (meist: USA/Canada, Australien, UK, Deutschland, Frankreich, Italien, Spanien, Skandinavien, Japan) werden Verkaufsschätzungen (»estimates«) vorgenommen und darauf basierend Mindestlizenzbeträge festgelegt, die dort erzielt werden müssen. Der Weltvertrieb ist nicht berechtigt, ohne die vorherige schriftliche Zustimmung des Produzenten den Film in ein »Major Territory« unterhalb der festgelegten Mindestlizenz zu verkaufen.

Dasselbe gilt für »Outright-Sales« bezogen auf bestimmte Territorien, also die Lizenzvergabe für eine Pauschalsumme ohne eine darüber hinausgehende Beteiligung. Die entsprechenden Territorien sollten allerdings definiert werden, denn in verschiedenen Gebieten ist es durchaus sinnvoll, die Rechte pauschal für einen bestimmten Zeitraum zu vergeben (z.B. bestimmte afrikanische oder südamerikanische Länder, in denen es schwierig ist, verlässliche Verkaufszahlen zu erhalten oder gar Abrechnungsunterlagen zu prüfen).

1.7.5. Paketverkäufe (»Package Sales«)

Dem Weltvertrieb wird weiter auferlegt, den Film nicht im Paket mit anderen Filmen zu verkaufen, zumindest nicht in einem der genannten »Major Territories«. Hierfür sind verschiedene Gründe maßgeblich: Zunächst ist der Wert des einzelnen Films aus dem Gesamtpaket nicht bestimmbar und kann folglich nicht ordnungsgemäß mit dem Lizenzgeber abgerechnet werden. Weiterhin kann der Produzent seinen Abrechnungspflichten gegenüber erlösbeteiligten Dritten (z.B. Schauspieler, Regisseur) nicht filmbezogen abrechnen.

1.8. Die Vertriebsgarantie (Minimumgarantie)

Die Minimumgarantie ist ein verrechenbarer, nicht rückzahlbarer Vorschuss auf weitere Verwertungserlöse. Bezüglich der Vertriebsgarantie ist nicht nur ihre Höhe, sondern auch ihre Fälligkeit wichtig.

Die Höhe der Minimumgarantie hängt einerseits von den erwarteten Erlösen ab, andererseits von den zur Verfügung stehenden Territorien. Wenn der Weltvertrieb alle Territorien erhält, dürfte bei einem internationalen Spielfilmprojekt eine Vertriebsgarantie von mindestens 50% des Budgets nicht untypisch sein. In Deutschland wird für deutschsprachige Filmprojekte regelmäßig eine Minimumgarantie zwischen 100.000 DM und ca. 400.000 DM gezahlt.

Die Fälligkeit der Minimumgarantie ist von essentieller Bedeutung, die es zu bedenken gilt. Der Weltvertrieb wird typischerweise zögerlich sein, einen bestimmten Betrag (z.B. 10% bis 20%) bei Unterschrift zu zahlen und weitere Zahlungen in den »Cash-Flow-Plan« zu leisten. Die Minimumgarantie ist erst mit der Lieferung der vereinbarten Materialien fällig. Sofern die Minimumgarantie Teil des Finanzierungsplans ist, was regelmäßig der Fall sein dürfte, muss die Minimumgarantie von einer Bank zwischenfinanziert werden. Die Bank muss dann die Sicherheit haben, dass die Minimumgarantie zum Zeitpunkt der Lieferung und damit Fälligkeit auch tatsächlich gezahlt wird. Dies könnte problematisch werden, wenn sich der Weltvertrieb als insolvent oder zahlungsunwillig herausstellen sollte. Um dem vorzubeugen, verlangt die Bank regelmäßig die Absicherung der Minimumgarantie über einen Letter of Credit (vgl. Kap. VII.1.1.). Darauf ist bereits bei Vertragsschluss zu achten; dies nachzuverhandeln, ist später mitunter äußerst mühsam.

1.9. Verrechenbarkeit (»Cross-Collateralization«)

Die Frage der Verrechenbarkeit der Minimumgarantie stellt sich in zweierlei Hinsicht:
- Die Verrechnung zwischen verschiedenen Auswertungsformen bezüglich eines Projektes (z.B. Kino, Video, TV, Merchandising etc.)
- Die Verrechnung zwischen mehreren Filmprojekten (ein Film macht Gewinn, der andere noch Verlust).

Aus Produzentensicht sollte die Verrechenbarkeit möglichst ausgeschlossen sein, während der Weltvertrieb naturgemäß versuchen wird, die Verrechenbarkeit zu vereinbaren. Die Verrechenbarkeit innerhalb der Verwertungsarten eines Films stellt die Regel dar; diejenige für mehrere Filme die Ausnahme.

Aus Produzentensicht ist letztere schon deshalb problematisch, weil dadurch die eventuellen Erlösbeteiligungen der »Kreativen« (Regisseur, Darsteller etc.) nicht ordnungsgemäß abgerechnet werden können.

1.10. Mitspracherechte des Weltvertriebs

Wenn der Weltvertrieb ein finanzielles Engagement eingeht, wird er bestimmte Mitspracherechte verlangen. Dies gilt vor allem für folgende Festlegungen des Films: Drehbuch, Budget, Regisseur, Besetzung der Hauptdarsteller und deren Austausch, Produktionsplan, Postproduktionsplan und Lieferdatum.

In jedem Fall sollte geregelt werden, dass die Ausübung dieser Mitspracherechte unter dem Vorbehalt der Rechte der finanzierenden Bank, des Completion Bonds und anderweitig maßgeblicher Dritter geht. Die Rechte werden üblicherweise in einem Interparty Agreement (vgl. Kap. VII.1.7.) geregelt.

1.11. Die Provision (Vertriebsspesen)

Die Provisionshöhe hängt von einer Vielzahl von Umständen ab, z.B. ob und in welcher Höhe eine Minimumgarantie gezahlt wurde, ob und zu welchem Zeitpunkt der Weltvertrieb in die Entwicklung und Herstellung oder erst in die Auswertung eines Films eingeschaltet wurde, welche Territorien lizenziert werden etc. Sie dürfte in der Regel zwischen 10% und 35% liegen. Bei großen internationalen Spielfilmen ist eher von einer Provision in Höhe von 15% bis 25% auszugehen, während bei deutschen Weltvertriebsunternehmen ca. 30% vereinbart werden. Bei den FFA-geförderten Filmen sind die Grundsätze sparsamer Wirtschaftsführung zu beachten und nach § 29 RL-Projektfilm können maximal 30% Vertriebsspesen verlangt werden, solange die Förderdarlehen noch nicht zurückgezahlt sind.

Im Übrigen ist es bei internationalen Spielfilmen üblich, für Verkäufe nach Nordamerika eine geringere Provision zu vereinbaren (z.B. 15% statt 20%).

1.12. Vertriebskosten

Nach Abzug der Vertriebsprovision behält der Weltvertrieb die vorabzugsfähigen Vertriebskosten ein, die möglichst präzise zu definieren sind. Als Vertriebskosten gelten die Kosten, die im Rahmen der Film-Bewerbung und der Lizenz-Vergabe anfallen. Dazu zählen vor allem Aufwendungen für Kopien, Werbematerial, Filmvorführungen, Versandkosten, Zoll, Steuern, Abgaben etc.

Bei den geförderten Filmen sehen die bereits zitierten Grundsätze sparsamer Wirtschaftsführung eine Auflistung der anerkennungsfähigen und damit vorabzugsfähigen Vertriebskosten vor. Diese Liste umfasst folgende Kosten:

- Service-Kopie von Haupt- und Vorspannfilm sowie die für Ansichtszwecke hergestellten Videokassetten zuzüglich Verpackung und Transport vom Kopierwerk zum Firmensitz, sofern der Produzent diese lt. Vertrag zu liefernden Kopien und Videokassetten nicht zur Verfügung stellt;
- Interpositive und Internegative für Hauptfilm, Vorspannfilm sowie die Kosten für Video- und I V-Masterbänder aller erforderlichen Formate und Systeme, soweit

diese nicht vom Produzenten kostenlos zur Verfügung gestellt oder von Lizenznehmern bezahlt werden;

- Synchronisationskosten für Fremdsprachenfassungen, soweit nicht vom Lizenznehmer getragen, einschließlich damit verbundener Nebenkosten;
- für den Musikrechte-Erwerb für die internationale Auswertung, wenn nicht vom Lizenzgeber getragen;
- für Untertitelung, soweit nicht vom Lizenznehmer übernommen;
- Instandhaltungskosten und Befundberichte für Negativ und Interpositiv; evtl. Regenerierungskosten;
- für Anzeigen in internationalen Fachzeitschriften sowie Werbekosten für Filmfestivals und Filmmessen, sofern vom Produzenten genehmigt;
- Transport- und Vorführkosten bei Teilnahme an Filmfestivals und Filmmessen, sofern diese nicht von dritter Seite erstattet werden;
- für die Herstellung fremdsprachiger Verkaufskataloge oder Pressehefte sowie Kosten der Herstellung so genannter Verkaufstrailer für Filmmessen;
- Anwalts-, Gerichts-, Inkasso- und Buchprüfungskosten, welche mit der Eintreibung von Lizenzbeträgen in Zusammenhang stehen, sowie Kosten der im Ausland tätig werdenden Anwälte für Abschluss und Abwicklung von Lizenzverträgen;
- Kosten erfolgreicher Rechte- und Materialversicherungen, soweit sie nicht vom Produzenten getragen werden.

Zu den Vertriebskosten dürften außerdem Residuals (Wiederholungshonorare) zählen sowie die Einrichtung einer Homepage/Website.

Schließlich fallen auch die Kosten der Teilnahme an Filmfestivals, Messen und dortiger Aktivitäten darunter (Marketingkosten). Gerade diese Kosten sind für den Vertragspartner oft schwer überschaubar und daher sollten sie sich über eine Verkaufsstrategie verständigen und ein Marketingbudget aufstellen. Bei internationalen Spielfilmen liegt dies bei ca. 250.000 US$, während in deutschen Weltvertriebsverträgen meist ein Betrag von ca. 150.000 DM bis 200.000 DM vereinbart wird.

1.13. Nennung

Der Weltvertrieb wird üblicherweise einen »Presentation Credit« und einen Credit im Abspann des Films erhalten.

1.14. Abrechnung

Der Produzent wird im Hinblick auf die Abrechnungsverpflichtungen wünschen, dass so häufig und regelmäßig wie möglich abgerechnet und die anstehenden Beträge ausgezahlt werden. Üblich ist, in den ersten zwei Jahren quartalsweise abzurechnen und danach halbjährlich jeweils zum 30.6. und 31.12. eines jeden Jahres. Bei großen internationalen Spielfilmen wird in der ersten Auswertungsphase meist auf monatlicher Basis abgerechnet.

Die Abrechnungen sollten als Anlagen jeweils Kopien der Abrechnungen enthalten, die der Weltvertrieb selbst von den nationalen Verleihern erhalten hat.

Die Zahlungen der nationalen Verleiher sollten auf ein separates, verzinsliches Konto gehen, welches der Weltvertrieb einrichtet. Möglicherweise kann dieses Konto auch im Namen des Produzenten und des Weltvertriebs eingerichtet werden. Wenn der Weltvertrieb jedoch eine Minimumgarantie oder einen Vorschuss gezahlt hat, wird er nur zögerlich akzeptieren, dass die eingehenden Gelder auf ein Konto gezahlt werden, über das er keine Kontrolle hat. Dies gilt zumindest solange er seine Minimumgarantie und die vorabzugsfähigen Vertriebskosten nicht zurückerhalten hat.

1.15. Bucheinsichtsrechte

Die Buchprüfungsrechte werden auf zweifacher Ebene geregelt. Zum einen das Recht des Produzenten, die Bücher des Weltvertriebs zu prüfen. Zum anderen, das Recht des Weltvertriebs, die Bücher des jeweiligen nationalen Verleihers (Lizenznehmers) zu überprüfen.

Es ist jeweils zu regeln, in welchem Zeitabstand eine Buchprüfung möglich ist und, wer unter welchen Umständen die Kosten der Buchprüfung zu tragen hat. Üblicherweise muss diese der Weltvertrieb zu tragen, sofern die Überprüfung eine Abweichung von mindestens 5% zu Lasten des Produzenten ergibt.

1.16. Liefermaterialien/Dokumente

Neben der Verschaffung der Rechte muss der Lizenzgeber dem Weltvertrieb auch eine Reihe von Materialien liefern, die möglichst in einem Anhang aufgelistet werden sollten. Aus Produzentensicht ist wichtig, dass diese Materialien auch kalkuliert werden und sich im abgenommenen Budget wieder finden. Sollte dies nicht der Fall sein, fehlen möglicherweise die Mittel, die Materialien herzustellen und der Produzent kann dann den Vertrag nicht erfüllen. Aber auch der Completion Bond ist nur zur Herstellung und Lieferung der Materialien verpflichtet, die im abgenommenen Budget kalkuliert wurden.

Zusätzlich zu den Materialen hat der Produzent dem Weltvertrieb eine Reihe von Dokumenten zu übergeben. Die Dokumenten-Liste umfasst bei internationalen Spielfilmen mehrere Seiten. Dazu zählen bei Einschaltung deutscher Weltvertriebe mindestens Ziehungsgenehmigung, Musikaufstellung, Dialogliste, Ursprungszeugnis, Nennungsverpflichtungen, Auswertungsbeschränkungen und Genehmigungsvorbehalte (z.B. Synchronisation durch bestimmte Schauspieler, Bearbeitungsvorbehalte des Regisseurs etc.), die Chain of title und schließlich die E&O-Versicherung.

1.17. Beendigung des Vertrages

Im Falle der Beendigung des Vertrages durch Zeitablauf, Kündigung oder anderweitige vorzeitige Vertragsbeendigung ist darauf zu achten, dass geklärt ist, ob der Weltvertrieb aus den von ihm vermittelten Verkäufen weiterhin seine Provision erhalten soll. Außerdem ist aus Produzentensicht vertraglich sicherzustellen, dass die Materialien an ihn zurückgegeben und ihm die Eigentumsrechte verschafft werden, gegebenenfalls gegen Erstattung der Herstellungskosten zum Selbstkostenpreis.

2. Der Verleihvertrag

Während Weltvertriebe im internationalen Filmhandel die Brücke zwischen Filmherstellern und ausländischen Filmverleihern sind, wird der Verleihvertrag als urheberrechtlicher Lizenzvertrag zwischen Filmhersteller und Verleihunternehmen für ein bestimmtes Territorium geschlossen. Der Verleihvertrag hat in erster Linie die Kinoauswertung des Films zum Gegenstand, von der sich die Vertragspartner die »Veredelung des Films« für die anschließend zu vergebenden Lizenzen (Video, TV, Merchandising etc.) erhoffen.

Den Verleih trifft regelmäßig eine Auswertungsverpflichtung, die nur dann ausnahmsweise nicht gilt, wenn, die Parteien als Gegenleistung für den Erwerb der Rechte statt einer prozentualen Beteiligung einen Pauschalbetrag, d.h. einen Festpreis vereinbaren (vgl. v. Hartlieb, a.a.O., Kapitel 121, Rz. 1). Nachfolgend werden die Eckdaten eines deutschen Verleihvertrags dargestellt.

2.1. Rechtseinräumung

Der Verleih wird regelmäßig die Übertragung sämtlicher Auswertungsrechte verlangen. Dies gilt besonders dann, wenn er eine hohe Verleihgarantie zahlt und/oder auch als Koproduzent an der Film-Herstellung beteiligt ist. Diese Situation ist für den Produzenten relativ unkompliziert, denn er muss sich nur vergewissern, dass er die dem Verleih zu übertragenden Rechte auch selber erworben hat.

Anders stellt sich die Rechtslage dar, wenn der Produzent zuvor bereits Verträge mit Dritten eingegangen ist, sei es als Koproduzent oder als Lizenzgeber bestimmter Rechte. Dies trifft vor allem dann zu, wenn sich eine Fernsehanstalt an der Herstellung des Films im Wege der Koproduktion oder eines »pre-sale« beteiligt. Der von den Fernsehanstalten erworbene Rechtekatalog enthält nicht nur die klassischen Senderechte, sondern durchweg auch » Pay TV, Pay-per-view, Pay-per-channel, Web-Casting, Internet, Online« und weitere Nutzungsarten, die sich teilweise auch in dem Rechtekatalog des Verleihunternehmens wieder finden.

Der Produzent muss daher sorgfältig darauf achten, dass die jeweils vergebenen Rechte klar definiert werden, denn

– zum einen müssen die jeweiligen Lizenznehmer wissen, wer Inhaber der fraglichen Rechte ist;

– zum anderen dient eine klare Definition der Abgrenzung der Auswertungsarten und damit auch der Beachtung der vertraglichen und gesetzlichen Sperrfristen;

– schließlich macht sich der Produzent schadensersatzpflichtig, wenn er Rechte vergibt, die er bereits an Dritte lizenziert hat.

Die Abgrenzung der Nutzungsrechte stellt den Produzenten wie auch die Lizenznehmer zunehmend vor Probleme. Zur Zeit der Verabschiedung des geltenden Urhebergesetzes im Jahr 1965 war sie noch einfach, denn damals wurde ein Filmwerk im Kino, auf Schmalfilm und schließlich im noch jungen Fernsehen ausgewertet. Heute folgt auf die Kinoaufführung die Videoauswertung auf Kassette (die zunehmend von der DVD verdrängt wird), wobei nach Verleih- und Verkaufsmarkt differenziert wird. Daran schließt sich die Nutzung über Video-on-demand, Pay-per-view, Pay-per-channel und schließlich im Free-TV an. Neuerdings kommen die Internetnutzung und die Konvergenz der Medien hinzu, durch die die Konturen der klassischen Trennungslinie zwischen Video- und Fernsehnutzung zunehmend verschwimmen.

Auch für die Anwendung der Gesetze herrschen noch keine verbindlichen Definitionskriterien, wie der augenblickliche Streit zwischen der FFA und Filmproduzenten über die Einhaltung der Sperrfristen zeigt.

2.2. Sperrfristen

Die optimale Auswertung eines mit hohem finanziellen Aufwand produzierten Spielfilms erfordert eine präzise Logistik in der Abfolge, die durch Sperrfristen zwischen den verschiedenen Auswertungsarten gewährleistet wird.

Für die mit öffentlichen Mitteln geförderten Spielfilme gelten gemäß § 30 FFG die folgenden Sperrfristen jeweils ab der Erstaufführung des Films:

- Videonutzungsrechte: 6 Monate (§ 30 I FFG, verkürzbar auf 4 Monate, § 30 III FFG).
- Pay-TV (verschlüsseltes Fernsehen): 18 Monate (§ 30 II FFG, verkürzbar auf 12 Monate, § 30 III).
- Free TV (unverschlüsseltes TV): 24 Monate (§ 30 II FFG, verkürzbar auf 18 Monate, § 30 III). Für Filme, die unter Mitwirkung einer Fernsehanstalt hergestellt worden sind, kann die Frist bis auf 6 Monate, beginnend mit der Abnahme durch die FFA oder den Veranstalter, verkürzt werden (§ 30 IV FFG).

Anlass des vorerwähnten Streits zwischen der FFA und den Filmproduzenten war die Ausstrahlung des Films »Der Eisbär« und eines weiteren Films im Pay-per-view Programm des Senders Premiere World. Die FFA erließ daraufhin Rückforderungsbescheide, weil es sich hierbei nach ihrer Auffassung um eine Fersehauswertung vor Ablauf der Sperrfrist handelte, während die Produzenten der Ansicht sind, »Pay per view« sei als Videoauswertung anzusehen mit der Folge, dass hierfür die verkürzte Sperrfrist von nur 4 Monaten gilt.

Nun ist »Pay-per-view« im Gesetz weder definiert noch eine ursprüngliche Sperrfrist dafür geregelt. Der Begriff taucht lediglich in § 30 Abs. 3 FFG auf, dort steht er in einer Reihe mit Video und Video-on-demand und dafür gilt ebenso die Verkürzungsmöglichkeit der Sperrfrist auf 4 Monate. Wenn aber auf Pay-per-view dieselbe Abkürzungsfrist von 4 Monaten Anwendung findet wie für Video und Video-on-demand, dann muss im Umkehrschluss auch dieselbe ursprüngliche Sperrfrist gelten, nämlich 6 Monate. Diesem Ergebnis steht die Systematik des Gesetzes zur Seite, denn Pay-per-view wird an derselben Stelle und mit denselben Rechtsfolgen geregelt, wie Video und Video-on-demand und eben nicht dort, wo ihn die FFA ansiedelt. Die Fernsehnutzungsrechte sind erst im folgenden Satz 3 des § 30 Abs. 3 FFG mit anderen verkürzten Sperrfristen geregelt. Damit steht nach der gegenwärtigen Gesetzeslage fest, dass Pay-per-view zu den Videoauswertungen zu zählen ist und nicht zu den Fernsehnutzungen.

Entgegen der verunglückten Regelung im FFG dürfte indessen Pay-per-view tatsächlich zu den Fernsehnutzungen zu rechnen sein. Aufgrund des vorerwähnten Streits und der bestehenden Abgrenzungsschwierigkeiten, hat die FFA eine Arbeitsgruppe mit dem Ziel gebildet, die verschiedenen Nutzungsarten und die auf sie anzuwendenden Sperrfristen neu zu definieren. Es steht zu hoffen, dass sich hier eine baldige Klärung ergibt und durch eine Gesetzes-Änderung die dringend benötigte Rechtssicherheit geschaffen wird.

2.3. Lizenzgebiet

Das Lizenzgebiet besteht aus dem »deutschsprachigen Europa« oder den »deutschsprachigen Territorien«, die sich aus Deutschland, Österreich, Liechtenstein, der deutschsprachigen Schweiz (Theaterrechte in allen Sprachen) und Südtirol (deutschsprachige TV-Rechte) zusammensetzen (u.U. noch deutschsprachiges Luxemburg). Ferner zählen zum Lizenzgebiet auch Schiffe, Luft-, Schienenfahrzeuge und ähnliche Verkehrsmittel, Kulturinstitutionen (z.B. Goethe-Institute) und militärische Anlagen unter der jeweiligen Flagge der Lizenzstaaten.

Zur Sicherung der Werthaltigkeit der ihnen übertragenen Rechte, verlangen die Verleihunternehmen inzwischen meist ausführliche Sperren bezüglich der Vergabe der ausländischen Rechte. Dies gilt zunächst für die Vergabe von Videogrammrechten, insbesondere in der deutschen Fassung. Auch dürfen fremdsprachige Videogrammrechte in der Europäischen Gemeinschaft erst nach einer bestimmten Frist nach Veröffentlichung der Videogramme in Deutschland vergeben bzw. ausgewertet werden.

Im Fernsehbereich wird grundsätzlich die Erstausstrahlung in Deutschland bzw. den jeweiligen Lizenzgebieten durch eine entsprechende Sperre gewährleistet. Hier hat außerdem die technische Entwicklung dazu geführt, dass alle größeren Fernsehveranstalter ihre Programme über Satelliten ausstrahlen. Die Ausleuchtzone (»footprint«) dieser Satelliten erstreckt sich über ganz Europa und die Programme sind – mit den entsprechenden technischen Ausrüstungen – fast überall in Europa zu empfangen. Der traditionelle Begriff des »legitimate overspill«, demzufolge in den Grenzregionen das Fernsehprogramm in geringem Maße auch in die Nachbarstaaten, die nicht zum Lizenzgebiet zählen, hineinstrahlen darf, ist mit dem Satellitenfernsehen überholt.

Hinzu kommt, dass nach der Europäischen Richtlinie über grenzüberschreitendes Fernsehen von 1993 (Richtlinie Nr. 93/83 EWG) der Veranstalter einer Sendung, die auch in anderen Mitgliedsstaaten empfangbar ist, die Rechte nur in dem Staat einholen muss, in dem er sendet (»Sendelandtheorie«). Diesem Phänomen, wonach die Grenzen innerhalb der Europäischen Gemeinschaft sich gleichsam auflösen, wird dadurch begegnet, dass für die Satellitenausstrahlung nur Sprachversionen (z.B. deutsch) lizenziert und für die Vergabe von Senderechten an ausländische Lizenznehmer Sperrfristen oder Genehmigungsvorbehalte vereinbart werden.

Namentlich die Vergabe von Internetrechten bereitet bezüglich des Lizenzgebietes erhebliche Probleme, denn Filme, die in das Internet gestellt werden, sind grundsätzlich weltweit abrufbar. Eine territoriale Begrenzung ist folglich nicht möglich, es sei denn, man machte von der unpopulären Userregistrierung Gebrauch. Andernfalls bleibt letztlich nur die Lizenzierung von Sprachversionen, was ebenfalls zu Störungen des Vertragsverhältnisses führen kann. Augenblicklich werden deshalb die Internetrechte meist »eingefroren« bis territoriale Zugriffsmöglichkeiten praktikabel werden. Dem Lizenznehmer wird im Falle einer beabsichtigten späteren Nutzung eine Option eingeräumt, die entsprechenden Rechte zu erwerben bzw. zu den dann herausgebildeten branchenüblichen Bedingungen zu nutzen.

2.4. Lizenzzeit

Die Lizenzzeit beträgt meist zwischen 10 und 20 Jahren, sie kann aber auch darüber liegen. Die Lizenzzeit hängt von verschiedenen Umständen ab, wie etwa die Zahlung einer Minimumgarantie und deren Höhe, die Einbindung des Verleihunternehmens als Koproduzent etc.

Häufig begegnet man Verlängerungsoptionen, die sich der Verleih am Ende der Lizenzzeit einräumen lässt. Solche Klauseln sehen vor, dass die Vertragspartner vor Ablauf der Lizenzzeit nach Treu und Glauben darüber verhandeln werden, ob und unter welchen Bedingungen der Verleihvertrag verlängert werden soll. Der Verleih wird dann ein »first negotiation/last refusal right« verlangen, während der Produzent lediglich ein »first negotiation right« einzuräumen bereit ist. Ob eine Verlängerungsoption überhaupt gewährt wird und auf welche Variante man sich letztlich einigt, kann an unterschiedliche Bedingungen geknüpft werden (z.B. ob die Minimumgarantie und Herausbringungskosten recouped sind oder umgekehrt, ob der Verleih bestimmte Mindesterlöse erzielt hat). Wenn das Verleihunternehmen bzw. ein mit diesem verbundenes Unternehmen gleichzeitig Koproduzent ist, wird eine Vergabe der Rechte nach Ablauf der Lizenzzeit an ein anderes Verleihunternehmen regelmäßig nicht bzw. nur mit Zustimmung aller Koproduzenten möglich sein.

2.5. Lizenzgebühr/Minimumgarantie

Die Zahlung der Lizenzgebühr erfolgt entweder in Form einer Pauschalvergütung (absolute Ausnahme) oder durch Zahlung einer verrechenbaren Verleih(minimum)garantie mit weitergehender Beteiligung des Produzenten an den Auswertungserlösen. Die Zahlung einer Verleihgarantie und deren Höhe ist ein maßgebliches Kriterium dafür, dass der Verleih tatsächlich am Film interessiert ist und an seinen Erfolg glaubt.

In Deutschland ist die Tendenz zu beobachten, dass Verleihunternehmen die Zahlung einer Verleihgarantie teilweise an ihre Beteiligung als Koproduzent knüpfen. Anstelle einer Verleihgarantie von z.B. DM 2,5 Mio. wird dann lediglich eine Garantie von DM 2 Mio. gezahlt und der Betrag von DM 0,5 Mio. wird als Koproduktionsbeitrag deklariert. Durch die Koproduzentenposition erwirbt der Verleih zahlreiche Vorteile, wie z.B. weitergehende Mitspracherechte, Miteigentumsrechte am »Copyright« und an den Materialien, Teilhabe an den Referenzfördermitteln, Filmpreisen etc.

Andererseits stellt diese Situation den Produzenten insoweit besser, als der Koproduktionsanteil des Verleihs in den »cash-flow« gezahlt wird und nicht erst – wie üblicherweise die Minimumgarantie – mit der Ablieferung des Films fällig ist.

Mit der Vereinbarung einer Verleihgarantie als Teil des Finanzierungsplans hat der Produzent die Finanzierung des Projekts geschlossen. Wie bereits erwähnt, ist die Verleihgarantie (zumindest großteils) erst mit Lieferung der vereinbarten Materialien fällig und daraus entsteht für den Produzenten ein »Cash-flow«-Problem, er muss nämlich die Verleihgarantie vorfinanzieren. Hierzu bedient er sich unter normalen Umständen einer Bank, welche die Verleihgarantie diskontiert, wofür wiederum die Absicherung durch einen Letter of Credit bzw. eine Bankbürgschaft erforderlich ist (vgl. Kap. VII.1.1. »Filmfinanzierung«).

In Deutschland ist es aber noch immer unüblich, dass der Verleih die vereinbarte Minimumgarantie durch eine Bankgarantie absichert. Hinzu kommt, dass insbesondere die börsennotierten Verleihunternehmen sich aus bilanztechnischen Gründen dagegen sträuben. Soweit Banken und/oder Investoren an der Herstellung des Films beteiligt sind, ist in einer solchen Situation die ordnungsgemäße Finanzierung nicht gegeben. Gelegentlich begegnen Produzent und Verleihunternehmen diesem »Cash-flow«-Dilemma dadurch, dass die Minimumgarantie möglichst in Raten gezahlt wird, wobei der größte Teil nicht erst bei Fertigstellung und Lieferung des Films, sondern z.B. nach dem Ende der Dreharbeiten fällig ist. Dieser Kompromiss trägt den Interessen beider Seiten Rechnung: der Produzent möchte einerseits Finanzierungskosten sparen und das Verleihunternehmen andererseits nicht das Herstellerrisiko tragen. Dieses Risiko ist mit Beendigung der Dreharbeiten meist überschaubar, selbst wenn kein Completion Bond engagiert wurde.

2.6. Herausbringungskosten

Die Kinoauswertung eines Spielfilms setzt einen immer höheren Marketingaufwand voraus. Die durchschnittlichen Herausbringungskosten sind in den letzten 10 Jahren von ca. DM 500.000 auf DM 2 Mio. gestiegen und betragen im Einzelfall sogar über 4 Mio. DM. Bei den »Herausbringungskosten« handelt es sich um Vorkosten, die aus allen eingehenden Erlösen vorabzugsfähig sind. Bei geförderten Filmen sind nach dem FFG (Richtlinie für die Projektfilmförderung, Teil B: Grundsätze sparsamer Wirtschaftsführung, § 16 Nr. II) die folgenden Verleihvorkosten abzugsfähig:

- Beiprogrammfilm
- Kopien für Hauptfilm, Werbevorspannfilm und Beiprogrammfilm zzgl. Verpackung und Transport, soweit nicht in den Herstellungskosten enthalten
- Lavendelpositiv und Dupnegativ bzw. Interpositiv und Internegativ, soweit nicht in den Herstellungskosten enthalten
- Synchronisation und IT-Band, soweit nicht in den Herstellungskosten enthalten
- Kopienversicherung
- Negativ-Versicherung und sonstige filmbezogene Versicherung, soweit nicht in den Herstellungskosten enthalten
- Beschichtung, Instandhaltung und Wiederherstellung der Kopien für Haupt-, Vorspann- und Beiprogrammfilm, soweit diese Arbeiten außerhalb oder auch innerhalb der Betriebsräume des Verleihers, zu marktüblichen Preisen durchgeführt werden und zur Auswertung erforderlich sind
- Herstellung des Werbevorspannfilms und der zur redaktionellen Berichterstattung bestimmten Materialien, z.B. electronic press kit und »making of«, falls diese nicht vom Produzenten geliefert werden

- Standard-Werbematerial
- Kosten von Marketing-/Promotionagenturen zu marktüblichen Preisen, ohne Aufschlagsberechnungen auf weitere Spesen/Provisionen bei Einschaltung von Dritt-Agenturen
- Ur- und Erstaufführungswerbemaßnahmen, die sich unmittelbar an Filmbesucher richten, filmbezogene Inserate in der Filmfachpresse und etwaige Filmpremierenveranstaltungen
- Produktionspresse, Verleihpresse und sonstige filmbezogene Promotion im Einvernehmen mit dem Produzenten, soweit nicht in den Herstellungskosten enthalten
- Rechtsverfolgungen gegenüber filmbezogenen Ansprüchen
- Finanzierung, soweit nicht in den Herstellungskosten enthalten, allerdings höchstens bis zu 8% über dem jeweils geltenden Euroleitzinssatz
- Abgaben, insbesondere Zoll im grenzüberschreitenden Verkehr
- SPIO-Filmsonderbeitrag
- Gebühren der FSK, soweit nicht ausnahmsweise in den Herstellungskosten enthalten
- Gebühren der FBW, soweit nicht ausnahmsweise in den Herstellungskosten enthalten
- Abrechnungskontrolle des Verleiherverbandes.
- alle sonstigen Kosten, die als abzugsfähige Vorkosten definiert werden. Hierzu zählen z.B.»residuals« bei internationalen Filmen. Außerdem wird man hier die Kosten einer Web-site hinzuzählen können.

Wie bei den Marketingkosten des Weltvertriebs kann der Produzent auch für die Herausbringungskosten eine Höchstgrenze vereinbaren mit der Folge, dass weitere Kosten nur nach vorheriger Zustimmung vorabzugsfähig sind. Dies kann in seinem Interesse liegen, denn je höher die vorabzugsfähigen Herausbringungskosten, desto später gehen beim Produzenten Erlöse aus der Auswertung des Films ein. Andererseits muss der Produzent daran interessiert sein, dass der Film angemessen beworben wird und es wäre kontraproduktiv, die Herausbringungskosten unangemessen niedrig zu halten.

2.7. Erlösverteilung (Verleihspesen / Produzentenanteil)

Vom Kaufpreis einer Kinokarte bleiben ca. 50% beim Kinobetreiber und 50% fließen dem Verleih als Erlöse zu. Diese Erlöse werden in die Verleihspesen (Provision) und den Produzentenanteil unterteilt, wobei die Verleihgarantie und die Herausbringungskosten ausschließlich aus dem Produzentenanteil rückgedeckt werden und erst nach Erreichen dieses »break even« ist der Produzent an den weiteren Erlösen beteiligt. Von allen eingehenden Erlösen erhält der Verleih also zunächst seine Verleihspesen, die – wie der Produzentenanteil – im Hinblick auf die verschiedenen Auswertungsformen des Films variieren.

2.7.1. Kinoauswertung

Die Erlöse aus der Kinoauswertung werden zwischen Verleih und Produzent hälftig geteilt, wobei Verschiebungen zugunsten des Produzenten möglich sind (z.B. 45% oder nur 40% Verleihspesen). Bis zur Rückdeckung der Minimumgarantie und der Herausbringungskosten sehen allerdings viele Verträge vor, dass der Produzentenanteil deutlich über den Verleihspesen liegt (z.B. 70% zu 30%). Dies hat für den Produzenten offensichtlich den Vorteil, dass die Rückdeckung der Verleihgarantie und der Herausbringungskosten schneller erfolgt und damit früher an weiteren Erlösen beteiligt wird.

Die Vorschriften des Filmförderungsgesetzes (FFG) sehen vor, dass bis zur Rückführung der Förderdarlehen die Verleihspesen höchstens bei 35% liegen dürfen (vgl. Richtlinien zu § 63 Abs. 2 FFG, Teil B, § 20 Abs. 1).

Bei einem interessanten Filmprojekt (oder bei einer konzernrechtlichen Verflechtung des Produzenten mit dem Verleihunternehmen) wird dem Produzenten häufig ein »Korridor« eingeräumt. Dies bedeutet, dass er unabhängig von der Rückdeckung der Garantiezahlung und der Herausbringungskosten a priori an allen Verleiheinnahmen mit einem bestimmten Prozentsatz (z.B. 5%) beteiligt ist. Die Verteilung sieht in einem solchen Fall wie folgt aus:

35% – Verleihspesen
5% – Korridor
60% – Produzentenanteil.

Einige Filmförderungen verlangen inzwischen ebenfalls, dass dem Produzenten ein »Korridor« gestattet wird. Einerseits soll dadurch seine Position gestärkt werden, andererseits dient dieser Korridor teilweise der Rückzahlung der Förderdarlehen. Bei der klassischen Verteilung der Erlöse erreichen nämlich die meisten geförderten deutschen Filme nicht den »break even«, so dass dem Produzenten über die Minimumgarantie hinaus keine Erlöse zufließen und folglich die Förderdarlehen nicht zurückgezahlt werden.

Außerdem (oder anstelle eines »Korridors«) kann eine Erfolgsbeteiligung vereinbart werden, dass bei Erreichen einer bestimmten Zahl von Zuschauern an der Kinokasse ein Bonus gezahlt wird (sog. »Box Office Kicker«). So können beispielsweise bei Erreichen von 1 Million Zuschauer ein »Bonus« von z.B. DM 50.000,00 und ein bestimmter Betrag für jeweils weitere 500.000 Zuschauer gezahlt werden. In einem solchen Fall ist klarzustellen, ob dieser Bonus als Erhöhung der Minimumgarantie zu behandeln ist.

Auch Verträge mit Schauspielern, Drehbuchautoren oder Regisseuren sehen öfter einen »Box Office Kicker« vor. Wenn dem Produzenten selbst ein solcher Bonus nicht eingeräumt wird, muss er dem Verleih diese Zahlungen auferlegen, es sei denn die Minimumgarantie und die Herausbringungskosten sind zum fraglichen Zeitpunkt »recouped« und der Produzent erzielt bereits entsprechende Gewinne.

2.7.2. Videoauswertung

Bei der Verteilung der Lizenzerlöse aus der Videoverwertung ist zwischen den Verkaufskassetten (»sell through«) und den Erlösen aus der Vermietung (rental) zu unterscheiden. Insoweit existieren sehr unterschiedliche Vereinbarungen und es lässt sich kaum ein »Branchenstandard« bestimmen.

Der Produzent wird bisweilen versuchen, sich in Form einer Stücklizenz an den Verkaufskassetten zu beteiligen. Hierbei ist zu beachten, dass die Abrechnungsbasis klar definiert ist und üblicherweise wird der Händlerabgabepreis (HAP) herangezogen. Die Verleihunternehmen sind andererseits zögerlich, diese Abrechnungsbasis zu akzeptieren. Sie bestehen vielmehr auf einer Beteiligung an den Nettovideoeinnahmen. Darunter sind die Erlöse aus allen verkauften, bezahlten und nicht retournierten Exemplaren zu verstehen, abzüglich Boni, Skonti, Rabatte, gesetzlicher Mehrwertsteuer und Abgaben (z.B. FFA-Abgabe).

Im Rahmen der Grundsätze sparsamer Wirtschaftsführung bei der Projektfilmförderung sieht § 30 Abs. 1 (RL-Projektfilm) wiederum vor, dass der Produzentenanteil an den »Videolizenzerlösen« bis zur Rückführung der Förderdarlehen 70% beträgt, also die Verleihprovision bei 30% liegt. Damit wird nicht zwischen den Verkaufs- und den Vermieteinnahmen unterschieden.

2.7.3. Fernsehauswertung

Weder in den Verträgen noch im Filmförderungsgesetz wird im Hinblick auf die Auswertung im Fernsehen oder auf die Verteilung der Lizenzerlöse zwischen Pay-TV und Free-TV differenziert. Nach § 31 (RL-Projektfilm) liegen bei geförderten Projektfilmen die Verleihspesen bei 30% und der Produzentenanteil bei 70% der Fernsehlizenzerlöse. Im Übrigen wird, je nach Einzelfall, dem Verleih eine Provision zwischen 20% und 50% der Erlöse zugestanden.

In diesem Zusammenhang ist noch auf eine Besonderheit hinzuweisen. In Deutschland tätigen inzwischen einige Verleihfirmen Paketverkäufe an Fernsehanstalten. Deshalb wird im Rahmen einer gezahlten Minimumgarantie eine bestimmte Pauschalsumme als Fernsehlizenz fixiert. Dies dürfte allerdings bei Filmen, die unter Zuhilfenahme von Fördermitteln hergestellt wurden, nicht ohne weiteres möglich sein. Im Übrigen ist bei diesem Vorgehen auf Folgendes zu achten:

- Die Lizenzzeit des Verleihvertrages umfasst üblicherweise nicht nur die erste Auswertungsperiode im Free-TV, die meist bei ca. 7 Jahren liegt. Es wird deshalb bei der Festlegung der Pauschallizenz für die Senderechte zu bedenken sein, dass die Erst- und auch eine Zweitlizenz darin enthalten sind. Hinzu kommt die vorrangige Vergabe der Pay-TV-Rechte, die auch einen nicht unerheblichen Wert haben kann.
- Außerdem ist zu bedenken, dass die Pauschale sich nicht nur auf das deutsche Fernsehen, sondern auf das gesamte Lizenzgebiet erstreckt. Deshalb sind auch die österreichischen und die Schweizer (nur deutschsprachige Schweiz) Fernsehrechte in diese Kalkulation miteinzubeziehen.

2.7.4. Internet-Nutzung

Insbesondere aufgrund der unzulänglichen Qualität der Bilder, der Übertragungskosten, der Kapazität von Übertragungsnetzen und Computerspeicher ist momentan noch keine nennenswerte Nutzung von Filmen im Internet möglich – von Kurzfilmen einmal abgesehen. Dennoch werden die Internetrechte in den Verträgen oft mitübertragen und die Vergütungen geregelt.

Hierbei wird entweder eine Pauschalvergütung, ein fester Betrag pro Zugriff (vergleichbar dem Pay-per-view) oder eine prozentuale Beteiligung an der vom User entrichteten Vergütung vereinbart. Die Verleihprovision liegt in diesem Bereich zwischen 20% und 50% der Erlöse. Es bleibt abzuwarten, wie sich die Praxis entwickelt und, ob im Rahmen der (unter 2.2.) skizzierten Neudefinition der Nutzungsarten und Sperrfristen auch eine Festsetzung der zulässigen Verleihspesen in diesem Bereich erfolgt.

2.8. Querverrechnung (»Cross-Collateralization«)

Bei Verrechenbarkeit der Verleihgarantie gelten dieselben Überlegungen wie beim Weltvertrieb. Lediglich auf eine Besonderheit im Falle der Lizenzierung eines ausländischen Films an ein deutsches Verleihunternehmen soll in diesem Zusammenhang hingewiesen werden. Amerikanische Lizenzgeber versuchen bisweilen, die Minimumgarantie auf einzelne (z.B. Kino, Video und TV) Auswertungsarten aufzusplitten mit der Folge, dass dem Lizenznehmer zum einen die Verrechnung aus anderen Auswertungen nicht möglich ist, und er zum anderen bei der Verrechnung der Minimumgarantie mit Erlösen schneller in den Bereich des normalen Verteilungsschlüssels gelangt. Ist etwa aus einer Garantiezahlung in Höhe von DM 2 Mio. ein Betrag von DM 1 Mio. der Kinoauswertung und DM 0,5 Mio. jeweils der Video-, TV-Auswertung zugeordnet und der Film wird für DM 1 Mio. an das Fernsehen lizenziert, dann muss der Lizenznehmer Erlöse aus der TV-Auswertung bereits an den Lizenzgeber auszahlen, obwohl er möglicherweise die Garantiezahlung noch nicht »recouped« hat, weil der Film im Kino »floppte« und auch in der Videoauswertung nicht erfolgreich war. Im Falle der Verrechenbarkeit aller Einnahmen müsste der Lizenznehmer in diesem Beispiel noch keine Erlöse abführen. Es sollte daher aus Sicht des deutschen Lizenznehmers stets eine generelle »cross-collateralization« vereinbart werden.

2.9. Abrechnung

Außer in den seltenen Fällen einer Pauschalvergütung bestehen seitens der Verleihfirma gegenüber dem Produzenten Abrechnungs- und Zahlungspflichten. Zu Beginn der Kinoauswertung (die ersten drei Monate nach der Erstaufführung) kann eine Abrechnung auf monatlicher Basis für den Produzenten wünschenswert sein. Meist wird hingegen eine quartalsweise Abrechnung für die ersten 12 Monate nach der Erstaufführung des Films vereinbart. Später ist eine Abrechnung auf halbjährlicher Basis jeweils zum 30.6. und 31.12. eines Jahres üblich.

Ferner sollte dem Produzenten ein Einsichtsrecht in die Abrechnungsunterlagen gewährt werden, wobei dieses Recht nur durch einen zur Verschwiegenheit verpflichteten Vertreter des Produzenten ausgeübt werden kann (Steuerberater, Rechtsanwalt, Wirtschaftsprüfer). Die Kosten der Überprüfung trägt in der Regel der Verleih, sofern dessen Abrechnung mehr als 5% zu Ungunsten des Produzenten abweicht. Andernfalls fallen die Kosten der Überprüfung dem Produzenten zur Last.

2.10. Materiallieferung

Der Produzent hat dem Verleih sämtliche Materialien zur Verfügung zu stellen, die zur ordnungsgemäßen Auswertung des Films erforderlich sind, einschließlich der für die Erstellung des Werbematerials erforderlichen Unterlagen (z.B. Standfotos). Aus den Materialien stellt der Verleih regelmäßig einen Werbevorspann (»trailer«) und eine Filmankündigung (»teaser«) her, die ebenfalls der Bewerbung des Films dienen. Darüber hinaus enthalten Verleihverträge eine unwiderrufliche Ziehungsgenehmigung zugunsten des Verleihs für die Dauer der Vertragszeit. Mitunter bedingt sich der Verleih aus, auf eigene Kosten ein Interpositiv des Films herstellen zu lassen und in einem Kopierwerk seiner Wahl einzulagern, wenn dieses dem Verleih bessere Lieferkonditionen bietet, als das Kopierwerk, bei dem der Produzent das Negativ eingelagert hat.

2.11. Kündigung/ Insolvenzklausel

Die Verträge sehen meist vor, dass der Lizenzgeber berechtigt ist, in bestimmten Fällen den Vertrag zu kündigen und die Rechte dann – meist automatisch – an den Lizenzgeber zurückfallen. Als Kündigungsgründe können insbesondere Zahlungsverzug (nach Fristsetzung) oder etwa ungenehmigte Weiterübertragungen in Frage kommen.

Lizenzverträge enthalten auch für den Fall eine Kündigungsmöglichkeit, dass der Lizenznehmer in Vermögensverfall (Eröffnung eines Insolvenz- oder Vegleichsverfahrens) gerät. Diese Klausel ist nach der am 1. Januar 1999 in Kraft getretenen neuen Insolvenzordnung unwirksam. Vielmehr hat nun der Insolvenzverwalter bei der Eröffnung des Insolvenzverfahrens das Wahlrecht zwischen der Fortführung des Lizenzvertrags oder seinem Rücktritt hiervon. Der lizenzgebende Produzent des insolventen Verleihunternehmens bleibt damit an den Vertrag gebunden (vgl. 5.2.).

3. Zusätzliche Auswertungen

Neben den vorstehend skizzierten Filmauswertungen existiert eine Reihe weiterer Auswer-tungs- und Kooperationsmöglichkeiten. Zur optimalen Nutzung der sich aus der jeweiligen Konstellation ergebenden Synergien sollten die Rechteinhaber möglichst frühzeitig Kontakte mit den potentiellen Kooperations- und/oder Lizenzpartnern aufnehmen. Nachstehend werden die wichtigsten zusätzlichen Auswertungsmöglichkeiten erörtert.

3.1. Die Soundtrackauswertung

Es gibt einige Filme, die nie Gewinne eingespielt haben, wo aber die zum Film veröffentlichten Soundtrack-Alben durchaus beachtliche Verkaufszahlen erzielten. Normalerweise ist der Erfolg eines Soundtrackalbums an den Kinoerfolg gekoppelt. Während bei internationalen Filmhits auch die Soundtrackalben eine interessante zusätzliche Erlösquelle bilden, ist die Veröffentlichung des Soundtracks bei deutschen Filmen – von wenigen Ausnahmen (z.B.»Bandits«) abgesehen – eher eine zu vernachlässigende

Größe. Dies kann sich ändern, wenn sich neben der Scoremusik auch Titel von bekannten Künstlern auf dem Album finden.

Eignet sich die Filmmusik für eine Soundtrackauswertung, sollte der Filmproduzent versuchen, die Tonträgerrechte aus dem Verleihvertrag herauszuhalten und selbst zu lizenzieren. Dann kann es ihm gelingen, die in der Tonträgerbranche übliche Veröffentlichungsgarantie, Lizenzvorauszahlung und Vergütungssätze zu verhandeln. Die hierfür üblichen Vertragstypen und deren wesentliche Konditionen sollen im Folgenden kurz dargestellt werden:

3.1.1. Bandübernahme- / Vertriebsverträge

Für den Abschluss eines Soundtrackverwertungsvertrages mit einem Tonträgerunternehmen gibt es praktisch zwei Vertragstypen: den Bandübernahmevertrag und den Vertriebsvertrag.

Das Tonträgerunternehmen erwirbt über beide Vertragstypen das Recht zum Vertrieb des Tonträgers. Beim Vertriebsvertrag erhält das Tonträgerunternehmen regelmäßig fertige Tonträger und vertreibt diese lediglich, während Gegenstand eines Bandübernahmevertrages die Anlieferung eines Masterbandes ist, von dem das Tonträgerunternehmen die zu verbreitenden Vervielfältigungsstücke noch selbst herstellt.

Bei einem Vertriebsvertrag trägt der Filmproduzent somit einen erheblichen Teil des wirtschaftlichen Risikos der Verwertung, im Gegenzug erhält er aber eine höhere Erlösbeteiligung. Dennoch ist der Abschluss eines Vertriebsvertrages nur dann einem Bandübernahmevertrag vorzuziehen, wenn der Filmproduzent sich lediglich der Einzelhandelsvertriebsstruktur des Tonträgerunternehmens bedienen möchte und im Übrigen beabsichtigt, z.B. den Internet-, Mailorder- und Auslandsvertrieb des Soundtrackalbums selbst zu koordinieren. Da der Filmproduzent meist nicht über eigene Fertigungs- und Vertriebsstrukturen verfügt, hat sich in der Praxis der Bandübernahmevertrag als übliches Vertragsmuster durchgesetzt.

3.1.2. Zusätzliche Leistungen des Filmproduzenten

Im Rahmen von Verträgen über Soundtrackalben wird der Filmproduzent, neben der Anlieferung eines überspielungsfähigen Masterbandes, regelmäßig zur Erbringung weiterer Leistungen verpflichtet. Hierzu zählt insbesondere die Anlieferung von Photomaterial aus dem Film zur Gestaltung des Albumcovers und für die Erstellung von Promotionmaterial für den Tonträgervertrieb. Außerdem wird vom Filmproduzenten auch die Bereitstellung von Film-Footage für etwaige Videoclip-Produktionen verlangt. Schließlich erwarten die Tonträgerunternehmen ihre Nennung auf den Filmplakaten und nicht selten auch im Abspann des Filmes. Durch diese Leistungen versuchen die Tonträgerunternehmen ihre Herausbringungs- und Marketingkosten zu reduzieren, um ihr wirtschaftliches Risiko überschaubar zu halten.

3.1.3. Umfang und Dauer der Verwertungsrechte

Das Tonträgerunternehmen benötigt für den Vertrieb vor allem Vervielfältigungs- und Verbreitungsrechte an dem anzuliefernden Masterband und lässt sich diese regelmäßig zur exklusiven Verwertung einräumen. Im Rahmen der Verbreitungsrechte erwerben die Tonträgerunternehmen darüber hinaus regelmäßig auch die Rechte zum Vertrieb außerhalb des Tonträgereinzelhandels, insbesondere für den Internet- und Mailorder-Vertrieb. »Filmherstellungsrechte« sollten dem Tonträgerunternehmen nur zum Zwecke der Herstellung von Promotionvideos übertragen werden. Bei allen übrigen Verwertungsrechten (wie z.B. Merchandisingrechten) ist äußerste Zurückhaltung geboten, nicht denn es besteht Kollisionsgefahr mit den Rechten, die bereits dem Verleihunternehmen oder anderen Lizenznehmern übertragen wurden.

Das Auswertungsgebiet sollte der Filmproduzent möglichst auf die Territorien einschränken, für die das Tonträgerunternehmen eine verbindliche Veröffentlichungszusage erteilt. Andererseits ist es sinnvoll, die Soundtrackverwertung einem weltweit operierenden »global player« anzuvertrauen, der sich nicht auf eine entsprechende Beschränkung der Lizenz einlassen wird. Dies gilt vor allem dann, wenn er eine substantielle Garantie zahlt.

Die Lizenzzeit sollte der Filmproduzent auf maximal fünf Jahre zu beschränken versuchen.

3.1.4. Veröffentlichungs- und Promotiongarantien

Der Filmproduzent sollte sich vom Tonträgerunternehmen eine Veröffentlichungsgarantie geben lassen, die das Tonträgerunternehmen verpflichtet, das Soundtrackalbum zu einem festzulegenden Zeitpunkt in einer bestimmten Stückzahl zum Hochpreis zu veröffentlichen. Dieses »timing« ist für die gewünschte »cross-promotion« zwischen Soundtrack und Film außerordentlich wichtig.

Außerdem sollte das Tonträgerunternehmen zugesagte Promotionsleistungen, wie die Herstellung eines Videoclips, Print- oder Rundfunkkampagnen, ebenfalls garantieren. Im Zusammenhang mit der Herstellung von Musikvideos ist zu berücksichtigen, dass die Tonträgerunternehmen die hierfür erforderlichen Herstellungskosten zu einem bestimmten Prozentsatz (in der Regel bis zu 50%) gegen die Beteiligungsansprüche des Filmproduzenten verrechnen. Das bedeutet, dass der Filmproduzent erst dann eine Beteiligung an den Tonträgerverkäufen erhält, wenn seine Erlösansprüche den Teil der verrechnungsfähigen Videoproduktionskosten übersteigen. Der Filmproduzent sollte nur dann auf der Herstellung eines Videos bestehen, bzw. eine entsprechende Verrechnung akzeptieren, wenn die damit verbundene Promotionwirkung erhöhte Einnahmen erwarten lässt.

3.1.5. Vergütung/ garantierte Vorauszahlung

Im Rahmen von Bandübernahmeverträgen erhält der Filmproduzent seine Vergütung regelmäßig in Form einer Lizenzbeteiligung auf Basis des Abgabepreises an den Einzelhandel (sog. Händlerabgabepreis oder HAP), bzw. wenn dieser nicht verfügbar ist (wie z.B. beim Direktvertrieb an den Kunden via Mailorder) auf Basis des sog. Nettodetailpreises.

Zu beachten ist in diesem Zusammenhang, dass der HAP regelmäßig um so genannte »Technik- und Verpackungskosten« von pauschal 20% bis 25% gekürzt wird. Außer-

dem wird die Lizenzbeteiligung des Filmproduzenten bei bestimmten Verwertungs-
aktivitäten, wie z.B. Auslandsvertrieb, Mailordervertrieb, Midprice- und Lowprice-
verkäufen sowie kostenintensiven Werbeaktivitäten ebenfalls pauschal reduziert.
Der Filmproduzent sollte beim Tonträgervertrieb über den Einzelhandel zum Hochpreis eine Beteiligung (pro verkauftem Album) in Höhe von etwa DM 3,50 erhalten.
Dies entspricht bei einem HAP in Höhe von DM 23,70 und einem pauschalierten Technik-
abzug für CDs von 20%, einer Preisbasis von ca. DM 19,00, einer Lizenzbeteiligung
von mindestens 18%.
Die Beteiligung kann sich unter Umständen verkaufsabhängig erhöhen. Eine übliche
Grenze hierfür sind 50.000 verkaufte Einheiten des Soundtrackalbums. Steigerungen
können dann in Schritten von jeweils weiteren 25.000 bis 50.000 verkaufter Einheiten
festgelegt werden.
Bei Vertriebsverträgen erhält der Filmproduzent die von den Tonträgerunternehmen
erzielten Erlöse, abzüglich einer Vertriebsprovision von ca. 30% und etwaiger verrechenbarer Kosten.
Schließlich sollte der Filmproduzent auf einer garantierten, d.h. nicht rückzahlbaren,
jedoch mit seiner Lizenzbeteiligung verrechenbaren, Vorauszahlung bestehen, deren
Höhe sich an den Verkaufserwartungen orientiert.

3.1.6. Beteiligungen Dritter

Die an den Musikaufnahmen mitwirkenden Künstler und/oder Produzenten erhalten
ebenfalls eine Beteiligung aus der Soundtrackauswertung und der Filmproduzent muss
diese bei den Verhandlungen gegenüber dem Tonträgerunternehmen berücksichtig-
ten. Der Filmproduzent muss insbesondere darauf achten, dass sämtliche Reduzierun-
gen der Lizenzbasis oder der -sätze sowie etwaige Verrechnungen von Videoproduktionskosten u.Ä., die er mit dem Tonträgerunternehmen vereinbart, mit seinen vertraglichen Abreden mit den vorgenannten Dritten konform gehen. Andernfalls muss
er das Risiko gegenwärtigen, Zahlungen an Dritte leisten zu müssen, bevor ihm selbst
Erlösansprüche gegen das Tonträgerunternehmen zustehen.

3.1.7. Abrechnung

In der Tonträgerindustrie sind Abrechnungen zum Kalenderhalbjahresende üblich.
Auszahlungen erfolgen meist binnen acht bis zwölf Wochen nach den einschlägigen
Terminen.

Exkurs: Musikverlagsrechte

Im Falle der Komposition und Produktion der Scoremusik erfolgt nicht selten die Beauftragung des Komponisten nur unter der Bedingung, die Musikverlagsrechte dem
Produzenten zu übertragen. Insbesondere bei Fernsehserien ist die Inverlagnahme der
Musik ein lukratives Geschäft. Daher haben nahezu alle großen Film- und TV-Produk-
tionsgesellschaften ihren eigenen Musikverlag oder zumindest eine Edition gegründet,
in dem sie die Musikwerke zu ihren Filmen verlegen. Auch die Fernsehanstalten haben
diese Nebenerwerbsquelle längst entdeckt und ihre eigenen Musikverlage gegründet.

In finanzieller Hinsicht bedeutet dies, dass der Verlag nach dem Verteilungsplan der GEMA 40% und der Komponist 60% der Tantiemen erhält, vorbehaltlich einer anderweitigen vertraglichen Regelung.

Aus Sicht der Komponisten, die oft unter Verweis auf die nicht unerheblichen GEMA Tantiemen zu außerordentlich geringen Honoraren (bisweilen zum Nulltarif!) engagiert werden, ist diese Praxis höchst unbefriedigend. Zum einen erhalten sie keine angemessenen Honorare für Komposition und Produktion der Musik und zum anderen werden ihnen die GEMA-Tantiemen in Höhe des Verlagsanteils vorenthalten. Diesem Missstand begegnen die Komponisten damit, dass sie ihren eigenen Musikverlag etablieren und mit dem Produzenten einen Co-Verlagsvertrag eingehen, d.h. die Verlagsrechte und insbesondere die Tantiemen hälftig teilen. Alternativ zum Co-Verlagsvertrag bietet sich eine Refundierung der Tantiemen in einem bestimmten Verhältnis an den Komponisten an.

3.2. Das »Buch zum Film«

Im Rahmen eines Filmvorhabens existieren unterschiedliche Gestaltungsmöglichkeiten im Hinblick auf ein Buch zum Film. Als Hauptvarianten der »Drucknebenrechte« sind ein Roman zum Film (Romanfassung des Drehbuches, das »novelisation-right«) und das – wie auch immer geartete – »Buch zum Film« denkbar.

Das Landgericht Frankfurt a.M. befasste sich jüngst mit der Frage, was unter einem »Buch zum Film« zu verstehen sei. Es handelte sich um einen Dokumentarfilm, der für eine Fernsehanstalt gedreht wurde. Im Vertrag fand sich eine Klausel folgenden Wortlauts:

> »Der Produzent erhält die Möglichkeit, ein Buch zum Film zu veröffentlichen. Sofern ein Verlag gefunden werden sollte, erhält der Produzent 60% und die Sendeanstalt 40% der Erlöse.«

Im Film wurden verschiedene Personen dargestellt und interviewt. Der Produzent, ein »Dokumentarfilmer«, der auch das Drehbuch geschrieben hatte, verwendete anschließend einige Episoden aus dem Film für ein Buch, welches unter demselben Titel erschien. Die entsprechenden Personen und Interviews wurden dabei vom Produzenten literarisch bearbeitet. Außerdem verwandte der Produzent weitere Recherchematerialien, die nicht in den Film eingeflossen waren. Das Buch bestand schließlich zu ca. 70% aus der literarischen Umsetzung des Filminhalts und zu 30% aus neuen Kapiteln. Dialoge, Standfotos oder anderweitiges visuelles Material aus dem Film wurden nicht verwandt.

Die Fernsehanstalt war der Auffassung, dabei handele es sich um ein »Buch zum Film«, wohingegen der Produzent und Autor der Meinung war, in dem Buch sei ein separates literarisches Werk zu sehen, an dessen Erlösen die Fernsehanstalt nicht zu beteiligen sei.

Seine Meinung begründete er damit, dass

- das Buch eine literarische Aufarbeitung der (teilweise) im Film dargestellten Personen und Ereignisse sei;
- die zusätzlichen Recherchen und die literarische Aufarbeitung des Stoffes Kosten

und Zeit in Anspruch genommen hätten, die zumindest in Form eines Autoren-
honorars zu vergüten seien.
– keinerlei Bilder aus dem Film im Buch verwandt worden seien (z.B. Standfotos).
  Konstitutives Element eines »Buches zum Film« sei jedenfalls auch eine visuelle
  Anlehnung des Buches an den Film, die hier gänzlich fehle;
Das Gericht neigte dennoch zu der Auffassung, das Werk als »Buch zum Film« anzusehen und damit dem Sender den entsprechenden Erlösanteil zuzusprechen. Letztlich
wäre jedoch ein Sachverständigengutachten unumgänglich gewesen, weshalb der Rechts-
streit nicht entschieden wurde, sondern die Parteien sich schließlich verglichen.
Dieser Fall zeigt exemplarisch, dass die Vertragspartner zur Vermeidung von Miss-
verständnissen möglichst präzise vertragliche Regelungen treffen sollten. Dabei ist im
Hinblick auf die Verwertung eines Filmstoffes im Wege der »Drucknebenrechte« auf
Folgendes zu achten:
– Wie definieren sich die jeweiligen Werkkategorien (»Buch zum Film«, Roman etc.)?
– Welche Rechte sind betroffen?
– Welche Vergütungen sind angemessen und wem stehen sie zu?
Eine entscheidende Weichenstellung erfolgt dadurch, ob der Film auf einem vor-
bestehenden Werk (meistens ein Roman) basiert oder auf einem Originaldrehbuch.
Im ersten Fall wird der Verlag im Rahmen der Vergabe der Verfilmungsrechte entwe-
der die Drucknebenrechte überhaupt nicht lizenzieren oder sich zumindest das Recht
vorbehalten, das Buch zum Film oder ein wie auch immer geartetes »Buch« selbst zu
verlegen.

3.2.1. Werkkategorien
(1) Der Roman zum Film (Romanfassung des Drehbuches)
Zur Verwirklichung eines solchen Buches, das letztlich eine (erneute) Bearbeitung des
Drehbuches in Romanform darstellt, sind, wenn es sich um die Verfilmung eines vor-
bestehenden Romans handelt, sowohl die Zustimmung des Originalautors/Verlags wie
auch die des Drehbuchautors einzuholen.
Die Novelisation des Drehbuches erfolgt bisweilen unter Einschaltung von
»Ghostwritern«, die häufig für ein Pauschalhonorar engagiert werden. In jedem Fall ist
aber bei der Kalkulation und der Vergütungsregelung sorgfältig darauf zu achten, welche Personen an den Verkaufserlösen in welcher Weise zu beteiligen sind (vgl. 3.2.2.).
(2) Das Hörbuch
Dem Produzenten steht, vorbehaltlich einer anderweitigen vertraglichen Regelung,
nicht das Recht zu, den ursprünglichen Roman als Hörbuch herauszubringen. Dem
Verlag ist es vielmehr unbenommen, sich gleichsam »an den Film anzuhängen« und
sowohl den ursprünglichen Roman in einer Neuauflage wie auch als Hörbuch herauszubringen. Der Verlag hat regelmäßig ein Interesse daran, das Cover des Buches entweder mit dem Filmplakat oder einem Standfoto aus dem Film zu gestalten. Hier sind
Rechte des Filmproduzenten und der verschiedenen Mitwirkenden (z.B. Regisseur,
Standfotograf, Darsteller, Ausstatter) betroffen. Diese Rechte muss sich der Produzent
vertraglich zur zwecksprechenden Verwendung sichern.

Die Verlage versuchen bisweilen, sich die vorbezeichneten Rechte schon im Verfilmungs-vertrag unentgeltlich einräumen zu lassen. Hierzu sollte der Produzent nur dann bereit sein, wenn dies im Rahmen einer Gesamtkooperation sinnvoll und sachgerecht ist. Ansonsten sollte er versuchen, eine angemessene Lizenz zu erlangen, denn das von ihm zur Verfügung gestellte Cover wird analog zum Film-Erfolg absatzerhöhend wir-ken.

Eine übliche Lizenz bewegt sich zwischen 0,5% und 1,5% des Buch-Nettoladenverkaufs-preises. Der Verlag wird versuchen, das Cover für einen Pauschalpreis zu erwerben.

(3) Das »Buch zum Film«

Wie der eingangs zitierte Rechtsstreit vor dem Landgericht Frankfurt a.M. verdeut-licht, entzieht sich diese Kategorie bisher einer klaren Definition. Nach dem Dafürhal-ten des Verfassers konnte dort nicht ohne weiteres davon ausgegangen werden, dass es sich dabei um ein »Buch zum Film« handelte. Die Übereinstimmung zwischen dem Buch und dem Film lag lediglich in der Verwendung desselben Titels und der litera-rischen Aufarbeitung einiger im Film gezeigten Personen und Handlungsstränge. Darin ist jedoch eine eigenständige literarische Verwertung eines filmischen Themas zu sehen und nicht unbedingt ein »Buch zum Film«.

Das Buch zum Film ist entweder eine mehr oder weniger unveränderte Veröffentli-chung des Drehbuchs selbst oder aber Teile des Drehbuchs, illustriert mit Standfotos, Abbildungen von Requisiten oder aber es ist ein Buch, das die genannten Elemente mit übernimmt und die Herstellung des Films dokumentiert.

All diesen Varianten ist wesenseigen, dass das jeweilige Buch ohne größeren zusätzli-chen Schreibaufwand veröffentlicht werden kann.

In dem vor dem Landgericht Frankfurt a.M. verhandelten Buch ging es um eine Novelisierung des Filmstoffs, so dass es letztlich ein Roman zum Film war. Wenn man diese Veröffentlichung dennoch als »Buch zum Film« qualifizieren wollte, hätte man dem Autor zumindest ein zusätzliches Honorar und die Erstattung der Recherche-kosten zusprechen müssen, die in dem Vertrag nicht geregelt waren. Es ist nämlich kein Grund ersichtlich, weshalb der Autor diese Leistungen unentgeltlich gegenüber der an den Erlösen beteiligten Fernsehanstalt hätte erbringen sollen.

Dies zeigt, dass eine klare vertragliche Regelung empfehlenswert ist. Diese Klarheit ist für zwei Bereiche gleichermaßen wichtig: einerseits für die Enthaltungspflicht des Autors, den Stoff anderweitig literarisch zu bearbeiten und andererseits für den Filmprodu-zenten, der die entsprechenden Lizenzen an Verlage vergeben möchte.

3.2.2. Vergütungsregelung

Neben den bereits erwähnten Besonderheiten hängt die zu zahlende Vergütung zu-nächst von der Entscheidung ab, ob das jeweilige Buch als »Hardcover« oder als Ta-schenbuch erscheinen soll.

Im Falle einer Hardcoverausgabe liegt das übliche Absatzhonorar bei ca. 10% des Netto-ladenverkaufspreises. Dieses Honorar kann nach oben gestaffelt werden, wobei sich die Steigerung an bestimmten Verkaufszahlen orientiert (z.B. ab 50.000 verkaufter Exemplare: 11%, ab 100.000 verkaufter Exemplare: 12%).

Bei der Taschenbuchausgabe liegt das Absatzhonorar meist bei 6% bis 7%, ggf. ebenfalls mit einer Staffelung.

Zu bedenken ist in diesem Zusammenhang auch, dass die Vergabe solcher Lizenzen an Verlage noch Raum für ein Produzenten-»Honorar« vorsehen muss. Wie schon ausgeführt, sind bei der jeweiligen Veröffentlichung verschiedene Autoren und Berechtigte zu bedenken. Der vergütungspflichtige Personenkreis würde etwa im Falle der Veröffentlichung eines »Buches zum Film« mit einem Cover des Hauptdarstellers wie folgt aussehen:

- Der Autor des ursprünglichen Romans;
- Der Drehbuchautor;
- Der Autor des »Buches zum Film« (ggf. ein Ghostwriter);
- Der Darsteller, der gleichsam als »Werbeträger« auf dem Cover dargestellt ist;
- Schließlich der Produzent, der möglicherweise noch weitere Dritte aus dem ihm verbleibenden Erlös befriedigen muss.

Dieser Sachverhalt zeigt, dass im Falle eines Absatzhonorars von 10% des Nettoladenverkaufspreises gewaltige Umsätze erzielt werden müssen, damit letztlich alle Beteiligten einen nennenswerten Betrag erhalten.

3.3. Merchandising

Merchandising spielt nicht nur bei großen Filmprojekten, sondern auch im Fernsehalltag eine immer größere Rolle. Alleine die beiden größten privaten Rundfunkanstalten in Deutschland (RTL und SAT1) erzielen jährlich jeweils einen Umsatz von mehreren hundert Millionen DM durch Merchandising. Die öffentlich-rechtlichen Anstalten haben aufgrund der sinkenden Werbeeinnahmen Merchandising ebenfalls als zusätzliche Einnahmequelle entdeckt und erreichen inzwischen Umsätze in Millionenhöhe.

3.3.1. Definition

Die standardisierten Klauseln in den jeweiligen Rechtekatalogen sind im Hinblick auf die Definition von Merchandising nicht übereinstimmend.

Eine gängige Definition lautet etwa wie folgt:

> »Das Merchandisingrecht, d.h. das Recht zur kommerziellen Auswertung des Werkes und/oder der Produktion durch Herstellung und Vertrieb von Waren aller Art (z.B. Spielzeug, Stofftiere, Sportartikel, Haushalts-, Bad- und Küchenwaren, Druckwerke, Kleidungsstücke, Kopfbedeckungen, Buttons etc.) sowie die Vermarktung von Dienstleistungen aller Art (z.B. in sog. »Theme-Parks«), die unter Verwendung von Vorkommnissen, Namen, Titeln, Figuren, Abbildungen und sonstigen in einer Beziehung zum Werk und/oder zur Produktion stehenden Zusammenhängen erfolgen.

Gelegentlich wird darunter zusätzlich das Recht subsumiert, das Werk und/oder die Produktion durch Herstellung und Vertrieb von Spielen, Computerspielen und/oder sonstigen Multimediawerken einschließlich interaktiver Computerspiele auszuwerten. Auch die Verwendung des Begriffes »Merchandising« in der Fachliteratur ergibt kein einheitliches Bild (vgl. den Überblick bei Schertz, Merchandising, Seite 4 ff., Verlag C.H.

Beck, 1997). Zwar war »Merchandising« wiederholt Gegenstand höchstrichtlicher Rechtsprechung, die es bislang aber auch versäumte, eine allgemein verbindliche Definition zu liefern (vgl. BGH NJW 1993, 852 ff. – Guldenburg-Entscheidung, in der es um »Titel-Merchandising« ging, wobei dieser Begriff nicht näher definiert wurde).

3.3.2. Rechtsübertragung
Die vertragsgegenständlichen Rechte können urheber-, leistungsschutz-, geschmacksmuster-, marken- sowie persönlichkeitsrechtlicher Natur sein. In Betracht kommen auch Rechtsübertragungen aufgrund wettbewerbsrechtlicher und anderweitiger nichtausschließlicher Grundlagen, wobei in solchen Fällen allein die schuldrechtlichen Gestattungsverträge maßgeblich sind.
In der Vertragspraxis ist weniger eine allgemein gültige Definition relevant, als die klare Abgrenzung der verschiedenen Gegenstände der Rechtsübertragung. Im Merchandisingbereich sind z.B. Kollisionen mit den »Drucknebenrechten« denkbar. Die Kollisionsfrage stellt sich namentlich beim Drucken von Postkarten, Plakaten, Kalendern etc. Deshalb ist bei der Vertragsgestaltung sorgfältig darauf zu achten, dass die jeweiligen Bereiche und Rechte klar definiert und voneinander getrennt werden.

3.3.3. Schutz der Merchandising-Gegenstände
Je nachdem, um welchen Merchandisinggegenstand es sich handelt, müssen die Vertragspartner die entsprechenden Rechte klären bzw. möglichst im Vorfeld schützen. Soweit es sich um urheberrechtliche Werke im Sinne des § 2 I UrhG handelt, erlangen diese Werke mit ihrer Schöpfung Schutz, ohne dass in Deutschland eine Registrierung erforderlich ist.
So weit es um Merchandising im Hinblick auf reale Personen geht, ist bereits durch die gesetzlichen Bestimmungen hinreichend Schutz gewährleistet: § 12 BGB (Namensrecht), §§ 22 ff. KUG (Rechte am eigenen Bild) sowie das allgemeine Persönlichkeitsrecht (Art. 1, 2 GG, § 823 I BGB).
Allerdings müssen Merchandisingobjekte als Geschmacksmuster oder als Marke registriert werden, soweit nicht ausnahmsweise ergänzender wettbewerbsrechtlicher Schutz besteht. Welche Marke- oder Dienstleistungsklasse »merchandisingmäßig« relevant werden könnte, sollte der Produzent schon in der Entwicklungsphase des Projekts überlegen, und die entsprechenden Eintragungen vornehmen (vgl. Kap. VI.2.4.).

3.3.4. Vertragstypen
Im Merchandisingbereich wird grundsätzlich zwischen Agentur- und Lizenzvertrag unterschieden.
<u>(1) Der Agenturvertrag</u>
Im Agenturvertrag überträgt der Produzent einer Merchandisingagentur das exklusive Recht der Merchandisingauswertung des Vertragsgegenstands. Die Agentur ist gleichsam Vermittler zwischen dem Rechteinhaber (Produzent) und dem eigentlichen Verwerter.

(2) Der Standardlizenzvertrag

Die Agentur schließt sodann mit den einzelnen Verwertern die Lizenzverträge. Der Inhalt dieser Verträge wird in einem Standardlizenzvertrag zwischen dem Produzenten und der Agentur festgelegt. Dadurch ist sichergestellt, dass die Interessen aller Beteiligten hinreichend gewahrt sind. Die wichtigsten Interessen des Produzenten sind die beiden folgenden:

(3) Genehmigungsvorbehalte

Im Agenturvertrag wird seitens des Rechteinhabers bisweilen der Vorbehalt aufgenommen, dass die Agentur zwar berechtigt ist, den vereinbarten Standardlizenzvertrag mit Dritten zu verhandeln, aber vor Abschluss des beabsichtigten Vertrages ist dieser dem Rechteinhaber zur Genehmigung vorzulegen. Der Rechteinhaber behält dadurch nicht nur die Kontrolle über den Vertragsinhalt, sondern auch über den Vertragspartner, den »Verwerter«. Es kann durchaus sein, dass der Rechteinhaber mit dem ausgewählten Verwerter nicht einverstanden ist und deshalb die Zustimmung zum Abschluss des Vertrages verweigert wird. Dann müssen allerdings der Agentur die entstandenen Aufwendungen erstattet werden.

3.3.5. Qualitätskontrolle

Die Qualitätskontrolle ist auf Seiten des Rechteinhabers außerordentlich wichtig. Diese findet auf zwei Stufen statt:

Der Lizenznehmer (Verwerter) hat die Entwürfe des beabsichtigten Merchandisinggegenstands dem Produzenten vor Beginn der Serienproduktion zur Genehmigung vorzulegen. Er wird, soweit er hierzu nicht ohnehin vertraglich verpflichtet ist, gut daran tun, die Abnahme mit dem Künstler (Urheber) einvernehmlich durchzuführen. Erst nach »Freigabe« ist der Verwerter berechtigt, die Serienproduktion des Merchandisinggegenstands aufzunehmen.

Neben der Entwurfsabnahme sind Qualitätskontrollen in regelmäßigen Abständen erforderlich, um dauerhaft die gewünschten Standards zu halten. Gerade für etablierte Firmen und Marken ist es außerordentlich wichtig, dass dauerhaft eine hohe Qualität gewährleistet ist. Produkte minderer Qualität bergen die Gefahr, dass sich dies negativ auf das Image des gesamten Unternehmens auswirkt.

3.3.6. Vergütungen

Die Erlöse aus der Merchandisingverwertung werden wie folgt verteilt:

Der Produzent erhält für die Lizenzierung der Merchandisingrechte entweder eine Pauschalsumme oder eine prozentuale Beteiligung in Form einer Stücklizenz, bezogen auf den Händlerabgabepreis (HAP) des jeweiligen Artikels. Sofern der Produzent die Möglichkeit hat, sollte er sich eine solche Stücklizenz, die zwischen 5% und 10% des Händlerabgabepreises liegt, einräumen lassen.

Von diesen Lizenzerlösen erhält die Merchandisingagentur eine Vermittlungsprovision, die regelmäßig zwischen 25% und 40% liegt. Je nachdem können darüber hinaus die entstandenen Kosten noch vorabzugsfähig sein.

Aus den Produzenteneinnahmen sind die Urheber/Filmschaffenden zu befriedigen, soweit diese einen entsprechenden Erlösanspruch haben. Der Produzent muss schon bei der ursprünglichen Vertragsgestaltung sorgfältig überlegen, wer und gegebenenfalls in welcher Höhe an den Merchandisingerlösen teilhaben soll. Dabei bietet sich entweder die generelle Lösung an, dass bestimmte Personen (Regisseur, Drehbuchautor, Schauspieler, Puppenbauer etc.) in einem festgelegten Verhältnis an allen Produzentenerlösen aus der Verwertung des Films, einschließlich der Merchandisingerlöse, beteiligt werden. Alternativ kann es sinnvoll und sachgerechter sein, nur diejenigen an den Merchandisingerlösen zu beteiligen, deren Rechte auch Gegenstand des Merchandising sind. Diese vielleicht sachgerechtere Variante hat andererseits den Nachteil, dass die Abrechnungen komplizierter werden.

3.3.7. Nennung/Copyrightvermerk

Die Aufbringung des Copyrightvermerks und die exakte Nennung des Lizenzgebers auf den jeweiligen Merchandisingartikeln ist außerordentlich wichtig und sollte vertraglich geregelt sein.

3.3.8. Beendigung des Vertrages

Schließlich sollte der Vertrag auch vorsehen, was mit den Lagerbeständen im Falle der Beendigung erfolgt. Dem Lizenznehmer kann eine »Aufbrauchfrist« (regelmäßig 3 Monate) eingeräumt werden. Sofern der qualitätsbewusste Lizenzgeber jedoch kein Interesse an einem »Ausverkauf« hat, wird er sich vertraglich ausbedingen, dass er die Restbestände zu einem festgelegten Preis erwerben kann. Falls er von dieser Option keinen Gebrauch machen möchte, wird dem Lizenznehmer auferlegt, die Restexemplare zu vernichten.

4. Der Erlöstreuhänder (Die Collection Agency)

Traditionell rechnet der Weltvertrieb direkt an die Koproduzenten (oder den federführenden Koproduzenten) ab und zahlt die entsprechenden Erlöse nach dem vereinbarten Verteilungsschlüssel aus. In einem solchen Fall ist nicht auszuschließen, dass Leistungsstörungen eintreten, weil z.B. ein Insolvenzverfahren gegen den Weltvertrieb eröffnet wird, Gläubiger eine Kontenpfändung vornehmen etc.

Zur Vermeidung derartiger Vorkommnisse und unnötiger Diskussionen über Abrechnungen hat sich deshalb eine Institution bewährt, die sich »Collection Agency« nennt. Darunter ist ein Inkassounternehmen zu verstehen, das weltweit die Erlöse aus der Verwertung eines Projektes auf treuhänderischer Basis einzieht und an die Berechtigten verteilt. Als »Collection Agencies« haben sich die Fintage House (vormals Mees Pierson) in Amsterdam und die National Film Trust Company (NFTC) in London bewährt, wobei Fintage House die weltweit führende Collection Agency ist. Daneben betätigen sich einige Banken auf diesem Gebiet.

Collection Agencies erheben eine bestimmte Gebühr, um das »Collection Account« zu eröffnen und die Infrastruktur für die Einziehung und Verteilung der weltweiten

Erlöse zu schaffen. Diese Gebühr liegt üblicherweise bei ca. 5.000,00 US$. Bei großen Spielfilmprojekten, die weltweit hohe Erlöse erwarten lassen bzw. schon generiert haben (z.b. in Form von pre-sales), wird regelmäßig auf diese Gebühr verzichtet. Darüber hinaus erhält die Collection Agency ca. 1-2% der eingehenden Erlöse, wobei der jeweilige Prozentsatz von der Höhe der erwarteten Erlöse und dem jeweiligen Verwaltungsaufwand abhängt. Bisweilen sträuben sich Banken, die Zwischenschaltung einer Collection Agency zu akzeptieren, weil sich durch deren Gebühren die Rückzahlung des Darlehens verzögert. Dann besteht die Möglichkeit, dass die Bank zunächst befriedigt wird und die Collection Agency erst danach tätig wird oder die Collection Agency ihre Gebühr solange zurückstellt, bis das Darlehen zurückgezahlt ist.

Sofern eine Collection Agency eingeschaltet werden soll, muss der Kontakt möglichst frühzeitig hergestellt und schon in der Phase der Koproduktionsverhandlungen geklärt werden, welche dieser Agenturen zu welchen Konditionen engagiert werden soll. Denn in den zu schließenden Verträgen werden die Vertragspartner angewiesen, die Minimumgarantien und/oder späteren Erlöse direkt auf das Treuhandkonto zu zahlen. Dadurch werden unnötige Konflikte vermieden (z.B. Insolvenz, Kontenpfändung, Unterschlagung).

Die Verteilung der eingegangenen Erlöse erfolgt nach einem festgelegten Schlüssel (»Recoupment and Disbursement Schedule«), der Bestandteil der Vereinbarung ist. Daran ist die Collection Agency gebunden, solange er nicht im Einvernehmen aller Beteiligten geändert worden ist.

Die Einschaltung einer Collection Agency hat schließlich den Vorteil, dass sie die Abrechnungen vornimmt. Diese »accounting statements« werden den Zahlungen beigefügt. Dieser Service entlastet den Verwaltungsaufwand des Weltvertriebs und u.U. auch den des Produzenten, der diese Abrechnungen z.B. einfach an die Filmförderungen weiterreichen kann.

Dennoch sind die Weltvertriebe sehr zögerlich, die Einschaltung einer Collection Agency zu akzeptieren und insbesondere die US Majors widersetzen sich dem Verlangen regelmäßig. Inzwischen bestehen einige Schauspieler oder anderweitig Kreative, die an den Einspielerlösen des Films beteiligt sind, auf der Einschal-tung einer Collection Agency, denn sie versprechen sich dadurch mehr Transparenz und Fairness im Abrechnungs- und Auszahlungsverfahren.

5. Ausgewählte Rechtsprobleme

5.1. Vertragsabwicklung im internationalen Rechtsverkehr
(Rechtswahl und Gerichtsstand)

In der langen Kette der Verträge, die zur Filmherstellung und -verwertung abzuschließen sind, regeln die meisten einen grenzüberschreitenden Sachverhalt: seien es die Verträge mit den Urhebern vorbestehender Werke, sei es der Koproduktionsvertrag mit einem oder mehreren Partnern, die ihren Sitz in verschiedenen Ländern haben, seien es die Verträge mit ausländischen Schauspielern oder die Vielzahl der Lizenzverträge, die zur bestmöglichen Auswertung mit nicht-nationalen Lizenznehmern geschlossen werden.

Von nicht zu unterschätzender Bedeutung sind hier im Rahmen der internationalen Vertragsabwicklung die Fragen, nach welchem Recht sich der jeweilige Vertrag richtet und vor welchem Gerichtsstand im Streitfall geklagt werden kann. Nachfolgend werden deshalb die wesentlichen Grundsätze im Hinblick auf Vereinbarung und, mangels Vereinbarung, Ermittlung des anwendbaren Rechts (5.1.1.), des zuständigen Gerichtsstandes (5.1.2.) und möglicher Schiedsvereinbarungen (5.1.3.), dargelegt.

5.1.1. Anwendbares Recht

(1) Vertragliche Rechtswahl

Zur Vermeidung unangenehmer Überraschungen sind ausdrückliche und schriftliche Rechtswahlvereinbarungen dringend zu empfehlen. Es ist jeweils eine Frage der Marktstellung und des Verhandlungsgeschicks, wer letztlich seine Interessen durchsetzen kann. Bei Koproduktionen wird dies meist der majoritäre Koproduzent sein oder etwa derjenige, der die Stoffrechte kontrolliert und das Projekt entwickelt hat. Soweit es sich um Verträge mit US-amerikanischen Firmen handelt, setzen diese aufgrund der Marktdominanz ihre Vertragsmuster durch. Hier finden sich Rechtswahlklauseln, die den jeweiligen Vertrag dem Recht ihres Sitzes, also meist kalifornischem Recht, unterstellen.

(2) Gesetzliche Anknüpfung

Enthalten die Verträge keine Rechtswahlklauseln, entscheidet nach den allgemeinen Regeln des Internationalen Privatrechts (IPR) die »lex fori«, d.h. die Rechtsordnung des angerufenen Gerichts, über das anwendbare Recht. Vorbehaltlich internationaler Abkommen, durch welche sich die Vertragsstaaten zur Anwendung einheitlicher Normen des Internationalen Privatrechts verpflichten, ist das auf den Lizenzvertrag anzuwendende Recht nach den Regeln des jeweiligen nationalen Kollisionsrechts (IPR) zu ermitteln (vgl. Kropholler, Internationales Privatrecht, S. 38).

(3) Ermittlung des Vertragsstatuts

Nach deutschem Recht unterliegt bei Fehlen einer Rechtswahl der Vertrag dem Recht des Staates, mit dem er die engsten Verbindungen aufweist (Art. 28 I 1 EGBGB). Dabei geht die gesetzliche Vermutung des Art. 28 II EGBGB davon aus, dass der Vertrag die engste Verbindung mit dem Staat aufweist, in dem die Vertragspartei, die die charakteristische Leistung erbringt, zum Zeitpunkt des Vertragsschlusses ihren gewöhnlichen Aufenthalt bzw. ihre Hauptverwaltung hat.

Verpflichtet der Vertrag z.B. den Lizenznehmer zur Filmauswertung und wird ihm eine ausschließliche Lizenz eingeräumt, dann liegt der Schwerpunkt, d.h. die charakteristische Leistung bei ihm. Hat der Lizenznehmer seine Hauptverwaltung in Deutschland, ist folglich auf den Lizenzvertrag deutsches Recht anwendbar. Das Fehlen einer Rechtswahlklausel kann für den deutschen Lizenznehmer dann vorteilhaft sein, wenn ihn – wie im Regelfall – eine Auswertungsverpflichtung trifft, d.h. er die vertragscharakteristische Leistung erbringen muss. Denn in diesem Fall wird ein deutsches Gericht das Vertragsverhältnis gemäß Art. 28 EGBGB nach deutschem Recht beurteilen.

(4) Abgrenzung des Geltungsbereichs des Vertragsstatuts vom Urheberrechtsstatut

Das entweder durch Rechtswahl (Art. 27 EGBGB) oder durch objektive Anknüpfung nach dem Grundsatz der engsten Verbindung (Art. 28 EGBGB) ermittelte Vertragsstatut regelt Zustandekommen, Wirksamkeit, Auslegung, Erfüllung und Folgen der Nichterfüllung oder Nichtigkeit des Vertrages (Art. 31 I, 32 EGBGB).

Dagegen unterliegen die der Rechtseinräumung vorgelagerten, das Urheberrecht selbst betreffenden Fragen stets dem Anwendungsbereich des Rechts des Urheberstatuts, also dem Recht des Landes, für dessen Gebiet Rechtsschutz gegenüber der Verletzung von Urheberrechten und verwandten Schutzrechten beansprucht wird. Das Recht des Urheberstatuts ist maßgeblich für die Fragen der Entstehung und des Umfangs des Urheberrechts, Inhalt und Umfang des Schutzes, Folgen der Rechtsverletzung und Erlöschenstatbestände (vgl. BGH, NJW 1998, 1395, 1396; Löwenheim, Rechtswahl bei Filmlizenzverträgen, ZUM 1999, S. 925).

Im Hinblick auf vertragsrechtliche Fragen im Zusammenhang mit Urheberrechten und verwandten Schutzrechten ist nun streitig, ob die dingliche Verfügung, hier also die Übergabe des Filmmaterials und die Einräumung der Nutzungsrechte selbst, dem Recht des Vertrags- oder des Urheberstatuts folgt. Relevant wird dies insbesondere für die Klärung der Rechtsfolgen bei Vertragsstörungen etwa im Falle der Insolvenz eines Gliedes in der Rechtekette.

Nach der sog. »Spaltungstheorie«, die vor allem im international-privatrechtlichen Schriftum vertreten wird, unterliegt das Verfügungsgeschäft dem Recht des Urheberstatuts (vgl. statt aller Schricker-Katzenberger, a.a.O., Vor §§ 120 ff., Rz. 148). Dies hätte zur Folge, dass ein angerufenes deutsches Gericht aufgrund einer Rechtswahlklausel möglicherweise die Wirksamkeit des Lizenzvertrages nach kalifornischem Recht (Vertragsstatut), die Frage der Wirksamkeit eines Rückrufsrechts des Lizenzgebers aufgrund vorzeitiger Vertragsbeendigung dagegen nach deutschem Recht (Urheberstatut) zu beurteilen hätte. Bei grenzüberschreitenden Sachverhalten würde nach dieser Meinung die schuldrechtliche Verpflichtung und die dingliche Verfügung »aufgespalten«, was zur Namensgebung dieser Theorie führte.

Um diese praktischen Schwierigkeiten zu vermeiden, folgen die überwiegenden deutschen Urheberrechtskommentare und insbesondere die deutsche Rechtsprechung der Einheitstheorie. Danach ist das Vertragsstatut grundsätzlich auch für das urhebervertragliche Verfügungsgeschäft maßgeblich (vgl. OLG Frankfurt/M., GRUR 1998, S. 141, 142 m.w.N.; Schricker-Katzenberger, a.a.O., Rz. 149; Löwenheim, a.a.O., S. 925).

Im Zusammenhang mit Urheberrechten und verwandten Schutzrechten bleibt daher der Streit zwischen Spaltungs- oder Einheitstheorie eher akademischer Natur mit der Folge, dass sich in der Praxis jeweils das nationale Vertrags- und Urheberrecht durchsetzt, das die Parteien gewählt haben oder von den angerufenen Gerichten nach den Regeln des Internationalen Privatrechts ermittelt wird.

(5) Anwendung zwingenden deutschen Rechts

Unterliegt der Vertrag ausländischem Recht, stellt sich die Frage, wo zwingende Vorschriften des deutschen Rechts beachtet werden müssen.

Im deutschen internationalen Privatrecht/ Kollisionsrecht wird der Grundsatz ausgesprochen, dass zwingende inländische Regelungen durchzusetzen sind (Art. 34 EGBGB). Die einzelnen zwingenden Bestimmungen sind den jeweiligen nationalen Gesetzen zu entnehmen. Wenn der Vertrag eine ausländische Rechtswahlklausel enthält oder bei fehlender Rechtswahl die objektive Anknüpfung zu einer ausländischen Rechtsordnung führt, sind dennoch die zwingenden deutschen Gesetze zu berücksichtigen. Dazu zählen beispielsweise die Bestimmungen der neuen deutschen Insolvenzordnung (vgl. 5.1.2.). In der Praxis werden die unabdingbaren deutschen Bestimmungen nur dann Beachtung finden, wenn vor einem deutschen Gericht geklagt wird. Denn jedes angerufene Gericht ist bestrebt, den Fall nach seiner nationalen Rechtsordnung zu behandeln, da es damit am besten vertraut ist. Ein deutsches Gericht wird also im Sinne der klagenden Partei die Möglichkeiten ausschöpfen, trotz einer wirksamen (ausländischen) Rechtswahlvereinbarung zumindest teilweise deutsches Recht anzuwenden.

Haben umgekehrt die Parteien in ihrem Vertrag neben der ausländischen Rechtsordnung auch einen Gerichtsstand im Ausland vereinbart, so kommt es darauf an, ob das jeweilige Recht die Beachtung zwingender ausländischer Normen (d.h. hier die des deutschen Rechts) vorsieht. Nur wenn dies zutrifft, können die zwingenden deutschen gesetzlichen Vorschriften trotz ausländischer Rechtswahl und ausländischen Gerichtsstands Beachtung finden.

(6) Vollstreckung ausländischer Urteile / »ordre public«

Fraglich bleibt, ob ein ausländisches Urteil in Deutschland vollstreckbar ist, wenn es unter Nichtbeachtung zwingender deutscher Vorschriften gefällt wurde.

Gemäß § 328 I Nr. 4 ZPO ist die Anerkennung ausländischer Urteile ausgeschlossen, wenn es mit wesentlichen Grundsätzen des deutschen Rechts nicht vereinbar ist (»ordre public«). Allerdings wird durch den »ordre public« nicht die unbedingte Anwendung bestimmter zwingender deutscher Vorschriften gesichert (vgl. Palandt-Heldrich, Art. 6 EGBGB, Rz. 3). Nach der Rechtsprechung des Bundesgerichtshofs verstößt allein die Nichtbeachtung des Art. 34 EGBGB durch ein ausländisches Gericht nicht gegen den deutschen »ordre public« (BGH NJW 1993, 3269).

Entscheidend ist vielmehr, ob das materiell-rechtliche Ergebnis der Urteilsfindung im konkreten Fall mit wesentlichen deutschen Rechtsgrundsätzen vereinbar ist. Nur wenn tatsächlich tragende Grundlagen des deutschen staatlichen, wirtschaftlichen oder sozialen Lebens durch das ausländische Urteil angegriffen werden, wäre ein Verstoß gegen den »ordre public« anzunehmen. So kann etwa die pauschale Verurteilung zu horrenden Schadensersatzsummen »punitive damages«, die über den Ausgleich erlittener materieller und immaterieller Schäden hinausgehen, in Deutschland regelmäßig nicht für vollstreckbar erklärt werden (vgl. BGHZ 118, 312, 344 ff.).

5.1.2. Gerichtsstand

Sieht der Vertrag eine Rechtswahlklausel vor, so enthält er auch eine Vereinbarung über den Gerichtsstand. Nach deutschem Recht kann die Zuständigkeit eines inländischen Gerichts vereinbart werden, wenn mindestens eine der Vertragsparteien keinen allgemeinen Gerichtsstand in Deutschland hat (Art. 38 II ZPO). Bei der Wahl des Gerichtsstandes sind die Parteien grundsätzlich frei. Die freie Wahl wird allerdings begrenzt auf die gesetzlichen Gerichtsstände der inländischen Partei, wo deren Gegner sowieso klagen könnte.

Tatsächlich versucht in der Praxis der jeweils »stärkere« Vertragspartner meist nicht nur sein nationales Recht, sondern auch den Gerichtsstand an seinem Sitz durchzusetzen. Die jeweiligen Vor- und Nachteile einer Gerichtsstandsvereinbarung sind offensichtlich:

- die Partei, die den »Heimvorteil« genießt, kann mit dem ihr vertrauten Rechtsanwalt auf bekanntem Terrain arbeiten.
- die Klage vor einem ausländischen Gericht hat für den Vertragspartner »abschreckende Wirkung«, denn er muss sich auf fremdes Terrain begeben, einen ihm mitunter nicht bekannten Rechtsanwalt einschalten (dessen Honorierung und Tätigkeit er wegen der Entfernung, Zeitdifferenz und der fremden Gerichtspraxis kaum kontrollieren kann), er ist unter Umständen gehalten, zusätzliche Sicherheiten zu leisten im Gegensatz zu der Partei, die »Heimvorteil« genießt (in Deutschland z.B. §§ 110 ff ZPO) etc.

Diese Umstände können durch die Vereinbarung eines wechselseitigen Gerichtsstandes, also am Sitz des jeweiligen Beklagten, relativiert werden. Selbst bei großen Lizenzhändlern sind hin und wieder Klauseln etwa folgenden Inhalts anzutreffen:

»In the event of any disagreement resulting from the interpretation and/ or performance of this agreement the partys hereby agree that this agreement shall be subject to the laws of the country of domicile of the plaintiff. Depending on plaintiff's domicile the place of venue is either Los Angeles or Munich«.

Die Klägerpartei kann dabei auf das ihr vertraute Recht zurückgreifen und hat darüber hinaus ein »Heimspiel«. Keine der Parteien ist allerdings mit vorgenannter Klausel dagegen geschützt, dass sie am Sitz des Vertragspartners mit einer Klage überzogen wird, die sich dann auf eine ausländische Rechtsordnung stützt.

Wegen der nicht zu unterschätzenden Nachteile durch die Klage vor einem ausländischen Gericht lassen sich Vertragspartner gelegentlich auf eine fremde Rechtsordnung, nicht hingegen auf eine Gerichtsstandsvereinbarung ein, z.B.:

»This agreement shall be governed by the rules and laws of the State of New York«.

Ohne Gerichtsstandsvereinbarung wird dann die Klägerpartei den Vertragspartner an dessen Sitz nach dem materiellen Recht des »State of New York« verklagen müssen, sofern sich durch besondere Umstände nicht ein anderweitiger Gerichtsstand begründet. Der Kläger hat dann immerhin aufgrund der Rechtswahl noch eine gewisse Gewähr für die materielle Grundlage der gerichtlichen Entscheidung.

Zu beachten ist allerdings, dass bei Auseinanderfallen von materiellem Recht und Gerichtsstand sich die Dauer eines Rechtsstreits verlängern wird, weil die nach ausländischem Recht zu treffende Entscheidung regelmäßig nur durch ein Sachverständigengutachten ermittelt werden kann (in Deutschland im Bereich des Urheberrechts z.B. durch das Max-Planck-Institut für Urheberrecht in München).

Im Bereich der internationalen Koproduktion ist erwähnenswert, dass sich die Vertragspartner bisweilen auf ein »neutrales Recht und einen neutralen Gerichtsstand«

einigen, sofern nicht ein majoritärer Koproduzent seine Interessen durchzusetzen vermag. Wenn es sich etwa um eine deutsch-spanisch-dänische Koproduktion handelt, wird der Vertrag z.B. englischem Recht (UK and Wales) unterstellt und als Gerichtsstand London bestimmt.

Der Grund liegt darin, dass sich dann kein Vertragspartner durchsetzen musste oder konnte. Gleichzeitig werden die Verträge sowieso regelmäßig in englischer Sprache abgeschlossen und häufig wird ein Koproduktionspartner durch einen Rechtsanwalt in London vertreten. Deshalb bietet sich englisches Recht – nach dessen Muster die Verträge meist ohnehin »gestrickt« sind – und London als Gerichtsstand gleichsam als »neutrales Hoheitsgebiet« aus Sicht der Beteiligten an.

5.1.3. Schiedsvereinbarungen

Alternativ besteht die Möglichkeit, in den Vertrag eine Schiedsklausel aufzunehmen, in der das anwendbare Verfahrens- und materielle Recht, sowie die Besetzung des Schiedsgerichts und der Ort festgelegt ist, an dem das Verfahren stattfindet. Damit sollen bei Verfahren vor den ordentlichen Gerichten Zeit und Kosten gespart werden. Darüber hinaus haben die Vertragspartner meist Einfluss auf die Schiedsrichter, die sie selbst vorschlagen bzw. mitbestimmen können. Hierin liegt ein entscheidender Vorteil gegenüber den ordentlichen Gerichtsverfahren, denn die Schiedsrichter sind regelmäßig in der Branche tätig und verfügen über die entsprechende Sachkenntnis.

Das bekannteste Schiedsgerichtssystem in der Filmbranche ist das »Arbitration System der American Filmmarketing Association« (AFMA) (Internet-Adresse: *www.afma.com.*). Die meisten amerikanischen Filmunternehmen verweisen deshalb in ihren Verträgen auf diese »AFMA-rules«.

Die typische Vertragsbestimmung hat etwa folgenden Wortlaut:

> »Any dispute under this Agreement will be resolved by final and binding arbitration under the Rules for International Arbitration of the American Film Marketing Association in effect when the arbitration is filed (the »AFMA Rules«). Each Party waives any right to adjudicate any dispute in any other court or forum, except that a Party may seek interim relief before the start of arbitration as allowed by the AFMA Rules. The arbitration will be held in the Forum designated in the Deal Terms, or, if none is designated, as determined by the AFMA Rules. The Partys will abide by any decision in the arbitration and any court having jurisdiction may enforce it. The Partys submit to the jurisdiction of the courts in the Forum to compel arbitration or to confirm an arbitration award. The Partys agree to accept service of process in accordance with the AFMA Rules.«

Häufig werden auch Schiedsstellen der »International Chamber of Commerce« (ICC) in Paris oder in London vereinbart. Schließlich richtet der Dachverband der europäischen Fernsehproduzenten (Coordination Europénne des Producteurs Independants – CEPI) ein eigenes Schiedsgerichtssystem für Europa ein.

Fazit: Zum Schutz vor unliebsamen Überraschungen bei Vertragsstörungen sind sowohl die schriftliche Vereinbarung des anzuwendenden Rechts wie auch des Gerichtsstandes dringend zu empfehlen. Auch Schiedsklauseln können eine Alternative darstellen, wobei sie, sollten die Schiedsverfahren z.B. in den USA stattfinden – im Vergleich zur Vereinbarung deutschen Rechts und eines hiesigen Gerichtstandes – für den deutschen Vertragspartner nicht unbedingt die ökonomisch bessere Variante sind. Erfahrungsgemäß arbeiten deutsche Gerichte (vergleichsweise) kostengünstig und effektiv.

5.2. Störung der Vertragsabwicklung

5.2.1. Kündigungs- und Rückfallklauseln bei Vertragsverletzung

Im Rahmen der Filmherstellung und der Filmauswertung sehen die Verträge regelmäßig Kündigungs- und Rechterückfallklauseln vor, mittels derer sich der Lizenzgeber vor Vertragsverletzungen seitens des Lizenznehmers zu schützen versucht. Je nach Verhandlungsposition wird der Lizenzgeber sich nicht nur ein außerordentliches Kündigungsrecht einräumen lassen, sondern gleichzeitig auch den automatischen Rückfall der dinglichen Nutzungsrechte vereinbaren.

Kommt es nun zu einer Vertragsstörung zwischen den Vertragspartnern, infolgedessen die Nutzungsrechte automatisch an den Lizenzgeber zurückgehen, so stellt sich die Frage, welche Auswirkungen dies auf die Bestandskraft der nachfolgenden Vertragsverhältnisse, also auf die bereits vorgenommenen Sublizenzierungen und etwaige Sicherungsabtretungen hat. Bedeutsam wird diese Frage auf der ersten Stufe der Lizenzkette, d.h. zwischen dem jeweiligen Erstlizenzgeber und Erstlizenznehmer.

Als Erstlizenzgeber ist derjenige zu verstehen, bei dem das entsprechende Recht originär entsteht. Bei einem Filmwerk kommen Urheber von vorbestehenden Werken, Urheber am Filmwerk selbst (»Urheberlizenz«) und Filmhersteller als Inhaber des originären Leistungsschutzrechts (»Produzentenlizenz«) in Frage. Dagegen ist Erst- oder Hauptlizenznehmer jeweils derjenige, dem die Rechte am Filmwerk erstmalig eingeräumt werden. Im Hinblick auf die Urheberlizenz ist dies der Filmproduzent, während Hauptlizenznehmer der Produzentenlizenz im internationalen Bereich meist der Weltvertrieb und auf nationaler Ebene der Filmverleiher ist.

Die Rechtsfolgen einer vorzeitigen Vertragsbeendigung sind insoweit unklar, als im deutschen Urheberrecht streitig ist, ob auch auf der ersten Stufe der Lizenzkette das ansonsten gültige Abstraktionsprinzip gilt, oder ob im Verhältnis des Erstlizenzgebers – Erstlizenznehmer das Kausalitätsprinzip anzuwenden ist.

(1) Abstraktions- oder Kausalitätsprinzip

Im Gegensatz zu anderen nationalen Rechtsordnungen wie etwa Frankreich oder Italien trennt das deutsche Zivilrecht in seiner Struktur nach Verpflichtungs- und Verfügungsgeschäft (d.h. die vertragliche Verpflichtung etwas zu tun und die tatsächliche Verfügung über einen Gegenstand oder ein Recht). Das so genannte Abstraktionsprinzip besagt als fundamentaler Grundsatz des deutschen Rechts, dass diese beiden Vorgänge abstrakt voneinander sind, d.h. das Verfügungsgeschäft in seiner Wirkung von dem zugrunde liegenden Verpflichtungsgeschäft unabhängig ist.

Wird also die schuldrechtliche Verpflichtung zur Einräumung der Lizenzrechte nachträglich durch gesetzliche oder vertraglich vereinbarte Kündigung unwirksam, bleibt die dingliche Verfügung darüber nach dem Abstraktionsprinzip gleichwohl wirksam.

Unstreitig findet dieses Prinzip bei den Sublizenzierungen von Filmrechten, das heißt bei den Nutzungsverträgen ab der zweiten Stufe Anwendung. Infolgedessen bleibt nach deutschem Recht z.B. auch die vom Erstlizenznehmer vorgenommene Weiterlizenzierung wirksam, selbst wenn er nach Kündigung durch den Erstlizenzgeber kein rechtmäßiger Rechteinhaber mehr ist, aber darüber zum Zeitpunkt der Vornahme noch als Berechtigter verfügen konnte.

Dagegen soll nach (untergerichtlicher) Rechtsprechung und überwiegender Literaturmeinung auf der ersten Stufe der Lizenzkette das Kausalitätsprinzip Anwendung finden (vgl. statt aller: Schricker, a.a.O., Vor §§ 28 ff., Rz. 61 m.w.N.; LG Hamburg, ZUM 1999, S. 858, 859 m.w.N.). Da nach dem Kausalitätsprinzip der Bestand der Unterlizenzierung nicht nur von der Wirksamkeit des schuldrechtlichen Vertrages zum Zeitpunkt der Verfügung, sondern auch von dessen Fortbestand abhängig ist, fallen deshalb im Ergebnis auch die Rechte aus der Unterlizenzierung automatisch an den Urheber/Produzenten zurück, wenn dieser seinen Vertrag mit dem Hauptlizenznehmer wirksam kündigt.

Die Vertreter dieser Ansicht begründen die Anwendung des Kausalitätsprinzips mit dem im Urheberrecht geltenden Grundsatz der zweckgebundenenen Rechtsübertragung (vgl. Nordemann, a.a.O., Vor § 31, Rz. 10). Wie bei der Bestellung eines Verlagsrechts (vgl. § 9 VerlG) habe auch der Urheber bei der sonstigen Einräumung von Nutzungsrechten ein Interesse daran, die Kontrolle darüber zu behalten, von wem das Werk ausgewertet werde (vgl. Wente/Härle, Rechtsfolgen einer außerordentlichen Vertragsbeendigung auf die Verfügungen in einer »Rechtekette« im Filmlizenzgeschäft und ihre Konsequenzen für die Vetragsgestaltung, GRUR 1997, S. 96 ff.).

Nach dieser Ansicht gelten die vorgenannten Grundsätze wegen der Parallelitäten der Interessenslagen und dogmatischen Ausgestaltungen nicht nur im eigentlichen Urheberrecht, sondern auch im Bereich des Leistungsschutzrechts mit der Folge, dass der Rechterückfall im Verhältnis leistungsschutzberechtigter Lizenzgeber (Produzent) und Haupt-/Erstlizenznehmer auch die Rechte in weiteren, nachrangigen Lizenzverhältnissen entfallen lässt (LG Hamburg, a.a.O., S. 860).

<u>(2) Stellungnahme</u>

In zutreffender Weise wird von Kennern der Filmbranche darauf hingewiesen, dass die Befürworter des Kausalitätsprinzips die konkreten Umstände nicht hinreichend berücksichtigen, unter denen das Filmwerk selbst hergestellt und später ausgewertet wird (vgl. v. Hartlieb, a.a.O., Kap.116, Rz. 6; Hausmann, Auswirkungen der Insolvenz des Lizenznehmers auf Filmlizenzverträge in »Aktuelle Rechtsprobleme der Filmproduktion und Filmlizenz« UFITA-Schriftenreihe 1999, S. 94). Die Anwendung des Kausalitätsprinzips auf der Ebene der Erstlizenz ist geeignet, die Rechtssicherheit und Verkehrsfähigkeit der Nutzungsrechte, und damit der gesamten Filmindustrie, erheblich zu beeinträchtigen.

Vor dem Hintergrund der immensen Investitionsvolumina in der Filmbranche wird deshalb die Durchbrechung des ansonsten gültigen Abstraktionsprinzips dem wirtschaftlichen Risiko, das mit der Filmherstellung verbunden ist, nicht gerecht. Nach der vom Verfasser vertretenen Meinung erscheint daher eine Bezugnahme auf die allgemeinen Grundsätze des Urheberrechts oder die analoge Anwendung des § 9 VerlG nicht sachgerecht. Zu dieser Problematik existiert (noch) keine höchstrichterliche Rechtsprechung jüngeren Datums. Es ist deshalb nicht auszuschließen, dass neben den Instanzgerichten (z.b. LG Hamburg) sich auch der BGH die herrschende Meinung in der Literatur zu Eigen macht.

In der Praxis hat der Streit um die Behandlung der Erstlizenz nunmehr insoweit an Relevanz verloren, als ein Hauptanwendungsfeld für vertragliche Kündigungsklauseln mit automatischem Rechterückfall durch die neue Insolvenzordnung obsolet geworden ist. Es handelte sich dabei um die insolvenzbedingte Kündigung durch den Lizenzgeber, welche seit dem In-Kraft-Treten der neuen Insolvenzordnung zum 1.1.1999 nicht mehr zulässig ist (vgl. 5.2.2.).

(3) Empfehlung

Im Übrigen ist es ratsam, der Anwendung des Kausalitätsprinzips auf vertraglicher Ebene vorzubeugen. Unstreitig sind Vereinbarungen möglich, denen zufolge die bereits vorgenommenen Weiterlizenzierungen von dem Kündigungsrecht des Lizenzgebers unberührt bleiben. Da keine Verträge zu Lasten Dritter wirksam sind, müssen in solche Vereinbarungen allerdings die Erstlizenzgeber mit einbezogen werden. Hierfür bieten sich die folgenden Möglichkeiten an, wobei zusätzlich auf die »chain of title«-Dokumente zurückgegriffen wird:

- Der Lizenznehmer vereinbart mit dem Lizenzgeber unwiderruflich, dass seine Lizenz im Falle der Beendigung des vorrangigen Lizenzverhältnisses mit dem Lizenzgeber fortbesteht und er die weitere Erfüllung (über die Minimumgarantie hinausgehende Erlösbeteiligung, Abrechnungen etc.) diesem gegenüber vornimmt.

- Insbesondere in den englischen und nordamerikanischen Verträgen mit »Filmurhebern« wird regelmäßig bestätigt, dass der Urheber die vereinbarte Vergütung erhalten hat und er die Rechte unwiderruflich einräumt. Darüberhinaus verzichtet er auf das Recht, gegen die Auswertung des Films vorzugehen, also auf die Geltendmachung von Unterlassungsansprüchen. Vielmehr wird er ausschließlich auf die Durchsetzung von Schadensersatzansprüchen im Wege des Hauptsacheverfahrens verwiesen. Die Formulierungen lauten meist etwa wie folgt:

  »Artist hereby expressly agrees and acknowledges that the rights granted hereunder to Company are irrevocable and of peculiar value. If it is ultimately determined by a Court that Company has committed a material breach of this agreement, Artist's rights and remedies shall be strictly limited to the right, if any, to obtain damages at law and Artist shall have no right to seek or obtain injunctive or other equitable relief or to rescind or terminate this agreement or any of Company's rights hereunder to use the Property and exploit the Picture«.

- Schließlich sollte sich ein Sublizenznehmer (und ggf. der Kreditgeber) aus praktischen Gründen vertraglich ausbedingen, dass einer Kündigung vorausgehende Abmahnungen und Fristsetzungen auch ihm zuzustellen sind. Dadurch eröffnet sich ihm die Möglichkeit, Vertragsverstöße selber zu beheben und damit den Vertrag zu erhalten.

5.2.2. Insolvenz im Verhältnis Lizenzgeber (Urheber/Produzent) – Lizenznehmer (Vertrieb)
Neben den vorstehend erörterten Kündigungsklauseln wegen Vertragspflichtverletzungen enthalten die Verträge meist auch entsprechende Regelungen für den Fall des Eintritts der Zahlungsunfähigkeit des Lizenznehmers. Fraglich ist daher, welche Auswirkungen die Insolvenz eines Mitgliedes der Rechtekette hat und ob die bisherige Vertragspraxis nach dem Inkrafttreten der neuen Insolvenzordnung noch beibehalten werden kann.

Handelt es sich um eine Rechtekette, an der Vertragspartner mit Sitz im Ausland beteiligt sind, so sind zunächst die maßgeblichen Rechtsvorschriften zu ermitteln, nach denen sich die insolvenzrechtlichen Auswirkungen beurteilen.

Gültige multilaterale Staatsverträge zum Insolvenzrecht, welche die Folgen der Insolvenz eines Vertragspartners vorrangig regeln würden, gibt es derzeit nicht. Das (Istanbuler) »Europäische Übereinkommen über bestimmte internationale Aspekte des Konkurses« vom 5.6.1990 ist von Deutschland gezeichnet, aber bisher nicht ratifiziert worden. Ferner ist am 23.11.1995 ein EG-Konkursabkommen »Übereinkommen über Insolvenzverfahren« von den Mitgliedstaaten unterzeichnet, aber noch nicht ratifiziert worden (vgl. zu den internationalen Abkommen, Art 102 EGInsO, Rz. 37 ff.).

Mangels internationalem Einheitsrecht sind deshalb die insolvenzrechtlichen Folgen über das Kollisionsrecht des jeweiligen Forumstaates zu ermitteln. Grundsätzlich folgt dabei das Insolvenzstatut dem materiellen Recht des Staates, in dem der insolvente Vertragspartner seinen Sitz hat und das Verfahren eröffnet wird (vgl. Hausmann, Insolvenzklauseln und Rechtefortfall nach der neuen Insolvenzordnung, ZUM 1999, S. 919, Fußnote 40 m.w.N.).

Sofern also ein deutscher Vertragspartner insolvent geworden ist und das Verfahren in Deutschland eröffnet wird, kommt das Gesetz zur Insolvenzordnung vom 5. Oktober 1994 – in seinen maßgeblichen Teilen am 1.1.1999 in Kraft getreten – zur Anwendung. Zu beachten ist hierbei, dass die neue Insolvenzordnung auch für Rechtsverhältnisse gilt, die vor dem 1. Januar 1999 begründet worden sind, sofern das Insolvenzverfahren erst nach dem 31.12.1998 beantragt worden ist (Art. 104 EGInsO).

<u>(1) Insolvenz des Lizenzgebers</u>
Ziel des neuen Insolvenzverfahrens ist es, die Fortführung des Schuldnerbetriebes zu erleichtern. Dem Grundsatz nach soll sich der solvente Vertragspartner nunmehr bei drohender oder eingetretener Insolvenz nicht mehr unter Übernahme sämtlicher Rechte von dem betreffenden Vertragspartner trennen können. Stattdessen soll dem Insolvenzverwalter das Wahlrecht erhalten bleiben, ob er zu Sanierungszwecken den fraglichen Vertrag mit dem Lizenzpartner erfüllen oder ob dieser den Vertrag auflösen will.

Unverändert geblieben ist die rechtliche Einordnung von Lizenzverträgen, derzufolge Lizenzrechte nach allgemeiner Meinung den Regeln für Miet- und Pachtverhältnisse über *bewegliche* Sachen folgen (vgl. Hausmann, Insolvenzklauseln und Rechtefortfall nach der neuen Insolvenzordnung, ZUM 1999, S. 915).

Gemäß § 108 I 1 InsO bestehen allerdings Dauerschuldverhältnisse über bewegliche Sachen (damit auch über Rechte) nicht mehr über den Zeitpunkt der Insolvenzeröffnung fort (vgl. Kübler/Prütting-Tintelnot, Kommentar zur Insolvenzordnung, § 108,

Rz. 11; Eickmann-Marotzke, Heidelberger Kommentar zur Insolvenzordnung, § 108, Rz. 4). Stattdessen kommt § 103 InsO zur Anwendung.

Nach dieser Vorschrift steht dem Insolvenzverwalter mit Eröffnung des Insolvenzverfahrens ein Wahlrecht zu, soweit zu diesem Zeitpunkt keine der Vertragsparteien den Vertrag vollständig erfüllt hat. Sobald durch einen Vertragspartner Leistungserfüllung eingetreten ist, sind die allgemeinen Regeln anzuwenden (vgl. BGH NJW 1980, S. 226 f.). Hatte also der insolvente Vertragspartner bereits vollständig erfüllt, zieht der Verwalter die Gegenleistung zur Masse ein. Hatte umgekehrt der Geschäftspartner des insolventen Vertragspartners vor Eröffnung des Verfahrens vollständig erfüllt, so ist er mit seiner offenen Gegenforderung Insolvenzgläubiger.

Maßgeblich für die vollständige Erfüllung ist dabei der Erfüllungsbegriff im Sinne des § 362 BGB. Wesentlich ist allein der Leistungserfolg und nicht die Vornahme aller erforderlichen Leistungshandlungen (vgl. Kübler/Prütting-Tintelnot, Kommentar zur Insolvenzordnung, § 103, Rz. 3, 32; Wimmer-Wegener, Frankfurter Kommentar zur Insolvenzordnung, § 103, Rz. 35, 36).

Bezogen auf das Verhältnis Lizenzgeber/ Lizenznehmer wird teilweise angenommen, dass bereits Erfüllung im Sinne des § 103 InsO eingetreten ist, wenn etwa der Lizenzgeber dem Lizenznehmer das Filmmaterial übergeben und die Nutzungsrechte daran eingeräumt hat (so Schwarz/Klingner, Mittel der Finanzierungs- und Investitionssicherung im Medien- und Filmbereich, UFITA Sonderdruck aus Bd. 138/1999, S. 44).

Diese Ansicht berücksichtigt jedoch nicht hinreichend den Umstand, dass es sich bei dem Lizenzvertrag um ein Dauerschuldverhältnis handelt, bei dem der Lizenzgeber verpflichtet bleibt, dem Lizenznehmer die Nutzungsrechte für die vertraglich festgelegte Lizenzzeit einzuräumen (vgl. v. Hartlieb, a.a.O., Kap. 115, Rz. 16; Bork, Die Doppeltreuhand in der Insolvenz, NZI 1999, S. 338). Allein durch die Materialüberlassung und die anfängliche Rechteeinräumung bei Insolvenzeröffnung ist deshalb noch nicht der Leistungserfolg eingetreten, weshalb dem Insolvenzverwalter regelmäßig das Wahlrecht nach § 103 InsO zusteht (vgl. Hausmann, Insolvenzklauseln und Rechtefortfall nach der neuen Insolvenzordnung, ZUM 1999, S. 922 f.).

Entscheidet sich der Insolvenzverwalter für die Fortsetzung des Lizenzvertrages, entrichtet der Lizenznehmer die fälligen Lizenzgebühren an die Masse und kann sich etwaige Vorleistungen (z.B. Minimumgarantie) darauf anrechnen lassen. Lehnt der Verwalter die Erfüllung ab, weil er beispielsweise die Filmrechte anderweitig zu einer höheren Lizenzgebühr verkaufen kann, verbleibt dem Lizenznehmer nur die Möglichkeit, seinen Schadensersatzanspruch wegen Nichterfüllung als Insolvenzgläubiger geltend zu machen (§ 103 II InsO).

Äußerst bedeutsam für die Vertragspraxis ist schließlich, dass das Wahlrecht des Insolvenzverwalters nicht im Voraus durch eine schriftliche Vereinbarung ausgeschlossen werden kann (§ 119 InsO). Es handelt sich zum Schutz der übrigen Gläubiger und zur bestmöglichen Verwertbarkeit des Schuldnervermögens um zwingendes Recht.

<u>(2) Insolvenz des Lizenznehmers</u>

Einschneidendere Auswirkungen bringt die neue Insolvenzordnung für den Fall der Insolvenz des Lizenznehmers mit sich. Denn zum einen ist der Lizenzgeber betroffen, der naturgemäß an einem Rückfall der eingeräumten Nutzungsrechte zur anderweitigen Auswertung interessiert ist. Gleichzeitig betrifft die Insolvenz des Lizenznehmers mögliche Sublizenznehmer und deren Rechteinhaberschaft.

Altes Recht (Konkursordnung)

Nach altem Recht hatte der Lizenzgeber bei Konkurseröffnung über das Vermögen des Lizenznehmers *vor* Überlassung des Pachtgegenstandes (d.h. noch keine Überlassung des Filmmaterials oder nur schuldrechtliche Verpflichtung zur künftigen Einräumung von Nutzungsrechten) ein Rücktrittsrecht (§ 20 KO). Der Konkursverwalter verfügte anstelle des Lizenznehmers über das Wahlrecht (§ 17 KO).

Nach Überlassung des Gegenstandes oder für den Regelfall, dass der Lizenzgeber mit Abschluss des schuldrechtlichen Vertrages in der gleichen Urkunde dem Lizenznehmer bereits die Nutzungsrechte an dem Filmmaterial eingeräumt hatte, stand dem Lizenzgeber ebenso wie dem Konkursverwalter ein Kündigungsrecht zur Verfügung (§ 19 KO analog).

Entsprechend dem gesetzlichen Kündigungsrecht (§ 19 KO analog) konnten die Parteien vertragliche Kündigungs- und Auflösungsklauseln für den Konkursfall wirksam vereinbaren. Darüber hinaus sahen die Verträge regelmäßig den automatischen Rechterückfall an den Lizenzgeber vor. In der Praxis wurden so in *einer* Urkunde Verpflichtungs- und Verfügungsgeschäft geregelt. Einer Rückübertragung der Lizenzrechte seitens des Lizenznehmers bedurfte es damit nicht mehr.

Neues Recht (Insolvenzordnung)

Wie bereits oben im Rahmen der Insolvenz des Lizenzgebers aufgezeigt, bestehen die Dauerschuldverhältnisse über bewegliche Sachen (und damit auch über Rechte) nicht mehr über den Zeitpunkt der Eröffnung des Insolvenzverfahrens fort. Im Gegensatz zur alten Konkursordnung steht dem Insolvenzverwalter deshalb kein Kündigungsrecht mehr zur Verfügung, sondern er hat bei noch nicht vollständiger Erfüllung des Vertrags ein Wahlrecht nach § 103 InsO.

Der Lizenzgeber als Vertragspartner des insolventen Lizenznehmers kann also nach neuem Recht weder zurücktreten noch kündigen.

Das fehlende Kündigungsrecht ist in der neuen InsO ausdrücklich durch eine Kündigungssperre normiert (§ 112 InsO). Nach dieser Vorschrift kann ein Vertragsverhältnis, das der Schuldner als Mieter oder Pächter (d.h. als Lizenznehmer) eingegangen war, vom Vertragspartner *nach* Antragstellung auf Eröffnung des Insolvenzverfahrens nicht mehr wegen eines *zuvor* eingetretenen Verzugs des Mietzinses (d.h. der Lizenzgebühren) oder wegen einer Verschlechterung der Vermögensverhältnisse des Schuldners gekündigt werden. Zulässig bleibt die Kündigung des Lizenzgebers wegen Zahlungsverzugs oder wegen Vermögensverschlechterung des Lizenznehmers nur dann, wenn sie bereits *vor* Antragstellung auf Eröffnung des Insolvenzverfahrens ausgesprochen wird. Sofern sich also der Insolvenzverwalter für die Fortsetzung des Lizenzvertrages entscheidet, ist der Lizenzgeber an diese Entscheidung gebunden. Die nach Verfahrenseröffnung fälligen Lizenzgebühren sind dann vom Verwalter als Masseschulden zu erfüllen. Der Lizenzgeber wird damit als Massegläubiger letztlich regelmäßig nur einen Bruchteil seiner Lizenzgebühren realisieren können.

Zur Frage der Wirksamkeit von Vereinbarungen über Kündigungsklauseln in Lizenzverträgen unter Geltung der neuen InsO existiert naturgemäß aufgrund des kurzen Zeitraums seit ihrem Inkrafttreten noch keine Rechtsprechung. In der Literatur geht die überwiegende Meinung, entsprechend der gesetzlichen Kündigungssperre (§ 112 InsO), von der Nichtigkeit abweichender vertraglicher Vereinbarungen über Kündigungsklauseln aus (vgl. Kübler/Prütting-Tintelnot, a.a.O., § 119, Rz. 15 ff.; Hausmann, Insolvenzklauseln und Rechtefortfall nach der neuen Insolvenzordnung, a.a.O., S. 919). In diesem Sinne sind auch vertragliche Auflösungsklauseln (z.B. die auflösend bedingte Übertragung von Rechten) anstelle von Kündigungsklauseln als Umgehung der Kündigungssperre unzulässig.

Fazit: Festzuhalten bleibt, dass mit den neuen Vorschriften der Insolvenzordnung die Rechtsposition des Lizenzgebers insoweit geschwächt wurde, als ihm nach Insolvenzeröffnung über das Vermögen seines Lizenznehmers kein gesetzliches Kündigungsrecht zusteht und vorab vertraglich vereinbarte Lösungsklauseln nichtig sind. Allerdings darf auch der Insolvenzverwalter sein Wahlrecht nach § 103 InsO nur in den Grenzen des § 242 BGB ausüben, d.h. durch das Fortsetzungsverlangen des Lizenzvertrages dürfen dem Lizenzgeber im Einzelfall keine unzumutbaren Nachteile entstehen. Die Einrede des § 242 BGB gegen das Erfüllungsverlangen des Insolvenzverwalters des Lizenznehmers steht dem Lizenzgeber indes nur als »ultima ratio« zu.

Vorteile bringt die Kündigungssperre (§ 112 InsO) und die fehlende Möglichkeit, vertragliche Lösungsklauseln (§ 119 InsO) zu vereinbaren, dem Sublizenznehmer, also dem Rechteinhaber, der seinerseits von dem insolvent geratenen Lizenznehmer Nutzungsrechte an dem Filmwerk erworben hatte. Denn dessen Rechteerwerb genießt nunmehr trotz einer eventuellen Insolvenz des vorrangigen Rechteinhabers Bestandsschutz.

XI. Die Verwertungsgesellschaften

1. Einführung

Während das Urhebergesetz in Deutschland die Voraussetzungen regelt, unter denen ein Urheberrecht bzw. Leistungsschutzrecht entsteht und übertragen werden kann, soll den Inhabern dieser Rechte mit Hilfe des »Gesetzes über die Wahrnehmung von Urheberrechten und verwandten Leistungsschutzrechten« auch die spätere Nutznießung ihrer Rechte an dem von ihnen geschaffenem geistigen Eigentum erleichtert werden. Zu diesem Zweck sieht der Gesetzgeber die Gründung von so genannten Verwertungsgesellschaften vor. Die Rechte und Pflichten solcher Gesellschaften, die Voraussetzungen der Erlaubnis zum Geschäftsbetrieb und die staatliche Aufsicht über sie, werden im vorgenannten Urheberwahrnehmungsgesetz (UrhWG) geregelt.

Bei den Verwertungsgesellschaften handelt es sich um privatwirtschaftliche Unternehmen, deren gesetzlich zugewiesene Aufgabe es ist, die Nutzungsrechte, Einwilligungsrechte oder Vergütungsansprüche für die ihnen angeschlossenen Urheber und Leistungsschutzberechtigten wahrzunehmen.

Weder die Urheber noch die Leistungsschutzberechtigten werden regelmäßig in der Lage sein, sich ständig um die Vergabe von Nutzungsrechten an ihren Werken bzw. an ihren erbrachten Leistungen und um das Inkasso der entsprechenden Vergütung zu kümmern. Noch schwieriger ist es für den Einzelnen, eine etwaige unbefugte Nutzung seiner Rechte zu ermitteln und zu verfolgen. Mit Hilfe dieser Verwertungsgesellschaften soll deshalb den Inhabern von Urheber- und Leistungsschutzrechten die Verfolgung und Durchsetzung ihrer Rechte erleichtert werden. Die Verwertungsgesellschaften verfügen aufgrund ihrer Organisation und Größe regelmäßig über die sachlichen und personellen Mittel, um die ihnen übertragenen Rechte effektiv wahrzunehmen. Der einzelne Rechtsinhaber wird dazu oftmals keine Zeit haben und/ oder es fehlen ihm dazu die nötigen Mittel.

Dem potentiellen Verwerter, der an der Nutzung eines oder mehrerer Werke bzw. an Werkteilen interessiert ist, bieten die Verwertungsgesellschaften eine »Anlaufstelle«. Er muss nicht jeden einzelnen Urheber ausfindig machen und mit diesem die Verhandlungen führen, sondern kann dies zentral über die entsprechende Verwertungsgesellschaft tun. Für die verschiedenen, nach dem Urhebergesetz geschützten Werkarten, gibt es unterschiedliche Verwertungsgesellschaften, wobei die GEMA (Gesellschaft für musikalische Aufführungs- und mechanische Vervielfältigungsrechte) die mit Abstand größte ist (zu den einschlägigen Verwertungsgesellschaften im Film- und Fernsehbereich sogleich unten).

Den Urhebern und Leistungsschutzberechtigten steht es frei, einen so genannten Wahrnehmungsvertrag mit der jeweiligen Verwertungsgesellschaft abzuschließen. Allerdings enthalten die Verträge regelmäßig eine Klausel, derzufolge sich die Inhaber auch zur Übertragung der Rechte an ihren künftigen Werken bzw. Leistungen verpflichten:

»Der Berechtigte überträgt der ... alle ihm gegenwärtig zustehenden und während der Vertragsdauer zufallenden Leistungsschutzrechte ...

Der Berechtigte kann also nicht jedes Mal »von Fall zu Fall« entscheiden. Entschließt sich der Berechtigte jedoch zum Abschluss des Vertrages, ist die Verwertungsgesellschaft verpflichtet, die zu ihrem Tätigkeitsbereich gehörenden Rechte und Ansprüche wahrzunehmen (Wahrnehmungszwang, § 6 UrhWG). Nicht von den Verwertungsgesellschaften wahrgenommen werden die sog. »großen Rechte«, d.h. die bühnenmäßigen Aufführungsrechte dramatisch-musikalischer Werke. Um deren Verwertung kümmern sich Bühnenverlage.

Im Rahmen seines Vertrages räumt der Berechtigte treuhänderisch der Gesellschaft die Nutzungsrechte gemäß § 31 UrhG ein und tritt ihr seine Vergütungsansprüche zur Geltendmachung gemäß §§ 398, 413 BGB ab. Bestimmte Vergütungsansprüche, wie etwa bei Einräumung des Vermietrechts an einem Filmwerk (§ 27 UrhG), können überhaupt nur von Verwertungsgesellschaften geltend gemacht werden.

Hat sich ein Urheber bzw. Leistungschutzberechtigter vertraglich an eine Verwertungsgesellschaft gebunden, ist diese ihrerseits verpflichtet, auf Grund der von ihr wahrgenommenen Rechte jedermann auf Verlangen zu angemessenen Bedingungen Nutzungsrechte einzuräumen oder Einwilligungen zu erteilen (§ 11 UrhWG). Gegenüber potentiellen Nutzern besteht also für die Verwertungsgesellschaft ein Abschlusszwang.

Die Einnahmen aus ihrer Tätigkeit schüttet die Verwertungsgesellschaft nach einem aufzustellenden Verteilungsplan an die Berechtigten aus.

2. Die Übersicht der Verwertungsgesellschaften

Nachfolgend werden die wichtigsten Verwertungsgesellschaften genannt, die mit der Wahrnehmung der unterschiedlichen Rechte, die im Rahmen der Herstellung und Auswertung von Filmen benötigt werden, betraut sind. (Die jeweiligen Anschriften finden sich im Adressenverzeichnis.)

- GEMA (Gesellschaft für musikalische Aufführungs- und mechanische Vervielfältigungsrechte), Zielgruppe: Komponisten, Textdichter und Musikverleger;
- VG Wort (Verwertungsgesellschaft Wort), Zielgruppe: Wortautoren und Verleger;
- VG-Bild-Kunst, Zielgruppe: u.a. Urheber der bildenden Künste, der Lichtbildwerke, der Filmwerke;
- GVL (Gesellschaft zur Verwertung von Leistungsschutzrechten), Zielgruppe: ausübende Künstler, Veranstalter, Tonträgerhersteller, und Hersteller von Videoclips;
- VFF (Verwertungsgesellschaft der Film- und Fernsehproduzenten mbH), Zielgruppe: Filmhersteller und Sendeunternehmen;
- GWFF (Gesellschaft zur Wahrnehmung von Film- und Fernsehrechten mbH), Zielgruppe: Filmhersteller, Filmurheber, Fernsehproduzenten, Videogrammhersteller;

- VGF (Verwertungsgesellschaft für Nutzungsrechte an Filmwerken mbH), Zielgruppe: Deutsche und vor allem ausländische Filmhersteller, Filmurheber, Fernsehproduzenten und Videogrammhersteller;
- GÜFA (Gesellschaft zur Übernahme und Wahrnehmung von Filmaufführungsrechten mbH), Zielgruppe: Hersteller pornografischer Filme;
- AGICOA (Urheberrechts-Gesellschaft mbH), Zielgruppe: Filmhersteller und Filmverleiher;
- CMMV (Clearingstelle Multimedia für Verwertungsgesellschaften von Urheber- und Leistungsschutzrechten GmbH):

Die von sämtlichen deutschen Verwertungsgesellschaften gegründete CMMV-Clearingstelle Mulimedia hat im Herbst 1998 in München ihre Tätigkeit aufgenommen. Sie dient als zentrale Anlaufstelle für Multimediaproduzenten zur Bestimmung der Rechteinhaber der urheberrechtlich geschützten Werke bzw. Inhalte, die sie bei einer Multimedia-Produktion verwenden möchten. Die CMMV kann selbst keine Nutzungsrechte vergeben, sondern dient gleichsam als »Briefkasten«. Die gebührenpflichtigen Anfragen werden von der CMMV online an die jeweils betroffene Verwertungsgesellschaft weitergeleitet, die sie bearbeitet und dem Produzenten die Recherche-Ergebnisse mitteilt. Diese Informationsvermittlungsdienste beschränken sich derzeit auf die Bundesrepublik Deutschland.

3. Internationale Aspekte

Die Vergabe von Nutzungsrechten durch die genannten Verwertungsgesellschaften beschränkt sich regelmäßig auf das Inland. Die deutschen Verwertungsgesellschaften haben jedoch zahlreiche Gegenseitigkeitsverträge mit anderen nationalen Verwertungsgesellschaften geschlossen, mit der Folge, dass sie auch in Deutschland ausländische Rechte zur Nutzung anbieten können. So verfügt beispielsweise die GEMA durch den Abschluss solcher Verträge nahezu über das Weltrepertoire der Musik.

Umgekehrt sichern die deutschen Verwertungsgesellschaften auf der Grundlage der Gegenseitigkeitsverträge auch die Wahrnehmung der Rechte der ihnen angeschlossenen Urheber und Leistungsschutzberechtigten im Ausland (vgl. zum internationalen Überblick m.w.N. Schack, Urheber- und Urhebervertragsrecht, Rz. 1177 ff.). Zur Unterstützung dieser Arbeit haben sich schon früh internationale Dachverbände der Verwertungsgesellschaften gebildet (z.B. »CISAC« Confédération Internationale des Sociétés d'Auteurs et Compositeurs; »BIEM« Bureau Internationale de l'Edition Mécanique). Sie entwickeln Vertragsmuster, insbesondere die Gegenseitigkeitsverträge und verhelfen so zur Koordination und Durchsetzbarkeit der Nutzungsrechte auf internationaler Ebene.

Schlussbemerkung und Ausblick

Die Filmindustrie ist (noch) nicht in dem Maße von den sich aus den neuen Medien, namentlich dem Internet, ergebenden Bedrohungen tangiert, wie etwa die Musikindustrie. Dies beruht darauf, dass es derzeit aufgrund verschiedener Umstände (unzulängliche Qualität der Bilder, Übertragungskosten, Speicherkapazität des Computers etc.) nicht lohnt, ganze Spielfilme über das Internet auf den eigenen Rechner zu laden. Das größte Problem liegt noch in der Kapazität der Übertragungsnetze, da der aktuelle Standard der Technik (ISDN) von einem fehlerfreien Empfang bewegter Bilder weit entfernt ist. Auch die Provider sind gegenwärtig nicht in der Lage, ausreichend Speicherkapazität anzubieten. Praktikabel ist bisher nur die Verwertung von Kurzfilmen im Internet bis zu einer Dauer von nur wenigen Minuten. Das bekannteste Unternehmen, die atomfilms.com bietet über 800 Kurzfilme im Internet an und verzeichnet immerhin monatlich bereits über eine Million Besucher.

Mit den immer schnelleren Internetverbindungen dürfte es jedoch nur eine Frage der Zeit sein, bis sich die Filmindustrie vergleichbaren Problemen wie die Musikindustrie bei Tauschbörsen wie Napster oder Gnutella gegenübersteht. Allerdings sehen die Filmstudios bereits Napsters düsteren Schatten über Hollywood.

Wie die Musikindustrie, die inzwischen ihre Produkte selbst über das Internet vertreibt und sich an Napster beteiligt (Bertelsmann), arbeitet auch die Filmindustrie fieberhaft an Techniken, die die Verbreitung von Filmen über das Internet ermöglichen sollen, ohne Urheberrechte zu gefährden. Wie zu hören ist, plant Miramax, eine Verschlüsselungstechnik der Sightsound Inc. zu nutzen, um in den nächsten Jahren Filme im Rahmen eines kostenpflichtigen Angebots ins Internet zu stellen. Auch hier dürfte es allerdings wieder nur eine Zeit-Frage sein, bis der Sightsound-Schutzcode »geknackt« ist.

Eine andere Strategie verfolgt die Videokette »Blockbuster«, die Filme künftig über die »Streaming«-Technik ins Internet stellen will. Dabei werden die Filme auf keine Festplatte (Server) des Kunden übertragen, sondern nur zum einmaligen Ansehen auf dem Blockbuster-Server bereitgestellt.

Auch in Deutschland werden schon Überlegungen und Experimente angestellt, wie das Internet zukünftig für die Auswertung von Spielfilmen genutzt werden kann. Man denkt dabei z.B. an das Highspeed Internet Projekt der Primacom im Leipziger Kabelnetz oder an die Medianet.com AG, die Spielfilme zum Download über eine Cinema-on-demand-Plattform anbietet und beabsichtigt, noch in diesem Jahr eine »virtuelle Videothek« über das TV-Kabel zu starten.

Ob die Zukunft des Films tatsächlich im Internet liegt, bleibt indessen abzuwarten. Es wäre nicht die erste herbe Enttäuschung nach einer euphorischen Aufbruchsstimmung. Der Gruselbestsellerautor Stephen King stellte dieses Jahr seine Erzählung »The Plant« kapitelweise ins Netz mit der Auflage, dass jeder Leser, der die erste Episode herunterlud, freiwillig einen und bei späteren Kapiteln zwei Dollar zahlen sollte. King versprach die Fortsetzung der Erzählung, wenn mehr als 75% der Downloader auch Geld überwiesen. Zunächst bestätigten sich alle Befürchtungen der aufgeregten Buchbranche, denn von 152.132 Lesern des ersten Kapitels hatten brav 76,4% ihren Obolus entrichtet. Ende November stellte der Autor seinen online-Fortsetzungsroman ein, weil sich weniger als 40.000 Leser für das jüngste Kapitel interessierten. Stephen King bescheinigte den Internetnutzern die Konzentrationsfähigkeit von »Grashüpfern«. Zur gleichen Zeit wurden 6 Mio. ordentlich gebundener Ausgaben von Harry Potter in die Kinderzimmer geliefert!

Wenngleich dieses Beispiel aus der Gutenbergbranche nicht ohne weiteres auf die Filmindustrie übertragbar ist, gibt es doch Hoffnung, dass trotz einer wie auch immer gearteten »Internetfähigkeit« von Spielfilmen die Kinosäle als Ort der gemeinsamen Wahrnehmung und Erfahrung auch in Zukunft unentbehrlich bleiben.

Anhang

1. Rechtekatalog (zum Verfilmungsvertrag)

1.1. Verfilmung/ Bearbeitung

(1) Das Werkbearbeitungs- und Übersetzungsrecht, d.h., das Recht, das Werk und einzelne Charaktere, Handlungselemente, Dialoge und Szenen hieraus sowie sonstige Werkbestandteile unter Berücksichtigung der Urheberpersönlichkeitsrechte des AUTORS ganz oder teilweise unter Verwendung analoger, digitaler oder sonstiger Bearbeitungsmethoden abzuändern, in jede Sprache zu übersetzen oder übersetzen zu lassen, neue oder geänderte Teile hinzuzufügen, Teile herauszunehmen, und in sonstiger Form zu bearbeiten oder bearbeiten zu lassen. Eingeschlossen ist das Recht zur Umgestaltung des Werks zum Zwecke der interaktiven Nutzung.

(2) Das Filmherstellungsrecht, d.h. das Recht zur Herstellung einer beliebigen Anzahl von Verfilmungen (im folgenden »Produktion« genannt), einschließlich Wiederverfilmungen, unter Verwendung des Werkes, von Teilen oder Bearbeitungen hiervon, in jeder Sprache, für sämtliche nachfolgend genannten Auswertungsrechte, einschließlich des Rechts zur Entwicklung, Herstellung und umfassenden Auswertung einer Reihe oder Serie unter Verwendung des Werks oder in Anlehnung hieran.

(3) Das Titelrecht, d.h. das Recht, den Titel des Werks in gleichem Umfang auszuwerten wie das Werk und/oder die Produktion. Eingeschlossen ist das Recht, den Titel – auch nach seiner Veröffentlichung – zu ändern.

(4) Das Weiterentwicklungsrecht, d.h. das Recht, die im Werk enthaltenen Handlungselemente, Personen/Charaktere und sonstigen Spezifika und Ideen neben der Werkbearbeitung auch uneingeschränkt für Folgeproduktionen (Prequels, Sequels, Spin-Offs etc.) zu verwenden.

1.2. Auswertung

Die dem *Produzenten* exklusiv eingeräumten, räumlich, zeitlich und sachlich uneingeschränkten Auswertungsrechte umfassen insbesondere die nachstehenden Befugnisse:

(1) Das Theaterrecht (Kino- und Vorführungsrecht), d.h. das Recht, die Produktion durch technische Einrichtungen öffentlich – ggf. auch live – wahrnehmbar zu machen, unabhängig von der technischen Ausgestaltung des Vorführsystems, der verwandten Bild-/Tonträger und der Art und Weise der Zulieferung der vorzuführenden Signale. Die Theaterrechte beziehen sich insbesondere auf alle Film- und Schmalfilmformate (70, 35, 16, 8 mm, Super 8), digitale sowie elektro-magnetische (Video-)Systeme und umfassen die gewerbliche und nicht-gewerbliche Filmvorführung.

(2) Das Senderecht, d.h. das Recht, die Produktion durch analoge oder digitale Speicher- und Übertragungstechnik wie durch Ton- und Fernsehrundfunk, Drahtfunk, Hertz'sche Wellen, Laser, Mikrowellen oder ähnliche technische Einrichtungen (z.B.

high definition TV) ganz oder in Teilen der Öffentlichkeit beliebig häufig zugänglich zu machen. Dies gilt für alle möglichen Sendeverfahren (z.b. durch terrestrische Funkanlagen, Kabelfernsehen unter Einschluss der Kabelweitersendung, Satellitenfernsehen unter Einschluss von Direktsatelliten oder ähnlicher technischer Einrichtungen oder durch eine Kombination solcher Anlagen) und unabhängig von der Rechtsform (öffentlich-rechtliches oder privates Fernsehen) oder Finanzierungsweise der Fernsehanstalt (kommerzielles oder nicht-kommerzielles Fernsehen) oder der Gestaltung des Rechtsverhältnisses zwischen Sender und Empfänger (Free-TV, Pay-TV, pay per channel, pay-per-view etc.) und unabhängig davon, ob die Sendung/der Empfang verschlüsselt oder unverschlüsselt erfolgt. Eingeschlossen ist ferner das Recht zur Sendung unter Verwendung von Videotextsignalen zum Zwecke der Videotextuntertitelung der Produktion und zur öffentlichen Wiedergabe von Funksendungen.

(3) Das Recht zur Verfügungstellung auf Abruf, d.h. das Recht, das Werk und/oder die Produktion mittels analoger, digitaler oder anderweitiger Speicher- und Datenübertragungstechnik, mit oder ohne Zwischenspeicherung, einem beschränkten oder unbeschränkten Nutzerkreis derart zur Verfügung zu stellen, dass dieser das Werk und/oder die Produktion (in allen Sprachen) auf jeweils individuellen Abruf, insbesondere über das Internet, mittels Fernseh-, Computer- oder sonstiger Geräte empfangen bzw. wiedergeben kann (z.B. im Wege des »Internet-Fernsehen«, »web-broadcasting«, »television on demand«, »video on demand«, »near Video on demand« etc.). Hiervon mit umfasst ist das Recht zur Herstellung, Vervielfältigung und Verbreitung von Bild-/Tonträgern, auf denen das Werk und/oder die Produktion derart gespeichert ist, dass eine Wiedergabe nur durch Übermittlung zusätzlicher Dateninformationen (»Schlüssel«) ermöglicht wird.

(4) Das Videogrammrecht (Bild-/Tonträgerrecht), d.h. das Recht zur Vervielfältigung und Verbreitung (Verkauf, Vermietung, Leihe etc.) der Produktion auf Bild-/Tonträgern aller Art zum Zwecke der nicht-öffentlichen und öffentlichen Wiedergabe. Dieses Recht umfasst sämtliche audiovisuellen Speichersysteme wie Schmalfilme, Schmalfilm- und Videokassetten, Videobänder, Videoplatten aller Art, einschließlich des Rechts zur Vervielfältigung und Verbreitung der Produktion auf digitalen Speichermedien (Bild-/ Tonträger) aller Art, insbesondere auf Video-CD, CD-I, CD-I-Music, Foto-CD-Portofolio, CD-DA, EBG (Electronic Book Graphic), EBXA, CD-ROM, CD, MD, Laserdisc, DAT, DVD, DCC, Foto-CD, CD-ROM-XA, Disketten, Chips, CD-Recordable, MOD, HD-CD (High-Density-CD), Mini-Disc und CD-I 3DO etc. sowie Magnetbänder, Magnetbandkassetten, Kassetten etc., unabhängig von der technischen Ausgestaltung des einzelnen Systems oder der Art der Nutzung und einschließlich des Rechts, die digitalen Verwertungsrechte mit sonstigen, nach diesem Vertrag eingeräumten Nutzungsrechten in beliebiger Weise zu kombinieren. Ebenfalls eingeschlossen ist das Recht, die Produktion einem begrenzten Empfängerkreis (z.B. Krankenhäuser, Hotels, Flugzeuge, Schiffe, Schulen) zugänglich zu machen (sog. »Closed-Circuit-Nutzung«), und die sich aus dem Vermieten und Verleihen bespielter Videokassetten und sonstiger Bildtonträger und der Möglichkeit privater Überspielungen ergebenden urheberrechtlichen Vergütungsansprüche, sofern der *Autor* diese nicht einer Verwertungsgesellschaft übertragen hat.

(5) Das Bearbeitungs- und Synchronisationsrecht, d.h. das Recht, die Produktion unter Wahrung der Urheberpersönlichkeitsrechte durch analoge, digitale und sonstige Bearbeitungsmethoden zu kürzen, zu teilen, auszuschneiden, mit anderen Werken oder Werkteilen zu verbinden oder innerhalb anderer Bild- und/oder Tonträger zu verwenden, mitzuschneiden, zu unterbrechen (auch zu Werbezwecken), die Musik auszutauschen, bzw. zu ändern, den Titel neu festzusetzen oder in sonstiger Weise zu bearbeiten oder umzugestalten sowie das ausschließliche Recht, die Produktion nachzusynchronisieren oder untertitelte und Voice-Over-Fassungen herzustellen und die bearbeitete Produktion in allen Medien auszuwerten. Hierzu zählt auch das Recht, die Produktion mit Bildtonaufnahmen, Standbildern, Fotografien, Abdruck von Texten oder anderen optischen und akustischen Elementen zu verbinden und mit einer Software in den Verkehr zu bringen, die es dem Anwender ermöglicht, die Produktion interaktiv zu verändern (sog. elektronische Lieferung).

(6) Das Vervielfältigungs- und Verbreitungsrecht, d.h. das Recht, die Produktion im Rahmen der hier eingeräumten Rechte beliebig – d.h. auch auf anderen als den ursprünglich verwendeten Bild-/Tonträgern zu vervielfältigen und zu verbreiten.

(7) Das Recht zur Werbung und Klammerteilauswertung, d.h. die Befugnis, die Produktion und/oder Ausschnitte hieraus bearbeitet oder unbearbeitet beliebig oft für Werbezwecke zu nutzen oder innerhalb anderer Produktionen oder in anderen Bild- und/oder Tonträgern auszuwerten. Eingeschlossen ist das Recht, unter Verwendung von Teilen des Werks (mit und ohne Text) und/oder der Produktion in branchenüblicher Weise (z.B. im Fernsehen, im Kino, auf Videoprogrammen, in Druckschriften und auch auf Messen und Verkaufsausstellungen sowie in interaktiven Diensten, wie T-Online oder Internet) auch unter Verwendung des Namens und Bildes des Autors für die Produktion und die umfassende Auswertung des Werks und/oder der Produktion zu werben.

(8) Das Datenbankrecht, d.h. das Recht, das Werk und/oder die Produktion sowie Ausschnitte und/oder Elemente hieraus bearbeitet oder unbearbeitet in elektronische Datenbanken und Datennetze einzuspeisen und gegen Entgelt oder unentgeltlich über Kabel, Satellit, elektronische Daten- und Telefondienste, Online-Dienste oder mittels sonstiger digitaler oder analoger Speicher- oder Übertragungstechnik zum Empfang durch Dritte zwecks akustischer und/oder visueller Wiedergabe, Vervielfältigung, Weiterübertragung, Speicherung und sonstiger – auch interaktiver – Nutzung mittels Computer, TV- oder sonstigen Empfangsgeräten zu verbreiten.

(9) Das Messerecht, d.h. das Recht, die Produktion auf Messen, Verkaufsausstellungen, Festivals und ähnlichen Veranstaltungen durch technische Einrichtungen, unabhängig von der technischen Ausgestaltung des Vorführsystems und der verwandten Bild- und Tonträger, öffentlich wahrnehmbar zu machen.

(10) Das Merchandising-Recht, d.h. das Recht zur kommerziellen Auswertung des Werkes und/oder der Produktion durch Herstellung und Vertrieb von Waren aller Art (z.B. Spielzeug, Stofftiere, Sportartikel, Haushalts-, Bad- und Küchenwaren, Druckwerke, Kleidungsstücke, Kopfbedeckungen, Buttons etc.) sowie die Vermarktung von Dienstleistungen aller Art (z.B. in sog. »Theme-Parks«), die unter Verwendung von

Vorkommnissen, Namen, Titeln, Figuren, Abbildungen und sonstigen in einer Beziehung zum Werk und/oder zur Produktion stehenden Zusammenhängen erfolgen, einschließlich des Rechts das Werk und/oder die Produktion durch Herstellung und Vertrieb von Spielen, Computerspielen und/oder sonstigen Multimediawerken einschließlich interaktiver Computerspiele auszuwerten.

(11) Das Tonträgerrecht, d.h. das Recht zur Auswertung des Werkes und/oder der Produktion durch Herstellung, Vervielfältigung und Verbreitung (Verkauf, Vermietung, Leihe) von Schallplatten, Bandkassetten, CD oder sonstigen analogen sowie digitalen Tonträgern, einschließlich der bei den Videogrammrechten aufgeführten digitalen Speichersysteme, in allen Konfigurationen (Single, Maxi-Single, LP, CD, EP, DAT etc.), die unter vollständiger oder teilweiser Verwendung des Soundtracks und/oder des Originaltons der Produktion oder durch Nacherzählung, Neugestaltung oder durch sonstige Anlehnung an den Inhalt der Produktion gestaltet werden, sowie das Recht, solche Produkte durch Verwendung von Namen, Titeln, Abbildungen oder anderen Elementen aus der Produktion zu bewerben und ebenso auszuwerten wie die Produktion selbst, insbesondere durch Funk zu senden und/oder öffentlich wahrnehmbar zu machen.

(12) Das Druck- und Drucknebenrecht, d.h. das Recht zur Herstellung, Vervielfältigung und Verbreitung von bebilderten und nicht-bebilderten Büchern, Heften, Comics, electronic press kits und sonstigen analogen und digitalen Text-, Bild-/Ton- und Datenträgern aller Art, die unter Verwendung des Werks oder aus der Produktion durch Wiedergabe oder Nacherzählung des Inhalts der Produktion – auch in abgewandelter oder neugestalteter Form – oder durch photographische, gezeichnete oder gemalte Abbildungen oder Ähnliches aus der Produktion abgeleitet sind, sowie entsprechende Bearbeitungen über Video- und Audiotext oder sonstige Verteilersysteme Interessierten zugänglich zu machen.

(13) Das Archivierungsrecht, d.h. das Recht, die Produktion in jeder technischen Form zu archivieren und abrufbar zu speichern.

(14) Das Bühnen- und Radiohörspielrecht, d.h. das Recht, das Werk und/oder die Produktion für eine, gegebenenfalls auch geändert, Bühnen- oder Radiohörspielfassung zu nutzen.

(15) Der *Produzent* ist berechtigt, die Produktion ohne zusätzliche Vergütung für Lehr-, Prüf- und Forschungszwecke zu verwenden.

(16) Der *Produzent* ist berechtigt, die ihm übertragenen Rechte ganz oder teilweise weiterzuübertragen oder durch Dritte ausüben zu lassen.

2. Begriffserklärung (Glossar)

Above-the-line-Kosten Kalkulationskosten für den kreativen Stab (Honorare der Autoren, Regisseure, Produzenten, Hauptdarsteller, Komponisten etc.) s. *below-the-line-Kosten*

Access Provider Ein Unternehmen, welches im Rahmen des Internet oder anderer Online-Dienste den Zugang regelt.

Ancillary Rights (Nebenrechte) Darunter werden üblicherweise Auswertungsrechte verstanden, die nicht im direkten Zusammenhang mit der Filmauswertung stehen, wie z.B. Merchandising, Soundtrackalbum, Drucknebenrechte. Bisweilen werden darunter auch die Remake-, Sequel- und Prequel-Rechte subsumiert. Zur Vermeidung von Missverständnissen sollten deshalb diese Rechte möglichst präzise definiert werden.

Answer print (Null-Kopie) Die erste Kopie, in der alle Licht- und Farbbestimmungen berücksichtigt sind. Die Null-Kopie entspricht der Endschnittfassung und wird vom Original-Negativ entsprechend geschnitten.

Arm's Length (Vertrag wie mit fremden Dritten) Dieser Begriff bezieht sich auf die Vertragsverhandlungen zwischen zwei unabhängigen Parteien, die nicht miteinander verflochten sind. Der Begriff beschreibt also den Vertragsinhalt, der von zwei unabhängigen Vertragspartnern im Rahmen der Branchenstandards üblicherweise verhandelt würde.

Back end (Netto-Gewinnbeteiligung) Dieser Begriff bezeichnet den Gewinn des Produzenten nach dem vollständigen Recoupment der Herstellungskosten bzw. Investitionen des Films, einschließlich der Rückstellungen. Den Gegensatz bildet die Brutto-Beteiligung, die ungeachtet des Recoupments der Herstellungskosten oder Investitionen Dritter fällig werden.

Below-the-line-Kosten Dieser Begriff bezeichnet die gesamten Herstellungskosten eines Films, mit Ausnahme der »*above-the-line-*Kosten«.

Best Endeavours Nach diesem Begriff muss sich eine Vertragspartei nach besten Kräften bemühen, um ein bestimmtes Ergebnis zu erreichen. Dies wird häufig nicht akzeptiert und stattdessen wird ein »reasonable endeavours« vereinbart.

Blockbuster Dies ist ein Spielfilm, der weit überduchschnittliche Einspielergebnisse erzielt.

Blue Screen Ursprünglich fotografischer Prozess, der eine Maske erzeugt. Mit dieser können eine Person oder ein Objekt von einem einfarbigen (blauen) Hintergrund getrennt werden, um in einen anderen Background eingefügt zu werden. Wird auch in der digitalen Nachbearbeitung eingesetzt.

Box Office Kicker / Beteiligung an Kinoeinnahmen Ein »Box Office Kicker« bedeutet die Beteiligung meist eines Filmschaffenden (Regisseur, Schauspieler) oder des Drehbuchautors an den Einnahmen an der Kinokasse in Form eines Bonus, der bei Erreichen einer bestimmten Zuschauerzahl fällig wird (z.B. 10.000,00 DM bei Erreichen von 1 Mio. Zuschauern und jeweils weitere 10.000,00 DM bei Erreichen von je weiteren 0,5 Mio. Zuschauern).

Breakeven-Punkt Breakeven bezeichnet den Punkt, an dem die Herstellungskosten des Films komplett amortisiert sind und der Produzent in die Gewinnzone gelangt.

Budget/Herstellungskosten Die Kalkulation der Herstellungskosten (Budget) führt die einzelnen Kostenpositionen auf, die notwendig sind, um den Film herzustellen. Sie umfassen alle *Above-the-line-* und *Below-the-line-Kosten*.

Buy out/Pauschalabgeltung Unter einem Buy Out wird üblicherweise die pauschale Abgeltung aller Ansprüche mit einer einmaligen Zahlung verstanden. Bei einem Buy-out sind insbesondere keine Wiederholungshonorare oder Gewinnbeteiligungen zu zahlen.

Call Option Darunter wird ein festgelegter Abkaufpreis zu einem bestimmten Zeitpunkt verstanden, z.B. garantieren einige Filmfonds den Anlegern einen bestimmten Abkaufpreis am Ende der Laufzeit.

Cap (Höchstbetrag) Mit einem »Cap« wird eine finanzielle Obergrenze festgelegt, die nicht oder nur mit Zustimmung eines Dritten überschritten werden darf, z.B. die vorabzugsfähigen Kosten des Weltvertriebs. Ein anderer häufiger Anwendungsfall ist das Drehbuchhonorar, welches z.B. mit 2,5% des Budgets bemessen wird, jedoch mit einem »Cap« von z.B. maximal 300.000,00 DM.

Cash Flow Darunter wird die Abfolge der Zahlungen im Rahmen eines Filmprojekts verstanden. Cash Flow kann aber auch den Finanzierungsbedarf eines Unternehmens im Rahmen eines bestimmten Zeitraums bedeuten.

CG/CGI Computer Generated Imagery Darunter werden alle digital generierten Bilder subsumiert.

CD-I (Compact Disc Interactive)

CD-R (Compact Disc Recordable)

CD-ROM (Compact Disc Read only Memory)

Chain of Title (Rechtekette) Unter dem »Chain of Title« wird der lückenlose Nachweis des Erwerbs der Rechte verstanden.

Clip Licence Agreement (Klammerteilauswertung) Darunter ist ein Vertrag zu verstehen, der die Verwendung von Ausschnitten (Klammerteilen) eines Films in einem anderen Film erlaubt.

Collateral (Sicherheiten) Unter »Collateral« werden die Sicherheiten verstanden, die der Filmproduzent den Finanziers, Investoren oder auch dem Verleihunternehmen bietet. Hierzu zählen insbesondere die Rechte an den vorbestehenden Werken, am Filmwerk, den Materialen, sowie die Ansprüche aus den geschlossenen Verträgen (fällige Minimumgarantien, Auswertungserlöse etc.).

Collection Agency (Erlöstreuhänder) Darunter ist ein unabhängiger Erlöstreuhänder zu verstehen, der gleichsam eine Inkassostelle für die weltweiten Einnahmen aus der Auswertung des Films darstellt. Der Erlöstreuhänder erhält eine Kommission und zahlt sodann die verbleibenden Erlöse nach einem festgelegten Verteilungsplan an die Berechtigten aus.

Compensation (Vergütung) Insoweit wird zwischen der »fixed compensation« und der »contingent compensation« differenziert. Die »fixed compensation« ist das Grundhonorar, während die »contingent compensation« eine Gewinn- bzw. Erlösbeteiligung darstellt.

Completion Guarantee (Fertigstellungsgarantie) Die Fertigstellungsgarantie gewährleistet die Fertigstellung und Lieferung eines genau definierten Films zu einem bestimmten Zeitpunkt. Die Fertigstellungsgarantie sichert die Finanziers und Investoren dadurch ab, dass entweder die Fertigstellung des Filmwerks garantiert wird oder, im Falle des Abbruchs der Filmherstellung, die Finanziers und Investoren ihr Geld zurück erhalten.

Compositing Kombination verschiedener Bildelemente und Verschmelzung verschiedener Bildquellen zu einem Gesamtbild.

Content Provider Anbieter von eigenen Inhalten im Internet, die zur Nutzung bereitgehalten werden.

Contingency (Überschreitungsreserve) Die Überschreitungsreserve beträgt regelmäßig zwischen 5 und 10% der Herstellungskosten des Films. Sie dient der Abfederung von Budgetüberschreitungen und wird insbesondere im Falle der Einschaltung eines Fertigstellungsgaranten verlangt.

Cost off the top (Vorabzugsfähige Kosten) Im Falle der Vereinbarung von »cost off the top« werden zunächst diese Kosten von allen eingehenden Erlösen abgezogen. Lediglich der dann verbleibende Betrag stellt die verteilungsfähigen Erlöse dar.

Creative accounting/ »Kreative« Abrechnungsmethode Unter »creative accounting« wird die Abrechnung eines Studios oder eines Verleihunternehmens verstanden, in der die abzugsfähigen Vorkosten und Ausgaben zu Ungunsten des Produzenten und anderer Gewinnbeteiligter abgerechnet werden, einschließlich der Querverrechnung der Erlöse und Kosten verschiedener Filme. Obwohl der Begriff »creative accounting« häufig als missbräuchliche oder gar betrügerische Abrechnungsmethode verwandt wird, stellt er doch meist nur die Durchführung der vereinbarten abzugsfähigen Positionen dar, wobei der Produzent bzw. die am Gewinn beteiligten Dritten bei den Verhandlungen ihre Rechtsposition nicht angemessen vertreten haben.

Cross-collateralisation/ Querverrechnung Die Frage der Querverrechnung von Kosten und Erlösen stellt sich auf unterschiedlichen Ebenen im Rahmen eines Verleih- und Vertriebsvertrages. Zum einen werden üblicherweise sämtliche Territorien und Auswertungsformen (Kino, Video, TV, Merchandising etc.) im Rahmen der Auswertung eines Films gegeneinander verrechnet. Darüber hinaus stellt sich die Frage der Querverrechnung aber auch zwischen mehreren Filmen oder im Rahmen des Verkaufs von Filmpaketen. Während die Querverrechnung im Rahmen eines einzelnen Films üblich ist, sollte sie aus Produzentensicht im Rahmen von mehreren Filmen möglichst unterbunden werden.

Deferment (Rückstellungen) Rückstellungen sind ein Mittel der Filmfinanzierung. Sie zählen also zu den Herstellungskosten und sind damit zurückzuführen, bevor der Produzent den *Break Even* erreicht und die Gewinnbeteiligungen Dritter einsetzen. Bei mehreren Rückstellungen ist deren Verhältnis zu regeln und üblicherweise erfolgt die Rückführung *pro rata pari passu*.

Von der Rückstellung ist die **Stundung** streng zu unterscheiden. Eine gestundete Forderung ist unbedingt zu einem bestimmten Zeitpunkt zurückzuzahlen, während die Rückstellung nur unter der Bedingung zurückgeführt wird, dass der Film Erlöse einspielt. Daraus folgt, dass die Finanzierung des Budgets teilweise durch Rückstellungen erfolgen kann, nicht hingegen durch die Stundung.

Discounting (Diskontierung) Unter »Discounting« ist die Kalkulation des Darlehensbetrages zu verstehen, den eine Bank dem Produzenten für eine Minimumgarantie zur Verfügung stellt. Der letztlich bereitgestellte Darlehensbetrag (»discounted value«) vermindert die Minimumgarantie um die anfallenden Gebühren und Kosten (z.B. Zinsen, Bearbeitungsgebühr, Quellensteuer, Rechtsberatungskosten etc.). »Discounting« findet also Anwendung auf die Zwischenfinanzierung von Minimumgarantien im Rahmen von Vorverkäufen eines noch nicht fertig gestellten Films.

Due Diligence Darunter wird eine Prüfung des Firmenvermögens oder der gestellten Sicherheiten im Rahmen des Verkaufs oder der Beteiligung an einem Unternehmen oder der Stellung von Sicherheiten im Rahmen eines Darlehens verstanden.

Duplicate negative (Dup-Negativ) Eine Kopie des Original-Negativs der geschnittenen Endfassung. Von diesem Dup-Negativ werden die Kopien für den Kinoeinsatz gezogen und bewahren somit das Original vor möglichen Beschädigungen.

3-D-Scanner Abtastung realer Objekte mit Licht (Laser). Aus den Daten entsteht im Computer ein Gittermodell.

Equity/ Erlösbeteiligung   Unter »Equity« wird üblicherweise die Beteiligung an den Gewinnen aus der Filmverwertung verstanden. Im Gegensatz zu einem Darlehen, welches lediglich zur Rückzahlung des Darlehensbetrages verpflichtet, erhält ein Equity-Investor einerseits sein Investment zurück und ist andererseits auch an den Einspielerlösen beteiligt.

Errors & Omissions-Versicherung   Diese Versicherung ist eine Mischung von Rechtsschutz- und Schadensversicherung. Sie sichert den Produzenten und die weiteren Begünstigten (z.B. Verleih, Vertriebsunternehmen) gegen Schadensersatzansprüche aus der Verletzung von Urheberrechten, Persönlichkeitsrechten, sowie gegen Verletzungen von Marken-, Geschmacksmuster-, Namens- und Titelrechten. Der Abschluss einer Errors and Omissions Versicherung wird gewöhnlich von Investoren, Finanziers, Verleih- und Vertriebsunternehmen verlangt. Diese Versicherung ist für den Weltvertrieb von Filmen nahezu ausnahmslos eine unerlässliche Bedingung.

Exposé   Inhaltliche Kurzzusammenfassung von Filmprojekten

Favoured nations Klausel   Eine »favoured nations Verpflichtung« bedeutet, dass keiner an der Filmherstellung Beteiligten bessere Bedingungen erhalten wird, als der Vertragspartner. Eine solche »favoured nations Klausel« wird meist im Hinblick auf die Gewinnbeteiligung, die Nennung und die Nebenleistungen (z.B. Wohnwagen, Flüge, per diems etc.) abgeschlossen.

Final Cut/ Schnitt-Endfassung   Das Recht auf die Schnitt-Endfassung liegt üblicherweise beim Produzenten; nur in Ausnahmefällen beim Regisseur. Zunächst liefert der Regisseur den Director's Cut ab; eventuelle Änderungen auf Wunsch des Produzenten und/oder des Verleihers finden dann Eingang in den Final Cut. In einigen Ländern kommt dem Regisseur allerdings unter urheberrechtlichen Gesichtspunkten gleichsam das Recht zum final cut zu.

First call/ Verpflichtung auf ersten Abruf   Der Zeitraum, in dem ein Filmschaffender der Produktionsfirma exklusiv zur Verfügung steht. Diese Periode bezieht sich meistens auf die Drehzeit und die Zeit unmittelbar davor und danach. Während dieser »First Call Periode« darf der Filmschaffende nur mit Zustimmung des Produzenten anderweitige Engagements eingehen.

First Look   Dies bedeutet das Recht, ein Projekt des Vertragspartners als Erster angeboten zu bekommen.

First Negotiation/ Last Refusal Right   Unter »First Negotiation« wird eine Erstanbietungspflicht verstanden. Häufig wird dieses First Negotiation Right mit einem »Last Refusal Right« gekoppelt. Darunter ist das Recht zu verstehen, ein Projekt zu mindestens den gleichen Konditionen zu erwerben, wie ein dritter Mitbewerber. Dem Inhaber des Last Refusal Right ist das Projekt zu den von einem Dritten gebotenen Bedingungen vorrangig anzubieten. Erst wenn er dieses Angebot nicht binnen einer festgelegten Frist annimmt, können die fraglichen Rechte anderweitig vergeben werden.

Flame   Compositing-Software der Firma Discreet.

Foot Print   Die Ausleuchtzone (Empfangsgebiet) eines Satelliten.

Force majeure/ Höhere Gewalt   Umstände, die außerhalb der Kontrolle der Vertragspartner liegen und die die Erfüllung der vertraglichen Verpflichtungen unmöglich machen z.B. Feuer, Bürgerkrieg, Aufstand, Krieg, Nuklearunfall, Streik, Aussperrung. Derartige Umstände unterbrechen die Vertragsdurchführung und der Vertrag wird nach dem Wegfall dieser Umstände wieder fortgesetzt. Der Zeitraum der »höheren Gewalt« wird normalerweise festgelegt und der Vertrag kann gekündigt werden, wenn die höhere Gewalt über den vereinbarten Zeitraum hinaus fortdauert.

Gross participation   Eine Vereinbarung, derzufolge Hauptdarsteller oder andere Beteiligte

(Autoren, Regisseure) neben der Grundgage eine Beteiligung an den Bruttoeinspielergebnissen des Verleihers erhalten. Eine in den USA ausnahmsweise anzutreffende Beteiligungsform, die bisher in Deutschland nicht praktiziert wird.

Henry Online/Compositing-Software der Firma Quantal.

Holdback/ Sperrfrist Bezeichnung für den Zeitraum, in dem ein Film in einem bestimmten Medium für eine bestimmte Zeit nicht ausgewertet werden darf. Solche Sperrfristen können einerseits zwischen verschiedenen Auswertungsarten bestehen (z.b. Kino, Video, Pay-TV, Free TV) oder auch länderübergreifend vereinbart werden (z.b. Erstausstrahlung in einem bestimmten Territorium).

Interpositiv Das Interpositiv stellt eine Positivkopie des Original-Negativs der geschnittenen Endfassung dar; diese beinhaltet alle Lichtbestimmungen; von ihr wird das Dup-Negativ zur Herstellung von Massenkopien gezogen.

Key Auch Keysignal: Stanze, Maske. Ein Key wird benötigt, um ein Vordergrundbild auszuschneiden und auf einen anderen Hintergrund zu setzen. Ein Key kann mittels Blue Screen erzeugt werden.

Keying Prozess, bei dem ein Objekt vom Hintergrund extrahiert wird, um mit einem anderen Background kombiniert zu werden. Siehe auch Blue Screen.

Laboratory access letter/Ziehungsgenehmigung Gegenstand einer solchen Vereinbarung ist die Verpflichtung des Kopierwerks, den Berechtigten (z.b. Lizenznehmern) jederzeitigen Zugang zum Material zu gewährleisten, um vom Negativ Kopien zu ziehen und dabei auf mögliche Einreden und Zurückbehaltungsrechte (z.b. aus unbezahlten Kopierwerksrechnungen aus anderen Projekten, Werkunternehmerpfandrechten etc.) zu verzichten.

Laboratory Pledgeholder's Letter/ Kopierwerkserklärung Negativsicherungsbestätigung. Eine Bestätigung des Kopierwerks an Banken und Investoren – vom Produzenten gegengezeichnet – dass die Negative des Films im Kopierwerk eingelagert sind. Zugang zu den Materialien ist nur mit schriftlicher Genehmigung der Adressaten möglich.

Legal Opinion Darunter wird eine gutachterliche Stellungnahme im Hinblick auf eine Rechtsfrage verstanden.

Letter of credit/Akkreditiv Unwiderrufliche Bestätigung der Bank, unter bestimmten Bedingungen einen bestimmten Betrag zu einem bestimmten Datum zu zahlen. Das Akkreditiv wird gewöhnlich auf bestehende Garantieverträge ausgestellt.

Libor Libor bezeichnet als Abkürzung für »London Interbank Offered Rate« den Zinssatz, den Banken am Londoner Eurogeldmarkt für kurzfristige Ausleihungen an andere Banken verlangen.

Library Die Bibliothek von Filmrechten.

Loan out company Dabei handelt es sich um eine Gesellschaft, die den Schauspieler gleichsam »verleiht«. Vertragspartner wird nicht der Schauspieler selbst, sondern die »loan-out company«. Viele Schauspieler haben ihre eigene »loan out company« oder sind an einer solchen beteiligt. Diese Konstruktion wird meist aus steuerlichen und aus haftungsrechtlichen Gründen gewählt.

Matching Right vgl. Last Refusal Right

Minimumgarantie Die verrechenbare, nicht rückzahlbare Garantie des Verleihs/Vertriebs an den Produzenten über eine Mindesteinspielsumme in einem bestimmten Territorium oder Auswertungsmedium. Die Minimumgarantie stellt meist einen Teil der Herstellungskosten dar und wird über eine Bank zwischenfinanziert (vgl. discounting).

Moral right/ Urheberpersönlichkeitsrecht Das Urheberpersönlichkeitsrecht ist in bestimmten Urheberrechtsgebieten (z.B. Deutschland, Frankreich) unverzichtbar und schützt die Urheber gegen (gröbliche) Entstellungen ihrer Werke. In anderen Rechtsordnungen (z.B. USA) ist dieses Recht verzichtbar und die Verträge enthalten regelmäßig einen solchen Verzicht (»waiver of moral rights«).

Morphing   Digitale Veränderung von Personen oder Figuren im Rahmen der Postproduktion (Übergang zwischen zwei Aufnahmen, Formen werden ineinander verschmolzen).

Near Video on demand   Sonderform des *pay per channel* bei dem das gleiche Programm zeitversetzt auf mehreren Kanälen gesendet wird.

Negative costs/ Herstellungskosten   Die Höhe der tatsächlichen Herstellungskosten eines Films zum Zeitpunkt der Einlagerung des Negativs.

Negative pick up Price/ Abnahmepreis   Eine Vereinbarung zwischen Produzent und Verleih, bei der Verleih nach Fertigstellung des Films für den Erwerb der Distributionsrechte die Summe zahlt, die die »negative costs«, also die Herstellungskosten darstellt.

Out-takes/ Schnittreste   Diejenigen Szenen, die im fertigen Endschnitt des Films keine Verwendung finden.

Overages/ Erlöse über die Minimumgarantie hinaus   Bezeichnet die Erlöse, die der Verleih dem Produzenten über die Minimumgarantie hinaus zahlt. Gelegentlich wird der Begriff auch im Sinne einer Budgetüberschreitung verwendet.

Overcost/ Budgetüberschreitung   Überschreitungen des abgenommenen Budgets. Soweit kein Completion Bond beteiligt ist, sollte geregelt werden, wer diese Kosten zu tragen hat und an welcher Position sie »recouped« werden.

Overspill   Darunter wird im Rahmen von Fernsehlizenzen die Ausstrahlungswirkung in Anrainerstaaten verstanden. Darunter ist keine Verletzung des Lizenzgebietes zu verstehen, soweit es sich um »Legitimate Overspill« handelt, also um den in Grenzgebieten üblichen Überhang.

Pari passu   Gleichrangig; die Standardklausel für das »Recoupment« in der Filmverwertung lautet »*pari passu pro rata*« (s. *pro rata*) und besagt, dass alle Beteiligten im gleichen Rang und anteilig aus allen eingehenden Erlösen befriedigt werden.

Pay or play/ Ausfallhonorar   Ein Pay-or-Play Commitment sichert die Verfügbarkeit wichtiger Talente für einen Film. Dies hat aber zur Folge, dass das vereinbarte Honorar als Ausfallhonorar komplett zu zahlen ist, wenn der Film später nicht zustande kommt.

Pay per view   Form des *pay-tv* (bezahltes Fernsehen), bei dem der Zuschauer nur das bezahlen muss, was er sich ansieht, d.h. die in Anspruch genommene Sendezeit und Anzahl der gesehenen Programme.

Per Diem (Tagesspesen)   Per Diems sind die Tagesspesen, die nach Tarifvertrag oder nach Vereinbarung an die Filmschaffenden zu zahlen sind.

Pixel   Abkürzung für »picture cell«. Kleinste Einheit eines gespreicherten Bildes, die eine Anzahl an Farb- und Helligkeitsinformationen enthält.

Postproduction   Die Bearbeitung des Aufnahmematerials, die den Schnitt, die Vertonung, die Untertitelung und die Special Effects umfasst.

Prequel   Unter einem »Prequel« ist die Verfilmung einer dem Inhalt des Werkes vorausgehenden Geschichte zu verstehen (z.B. »Die Abenteuer des jungen Indiana Jones« nach dem Erfolg »Indiana Jones«).

Prints and advertising (P&A)/ Herausbringungskosten   Darunter sind die dem Verleih für die Herausbringung eines Films im Kino erwachsenden Kosten zu verstehen, z.B. für die Herstellung der Kopien, Plakate, Trailer, Werbung.

Produzent   Der Begriff Produzent wird in vielfacher Hinsicht gebraucht. Er kann gleichbedeutend sein mit dem *Filmhersteller,* der das originäre Leistungsschutzrecht nach § 94 UrhG erlangt und letztlich die kreativen, organisatorischen und finanziellen Entscheidungen trifft und die wirtschaftlichen Folgen verantwortet.

Falls sich seine Rolle auf die des Dealmakers, bzw. der finanziellen Arrangements beschränkt, kommt er eher dem amerikanischen *executive producer* gleich.

Ausführender, durchführender oder auch *federführender Produzent (delegate* aber auch *producer* genannt) ist derjenige, der gleichsam als Dienstleister die physische Herstellung des Films innehat. Dies kann bei Koproduktionen auch mit der Rolle des *Koproduzenten* zusammenfallen.

Der *creative producer* ist derjenige, der für die kreative Entwicklung und Durchführung des Projekts verantwortlich zeichnet.

Aus dem rein organisatorischen Bereich ist der *Herstellungs- oder Produktionsleiter* noch zu nennen, der dem *line producer* entspricht.

Im deutschen Fernsehbereich wird mit *Producer* oft die Person benannt, die im Rahmen einer großen Produktionsfirma einen einzelnen Film oder eine TV-Serie inhaltlich, kreativ und übergeordnet organisatorisch betreut, wobei das Dealmaking oft wieder in der Hand des Firmeninhabers liegt. Viele dieser Begriffe sind auslegungsfähig und verschwimmen im konkreten Sprachgebrauch.

Produzentenerlöse Darunter fallen sämtliche Erlöse, die dem Produzenten aus der Verwertung des Films zufließen.

Produzentengewinn Die dem Produzenten nach vollständigem »Recoupment« der Herstellungskosten (einschließlich etwaiger Rückstellungen) verbleibenden Erlöse. Hierbei ist zwischen den frei finanzierten Filmen und den mit Fördermitteln hergestellten Filmen zu unterscheiden. Bei der zweiten Kategorie setzt der Produzentengewinn meist schon vor dem vollständigen »Recoupment« der Herstellungskosten ein, denn hierzu zählen auch die Fördermittel, die jedoch nur aus einem bestimmten Anteil der Produzentenerlöse zurückgezahlt werden müssen. Der dem Produzenten verbleibende Anteil stellt in diesem Fall bereits Produzentengewinn dar, an dem gegebenenfalls Dritte zu beteiligen sind. Der Begriff *Produzentennetto* bezeichnet den Produzentengewinn, abzüglich etwaiger Umsatzsteuer.

Pro rata/Anteilig Anteilige Auszahlung der eingehenden Erlöse an die Berechtigten im Verhältnis ihrer Beteiligung bzw. ihres Investments (s. *pari passu*).

Public Domain (Gemeinfreiheit) Darunter ist ein Werk zu verstehen, dessen Schutzfrist abgelaufen ist, das also gemeinfrei ist.

»Punitive Damages« Schadensersatz mit Strafcharakter

Put-Option Darunter ist ein Andienungsrecht zu verstehen, z.B. ist ein Filmfonds oder deren Gesellschafter zur Übernahme der Anlegerbeteiligung zu einem im Voraus festgelegten Übernahmepreis verpflichtet.

Recoupment Darunter ist die Rückdeckung der Herstellungskosten eines Films zu verstehen, einschließlich der Investitionen, Rückstellungen etc.

Remake/ Wiederverfilmungsrecht Unter dem »Remakerecht« ist das Wiederverfilmungsrecht zu verstehen. Wird über das Remakerecht keine Regelung getroffen, verbleibt es beim Drehbuchautor. Wenn das Verfilmungsrecht jedoch ohne zeitliche Beschränkung exklusiv eingeräumt wird, trifft den Drehbuchautor eine Enthaltungspflicht und er ist nicht befugt, über das Wiederverfilmungsrecht zu verfügen. Falls allerdings Zweifel bestehen, gilt die 10-Jahresfrist des § 88 Abs. 2 UrhG. Nach dieser Bestimmung kann der Drehbuchautor einem Dritten 10 Jahre nach Vertragsschluss die erneute Verfilmung seines Drehbuchs gestatten.

Rental right/ Vermietrecht   Dieser Begriff bezieht sich auf die Videoverwertung eines Films durch den Verleih/Vermietung von Videokassetten. Der Gegensatz bildet das Sell-Through Right, also der Verkauf von Videokassetten.

Residuals/ Wiederholungshonorare   Dies sind Wiederholungshonorare und Tantiemen für »Talents«, die vom Rechtenutzer für bestimmte Nutzungen in der Regel an die jeweiligen Interessensverbände (z.B. WGA, DGA) zu zahlen sind.

Sales agent   Dieser Begriff steht üblicherweise für den Weltvertrieb.

Sampling   Prozess der Umwandlung eines analogen Signals in digitale Daten im binären Code.

Score   Die für den Film komponierte Musik.

Second call   Im Gegensatz zur exklusiven Verfügbarkeit während der *first call* Periode bezeichnet second call die Zeit, in der die Betroffenen vorbehaltlich anderweitiger Verpflichtungen zur Verfügung stehen, z.B. für Postproduktionsarbeiten.

Sell-through/Verkaufskassetten   Die Verwertung des Films im Videobereich durch den Verkauf von Kassetten, im Gegensatz zur Vermietung (»rental«).

Sequel/ Fortsetzung   Unter den »Sequelrechten« werden die Rechte zur Verfilmung einer Folgegeschichte verstanden (z.B. »Terminator I«, »Terminator II«). Der Autor des Originaldrehbuchs wird mitunter eine Option auf das Verfassen des Drehbuchs für ein »Sequel« verlangen.

Special Effects   Damit ist der Oberbegriff für alle Spezialeffekte im Film gemeint. Im engeren Sinne wird hierbei unterschieden zwischen den von der Kamera während der Dreharbeiten aufgenommenen Spezialeffekten (»SFX«) und denjenigen in der Postproduktion, die als visual effects (»VFX«) bezeichnet werden.

Spin-Off   Unter »Spin-Off« wird eine Produktion verstanden, in der Nebenfiguren oder Nebenhandlungen einer früheren Produktion zum Gegenstand der neuen Produktion gemacht werden.

Stop Date   Darunter wird ein bestimmtes Datum verstanden, zu dem der Schauspieler nicht mehr zur Verfügung stehen muss.

Storyboard   Sequenz von Zeichnungen, die eine Szene vor Drehbeginn filmisch auflöst.

Streaming   Verfahrensprinzip in der Datenkommunikation, bei dem die Daten als kontinuierlicher Strom verarbeitet werden und insoweit dem Benutzer schneller auf dem Bildschirm zur Verfügung stehen als dies etwa beim Abruf umfangreicher Multimediadateien mit den herkömmlichen Technologien der Fall ist.

Strike price   Der festzulegende Betrag, nach dessen Ausschöpfung die Verpflichtung des Completion Bonds zur Übernahme der Überschreitungskosten eintritt.

Synchronisation licence/ Synchronisationsrecht   Das Recht, das entsprechende Musikstück in einem Film zu verwenden.

Talent   Sammelbegriff für die Kreativen, die an der Herstellung eines Films beteiligt sind.

Tracking   Bewegungsanalyse, bei der im Computer die Bewegung eines Objektes oder der Kamera simuliert wird.

Treatment   Zusammenfassung von Filmstoffen, regelmäßig ca. 30 bis 40 Seiten umfassende Vorstufe zum Drehbuch.

Turnaround/ Rechterückfall   Dieser Begriff stammt ursprünglich aus den Verträgen zwischen den sog. independent producer und den (US) studios. Sofern das Studio binnen einer bestimmten Frist das Projekt nicht übernehmen wollte, fielen die Rechte an den Produzenten zurück. Der Begriff »turnaround« wird meist in dem Sinne verwendet, dass der Vertragspartner das Projekt binnen einer bestimmten Frist finanzieren muss, andernfalls fallen die Rechte zurück. Der Rechterückfall erfolgt indes meist nicht entschädigungslos.

Vielmehr wird festgelegt, unter welchen Bedingungen die fruchtlos getätigten Investitionen zurückzuerstatten sind.

Video on demand Multimedialer Kommunikationsdienst, mit dessen Hilfe z.B. Spielfilme, Musiksequenzen etc., die in vernetzten Videoservern komprimiert gespeichert sind, gegebenenfalls wahlfrei auf den Fernseher abgerufen werden können.

Webcasting Die Übertragung von Programmen durch das Internet, wobei zwischen dem Life-Webcasting und dem Webcasting von vorproduzierten Inhalten, die auf Datenbanken zum Abruf stehen, zu unterscheiden ist.

Window/ Auswertungsfenster Bezeichnung für den Zeitraum, in dem ein Film in einem bestimmten Medium für eine bestimmte Zeit ausgewertet werden darf.

Work (made) for hire Darunter wird das in den USA gängige Rechtskonzept verstanden, demzufolge gegen Zahlung einer Vergütung an den Auftragnehmer (z.B. Drehbuchautor, Regisseur etc.) sämtliche Urheberrechte an dem Werk originär bei dem Auftraggeber entstehen.

3. Literaturverzeichnis

Bork, Reinhard: Die Doppeltreuhand in der Insolvenz, NZI 1999

Clevé, Bastian (Hrsg.): Investoren im Visier, 2. Aufl. Gerlingen 2000

Eickmann, Dieter u.a. (Hrsg.): Heidelberger Kommentar zur Insolvenzordnung, Heidelberg 1999

Eickmeier, Frank /Eickmeier, Jens: Die rechtlichen Grenzen des Doku-Dramas, ZUM 1998, S. 1 ff.

Frohne, Ronald: Filmverwertung im Internet und deren vertragliche Gestaltung, ZUM 2000, S. 810 ff.

Hartlieb, Horst von: Handbuch des Film-, Fernseh- und Videorechts, 3. Aufl. München 1991

Hausmann, Rainer: Auswirkungen der Insolvenz des Lizenznehmers auf Filmlizenzverträge nach geltendem und künftigen Insolvenzrecht in »Aktuelle Rechtsprobleme der Filmproduktion und Filmlizenz« UFITA-Schriftenreihe Baden-Baden 1999

ders.: Insolvenzklauseln und Rechtefortfall nach der neuen Insolvenzordnung, ZUM 1999, S. 919

Kropholler, Jan: Internationales Privatrecht, Tübingen 1990

Kübler, Bruno M./ Prütting, Hanns (Hrsg.): Kommentar zur Insolvenzordnung Köln 1999

Löwenheim, Ulrich: Rechtswahl bei Filmlizenzverträgen, ZUM 1999, S. 923 ff.

Möhring,

Nordemann, Wilhelm: Kommentar zum Urheberrechtsgesetz , 9. Aufl. Stuttgart 1998

Palandt, Otto: Bürgerliches Gesetzbuch, 60. Aufl. München 2001

Poll, Günter: Urheberschaft und Verwertungsrechte am Filmwerk, ZUM 1999, S.35 ff.

ders.: Filmurheberrecht – Rechtsprechungssammlung und Kurzkommentar, Baden-Baden 1998

Reuter, Alexander: Digitale Bild- und Filmbearbeitung, im Lichte des Urheberrechts, GRUR 1997, S. 23 ff.

Schack, Haimo: Urheber- und Urhebervertragsrecht, Tübingen 1997

Schricker, Gerhard: Urheberrecht Kommentar, 2. Aufl. München 1999

Schwarz, Mathias: Klassische Nutzungsrechte und Lizenzvergabe bzw. Rückbehalt von »Internet-Rechten«, ZUM 2000, S. 816 ff.

ders./ Klingner, Norbert: Mittel der Finanzierungs- und Investitionssicherung im Medien und Filmbereich, UFITA Sonderdruck aus Bd. 138/1999, Baden-Baden 1999

Wente, Jürgen K./ Härle, Philipp: Rechtsfolgen einer außerordentlichen Vertragsbeendigung auf die Verfügungen in einer »Rechtekette« im Filmlizenzgeschäft und ihre Konsequenzen für die Vetragsgestaltung, GRUR 1997, S. 96 ff.

Wimmer, Klaus (Hrsg.): Frankfurter Kommentar zur Insolvenzordnung, 2. Aufl. 1999

4. Abkürzungsverzeichnis

AFMA	American Filmmarketing Association
AfP	Archiv für Presserecht
AGICOA	Association de Gestion Internationale Collective des Oeuvres Audiovisuelles
Aufl.	Auflage
Az.	Aktenzeichen
BGB	Bürgerliches Gesetzbuch
BGH	Bundesgerichtshof
BGHZ	Entscheidungssammlung des Bundesgerichtshofs in Zivilsachen
BIEM	Bureau Internationale de l'Edition Mécanique
BMI	Bundesministerium des Inneren
BVerfG	Bundesverfassungsgericht
C.P.I	Code de la Proprieté Intellectuelle
CEPI	Coordination Européene des Producteurs Independantes
CISAC	Confédération Internationale des Sociétés d'Auteurs et Compositeurs
CMMV	Clearingstelle Multimedia für Verwertungsgesellschaften von Urheber- und Leistungsschutzrechten GmbH
DAA	Deutsche Angestellten Akademie
DCMS	Department of Culture, Media and Sport
DEFA	Deutsche Film AG
DGA	Director's Guild of America
EG	Europäische Gemeinschaft
EGBGB	Einführungsgesetz zum Bürgerlichen Gesetzbuch
EGV	Vertrag zur Gründung der Europäischen Gemeinschaft
EU	Europäische Union
EuGH	Europäischer Gerichtshof
EWG	Europäische Wirtschaftsgemeinschaft
EWR-Abk.	Abkommen Europäischer Wirtschaftsraum
FFA	Filmförderungsanstalt
FuR	Film und Recht
GEMA	Gesellschaft für musikalische Aufführungs- und mechanische Verfielfältigungsrechte
GG	Grundgesetz für die Bundesrepublik Deutschland
GmbH	Gesellschaft mit beschränkter Haftung
GRUR	Gewerblicher Rechtsschutz und Urheberrecht
GÜFA	Gesellschaft zur Übernahme und Wahrnehmung von Filmaufführungsrechten
GVL	Gesellschaft zur Verwertung von Leistungsschutzrechten mbH
GWFF	Gesellschaft zur Wahrnehmung von Film-und Fernsehrechten
ICC	International Chamber of Commerce
InsO	Insolvenzordnung
KO	Konkursordnung

KUG	Gesetz betreffend das Urheberrecht an Werken der bildenden Künste
LG	Landgericht
m.a.W.	mit anderen Worten
m.w.N.	mit weiteren Nachweisen
MABB	Medienanstalt Berlin-Brandenburg
MPAA	Motion Picture Association of America
NFTC	National Film Trust Company
NJW	Neue Juristische Wochenschrift
NZI	Neue Zeitschrift für das Recht der Insolvenz und Sanierung
OLG	Oberlandesgericht
OMPI	Organisation mondial de la propriété intellectuel = WIPO
RBÜ	Revidierte Berner Übereinkunft
RfSV	Rundfunkstaatsvertrag
RG	Reichsgericht
S.I.A.E.	Societa italiana degli Autori ed Editori (Italian Society of Authors and Editors)
SF	Schweizer Franken
Slg.	Sammlung
SPIO	Spitzenorganisation der Filmwirtschaft e.V.
StGB	Strafgesetzbuch
StVollzG	Strafvollzugsgesetz
TRIPS	Trade Related Aspects of Intellectual Property Rights Including Trade in Conterfeit Goods
U.S.C.A.	US Copyright Act
UWG.	Gesetz gegen den unlauteren Wettbewerb
UCC	Uniform Commercial Code
UFITA	Archiv für Urheber-, Film-, Funk- und Theaterrecht
UrhG	Gesetz über Urheberrechte und verwandte Schutzrechte
US$	U.S.-Dollar
VFF	Verwertungsgesellschaft der Film- und Fernsehproduzenten
VG	Verwaltungsgericht
VG-Bild/Kunst	Verwertungsgesellschaft-Bild/Kunst
VGF	Verwertungsgesellschaft für Nutzungsrechte an Filmwerken mbH
VG-Musikedition	Verwertungsgesellschaft-Musik
VG-Wort	Verwertungsgesellschaft-Wort
VHS	Video-Home-System
WCT	WIPO Copyright Treaty
WGG	Writer's Guild of Germany
WIPO	World Intellecutal Property Organisation (Weltorganisation für geistiges Eigentum)
WPPT	WIPO Performances and Phonograms Treaty
WTO	Welthandelsorganisation
WUA	Welturheberrechtsübereinkommen
ZUM	Zeitschrift für Urheber-und Medienrecht (früher: FuR = Film und Recht)
ZUM – RD	Zeitschrift für Urheber- und Medienrecht Rechtsprechungsdienst

5. Adressen

Bundesfilmförderungen

Filmförderungsanstalt (FFA)
Große Präsidentenstraße 9
10178 Berlin
Tel. 030/ 27 57 70
Fax 030/ 27 57 71 11
Internet: www.ffa.de

Der Beauftragte der Bundesregierung für Angelegenheiten der Kultur und Medien (BKM)
Willy-Brandt-Straße 1
10557 Berlin
Tel. 01888/ 400 20 61
Fax 01888/ 400 18 08
e-mail: BKM@bk.bund400.de

Stiftung Kuratorium junger deutscher Film
Postfach 120 428
65082 Wiesbaden
Tel. 0611/ 60 23 12
Fax 0611/ 69 24 09
Internet: www.kuratorium-junger-film.de

Regionale Filmförderungen

Filmstiftung Nordrhein-Westfalen
Kaistraße 14
40221 Düsseldorf
Tel. 0211/ 93 05 00
Fax 0211/ 93 05 05
Internet: www.filmstiftung.de

FFF FilmFernsehFonds Bayern GmbH
Schwanthaler Straße 69
80336 München
Tel. 089/ 544 60 20
Fax 089/ 54 46 02 21
www.fff-bayern.de

Filmboard Berlin-Brandenburg
Postfach 900 402
14440 Potsdam-Babelsberg
Tel. 0331/ 721 28 59
Fax 0331/ 721 28 48
www.filmboard.de

Filmförderung Hamburg GmbH
Friedensallee 14-16
22765 Hamburg
Tel. 040/ 39 83 70
Fax 040/ 398 37 10
www.hamburg.de

Medien- und Filmgesellschaft mbH
Hubertstraße 4
70174 Stuttgart
Tel. 0711/ 122 28 33
Fax 0711/ 122 28 34
Internet: www.mfg.de

MDM Mitteldeutsche Medienförderung
Hainstraße 19
04109 Leipzig
Tel. 0341/ 26 98 70
Fax 0341/ 269 87 77
www.mdm-foerderung.de

Hessische Filmförderung
Am Steinernen Stock 1
60320 Frankfurt am Main
Tel. 069/ 155 45 16
Fax 069/ 155 45 14
Internet: www.hmwk.hessen.de

Förderung des NDR
Hamburger Allee 4
30161 Hannover
Tel. 0511/ 36 10
Fax 0511/ 361 57 06
www.filmbuero-nds.de

Sachsen-Anhalt
Regierungspräsidium Halle, Dezernat 35
Postfach 20 02 56
06003 Halle
Tel. 0345/ 514 31 09

Bundesamt für Wirtschaft und Ausfuhrkontrolle (BAFA)

Frankfurter Straße 29-31
65760 Eschborn / Ts.
Tel. 06196/ 40 40
Fax 06196/ 942 26
oder 06196/ 40 42 12
e-mail: bundesamt@bawi.de
Internet: www.bawi.de

Europäische Filmförderung

Filmförderung Eurimages
Avenue de l'Europe
B.P. 431 R6
F – 67075 Strasbourg Cedex
Tel. 0033/3/ 88 41 26 40
Fax 0033/3/ 88 41 27 60
e-mail: eurimages@coe.int
Internet: www.culture.coe.fr

Media Desk Deutschland
Friedensallee 14-16
22765 Hamburg
Tel. 040/ 390 65 85
Fax 040/ 390 86 32
e-mail: mediadesk@compuserve.com
Internet: www.mediadesk.de

Verwertungsgesellschaften

AGICOA – Association de Gestion Internationale Collective des Oeuvres Audiovisuelles
Rue de Saint Jean, 26
1203 Genf
Tel. 0041/22/ 340 32 00
Fax 0041/22/ 340 34 32
Email: info@agicoa.org
Internet: www.agicoa.org

CMMV – Clearingstelle Multimedia für Verwertungsgesellschaften von Urheber- und
Leistungsschutzrechten GmbH
Rosenheimer Straße 11
81667 München
Tel. 089/ 48 00 37 77
(Mo-Fr von 9.00 bis 12.00 Uhr)
Fax 089/ 48 00 33 57
Technische Hotline: 0231/ 165 72 45
e-mail: kontakt@cmmv.de
Internet: www.cmmv.de

GEMA – Gesellschaft für musikalische Aufführungsrechte und mechanische
Vervielfältigungsrechte
Bayreuther Straße 37
10787 **Berlin**
Tel. 030/ 212 45 00
Fax 030/ 212 45950
Internet: www.gema.de

GÜFA – Gesellschaft zur Übernahme und Wahrnehmung von Filmaufführungsrechten
Vautierstraße 72
40235 Düsseldorf
Tel. 0211/ 91 41 90
Fax 0211/ 679 88 87
e-mail: info@guefa.de

GVL – Gesellschaft zur Verwertung von Leistungsschutzrechten
Heimhuderstraße 5
20148 Hamburg
Tel. 040/ 411 70 70
Fax 040/ 410 38 66
e-mail: kontakt@gvl.de
Internet: www.gvl.de

GWFF – Gesellschaft zur Wahrnehmung von Film und Fernsehrechten GmbH
Marstallstraße 8
80530 München
Tel. 089/ 22 26 68
Fax 089/ 22 95 60
e-mail: kontact@gwff.de
Internet: www.gwff.de

VFF – Verwertungsgesellschaft der Film- und Fernsehproduzenten GmbH
Widenmayerstraße 32
80538 München
Tel. 089/ 22 35 35
Fax 089/ 228 55 62

VG Bild/Kunst – Verwertungsgesellschaft Bild/Kunst
Weberstraße 61
53113 Bonn
Tel. 0228/ 91 53 40
Fax 0228/ 915 34 39
e-mail: info@bildkunst.de
Internet: www.vgbildkunst.de

VGF – Verwertungsgesellschaft für Nutzungsrechte an Filmwerken mbH
Kreuzberger Ring 56
65205 Wiesbaden
Tel. 0611/ 778 92 22
Fax 0611/ 778 92 14

VG Musikedition – Verwertungsgesellschaft Musikedition
Königstor 1
34117 Kassel
Tel. 0561/ 156 16
Fax 0561/ 77 38 28

VG Wort – Verwertungsgesellschaft Wort
Goethestraße 49
80336 **München**
Tel. 089/ 51 41 20
Fax 089/ 514 12 58

Köthener Straße 44
10963 **Berlin**
Tel. 030/261 38 45
Fax 030/261 38 79
Internet: www.vgwort.de

Unions / Guilds

WGA – Writer's Guild Association
  7000 West Third Street
  Los Angeles, CA 90048-4392
  Tel. 001/323/ 782 46 92
  e-mail: foundation@wga.org
  Internet: www.wga.org

SAG – Screen Actors Guild
  5757 Wilshire Boulevard
  Los Angeles, CA 90036-3600
  Tel. 001/323/ 549 68 28
  Fax 001/323/ 549 68 86
  www.sag.org

DGA – Directors Guild of America
  Main Office: 7920 Sunset Boulevard
  Los Angeles, CA 90046
  Tel. 001/310/ 289 20 00
  Fax 001/310/ 289 20 29
  e-mail: chuck@dga.org
  Internet: www.dga.org

Schiedsverfahren

AFMA – American Filmmarketing Association
  American Film Market
  10850 Wilshire Boulevard, 9th Floor
  Los Angeles, CA 90024
  Tel. 001/310/ 446 10 00
  Fax 001/310/ 446 16 00
  Internet: www.afma.com

ICC – International Chamber of Commerce
  38 Cours Albert 1er
  75008 Paris
  Tel. 0033/1/ 49 53 28 28
  Fax 0033/1/ 49 53 28 59
  e-mail: webmaster@iccwbo.org
  Internet: www.iccwbo.org

Rechercheagenturen

International:
    Thomson & Thomson
    1750 K Street NW; Suite 200
    Washington, DC 20006-2305
    Tel. 001/202/ 835 02 40
    Fax 001/202/ 728 07 44
    Internet: www.tt.thomson-thomson.com

Deutschland:
    Agentur O. Gracklauer
    Wallotstraße 7a
    14193 Berlin
    Tel. 030/ 825 81 39
    Fax 030/ 826 20 39
    e-mail: info@gracklauer.de
    Internet: www.gracklauer.de

Collection Agencies

European Collecting Agency
    Bredgade 6
    1260 Kopenhagen K
    Dänemark
    Tel. 0045/ 33 14 33 33
    Fax 0045/ 33 14 43 33
    e-mail: pen@dradgsted.com

Fintage House
    Schipholweg 79
    2316 ZL Leiden
    Niederlande
    Tel. 0031/71/ 565 99 99
    Fax 0031/71/ 565 99 60
    Internet: www.fintagehouse.com

NFTC National Film Trusty Company Ltd.
    14-17 Wells Mews
    London W1P 3FL
    Tel. 0044/ 207-323 90 80
    Fax 0044/ 207/323 00 92

REIHE PRODUKTIONSPRAXIS

In dieser Reihe bereits erschienen:

Bastian Clevé
Wege zum Geld
Film-, Fernseh-
und Multimedia-Finanzierungen
4., überarbeitete Auflage 2000
256 Seiten. Broschiert
ISBN 3-88350-907-8
Produktionspraxis 1

»Wege zum Geld« stellt die unterschiedlichen Finanzierungsmodelle dar, die zur Zeit in Deutschland bei Film-, Fernseh- und Multimediaproduktionen praktiziert werden. Der Autor richtet sein Augenmerk sowohl auf Produktionen der öffentlich-rechtlichen und privaten Sender als auch auf die Produktion von Kinofilmen. Dazu gehört die deutsche Filmförderung ebenso wie internationale Finanzierungsinstrumentarien.

Bastian Clevé (Hg.)
Investoren im Visier
Film- und Fernsehproduktionen mit
Kapital aus der Privatwirtschaft
2., überarbeitete Auflage 2000
301 Seiten. Broschiert
ISBN 3-88350-906-X
Produktionspraxis 2

Dieser Band betrachtet den deutschen und amerikanischen Film einerseits aus der Perspektive von Investoren, die mit der Branche nur am Rande vertraut sind und finanzielle und steuerliche Aspekte in den Vordergrund rücken. Andererseits soll aber dem Film- und Fernsehproduzenten geholfen werden, potentiellen Investoren die Chancen dieses Geschäfts nahe zu bringen. Entsprechend beschäftigt sich der Autor mit dem Business-Plan, mit dem der Produzent zukünftigen Investoren die Entscheidung erleichtert.

Bastian Clevé (Hg.)
Von der Idee zum Film
Produktionsmanagement für Film
und Fernsehen
215 Seiten. Broschiert
3., verb. Auflage, 2001
ISBN 3-88350-912-4
Produktionspraxis 3

Die Arbeit des Produktionsmanagements befasst sich mit dem organisatorischen Rahmen, in dem Regisseur, Schauspieler und Crew ihre künstlerische Arbeit vollbringen. Der Band gibt einen umfassenden Überblick über die organisatorischen, finanziellen und juristischen Bereiche, die mit der Herstellung eines Fernseh- oder Kinofilmes verbunden sind.

Friedrich Kohle/ Camilla Döge-Kohle
Medienmacher heute
213 Seiten, 35 s/w-Abbildungen.
Broschiert
ISBN 3-88350-903-5
Produktionspraxis 4

Dieser Titel bietet Berufseinsteigern und interessierten Laien die Möglichkeit, sich anhand von Interviews – mit Produzenten, Regisseuren sowie Mitarbeitern im Vertrieb, Verleih und anderen Dienstleistungsbereichen – ein Bild vom Geschäftsalltag in der deutschen Film- und Fernsehindustrie zu machen.

Der Herausgeber

Prof. Bastian Clevé, Autor und Herausgeber der Reihe Produktionspraxis im Bleicher Verlag, war Produzent und Regisseur in Los Angeles und leitet den Studiengang PRODUKTION an der Filmakademie Baden-Württemberg in Ludwigsburg. Er ist Co-Autor und Executive Producer der Neuverfilmung des Bestsellers »So weit die Füße tragen«.

Manfred Auer
Top oder Flop?
Marketing für Film und Fernsehen
182 Seiten. Broschiert
ISBN 3-88350-904-3
Produktionspraxis 5

Auch die Vermarktung filmischer Software folgt bestimmten Gesetzmäßigkeiten. Diese Regeln sollen in diesem Buch hergeleitet und mit Praxisbeispielen angereichert werden. Ein Beitrag zur Wettbewerbsfähigkeit des deutschen Films an der Schwelle zum 21. Jahrhundert.

Andree Kauschke/ Ulrich Klugius
Zwischen Meterware und Maßarbeit
Markt- und Betriebsstrukturen
der TV-Produktion in Deutschland
260 Seiten. Broschiert
ISBN 3-88350-905-1
Produktionspraxis 6

Zum ersten Mal beschäftigt sich ein Buch mit den eigentlichen Machern des Fernsehens, mit den TV-Produzenten. Es liefert eine umfassende und auf Insiderwissen basierende Bestandsaufnahme der Markt- und Betriebsstrukturen dieser ausgesprochen lebendigen Branche. Zahlreiche Abbildungen, Dokumente und Anlagen runden das Thema ab   und machen den Band zu einem unentbehrlichen Arbeitsinstrument für die Praxis.

Markus Yagapen
Filmgeschäftsführung
141 Seiten. Broschiert
ISBN 3-88350-909-4
Produktionspraxis 7

Um mit einem Film Gewinne zu erwirtschaften, ist es für jeden Filmproduzenten unabdingbar, die buchhalterisch ordnungsgemäße Abwicklung eines Filmprojektes in die Hände eines guten Filmgeschäftsführers zu legen ...

Michael Schneider
Vor dem Dreh kommt das Buch
Ein Leitfaden für das filmische Erzählen
ISBN 3-88350-910-8
Produktionspraxis 9

Anhand zahlreicher Filmbeispiele werden die dramaturgischen Kunstkniffe, dramatischen Techniken und psychologischen Charakterbilder, auf die es beim Verfassen eines Drehbuchs ankommt, anschaulich belegt.

Titel in Planung:

Thomas Mulack
Special Visual Effects
Spezialeffekte in Deutschland
ISBN 3-88350-911-6
Produktionspraxis 10

Wer ist zuständig für die Planung und Realisation von Spezialeffekten? Welche Techniken setzt man wann ein, um ein optimales Ergebnis zu erzielen? Was kosten Spezialeffekte und wie budgetiert man sie? – Diese und andere wichtige Fragen werden anhand von Praxis-Beispielen beantwortet.

Bleicher Verlag
70826 Gerlingen

10
123 V